常識の社会心理

「あたりまえ」は本当にあたりまえか？

卜部敬康・林 理 編著

北大路書房

◆執筆者一覧◆

編 者　卜部　敬康・林　　理

◎執筆者（50音順）

今垣　菊子■太陽画廊
卜部　敬康■奈良大学社会学部講師
大木　桃代■文教大学人間科学部助教授
太田　　仁■関西大学大学院社会学研究科生
佐伯　順子■同志社大学文学部教授
髙橋　　直■文化女子大学文学部専任講師
西野美智子■兵庫県立津名高等学校養護教諭
長谷川太一■兵庫県立人と自然の博物館ミュージアム・ティーチャー
　　　　　　　　　　　　　　　（前公立高等学校長）
林　　　理■武蔵野大学現代社会学部助教授
藤原　麻美■関西学院大学社会学部生
松谷　德八■龍谷大学経済学部助教授
真鍋亜希子■甲南大学科目履修生
水嶋　友昭■株式会社インターネット総合研究所主任研究員
森　　真一■皇學館大学文学部コミュニケーション学科助教授

　　　　　＊担当部分は「目次」に表記

はじめに

　朝の電車に乗ったとき，あなたは何をしているだろうか。座れれば寝ているという人が多いことだろう。それでは座れないときはどうだろう。何もできないくらい混んでいるのならしかたがない。そこまで混んでいなければどうだろう。「何もしない」というのもひとつの方法である。しかしそれはそれでなんともやりにくくはないか。混んでいるからとなりの人と目が合うこともある。そんなときはどのように対応すればよいだろうか。対応を誤れば「顔を見た」などと因縁をつけられかねない。今日たまたまとなりにいる人がどんな人かということはわかりようもない。やたらに目を合わせる機会があるのも考えものである。

　こんな一連の議論は「パーソナルスペース」の理論という形でまとめられている。通勤電車の混雑は容易に解決できない。だから少なくとも目が合うような機会は減らすといった対応が必要になる。乗客にしてみれば新聞や雑誌を読むというのもひとつの対応である。鉄道会社は吊り広告を設置してそちらに目が向くようにしている。もちろん広告料収入も見込めるのだから鉄道会社にとってつごうのよい話だけれど，それで乗客相互のトラブルも少なくなる。

　さて，それでは車内の広告をのぞいてみよう。どんな団体が広告を出しているだろうか。雑誌の広告がめだつ。不動産も少なくない。近年では有料老人ホームの広告もめだっている。

　そのなかに学校の広告はないだろうか。「ああ，そういえばウチの大学のもあったっけ」と思う人もいることだろう。しかし大学や高校もさることながら，もっと頻繁に目にするのは専門学校や小学生向けの進学教室ではないだろうか。「専門学校」といっても，高校を卒業して通う大学や短大と同じような意味あいの専門学校ではない。大学や短大に通いながら放課後に通学する語学教室や簿記教室，自動車学校のたぐいである。こうした学校に通う「ダブルスクール」を実行している人は少なくない。

　「ダブルスクール」の対象になっている専門学校で教えているのは英会話であったり，自動車の運転であったりする。あるいは「パソコン」というのもあるかもしれない。こうした学校で教えられていたことがらも，だんだん大学の授業にも含まれるようになってきている。「パソコン」などはその典型である。もちろん従来から大学のカリキュラムには計算機に関する科目が含まれていた。しかしそれは今の大学で増殖した「パソコン」の授業ではない。工学部で教えられていたのは計算機そのものの構造であり，それを理解して計算機を使うこと，場合によっては計算機そのものを製造することにかかわる科目であった。現在の「パソコン」はそうではない。もっぱらキーボードの操作方法であり，アプリケーションソフトウェアの使い方である。こうした科目は従来であれば「ダブルスクール」の守備範囲であった。

　その違いは「ダブルスクール」の対象になっている専門学校の広告を見れば容易に理解できる。「ダブルスクール」の対象になる科目は「実際の役に立つ」科目なのである。まことに「実学」は世の中にあふれている。

　こうした「実学」が流行するのは，大学で教えられている学問が「実際の役に立たない」と思われているからである。心理学も例外ではない。心理学が「役に立つ」と思われているのは，「困っている人を援助する」限られた臨床場面だけのことではな

いか。子どもの虐待はいけないことだと思っていても，つい虐待してしまう親がいる。その親に子どもを虐待しなくなるような教育をしようという場面では心理学がすぐに連想される。そうした心理学の「実用的」可能性はいくらでも想像できることだろう。

　それでは心理学はその程度のことにしか「役に立たない」ものだろうか。

　本書はそれにこたえようという著者らの試みである。本書では心理学の理論を体系的に解説することはしない。どんな学問であれ，重要な理論はそうたくさんあるものではない。限られたいくつかの理論が学問を支えるものである。本書では，その限られた理論が現実問題を理解するためにどのように「役に立つ」かを考えようというものである。たとえば本書には認知的不協和の理論がしばしば登場する。この理論をさまざまな場面で精緻に磨きあげることは数多くの心理学者が手がけてきた。しかしこの理論が「他人を評価する」立場にある人びとに大きな示唆を与えるものであることは，どうかすると心理学者自身でさえ気づいていないのではないか。人間は認知的不協和を解消するように外界の認知を組み立てるものである。ということは自らが他人を評価する立場に立ったとき，なんとなく「虫が好かない」人の行為は悪意の行為にみえるということである。それは評価する人が善意で評価するかどうかという問題とは無関係である。この単純な事実をかえりみずに人間相互の競争をあおりたてる政策は，人間の事実をかえりみない政策なのである。

　心理学が「現実の役に立たない」などというのはとんでもないタワゴトである。大局的に現実を見つめるとき，学問的視点は欠かせない。読者にも心理学を通して現実問題を考えていただければ幸いである。

　本書の企画にあたっては北大路書房の石黒憲一氏に多大なご支援をいただいた。著者一同，深く感謝したい。あわせて編集に長期間を要しご迷惑をおかけしたことをおわびするしだいである。

2002年1月25日
編　者

Contents

はじめに……i

序章 常識的分析の誤り ―「あたりまえ」は本当にあたりまえか―（林　理・卜部敬康）… vi

Ⅰ部　現代の都市問題の「常識」

■ 都市政策 …………………………………………………………………………… 1

1 迷惑施設はなぜ迷惑か ―唯一の最適解は存在しない―（林　理）……………… 2
　1.「必要だが，欲しくない」は本当か？／2
　2. 元凶は「サイレント・マジョリティ」／3
　3.「合理的基準」のウソ／4
　4.「不合理な決定」を公言しよう／5

2 ゴミ処理ルールはどこまでとおるか ―無理な要求はかえって悪い― ……… 7
　1. ゴミの捨て方を変えようとすると　―住民の意識を高める政策―（高橋　直）／7
　　(1) ある月曜日の朝のできごと　(2) 住民のゴミ捨てへの行政上の対応策の歴史
　　(3) 規制的手法と経済的手法の限界　(4) 応用行動分析的アプローチの提案
　2. できないことはできない　―単身者のゴミ処理事情―（真鍋亜希子）／11
　　(1)「単身者はモラルが低い」か？　(2) マナーが守れないのは単身者だけか
　　(3) 単身者に厳しいゴミ処理ルール　(4) 変化した単身者の住居事情
　　(5) ゴミ処理改善は無理のないところから
　3. 提案には順序をつける　―環境保護行動を促進する政策―（林　理）／17

3 福祉は経済だけではない　―社会福祉の流れ―（林　理）………………… 23
　1. ミウチにはできないことでもタニンにはできる／23
　　―家庭内福祉には限界がないからこそ限界がある―
　2. 年金の負担は公表するほうが受け入れられる／26
　　―社会保障のリスク・コミュニケーション―

4 あるものはどこにでもあるが，ないものはどこにもない
　　　　　―「サービス水準」は社会の総計に意味がある― ………………… 33
　1. 商店街の誘致圏と秋葉原　―めずらしい商品を扱う店が重要―（水嶋友昭・林　理）／33
　2. 金太郎飴のような図書館ではダメ　―ポルノ専門図書館の意味―（真鍋亜希子・卜部敬康）／37
　　(1) 公共図書館の役割についての常識　(2) 公共図書館の「もうひとつの」役割
　　(3) 図書館には多様な「文化遺産」を　(4)「ポルノ専門図書館」の意味
　　(5) 専門図書館に向けての課題

5「反対運動はエゴ」では片づかない　―一般人は直観的な理解を求める―（水嶋友昭）… 43
　1.「反対運動は地域エゴ」という常識／43
　2. 単なる「エゴ」の問題か？／44
　3. リスク認知は確率ではない／44
　4.「知っている」は大違い／45
　5. 返報性の問題／46

6【まとめ】「多くの人」はじつは少数　―政策に人数を持ち込むな―（林　理・卜部敬康）… 48

■ 情報化社会 ……………………………………………………………………… 51

7 知らない人も知ったつもり　―コンピュータ上の自己開示と幻想―（林　理・水嶋友昭）… 52
　1. 計算機が変えた社会／52
　2.「双方向」は偶然が頼り／54
　3. 表現形態の混合は現物に代わるか？／55
　4. 情報化社会は対面場面を不要にするか／56
　5. 不要な情報の増加と「薄い」対人関係／58
　6.「情報化」はスキルの変化／59

8 携帯電話でつながる「薄い」対人関係 ―いつでもつながる「疎遠な」人―（卜部敬康・林 理）… 61
   1. 「薄い」対人関係とは／61
   2. 若者文化の一側面としての「薄い」対人関係／62
   3. 「薄い対人関係」を維持する装置として機能する携帯電話／63
   4. 「いつでも」連絡できる関係はコミットメントの欠如を生む／67

9 「インターネット」はナンパの道具 ―ネットワークと「貧しい」社会―（卜部敬康・林 理）… 68
   1. 「インターネットの利便性」についての常識／68
   2. インターネットの利便性に隠れた落とし穴 ―学校教育におけるインターネットの利用―／69
   3. インターネットが招くスキル低下の悪循環メカニズム／71
   4. 「意識的に選ぶ」社会／73

10 ウソもみんなが信じればホント ―マスコミが現実を「作り出す」―（森 真一）… 75
   1. 「三つ子の魂，百まで」という「常識」／75
   2. 現実の社会的構成 ―その2つの意味―／76
      (1) カルトの集団自殺　(2) 予言の自己成就
   3. 「幼児期決定論」の社会的構成／78
   4. 社会規範との関係から理解する ―本章の提言―／80

11 【まとめ】「パソコンくらい使えないと」 ―情報化社会の世間体意識―
（林 理・卜部敬康）…… 82
   1. 情報化社会と「セケン」の拡大／82
   2. 情報化による世間体意識の促進／82
   3. 個人の「好み」と「選択」の社会／84

II部　現代の若者文化の「常識」

性行動 …………………………………………………… 85

1 なぜか道徳は残っている ―性道徳と実態の乖離―（卜部敬康）…………… 86
   1. 婚前性交の肯定と性行動の低年齢化／86
   2. マス・メディアによる性情報と若者の性意識／87
      (1)性描写の過激化　(2)「性」の日常化
   3. 現代の若者のもつ伝統的性道徳／90
      (1)それでも「性」はタブーである
      (2)性行動における強い排他性の規範の存在
   4. 強い「恋愛促進規範」の存在／93

2 「乱れた」行動と「道徳的な」態度 ……………………………………… 95
   1. 3時間前からつきあっている ―「行きずり」と「カレシ」は紙一重―（今垣菊子）／95
      (1)筆者の事例にみる若者の恋愛　(2)「つきあっている」の意味すること
   2. 「コーラで洗えば妊娠しないって知ってた？」 ―「友人」という情報源―（藤原麻美）／101
      (1)性教育と実際の知識との乖離　(2)「カレシ」を「キープ」する努力
      (3)情報の「つまみ食い」を避けるために
   3. 「知っている」はとても危険 ―不完全な知識と性教育の実態―（大木桃代）／107
      (1)知っているから大丈夫？　(2)教えていれば大丈夫？
      (3)常識を成立させるためには？

3 子どもはどこかで聞いてくる ―「寝た子を起こすな」論の不毛―（卜部敬康）…… 114
   1. 「規制すればよい」という常識／115
   2. 対症療法としての「規制」は病理を深刻化させる／117
      (1) 人間の行動の規定要因としての非公式の規範
      (2)「規制」が生み出すもの

4 禁止されればウラで見る ―ポルノ規制は有害である―（松谷徳八）………… 121
   1. 「ポルノの悪影響」は本当か／121
   2. 「ポルノの有害性」のウソ／123
   3. ポルノ規制を求める意識とは？／125

5 結婚の「常識」をめぐって ―「不倫」は本当に不道徳か？― （佐伯順子）………… 128
    1. 明治の結婚の"常識"／128
    2. 「家」のための結婚／129
    3. 「常識」のほころび―恋愛結婚への志向／130
    4. 結婚をめぐる「倫理」／131

6 隠してもムダな現実 ―保健室からみた高校生の「性」― （西野美智子）………… 135
    1. 強い恋愛促進規範／135
       (1)望まない妊娠　(2)初体験　(3)浮気　(4)だまされる女生徒
    2. 高校生の問題は大人の問題／139

7 【まとめ】公然と「性」を語ろう ―性教育で何を教えなければならないか―
                                                           （卜部敬康・林　理）……… 141

学校教育 …………………………………………………………………… 145

8 教師の常識は学問の非常識 ―「教育のプロ」の「しろうと理論」― （卜部敬康）…… 146
    1. 教師の「しろうと理論」とその誤謬／146
       (1)「教科指導」の常識　―「重要事項の暗記」が効率のよい勉強法？―
       (2)「生徒指導」の常識
    2. 常識的指導の問題点　―教師は「一致して」指導すべきか？―／151

9 一般人の「常識」も学問の「非常識」 ―常識的教師批判の落とし穴― （卜部敬康・林　理）… 154
    1. 「ゆとり教育」の功罪をめぐる「常識」／155
       (1)学力低下は「ゆとり教育」の影響か？
       (2)「ゆとり教育」は落ちこぼれをなくすための対策か？
    2. 教師の適格性をめぐる常識／160

10 「村八分」ならぬ「職員室八分」 ―職員室のいじめ問題― （太田　仁）………… 163
    1. 村八分とスケープゴート／163
    2. 教育の理想，社会の常識／163
    3. 教師集団内の葛藤／164
    4. とくに同調を求められる生徒指導／164
    5. 新しい教育相談実践の困難／165
    6. 常識では考えられない教師集団の村八分／165
    7. 教師の理想と現実／166
    8. 学校システムの問題／167
    9. 疲れ果てる教師たちのあえぎ／168
    10. わかりにくい教師集団内いじめ／168

11 校長室・職員室・地域社会 ―学校教育における「世間体」という呪縛― （長谷川太一）…… 170
    1. 「常識」としてのステレオタイプ／170
    2. 失敗を許さない，あいまいさ耐性の欠如も「世間体意識」／172
    3. 基本的生活習慣からの脱却を図る必要性　―学校にしかできない生徒指導を―／173
    4. おわりに　―「この学校は自分にとって一番の学校です」／176

12 【まとめ】学校教育を考える社会心理学の視点　―「指導」のもつ"メタ・レベル"の
                                     意味が重要である― （卜部敬康・林　理）……… 177

終章　「経験」というしろうと理論と単極化社会 （卜部敬康・林　理）…………… 181
    1. 本書の目的／181
    2. 心理学の「政策」への応用可能性／182
    3. むすびにかえて／183
       (1)単極化社会への危機　(2)防止策としての「あいまいさ耐性」を高める必要性

    事項索引／187

序章 常識的分析の誤り
―「あたりまえ」は本当にあたりまえか―

〔林　理・卜部敬康〕

　私たちのまわりにはさまざまな「常識」がある。「ものは支えなければ下に落ちる」というのは「常識」であるし，「死んだ人は生き返らない」というのも「常識」である。いや，このようなどう考えても覆すことのむずかしそうな「常識」ばかりではない。「人に会ったらおじぎをする」というのも「常識」であるし，「男性はスカートをはかない」というのも「常識」である。考えてみれば，そうでなければならない科学的根拠はない。現に人に会ってもおじぎをしない社会はいくらでもある。これが文化相対主義の発端となった。

　学問は「常識」を疑うことから始まるものである。「常識」を疑うことはなにも文化人類学の専売特許ではない。「ものには『重さ』という性質がある」という「常識」を疑うことからニュートン力学がはじまった。「病気は神の呪いである」という「常識」を疑うことが近代医学を開くことになった。こうして人間は科学的自然観を「常識」とするようになった。当初にあげた「ものは支えなければ下に落ちる」「死んだ人は生き返らない」といった「常識」は近代科学を背景にした「常識」である。もちろん近代科学が登場する前の時代の人びとも「ものは支えなければ下に落ちる」と考えていた。しかしその意味するところは現代人のいう「ものは支えなければ下に落ちる」と同一ではない。近代科学をとおさずに自然をみていた時代，人間は「ものは支えなければ下に落ちる」というときに「ものには『重さ』という性質があるからだ」と考えていた。だから「『軽さ』という性質をもったものは上にあがる」ということになっていた。同じ「もの」が宇宙船の中では「下に落ちない」ことをみせられれば，中世の人びとであれば「魔女のしわざだ」などと考えたことだろう。現代人が「ものは支えなければ下に落ちる」というのはそれも含めていっているのであって，現実的にたいていの人は地球を離れて生活することがないからそのように表現しているにすぎない。「下に落ちるというのは誤りだ，宇宙船の中では落ちない」などというのは，いじわるクイズだけの話である。

　一方，「人に会ったらおじぎをする」「男性はスカートをはかない」などという種類の「常識」はとりたてて科学的根拠があるものではない。「そうなっているから」としか言いようがない。「それが文化というものだ」ということになるだろう。なんとなく「常識」と信じていることの疑わしさは十分にわかっていることのはずである。それでもとくに改めて考えることもなく「常識」と信じられていることは数多い。なかには「昔からそうだった」式の議論もめずらしくない。このような場合の「昔から」という議論には「どの程度の昔か」を確認するというあまりにも初歩的な検討を省略した議論も少なくない。「白い魔女」の支配が終わったとき，アスランは「魔女はこの世のはじまりからの魔法は知っていたが，この世のはじまりよりももっと前からの魔法を知らなかった」と教える[†1(注1)]が，私たちの「常識」にもこの程度のものが少なくない。「昔の若い人はもっと厳格な性規範の下に生きていた」などという「常識」はこの部類である。「厳格な性規範」というのは明治時代にヨーロッパから輸入したものであって，江戸時代の人びととはまったく異なった社会に生きていた。「日本人」という概念でさえ，江戸時代の人びとに一般的なものではなかったはずである。「常識」を考えるときには「いつからの常識なのか」ということも忘れてはならないことである。

　本書は現代のさまざまな「常識」を社会心理学の立場から改めて検討するものである。「常識」には「昔からそうだから」というものもあれば，なんとなくもっともらしい説明のついているものもある。前者が説明のしようがない慣習であるとすれば，これを疑うことは，何らかの形で現代人にとっても必要な慣習と無意味な因習とを区別することである。後者の説明がもっともらしいもの

(注1) ナルニア国物語のアスランの死の場面の後、「この世のはじまりよりさらに古い魔法」でアスランの死は取り消され、アスランは復活する。アスランが死ねば一件落着と考えていた「白い魔女」は「この世のはじまり」にかけられた魔法を知っていたが、それより古い魔法は知らなかった。

	学問的根拠がある	形はともかく必要なこと	
もっともらしい根拠のある常識	物は下に落ちる	他人に会ったら何らかの手続きをする(おじぎ,握手…)	単なる慣習(社会的常識)
	これを食べればやせる(何でも食べすぎれば同じ,栄養の偏りは健康を害す)	新入生はシゴかれるもの	
	学問的根拠がない	単なる因習	

図序-1　常識の類型

であるとすれば、これを疑うことは科学的根拠のあることがらと「しろうと理論」[†2]とを区別することである（図序-1参照）。

「人に会ったらおじぎをする」という常識は「人に会ったら握手をする」社会をみれば「変えようのない」常識ではないことが理解できる。ある社会では握手をする、ある社会ではキスをするということをみれば、「人に会ったときの手続き」がどの社会にも存在することがわかる。違いはその手続きがある社会ではおじぎであり、別の社会では握手であったりキスであったりするということである。そのような手続きが対人関係の構成に必須のものであるということがわかれば、手続きの存在はどのような社会にも必要な慣習であり、手続きの形態はその社会で広く認められているものであれば何でもよいということがわかる。

そこから考えれば「人に会えばおじぎをする」という常識は「人に会ったときには何らかの手続きが必要で、そのひとつの形態がおじぎだ」という理解ができる。そうすれば会ったときにおじぎをしない人でも単に「無礼な人」なのか「異なった手順をもっている人」なのかという区別ができることになる。「人に会ったらおじぎをするのが常識だ」という理解では、おじぎをしない人は「無礼な人」と理解されるだろう。しかしその人は「人に会ったときの手順は握手が常識である」と考えているかもしれない。それをかってに「無礼な人だからだ」と結論づけることは悪意の応酬にしかならない。そのような悪意を育てていては「国際化」など遠い先の話である。「国際化」が叫ばれる時代だけれど、国際化の基盤は意外に単純である。「国際化」だから英語ができなければならないなどというのはとんでもない誤解である。国際化とは「自分とは異なった常識を常識としている人びとがいる」ことの理解である。この意味での「常識」は学問的常識という意味ではない。社会的常識とよぶべきものである。

社会的常識は意外な場面で人間の行動を規定する。社会的常識に違反する行動をとる人は「変な人」である。この「変な人」という認知は観測者が内在化した文化的規範が源泉である。だから「変な人の行動」と思っている行動を自ら実践する人はあまりいない。社会的には、「変な人の行動」と「ふつうの人の行動」のあいだに歴然と分岐点が存在する場合も、あまり明確な分岐点がない場合もある[†3]けれど、個々の人間が判断する「変な人の行動」はその人自身は実践しない。社会的常識はこうして構成される。

社会的常識の説明に一見もっともらしい根拠が語られることもあるだろう。ところが社会的常識には改めて考えてみればかなりおかしなものも含まれている。一見もっともらしい根拠もよく考えればあやしい。実際、同じ社会のなかに包含されている社会的常識のなかに論理的に矛盾するものがあることさえめずらしくない。「人間の平等」は現代日本では常識だろう。しかし本書のなかで述べるように、ある種のライフスタイルには有利な社会の「目」があり、ある種のライフスタイルには世間の「冷たい目」がある。ライフスタイルは個人の自由のはずである。だとすればライフスタイルによる差別的な視線はおかしなことである。しかし昼間眠って夜活動するという生活には「世間の目」はやさしくない。考えてみればこれは差別である。しかしこの「世間の目」はおかしいとは思われていない。

社会的常識には学問的には誤っているものもある。また、結果的に正しくてもその意味が誤解されているもの、学問的にとらえなおせば異なった意味をもつと考えられるものもある。本書はそうした社会的常識を社会心理学の立場からとらえなおしてみようというものである。それは学問の現

実問題への適用ということでもある。

　学問の現実問題への適用は思いのほかむずかしい。前提となっている条件，法則の適用の限界など考慮しなければならないことは数多い。単純な例がさまざまなダイエット情報である。

　ダイエット情報のあふれる現代の日本では「あの食品は太りやすい，この食品は太りにくい」式の情報がいくらでもある。ゆでたまごばかりを食べる「ゆでたまごダイエット」，リンゴばかりを食べる「リンゴダイエット」などという極端なものもある。「この食品は単位質量あたりのエネルギーが低いから太りにくい」というのは一見もっともな理論である。しかしエネルギー収支の立場からいえば，どんな食物であっても過剰に食べれば太る。単位質量あたりのエネルギーが小さくても結果的に摂取する量が多ければ，摂取エネルギーの総量は大きくなってしまう。それだけでなく，特定の「ダイエットに適した食品」ばかりを摂取すれば栄養バランスを崩して悲惨な結果になるだけのことである。「あの食品は太りやすい，この食品は太りにくい」式の情報はどれほどもっともらしい説明がされていても，明らかな「しろうと理論」である。病的肥満への対応にはこのような方法ではなく，摂取エネルギーの総量を計算する方法を用いなければならない。こちらのほうは科学的根拠のある理論である。摂取エネルギーの総量という立場から考えれば，ダイエットに適した食品とは単に「単位質量当たりのエネルギーが低い」食品ではなく，「大量に食べられない食品」でもあるはずである。両者の積でエネルギーの総量は決まる。同時にエネルギーの消費量も考えなければならない。肥満への対応は単に「この食品を摂取すればよい」などという単純なものではない。

　科学の現実世界への適用は，単純な科学の基礎理論そのものを現実世界に直接持ち込むことではない。ニュートン力学にしたところで，運動方程式それ自体を現実世界で直接使用する機会はほとんどない。人間は大気中で生活している。そして「モノ」には必ず体積がある。体積があれば空気の抗力を受ける。質点を対象にした運動方程式を直接現実問題に適用したところで理論値と実験値が符合しないのは当然のことである。科学の現実問題への適用は現実のさまざまな条件を勘案して制約を考慮しながら理論を使うことである。

　現実の制約を厳密に定量化することはむずかしい。それでも現実の制約を考慮しなければならない。科学の現実世界への適用は理論そのもののような厳密な定量化のできる話ばかりではない。むしろ多くの場合，かなり「粗い」水準で考えなければならないことである。しかしその「粗い」水準での結論は大局的には誤りではない。

　心理学の扱うデータは自然科学にくらべればはるかに「粗い」ものである。だからといって心理学の結論の現実問題への適用が不可能であるとはいえない。「粗い」データは「粗い」なりに扱えば大局的な解が出る。「粗い」法則も大局的な政策を考えるためには有効である。本書ではその水準で心理学の適用を考えることにする。

引用文献

[1] Lewis, C. S. 1950 *The lion, the witch and the wardrobe.* London: Geoffrey Bles.
[2] Furnham, A. F. 1988 *Lay theories: Everyday understanding of problems in the social sciences.* Oxford: Pergamon Press. 細江達郎（監訳） 1992 しろうと理論―日常性の社会心理学― 北大路書房
[3] 石井　徹 2001 常識の境界 社会心理学研究，Vol.16, No.3, 133-142.

I部　現代の都市問題の「常識」
都市政策

「都市の再生」、「都市型公共事業」などと、「都市」がキーワードになることが多くなっている。「ナショナル・ミニマム」を旗印に展開されてきた社会基盤整備が大きく転換しようとしている。大都市の抱える問題はそれほど深刻である。

都市問題の深刻さは今に始まったことではない。19世紀以来、都市の抱える問題が論じられなかったことはない。「良質な住宅」、「良好な環境」といったスローガンは都市問題を指摘し、都市の改善をとなえるときに必ず現われるものであった。それほど古くから指摘されていた問題であるにもかかわらず、都市問題はいっこうに解決する気配がない。

「都市改造にはカネがいる」－都市問題が未解決であることをめぐって、このようないいわけともとれるような「嘆き」がしばしば聞かれる。確かにカネがからむ問題になれば、容易に解決するものではない。しかし問題の本体はそこにはない。現代は「豊かな時代」といわれる。それは「カネ」の問題、あるいは生産力そのものの問題についていえば、誤りではない。その豊かな生産力を向ける場所が問題である。あり余る生産力が都市問題の解決に向けられていないこと－これが現代の都市問題の本質である。

それでは「カネの流れ」を変えればよいかというと、問題はそれほど単純ではない。人間が、そして現在の制度が、想定している問題解決の背景にある人間の理解、問題の理解に誤りがあるから問題が解決しないのである。

本書ではさまざまな都市問題を人間の態度、人間の行動の側面から検討する。そして人間の「身の丈に合った」制度とはどのようなものかということを考える。

午前7時の渋谷――前夜のゴミを朝7時に出してもやはりカラスのエサ

1 迷惑施設はなぜ迷惑か
―唯一の最適解は存在しない―

〔林 理〕

1.「必要だが，欲しくない」は本当か？

都市には「迷惑施設」とよばれるものがある。都市生活を営むうえでは必要なものだということがわかっているのだけれど，自分の家の近所にはあってほしくない施設のことである。たとえば下水処理場や清掃工場，火葬場といった施設が迷惑施設とよばれるものである。

多数の人間が限られた地域に住む場合，廃棄物がさまざまな形で出されることになる。もちろん廃棄物は各自が「自分には必要のないもの」をそのようによんでいるのだから，排出した当人にとってはまったく必要のないものである。そして多くの場合，それは他人にも必要のないものである。つまり自分の家の外に出してしまえばだれかが喜んで拾っていくなどということは期待しないほうがよい。それはわかっていても，自分には不要だからというわけで自分の家から出そうとする。これが都市の衛生問題のはじまりであった。

自分の家のゴミを道路に捨てる。これでは都市にはゴミがあふれることになる。腐ったゴミが異臭を放ち，伝染病の温床にもなる。

この問題に気づいたとき，下水道を整備し，ゴミを捨てる場所を決めることが考えられた。つまり廃棄物は市街地から速やかに運び出そうという方針である。運び出したゴミはそのまま野積みにしたり，川に流したりするという方法で処理できれば問題ない。もちろんそれでは都市の外に問題を搬出しただけのことで，場所を変えて同じ問題が発生することになる。ゴミを持ち込まれた地域が怒るだけのことである。せめて衛生問題を解決してから運び出そうということになれば，清掃工場や下水処理場が必要になる。ではそれらをどこに建設するか。これが「迷惑施設」の問題である。

迷惑施設は町のどこかに必ず必要である。そのこと自体はわかっている。しかし迷惑施設の隣に住みたいかといわれれば，たいていの人は「住みたくない」と答えるだろう。この問題への対応はさまざまな側面から行なわれてきた。

まずいわゆる公害対策である。迷惑施設の近くには住みたくないというのは，現実に「迷惑な」側面があるからである。たとえば清掃工場であれば煙が出る，下水処理場であればにおいが気になるといった事情がある。これは近くで生活する人には確かに迷惑である。その「迷惑」の部分をできるだけ減らそうというのがこの対応である。それだけではない。下水処理場の上を公園にする，清掃工場の廃熱を利用した温水プールを作る，あるいは廃熱を利用して地域暖房をするといった「利益」をも追加して地域の協力を求めるということも行なわれている。

そうした努力はそれなりの成果をあげてきた。あれこれいわれても建設にこぎつける施設があったことは，それなりの成果であるといえる。それでも迷惑施設が好意的に受け入れられているわけではない。やはり建設計画が提示されれば周辺住民の反対は受けるし，その解決に時間もかかる。

これに対する受けとめ方はさまざまある。一方では「あれこれ騒がれなければなかなか対応しないから受け入れられない」と「迷惑の削減」に向けての努力の不足が指摘される。他方では「しょせん多くの利益を引き出すためにしている反対運動だからいくらでもエスカレートする」と「住民エゴ」の問題が語られる。

このような問題でしばしば考えられるのは社会的ジレンマモデル[*1]である。このモデルの最も知られた例は「囚人のジレンマ」であろう。このモデルに従ったゴミ問題の検討もある[*2]。しかし迷惑施設をはじめとする都市問題には必ずしもこのモデルは適合しない。たとえば街路建設の場合，商店街では個々の商店が街路に面した用地を少しずつ拠出し，歩道の幅員を広げる計画がしばしば出される。このとき各商店は店舗の面積が縮小されるため必ずしも好意的には受けとめない。しかし歩道の拡幅が実現すると商店街としての快適さ

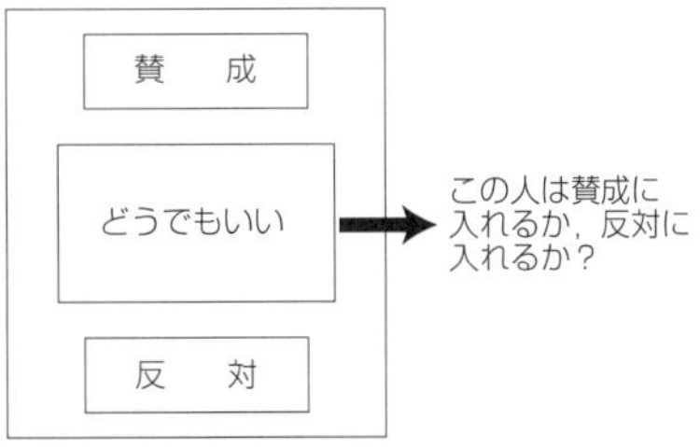

が増大し、来街者が増加して結果的に商店の利益は増大する[3]。この場合、全員が「協力する」という選択をしたときに最もよい結果が得られ、「一部が協力し、一部が協力しなかったとき、協力しなかった人にとって最良の結果になる」という囚人のジレンマモデルは構成されないことになる。

　迷惑施設の場合、施設が対象とする地理的範囲が非常に広い。清掃工場が焼却するのは市町村全域のゴミといった単位である。つまり清掃工場が見えない地域のゴミも処理することになる。これは下水処理場や火葬場でも同じことで、かなり広範囲を対象とする施設である。施設のごく近隣だけを対象とする清掃工場や下水処理場を想定することは規模の経済を否定することになり、費用の面から現実的な選択ではない。そうなれば迷惑施設は必然的に多くの人びとにとって「遠くにある」ものになる。つまり多くの人にとって迷惑施設は「協力―非協力」の選択の対象ではないのである。それどころか迷惑施設の存在すら忘れられがちである。「利益は得ているのだが、そのこと自体が忘れられている施設」が迷惑施設なのである。

2．元凶は「サイレント・マジョリティ」

　このように考えれば迷惑施設の建設が困難になる理由も明らかである。自分の家の近くになければとくに意識する必要はない。だから自分の家の近くに建設するという計画が立案されない限り、とくに賛成も反対もいう必要はないのである。

　これは大きな問題を引き起こす。社会的決定の場面で最も多数となる意見は、多くの場合、「消極的賛成」である。たいていの問題について人は「そうしてもよいし、そうしなくてもよい」という態度である。「ぜひ、こうしたい」と考えている人は限られている。そして決定はめんどうである。そこでだれかが「こうしてはどうか」という提示をすると、とりたててそれが望ましいと考えていない場合でも賛成する（図1-1）。これは消極

図1-1　多数意見は「どうでもいい」

的賛成である。この消極的賛成が多数であることを利用して非公式のリーダーは集団を支配する[4]。

　多くの問題について消極的賛成が多数を占めるのは、それが容易にとれる行動だからである。「それが望ましい」という積極的賛成も「望ましくない」という積極的反対も容易ではない。それほど強い関心のない問題であれば、積極的に関与する態度は形成されない。その結果、「賛成でも反対でもない」という態度が形成されているはずである。その「賛成でも反対でもない」態度を賛成に組み込むか反対に組み込むかで多数決の結果が大きく変わってしまう。実際には決定を左右する権力をもった者が自分に有利な結果が出る方向に組み込むことになる。

　迷惑施設のような問題では建設場所の選定をめぐって非公式のリーダーが活躍する。公共施設の建設の手順はだいたい決まっている。まず公共施設の設置主体である地方自治体の担当部局が建設計画を策定する。その計画に基づいて予算の申請をする。申請した予算が認められれば実際に建設を始めるという手順である。

　では、どの段階で建設場所を決めるのだろうか。いうまでもなくはじめの計画策定の段階のはずである。地価の安い場所に建設するのと高い場所に建設するのとではかかる費用が違う。申請すべき予算額も当然、違う。予算の申請をしてから場所を決めるというのでは、そもそも申請すべき予算の額が決まらない。予算申請をするということは計画の大半は決まっているということである。しかしその場所がどこなのかということは一般住民には公表されない。住民が建設場所を知るのは予算が認められた後の新聞であったり、「住民のための説明会」が開かれたときであったり、どうかすると工事が始まった後であったりする。

　このような決定方式をとる背景には「反対意見にいちいち耳を貸していたら計画が進まない」という発想がある。「いずれどこかに建設しなけれ

ばならない」「どこに決めても反対される」「だから反対意見にいちいち耳を貸す必要はない」「反対は押し切ってしまえ」という論法である。その時点になって聞かされた住民のほうは驚いて反対運動を展開するということになる。この極端な事例が成田空港建設であった。

　自治体にしても国にしてもその場所を建設場所に選んだことの根拠をあげ，住民の「理解」を求める。しかし住民は住民で反対する根拠をあげ，自治体や国に計画の中止を迫る。両者の議論はどこまでも平行線をたどるのがふつうである。そして力づくで着工ということになる。住民は自治体や国への不信感を強める結果になる。

3．「合理的基準」のウソ

　こうした施設の建設場所を評価するためにさまざまな手法が考案されている。そして建設するときには「このように評価した結果，ここが適地ということになった」という言い方がされる。しかしこうした評価は誤差率も高く，評価手法による結果の違いも大きい。それが議論百出の原因ともなっている。評価手法による結果の違いが大きいということは自明であっても，なおこのような手段に依存することは，建設を推進する側も否定する側も「合理的基準で決めたことは認めなければならない」という信念を共有しているからである。つまり「嫌いだから反対」というのはいかにも身勝手に聞こえるから受け入れられないという信念は共有されているといってよい。だから賛成するにしても反対するにしても，もっともらしい口実を作ることになる。

　「合理的基準で決める」ことはそれが可能であることが前提である。しかもこの問題では「適地が唯一に決定される」ことが条件になる。そのためには大前提として，唯一の適地が存在しなければならない。複数の同程度に適当な場所が存在した場合，そのいずれかを選択する合理的手段がな

いからである。つまり迷惑施設の建設予定地を合理的な基準で決定し，それを受け入れてもらうためには，その施設の最適地がただひとつ存在することが必要である。

　現実にはこれは非常にむずかしい。たとえば下水処理場であれば，水は低いほうに流れるという性質から，地域の最も低い場所が最適であるということになるだろう。しかし「最も低い場所」が唯一であるとは限らない。同程度に低い場所が海岸に沿った地域ではいくらでもある。地理的条件がゆるやかな清掃工場や火葬場では適地の幅はさらに拡大される。つまり「唯一の適地が存在する」という「合理的決定」の前提そのものが成り立っていないのである。迷惑施設の問題はむしろこちらのほうが大きいのである。

　迷惑施設の必要性は明示的にいわれれば理解できることである。しかし日常的に必要性を意識することはまずない。その結果，自分の近隣地域に建設計画がもちあがらない限り，建設に賛成も反対もしないということになる。先述したように「賛成も反対もしない」という消極的な態度は結果的に，決定権のある人のつごうのよいほうに組み入れられてしまう。つまり消極的賛成は結果的に権力への迎合になっている。

　このように書くと「とりたてて権力者に賛成しているわけではない」という反論があることだろう。あるいは「権力があるからといってそれに従っているわけではない」という反論もあるかもしれない。しかしそれは当人の意図とは別のところで，権力者のつごうに合わせた使われ方をしてしまう態度なのである。むしろ「消極的な態度は結果的に権力への迎合になる」ことを当然のこととして意識する必要がある。「どちらでもよい」は「賛成でも反対でもない」ことにはなっていない。迷惑施設の場合では，これは「賛成」に分類されてしまうのである。多くの一般住民はこのようなことは意識しない。むしろ大多数は「賛成でも反

対でもない」と考えていることだろう。そして結果的にそれが権力への迎合であると指摘されてはじめてそのことに気づくのである。この事情が迷惑施設の周辺住民の態度をさらに刺激することになる。廃棄物の最終処理場が地方に建設されるとき，地方の住民が「都会のゴミを持ち込む」と反発するのは，ゴミの移転という事実もさることながら，大都市住民の消極的態度にも原因がある。

多くの人は迷惑施設を身近に感じるチャンスがない。これは「1か所に建設すれば広大な地域を対象に引き受けられる」という迷惑施設の特徴の必然的な帰結である（図1-2）。そのこと自体を変更することはむずかしい。しかし「賛成でも反対でもない」といって消極的な態度をとることは問題を増幅する。それは「さしあたり関係ないから」といって考えることを放棄した態度だからである。むしろ「消極的賛成は権力への迎合である」ということを意識する必要がある。その上で全体的な配置の議論にすることが現在求められているといえる。

一方，設置の主体になっている自治体の問題もある。場所の選定まで終わってから公表するという従来の手法は，その後反対運動が起こるという経過をたどる。自治体の担当者は場所の選定の経緯を細かく説明しないことのほうが多い。そうすると反対する住民からは「不公正な決定をした」と受け取られ，両者の対立は深まるばかりということになる。実際に不公正な決定をしている場合もままあるので，これも根拠のまったくない批判とはいえないが，公正な決定をしても公正だと受けとめられなければ建設はむずかしくなる。

この問題は自治体のもつ情報と住民のもつ情報が質・量ともにあまりに違いすぎるという事情もある。自治体としてはさまざまな条件を考慮して結論を出したつもりでも，住民には考慮した事項がわからない。その結果，住民には受け入れられないということになる。住民が気づかない考慮すべき事項も少なくない。自治体はそれも考慮した

図1-2 清掃工場が見えない地域もゴミを処理してもらっている

つもりで結果を伝えるのであるが，決定結果だけを伝えていては，それを住民が理解し，受け入れることはむずかしい[5]。

このような問題については，自治体は決定のプロセスには時間がかかるものだと心得るほうがよい。決定のプロセスに参加することで住民の理解も深まり，論点の整理ができることにもなる。効率よく決定して事業を進めようという方法は，計画決定の後のトラブルを考えればむしろマイナスであるといえる。これは大規模都市再開発のような場面でも同様である[6]。計画の策定に時間がかかり，その間事業が進まないことについて対象地域の住民はいらだつが，結果的に完成するのはそのほうがはやいのである。これは阪神・淡路大震災の被災地域の再開発で明らかであるが，地域計画に長い時間をかけた地区はすでに再開発も完了している。しかし区画整理の決定だけを急いだ地区は5年余を経過した今も未完成である。

4．「不合理な決定」を公言しよう

このように住民参加型で事業を進めるうえで必要になるのは，「絶対の適地は存在しないことをはじめから認める」ことである。何らかの基準で合理的決定をすれば適地が決まるというのは幻想であることを認めなければならない。このような問題は一般に誤差率が非常に高く，最適解は唯一ではないのである。簡単な例を考えてみよう。図1-3をみていただきたい。この図の枠内が1つの都市だとしよう。市街の中心はDとする。このなかでどこに清掃工場を配置するか。仮に図のA，B，Cという3つの候補地があがったとする。どれも市のやや端の方に位置し，現況は林地，周辺は中心に近い側が住宅，枠の縁の側は山で，近くに川はなく，南西の風が多い地域であるとする。

市街地からの距離もそれほど違いはないとすれば，この中から1か所を選ぶのはそれほど容易に基準が作れる問題ではない。風は主として南西

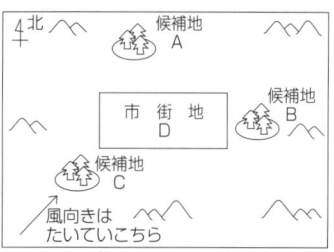

図1-3 清掃工場はどこにする？

からということであれば，排煙が市街地を直撃することが少ないという面からBを選ぶだろうか。しかし隣接する都市にも排煙は届くのであるから，これは大きな根拠にはなりそうもない。Aでもたいした条件の違いはなさそうである。Cにしたところでそもそも排煙が気にならない程度の対策はするのであるから，重大な根拠とはいえないだろう。いずれも林地なのであるから，たいして地価が違うこともない。それでもどれか1つに決めなければならないのである。ここに合理的基準を持ち込むことが可能だろうか。現実問題として，それは不可能である。3つのものの優劣を決定するためには1次元的な尺度が必要になる。しかし土地の評価基準そのものが1次元的ではない。「あなたはどんな家に住みたいか」と聞いてみれば容易にわかることである。「広くて便利で家賃が安くて」ということになるだろう。この段階ですでに評価の尺度は3次元である。これを適当に合成して1次元にしてという評価方式は，経済学などでしばしばとられる方法[7]である。

しかし合成の方法は無限に存在する。そのいずれの方法が望ましいかを決定しなければならない。そこに確定的な基準を求めることは不可能である。つまり1次元的な評価尺度の存在を仮定することに無理があるといえる。そのような場面に「合理的な基準がある」という信念を持ち込むことに無理がある。このような問題では「合理的な基準は存在しない」と考える必要がある。つまり，現在漠然と信じられている「最適地が存在する」という前提が誤りなのである。むしろ「絶対の適地は存在しない」ということをはじめの前提とし，建設場所の選定をするほうが有効である。そうなれば建設場所の選定にも時間をかけなければならない。しかしその過程のなかで住民は迷惑施設に対する理解を深めていく。議論の過程に時間をかけることはむだではないのである。そのなかで「これは受け入れる」「これは受け入れない」という態度が形成されることになる。

迷惑施設が「迷惑」なだけであったのは現実的な環境の問題もさることながら，存在すら気にとめない多くの人びととの対立という面も強かった。「絶対の適地が存在しない」ことを前提にして住民相互の議論を深めるという過程を短縮していることが，むしろ建設にまつわるトラブルを拡大し，結果的に迷惑施設をめぐる対立を増幅しているといえる。社会的決定では一般住民が理解する過程を重視することが重要である。それは「迷惑施設」の受容にもつながる問題である。

この視点は「迷惑施設」の問題にとどまるものではない。社会的決定一般にわたって重要である。あなたの会社で，学校で，「会議に時間をかけるのはむだだから」といってトップダウンの決定を推進していないだろうか。そのお題目とは裏腹に決まったことを通知するだけの会議はやたらに多くはないか。これはまさしく社会的決定にかかわる情報の共有の問題なのである。「決まったことだから実行せよ」といわれれば形式的に実行したり，いいかげんに実行したりすることだろう。疑問のある決定でも実行しなければならないとすれば，「決めた上司がおかしいから」という形で認知的不協和の解消が図られることは自明である。決定過程への参加が重要なのは，そこで問題を理解することが重要だからである。

引用文献

[1] 鈴木光男 1981 ゲーム理論入門 共立出版
[2] 高橋 直 1996 ある商店街におけるごみ捨て行動への介入の試み 心理学研究, **67**, 94-101.
[3] 田村 明 1983 都市ヨコハマをつくる 中央公論社
[4] 林 理 1998 しきりの心理学―公式のリーダーと非公式のリーダー― 学陽書房
[5] 穐山貞登(監) 2000 参加社会の心理学―新しい市民社会の創造に向けて― 川島書店
[6] 矢守克也 1996 阪神大震災における避難所運営―「避難所トライアングル」の段階的変容プロセス― 日本社会心理学会第37回大会発表論文集 322-323.
[7] 細野助博 1995 現代社会の政策分析 頸草書房

2 ゴミ処理ルールはどこまでとおるか
―無理な要求はかえって悪い―

1．ゴミの捨て方を変えようとすると
―住民の意識を高める政策―〔高橋　直〕

(1) ある月曜日の朝のできごと

　ある月曜日（不燃ゴミ収集日）の朝，ゴミ集積場に捨てられた可燃ゴミを発見したA氏は，まずはじめにきっとこんなふうに思うであろう。「まったく困ったものだ。ちょっと気をつければすむことじゃないか（→モラル低下を嘆く①）」。

　少し大げさな言い方かもしれないが，この「不法投棄」が1回限りで終わるものならば，A氏も眉をひそめるくらいですむが，ルール違反が毎朝つづき，その程度もだんだんひどくなってくると，こんなことを思うようになる。「いったいどこのだれが，こんな不心得をするのだろうか。最近のモラル低下には限度がない（→モラル低下を嘆く②）」。こんな思いとは裏腹に事態がさらに悪化すれば，A氏は管理組合や町内会で話し合い，問題のゴミ集積場に「立ち番」（つまり監視役）を立て違反者を発見し注意しようとするかもしれない（→規制的手法を用いる）。このようなできごとは，日常的に細かなゴミ処理ルールが課せられた私たちにとっては，けっして他人事ではない。「あすはわが身」のできごとなのである。とくに，前述のごみ規範逸脱者（筆者は，「ほぼ毎回必ず指定された形式を守らない人びと」や，「指定されない日時にほぼ毎回ごみを出す人びと」のことを「ゴミ規範逸脱者」とよんでいる）との戦いに敗れ（多くの場合このような戦いにはごみ規範逸脱者が勝利する），無力感を味わっている場合にはこんなことを考えるようになる。「ああ面倒くさい。もっと徹底的にルールを浸透させて，違反者は行政がビシビシ取り締まってほしいものだ（→規制的手法を求める）。いやそれよりも，みんなでお金を出し合って専門の業者を雇うべきかな…（→経済的手法の検討）」

　この＜月曜日の朝のできごと＞のなかで，ゴミの捨て方に関するモラルが低下したことを嘆いているA氏は，規制的手法や経済的手法の導入を検討している。このA氏の考え方はきわめて常識的であり，私たちの多くもA氏のような問題に直面すれば同様のことをきっと考えるであろう。そこで本節では，まずはじめに「住民の意識を高める政策」として一般的に行政によって用いられている「規制的手法」と「経済的手法」に関して検討する。

　ここで取り上げる規制的な手法とは，日常生活を送っている一般的な個人のゴミ捨て行動を改善しようとする場合に用いられる従来からの対応策であり，違反者の特定化が明確にできる問題であるときにとられてきたものである。また，経済的手法とは発生源や加害者・被害者が特定化しにくいときに用いられ，違反者が負荷量に応じて費用を負担するものである。

(2) 住民のゴミ捨てへの行政上の対応策の歴史

　現代の日本では，「住民」といったごく小規模なゴミ規範逸脱者に対して，罰則をはじめとした行政の直接的な施策（規制的手法）を用いることは皆無に近い。このことは「廃棄物の処理及び清掃に関する法律」及び「廃棄物処理施設整備緊急措置法の一部を改正する法律（以下，新廃棄物処理法）」[注1]を眺めればはっきりとわかることである。たしかに条例レベルでは「個人のゴミのポイ捨てに罰金を課す」としている都道府県はあるが，実際に罰金を課せられている人を目の当たりにすることはほとんどない。

　住民のゴミ捨て行動に対して実際に用いられているのは，「広報で道徳意識に訴える」といった間接的技法（モラルに訴える）が中心である。現代の日本では前述のような間接的技法を用いているが，行政が住民に，ある特定のゴミの捨て方を要求するとき，行政がビシビシと取り締まろうとしたことがまったくなかったわけではない。むしろちょっと前（少なくとも享保19年以前）までは，

（注1）そもそも,「廃棄物の処理及び清掃に関する法律及び廃棄物処理施設整備緊急措置法の一部を改正する法律（以下,新廃棄物処理法）」では,「国民は廃棄物の排出を抑制し,再生品の使用等により廃棄物の再生利用を図り,廃棄物を分別して排出し,その生じた廃棄物を自ら処分すること等により,廃棄物の減量その他その適正な処理に関し国および地方公共団体の施策に協力しなければならない（第2条2）」とうたっている。

そちらのほうが「常識」であった。

ではここで,住民のゴミ捨て行動への行政上の対応策の変遷をながめてみよう。その際,①規制的手法を用いた対応策と,②経済的手法を用いた対応策を中心にしながら検討したい。

住民のゴミ捨て行動への行政上の対応策は以下の3つの時期に大きく分類できる[1]。

　＜第1期＞1900年に「汚物掃除法」が制定されるまで
　＜第2期＞1900年の「汚物掃除法」から1970年に制定された「廃棄物の処理及び清掃に関する法律」（以下「廃棄物処理法」）が改正されるまで
　＜第3期＞1991年に改正された「廃棄物の処理及び清掃に関する法律」（以下「新廃棄物処理法」）以降

本論では,この3期のなかで最もさまざまな技法が用いられた第1期のようすに注目する。

第1期に行なわれた代表的な清掃やごみ捨て行動に関する行政のおもな対応策の例を取り出すと,表2-1に示す12項目[2,3,4,5,6,7,8,9,10]のとおりになる。これら12項目の対応策は,

　①比較的重い直接的な刑罰：たとえば「違反者を捕まえて拘束する」「船を取り上げる」というように本人に直接刑罰を執行する場合
　②比較的軽い間接的な刑罰：たとえば「罰金を課す」「天皇に奏聞する」というように,罰金などで刑を直接執行されることは免れる場合
　③その他

という3つに分類できる。また,もうひとつの分類として,

　①実行者のみを対象としている対策
　②実行者と依頼者双方を対象としている対策
　③特定の事業者を対象としている対策

という3分類もできる。

これらの分類にしたがって,本論文では表2-1を作成し,その12項目を対応策の種類と対象者を

表2-1　第一期の代表的な対応策

歴史にみる主な対応策

1. 従わなければ,「（4位5位の官人は）名を録して天皇に奏聞する」という罰則を与えて脅かす。（平安期）[2]
2. 従わなければ,「（諸家司・内外主典已上）式兵両省に移して考課の等第を降ろすと共に季禄の支給を停止する」。（平安期）[2]
3. 従わなければ,「（4等官以外や6位以下は）ムチ打ち50回の刑に処す」と脅かす。（平安期）[2]
4. 監視を怠った町役人は季禄の支給を停止される。（平安期）[3]
5. 従わなければ,罰金を払わせる。（平安期）[4]
6. 従わなければ,町役人（奉行等）の責任で取り締まる。（鎌倉期）[5]
7. 従わなければ,違反者を捕まえて拘束する。（鎌倉期・江戸期）[5,6]
8. 従わなければ,違反事項ができないうちに実力行使に出る（「溝を小屋で覆ってはいけないのに違反している場合は7日の猶予の後壊す」「自家用の船でごみを捨てに行く人の船は取り上げる」）。（鎌倉期・江戸期）[5,6]
9. 従わなければ,違反の実行者のみではなく,依頼人も処罰する。（江戸期）[11]
10. 従わなければ,ごみ取請負権利を特定の業者に与える。（江戸期）[12]
11. 従えば,新田開発の権利を与える。その代わりごみ取り料を値下げし,御堀の上総浚を行なえ。約束を守らなければ権利を剥奪する。（江戸期）[7]
12. 従えば,江戸市中のごみ取りの権利を独占的に与える。その代わり御堀の浮き芥を掃除し,芥取り船も自分で用意せよ。約束を守らなければ権利を剥奪する。（江戸期）[12]

（注）本表を作成するにあたって北村[8],石井・大三輪[9],伊藤[10]を参照した。

表2-2　対応策の分類

対応策の種類 対象者	直接的な刑罰 （比較的重い）	間接的な刑罰 （比較的軽い）	その他
手法名	規制的手法	規制的手法	経済的手法
実行者のみが対象	3　6 7　8	1 5	
実行者以外（依頼人や職務怠慢な役人も対象）	9	4	10 11　12

（注）表中の数字は,表2-1の「歴史にみる主な対応策」に記された12項目の数字を示している。たとえば本表の「3」は「従わなければムチ打ち50回の刑に処す」を意味している。

軸として表2-2のように分類した。

この分類表から,第1期における個人の「街路の掃除をしないこと」や「ごみを施政者の定めたとおりに捨てなかったこと」に関する対応策は,12例中10例が罰などによる規制的手法によるものであったことが判明する。

その10例の内容を詳細にみると,たとえば10例中5例（項目番号3,6,7,8,9）が「逮捕する」「ムチ打ち50回とする」「不法にごみを捨てるのに使った船などを没収する」などの「刑を直接執行する」（罰による規制）という内容のものであった。また10例中残りの5例（項目番号1,2,4,5,10）は「罰金を払う」「考課の等第を降ろし,季禄の支払い

を停止する」というものであった。

残りの2例（項目番号11,12）はその他であった。この「その他」とはそれ以外の10例とは性格を異にしているもので，江戸時代後期になって登場した規制である。それ以外の10例の対応策が個人や個人の依頼を受けた個人を対象にしたもので，単純な罰則規定をのべているのに対して，この2例は特定の業者を対象にしたものであり，「ごみに関する利権をある程度渡す代わりに幕府が命じた義務も果たせ。もしこの義務を履行しなければ利権は剥奪する」という内容をもっているものである。これらは，いわば，経済的手法を用いたものであると考えられる。

このように，とくに江戸時代の享保18年までのゴミ捨て行動への対応策は，罰による規制的手法のみを用いているものであったが，以降は，罰による規制的手法と同時に経済的な手法も併用しはじめたと考えられる。

このことは江戸後期に入ると，従来の単純な罰による規制的手法による対応策では，効果がほとんどなくなっていたことを示していると考えられる。これに困った幕府が新たな対応策として，江戸全市のごみ処理を御堀浮芥浚請負人という株仲間にまかすという11や12の対応策を用いたと考えられる。

(3) 規制的手法と経済的手法の限界

従来からの住民のゴミ捨て行動への対応策には，表2-1，表2-2に示したように，規制的手法と経済的手法による対応策の2種類があることがわかった。しかしこの2種類の技法が最良の対応策かというと，必ずしもそうとはいえない点がある。そこでここではおのおのの対応策の限界について論じたい。

まずはじめに，規制的手法にみられる問題点を概観したい。ゴミに関する規制的手法を究極まで追求した法律とはどのような法律であろうか。そ

のひとつとして，平安時代（嵯峨朝）に公布された街路清掃に関する非常に厳しい法令をあげることができる[13]。その内容は，「（街路清掃を怠ったら）①四位五位の官人は名を天皇に奏聞する。②諸家司等は考課の等第を降ろすとともに季禄の支給を停止する。③四等官以外や六位以下の人はムチ打ち50回」というものであった[12]。この法律に顕著な効果がみられないと，「監視や処分を怠った役人には違反者と同様な罰を与える[13]」という法律を制定し，それでもだめだと「官人の非違糾弾を本務とする役人が違反者を直接式部・兵部に移送すること」を決定し，諸司の官人や五位以上に対する強制力を大幅に強化した[14]。まさにこれ以上厳しい法令は考えにくいものであった。それでも「有勢の家」はやはり催促に従わず，無主の地は対応しようがなかったそうである。そのため現場における法律の実行者（たとえば坊令など）は上位の取り締まり役（たとえば弾正台）に責め立てられるので，その辞退者が後を絶たなかったそうである[13]。

このように，日本においても行政が住民に特定のゴミの捨て方を，罰則などを用いて直接的に要求した例があった。しかし，その効果は残念ながらあまり顕著にみられなかったようである[14]。

次に，経済的手法の問題点を概観したい。経済的手法とはごみ袋有料化をはじめとしたごみ手数料有料化政策のことで，現在では規制的手法よりも注目を浴びている手法である。

この技法の第一の問題点は，介入効果の鈍化という点である。人びとが一定の介入を続けて受けていると，その介入効果は鈍化してしまうという特徴がある。この介入効果の鈍化は，経済的手法を用いている地方公共団体や生協などでもよく知られていることである。この原因は，連続強化スケジュールで一次性強化による行動変容を行なっているので，強化子に対する飽和が生じた（あきた）ためと考えられる。この介入効果の鈍化を放

（注2）価値のある強化子と交換できる象徴的代理物（クッキー，ジュースといった食べ物や，ゲーム，ノートといった品物，名誉や特別扱い，好きな活動などのこと）をトークンとよぶが，そのトークンを用いてさまざまな行動変容プログラムを実行する手続きのこと。

置しておくと，地方公共団体や生協といった団体自体も経済的手法を用いることに関して強化を受けることができないので，経済的手法を用いる動機づけが低下するおそれがある。

第二の問題点としては，経済的手法を用いると個人の不適切なゴミ捨て行動が増加する恐れがあるが，その不適切に捨てられたゴミも回収せざるを得ないという点をあげることができる。現在でも，公園や駅のゴミ箱に通勤途中の勤め人が家庭のゴミを捨ててしまうことが問題になっている。また，広い道路や大きな公園脇には粗大ゴミや廃棄目的の車が放置されていることもよくあることである。しかし，それらの不当に捨てられたゴミ類は，ルール違反であっても結局は回収せざるを得ない。とくに道路沿いに捨てられた粗大ゴミや廃棄目的の自動車の場合，道路を狭くして渋滞や交通事故の原因となってしまう。道路に捨てられていた冷蔵庫をよけようと車道に出た，自転車に乗った大学生がトラックにはねられ死亡するという事故も過去には起きている。

不法投棄されたゴミ類が最終的には回収されるものであれば，不法投棄した人は不法投棄したことで利益を得る。そして料金を払い適切にゴミを捨てている人は不利益をこうむるという，社会的ジレンマ状況に陥ってしまう。この状況が顕著になれば，多くの人はフリーライダーとして短期的個人的利益を得る一方で，適切なゴミ捨て行動をしている人にはより多くの負担がかかるという状況になることは十分予測できる。

そこで，本節ではとくに住民に対してこれからますます用いられることになると考えられる経済的手法の問題点を解消するためのひとつの方法として，応用行動分析的介入策を提案したい。

（4）応用行動分析的アプローチの提案

ゴミ問題を応用行動分析的な技術を用いて解決しようとした研究は，1960年代の終わりごろから行なわれている。最も初期のゴミ捨て行動に対する応用行動分析的な試みとしては，バージェス（Burges, R. L.）ら[14]をあげることができる。彼らは公共場面でのゴミの散らかし行動に対する伝統的なアプローチを次の3つに分類した。

①法律による取り締まり
②広告を通して個人の態度を変える試み
③調査研究を通して「パーソナリティ」やゴミ袋の社会的特徴を探る試み

そしてこれらのアプローチを考慮したうえで，応用行動分析の技術も含めて，どの方法がゴミを拾い，適切に捨てる行動の頻度を増加させるかを調べている。その結果，効果があったのは「ゴミ＋10セント（子どもにゴミ袋を配り，帰りにゴミの入ったゴミ袋を所定の場所に持ってきた子どもには10セントをあげるという条件）」と「ゴミ袋＋映画券（子どもにゴミ袋を配り，帰りにゴミの入ったゴミ袋を所定の場所に持ってきた子どもには次回の子ども映画の入場券をプレゼントするという条件）」であることがわかった。つまり「適切に捨てるという行動は，強化子が直接提示されれば（つまり経済的技法を用いれば）増加する」ということが明らかになったのである。その後，トークン・エコノミー（注2）をはじめとした強化理論に基づいた研究がさかんに行なわれるようになった[15,16,17]。このことは現実の政策のなかで用いられている経済的手法の意義を裏打ちしているとも考えられる。

応用行動分析的アプローチのなかでは，トークン・エコノミーが注目を浴びやすいが，このアプローチには他にもさまざまな技法がある。たとえば，ソーシャル・スキルズ・トレーニングに代表される，望ましい特定の行動を強化するための教育訓練プログラムや，家庭での節電行動を促進する際にも用いられるフィードバック[18,19,20]をはじめとした「教育・訓練に関する技法」である。また刺激性制御法を用いた研究も数多く存在する[21,22,23]。

（注3）スキナー（Skinner, B. F.）がレスポンデントに対して名づけた反応のこと。その反応から生じた結果に従ってその強さを変える反応のこと。

（注4）有効と考えられる複数の介入方法を同時に行なうための方略のこと。

刺激性制御法とは，人や動物のオペラント反応は，強化刺激のみによって左右されるわけではなく，その個体を取り囲む環境によって与えられる環境刺激もオペラント反応（注3）が生じるかどうかに影響を与えると考えるもので，環境刺激によりオペラント反応の頻度に影響を与える過程やその操作のことを刺激性制御とよんでいる†24。

以上のような応用行動分析的な技法を用いれば，経済的技法のみを用いることによって生じる問題点を解決することができると考えられる。たとえば，介入効果の鈍化の問題に関しては，鈍化が生じないように月単位や年単位で変更する介入プログラムを設定することが理想ではあるが，住民の転入や転出があったり，一度決定した政策を頻繁に変更することは現実的ではないという理由から，この方法をとることは困難である。そこで，有料化という経済的技法を用いると同時に，減量行動の原因帰属を減量規範や態度に帰属させるための教育プログラムやフィードバックを行なえば，介入効果の鈍化は防ぐことができると考えられる†25。

また個人のゴミ捨て行動に関するフリーライダーの問題は，適切なゴミ捨て行動が生じやすく，不適切なゴミ捨て行動が生じにくい物理的環境の整備を進める一方で，教育訓練プログラムやフィードバックを用いて適切なゴミ捨て行動を行なうための個人の動機づけを強化することで，防ぐことができると考えられる。

もちろん，経済的手法に限界があるのと同様に，応用行動分析的アプローチにも限界がある。それは，応用行動分析の正確さや客観性は，介入が1回に1度，1つの行動の次元に適用されることに依存しているということである†26。このことは日常場面で応用行動分析的アプローチを用いようとする際，大きな弱点となることが考えられる。

しかし，この弱点は，複数の反応に焦点を絞り，一定期間十分な回数の測定をくり返し，ベースラインを確かめたうえで，時間差で複数の介入を導入しその効果を確かめる多層ベースラインデザインや条件交換デザインを用いれば，応用行動分析的アプローチを用いても「日常生活場面における問題（たとえばゴミ問題）は，複合的な側面をもっている」という点を考慮したうえで，ひとつの問題に対して複数の方向から異なるアプローチを行なうことができる。もちろんその際，ひとつの問題が内包する複数の側面すべてを取り上げることは不可能であるので，その問題の特徴を歴史的な視点も含めて広く検討したうえでいくつかの方向性を選び，効果的と考えられる介入バッテリー（注4）を組むことが必要である。

このように，住民のゴミ捨て行動を変えようとする場合には，単に経済的な手法を用いるのではなく，トークン・エコノミーや教育訓練，フィードバックに代表される適切な動機づけを行なう環境の整備と，適切なゴミ捨て行動を行ないやすい物理的な環境の整備という応用行動分析的な技法を網羅的に用いることが必要である。

2．できないことはできない
　　　　―単身者のゴミ処理事情―〔真鍋亜希子〕

(1)「単身者はモラルが低い」か？

「単身者」の「ゴミ処理」といえば，およそルール違反の代名詞のようにいわれている。なぜなら単身者のゴミ処理は，いわゆる地方自治体の「ゴミ対策」からは目の敵にされているからである。いわく，収集日や時間を守らない，分別作業に非協力的である（可燃ゴミも不燃ゴミもいっしょくたにして出す），雑誌類を大量に，しかも束ねないで出す，本来なら清掃局などに届け出て有料で引き取ってもらうべき粗大ゴミを普通ゴミといっしょにして出す，などとその傍若無人なマナーの悪さを数え上げていけば枚挙に暇がない。そして最後には「最近の若者はマナーがなっていない。まともにゴミ処理のひとつもできないなんて，他人の迷惑を考えたことがあるのか」とお決まり

の台詞でくくられてしまうのである。

しかしゴミ処理問題を若者のマナーの悪さのみによってすべてかたづけてしまうのはいささか性急に過ぎるだろう。なぜなら単身者であっても，ゴミ処理に非常に几帳面に取り組む人もいるし，単身者以外がゴミ処理マナーに忠実かといえば，必ずしもそうとは言い切れないからである。

たしかに，若年単身者（以下，単身者と略す）である筆者自身も環境などどうなってもよいと考えているわけではない。そして無責任なゴミ処理のツケが蓄積し，めぐりめぐっていずれ自分の首を絞めることになるのも，「頭では」理解している。わかってはいることが，なぜ行動に移せないのか。そのことを考えることこそが，環境問題の解決に向けて重要である。

社会問題としても環境問題に対する関心は年々高くなっている。今日，新聞やテレビなどいわゆるマスメディアを通して私たちが「環境」の二文字を見ない日はないほどである。とくに最近はデポジット制や，リターナブル瓶などといった，いわゆるリサイクルへの協力が叫ばれている。

だが，あえていうならば，それらの取り組みが社会的に認知されている度合いと，実際の実行率とはまったく異なったものであることに注意すべきである[27]。つまり，「知っている」ということはそれを「している」ことをさすものではない。

本来環境のために協力することはむずかしいことではなく，自然に行なわれて然るべきはずである。なぜならだれしもゴミであふれ，空気や水が汚れた場所で生活したいとは思わないからである。快適さを手に入れるのにコストがかかるのは当然である。では環境問題の重要性は重々認識していながらゴミ処理マナーが無法を極めるのはなぜなのであろうか。そしてそれに解決策があるとするならばどのようなことが考えられるであろうか。

じつはこの問題は，ゴミ処理はもっぱら個人の「心がけ」の水準で対応できるはずだという「常識」と「人間の生活形態はおおむね単一である（にすべきである）」という「常識」から発生している。この節では，それらの「常識」では対応しきれなくなった現代の「ゴミ処理事情」を，単身者の生活に焦点をあてることによって考える。

(2) マナーが守れないのは単身者だけか

非常に単純な疑問であるが，なぜ単身者はゴミ処理ルールが守れないのであろうか。環境に対する関心が薄いからであろうか。あるいは，いわゆる順法精神といわれるような「公共道徳意識」が乏しいからであろうか。一面的にはあたっている部分もあろう。だが公共道徳意識に乏しいのは何も単身者だけに限ったことではあるまい。日常的によくみられる「タバコのポイ捨て」や「ジュース缶の投げ捨て」などの行動は単身者ならずともだれにでもあてはまる。また「環境破壊についての危機感の認識」についてはどうであろうか。たとえば，単身者がゴミ捨てのときに可燃ゴミと不燃ゴミをいっしょに出す，というのもよく槍玉にあがる事例である。しかし，可燃物をお菓子の空き殻，不燃物を缶入りのジュースやお茶に変えればどうであろうか。駅やコンビニのようにだれもが利用する場所において，可燃物専用のゴミ箱に不燃物入りのゴミがうず高く積み上げられているのはよく目にする光景である。

その意味ではゴミ処理のモラルに問題があるのは単身者に固有の事情ではない。なんとなく「単身者はゴミ処理のマナーがなっていない」という言い方で攻撃の標的になっているが，単純に単身者を標的にすれば解決するという問題ではなさそうである。

これはゴミ処理マナーを守らない単身者が多いことも事実ではあるものの，そのような生活が自分には無縁である人々がよく口にしがちな言説でもある。一般に人間が攻撃の標的を選択するとき，自己と異なった特性をもった相手を選択する。こ

（注5）部屋の狭さの問題を考えれば，ゴミ容器をたくさん用意しておいてあらかじめ分別するというのはほぼ不可能である。

れは自己が攻撃の対象とならないことを考えれば当然の選択である。集団いじめは，標的となった人間が，集団に共通の人間像とされるものから乖離していることを口実に行なわれる。

これが一般社会で発生すれば，単身者のような比較的攻撃しやすい対象が標的に選ばれることになる。「単身者のマナーがなっていない！」と目くじらをたてて怒る人々のたいていは単身者以外の「大人」である。

また，マナー不足というだけではかたづかない問題がほかにもある。ゴミ捨て行動の結果だけみれば，たしかに「マナーがなってない」といわれてもしかたがないところはある。だが問題なのは，なぜ単身者がそのような行動しかとれないのか，ということではなかろうか。単身者のマナー不足だけに還元される「常識」からずれる部分がここにある。「マナーがなっていない」単身者自身のゴミ捨て行動に対する心情は，一言に集約すれば，「環境に対する意識は高く，危機感もある。できればゴミ捨てマナーも守りたい。けれど現状の段階では，協力するのは非常にむずかしい」というものである。つまり問題は人の側にだけあるのではなく，ゴミ処理制度の側にも多分に含まれているということである。「守らない」のではなく，「守れない」ことも多いのである。次にそれを詳しくみていくことにする。

(3) 単身者に厳しいゴミ処理ルール

寒い冬の早朝，家族のなかでだれがゴミ出しに行くかを決めるのに，だれもがその役目を押しつけあったあげ句，ひと騒動起こる，というのはマンガやドラマなどでよくみられる一場面である。多くの地域においてゴミ出し日は週に2～3日，朝は8時までというところであろうが，私の居住地もその例にもれない。

さて，一般家庭であればたいていの場合のゴミ出しは，もし家族内で順番が割りふられていたとしても，当事者が月に数回程度面倒な思いをすればいいだけの話である。だが，単身者となるとすべてのゴミ出しを自分でやらなくてはいけない。朝の1分でも多く眠っていたいときに，週に2回も早起きを強制されるのはたいへんなことである。そしてまず多くの単身者はここで脱落してしまう。ただ，だからといって「もうゴミ捨てなんかどうでもいい」と思っているわけではない。

当然のことながら，期日や分別方法などがきちんと規則通りになされているかということに対して非常に熱心なチェックをする，いわゆる「口やかましいおばさん」が地域にいる場合はこのような事態は起こり得ない。しかしある程度の人口密度をもった都市においては，こういった「おばさん」の存在は煙たがられるだけなので，まずいないのがふつうである。もちろん「単身者」の多くは，そういった地域のしがらみを嫌って都市に集中している。またマンションによってはゴミ出しの期日や時間の制限がほとんどない，というところもあるようだが，そういったところはまだかなり少数である。

期日や時間が守れないのであれば，せめて分別作業くらい真面目にやろうか，と思ったときもある。ところが分別を始めてみると，分別の種類の多さもさることながら，それらを「ゴミ」の状態にするまでに膨大な時間と手間をかけねばならない(注5)。ゴミの分別は，たとえば名古屋市など厳しい地域では10通り以上の類型に分類することが求められている。私が住んでいるのはそこまで厳格な地域ではないが，それでも完全にこなそうとすればこれは非常にむずかしい。たとえばホウレンソウを買ったとする。大昔のようにわらで束ねてある商品などもちろんあるはずもない。スーパーで売っているのはセロハンだかプラスチックだかわからないが，化学的に製造されたテープで止めてある。そしてどうかするとそれがさらにビニールの袋に入っていたりする。さて，これはそれ

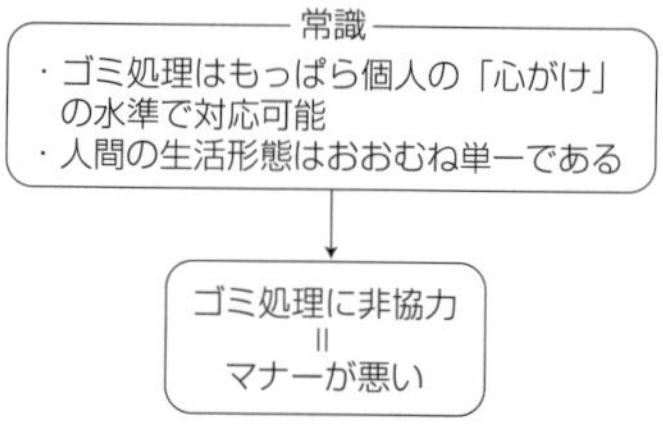

```
┌─ 常識 ─────────────┐
│・ゴミ処理はもっぱら個人の「心がけ」│
│  の水準で対応可能          │
│・人間の生活形態はおおむね単一である  │
└──────────┬────────┘
           ↓
    ┌──────────┐
    │ ゴミ処理に非協力 │
    │    ＝      │
    │  マナーが悪い  │
    └──────────┘
```

図2-1　「ゴミ処理はマナーの問題」という常識的理解の構造

ぞれどの種類のゴミにしたものだろうか。すべて「プラスチック」でよいのだろうか，それともビニールは別だろうか。いや，そもそも無色の袋はビニールなのだろうか。考えれば考えるほど頭がこんがらかってくる。魚だって同じことである。魚の下のトレイと上に被せてあるフィルムは同じ分類だろうか。トレイはスーパーで回収しているから洗って持ち込まなければならないかもしれない。プラスチックの本体にアルミホイルで蓋をしてある容器は，捨てるときにはアルミホイルだけをていねいにはがして分別しなければならないことになる。ペットボトルはきれいに洗ってつぶしてから出せということになれば，洗う時間も必要である。何もかも一人でするということになれば，個々の手数は限られていても，その総量は相当のものである。

　ここからわかるのは，ゴミ出しの曜日時間規制にせよ，分別作業にせよ，これらの諸制度を完全にやりこなそうと思えば「環境問題に関心があり，なおかつ時間に余裕のある人」というのが前提条件にされていることである。先にも述べたが，たいていの自治体のゴミ収集の時間は「朝8時まで」といった設定である。つまりここでは暗黙のうちに「少なくとも朝8時前までには起床し，朝食を終え，ゴミの分別をすべてやり終えて，まとめて出す」という生活が想定されている。ところがこのような生活は口で言うほど簡単ではない。都市には夜遅くまで開けている商店もある。そういった場所でアルバイトをする単身者も多いだろうが，それらの人びとにこのような生活は不可能である。

　現実にこのような設定で不完全な社会サービスが行なわれているのは，大部分の家庭において「標準的な生活時間」を規定することが可能であった時代に設定された方式をそのままにしているからである。現在でも，専業主婦であれば家事を専門にしているのであるから可能であるかもしれない。結婚し，子どもが生まれたのをきっかけに

環境に気を配るようになる専業主婦は多い。しかし，残念ながら単身者の生活時間帯は専業主婦の対極にあるといっても過言ではない。まず日々の生活を成り立たせるのに精一杯で，とても分別作業をしているだけの時間はないことは先に述べた。また生活時間帯が不規則な単身者のなかには，外出や外食が多いせいでゴミの排出量はほとんどないという人もいる。だがこういった人は自分のゴミをどこに，いつ，何時までに出すのか知らない，ということすらめずらしくない。だからたまにゴミが出たりすると，曜日も時間もかまわず目に付いたゴミ捨て場にそのまま持っていって捨ててしまうのである。そして多くの単身者にとって最も頭痛の種になるのが，旅行や出張などで長期間家を空けなくてはならない時である。冬場であればそれほど困らなくてすむが，問題は夏場である。狭い家の中に生ゴミを放置しておくわけにもいかないし，早々からゴミを出して近所迷惑をかけたくはないしで，この時ばかりは本当に困る。心おきなくモノを頼める友達や家族などが近くに住んでいる場合は頼むこともできるが，そうでない場合はどうにもしようがない。

　これだけでも，図2-1のような構図が必ずしも的を射た見解であるとは限らないことがわかる。単身者はゴミ捨てや分別作業をやらなくてもいいと思っているわけではない。むしろ自分にやれることがあれば協力したいが，制度面での時間や手間の融通がきかなさすぎるのである。

　環境保護は，個々の人間の問題としてみた場合，寄与する部分が非常に小さいという特徴がある。これは現在の環境問題が，昔の公害問題とは違って，少数の大規模汚染者と多数の被害者という構図ではないからである。現在の環境問題は個々の汚染源の排出量は小さいのだが，「塵もつもれば山」となって全体への影響が無視できなくなったというものである。つまり，社会の大部分の人びとが環境保護行動を実行しなければ，結果的に効

果はあがらないという性質のものなのである。この環境問題の特質を考えれば「環境にやさしい」ゴミ処理制度は，大部分の人が守ることではじめてその目標が達成されるのである。したがって，

- 「環境にやさしい」ゴミ処理ルールは，大部分の人が守ることではじめてその目標が達成される。
- そのためには「ふつうの」人が「ふつうの」努力で守れるルールであることが必要である。

という結論が導ける。ここで問題になるのは「ふつう」の意味であろう。

(4) 変化した単身者の住居事情

ほんの2, 30年前までは，まだ大学進学率が低く，若者が生活する場は「家族の住む家庭」以外はほとんどあり得ない時代であった。結婚にしても，その時代あたりまではずっと「家庭」をもつことはひとつのステイタス・シンボルであるとされていたので，核家族にするにせよ，大家族にするにせよ，若者は男も女も争って「家庭」づくりに奔走したのである。現在はあたりまえのように行なわれている離婚や共働き，「シングル志向」などは，意味もなくただそれだけで「不幸の象徴」とみなされていた。つまり「世帯」の基本形は「最低2人以上が住んでいる家庭」であったのである。現在のゴミ処理制度は，その時代から延々持ち越したものである。「世帯」の基本形が「複数」で統一されていた時代は，その制度で十分に機能した。筆者は(3)で「専業主婦であれば家事を専門にしているわけであるから可能であるかもしれない」と書いたが，その時代の男女間の役割はいうまでもなく「男はサラリーマン，女は専業主婦」というものであった。家に一日中いる専業主婦だったからこそ，曜日や時間などが決まっていてもたいして負担にはならなかったのである。

だが，ここ2, 30年のあいだに，第三次産業に従事する人口は急激に増加した。時を同じくして，コンピュータをはじめとする情報機器の発達は，必然的に日本の経済活動をグローバル化させた。当然のことながら，グローバル化した経済活動のもとでは，人々の生活時間のサイクルも変化してくる。昔のように「昼働き，夜眠る。日曜日は休日」というわけにはいかない。昼寝て夜出勤する人もいれば，平日が休日である人もいる。なにより，このような社会構造の変化は，都会で暮らす単身者を一昔前とは比較にならないほど増大させている。多種多様な人間がさまざまな生活時間に従って暮らしているのが現在の「ふつう」の人びとのありようである。

政府や自治体などは「ゴミ対策」として単身者も含めた各家庭に，「環境保護意識」の向上を呼びかけ，膨大な負担をほとんど各家庭で担わせようとするいわゆる「努力主義」の立場を懸命に推奨している。しかしこれはどれくらい効果的なのか首をひねらざるを得ない。(1)で述べたように，「環境保護」に対する取り組みが社会的に認知されている度合いと，実際の実行率とはまったく異なっているのである。いざやろうとしても完璧なゴミ処理とは「適当に，このなかのひとつだけでいいからやってください」などという，そんな生やさしいものではない。重箱の隅を楊枝でほじくるようなこと細かな分別規則が山のようにあり，その仕分けを毎日しなければならないのである。

それでも口やかましく奨励していれば，そのうち少しずつでもやる人が出てくるだろう，何もいわないよりはましだ，と考えられている向きがあるようだが，誤解を恐れずにいえばこれは完全な「しろうと理論」である。仮に「これ1つだけでよい」といわれれば「それくらいなら」とやる気になったかもしれない人も，あまりにも多くの負担を課されると，実際にはいわれればいわれるだけ「どうせ俺（私）はものぐさな人間だからできないよ。悪かったな」と居直り，指一本動かさなくなるのが現実である（社会心理学では「心理的

●リサイクル意識はあるのよ。でも，あんまり細かくいわれたら面倒くさい。全部不燃ゴミで捨てちゃおう。

リアクタンス効果」とよぶ）。結果として「環境保護」の重要性は重々わかっていながらも，気持ちとは裏腹な行動に出てしまう人間が増えるのである。現代の多様な生活時間帯を考慮しないゴミ処理制度は，こうした法律を制定した趣旨が活かされているとは思えず，ますますそれらを「ザル法」化するのに拍車をかけているようにさえ思われる。これでは逆効果であろう。むしろ「できないものはできない」という前提条件のもとで制度の側から改善策を考える必要があろう。

(5) ゴミ処理改善は無理のないところから

「分別といっても，単身者は一人暮らしなんだからゴミの量自体が少ないだろうに」とよくいわれるが，これは誤解である。スーパーなどに買い物に行っても，食品を1人分用にして売っているのは，せいぜい調理済みのお惣菜ぐらいである。あとは何を買うにしてもファミリーサイズ，つまり3〜4人分用であることがほとんどである。使い切れずに腐らせてしまうことも少なくない。またコンビニなどから買ってきたとしても，包装や空き容器などは意外にかさばるものが多く，少なくともゴミの減量化にはつながらない。結果として，単身者のゴミの量は考えられているほど少ないわけではない。

再びくり返すが，「9時から5時」の昔ながらの仕事時間帯で生活している人の割合は，ここ20年間の産業構造の変化により，減少傾向にある。そうした実態が現在のゴミ収集方法に反映されていないからこそ，収集側の要請にこたえられない市民の葛藤と混乱が表面化してきているのである。

生活形態が非常に多様化した現代では，生活時間も行動も非常に多様化している。そのなかで，ゴミ処理については，特定の生活形態を想定した制度になっていることが，多くの違反者を生むことになっている。想定された生活形態とは異なる生活形態の人びとには，「ほんの少しの努力」ではすまない労力をかけることになってしまう。これでは日常生活は維持できない。結果として，「協力しない」という選択をする人びとが増大する。社会サービスそのものを，生活形態の多様化に合わせることが必要なのである。

生活形態の多様化にともなう社会制度の変化の必要性は，たとえば社会保障などでは頻繁に話題になる問題である。介護保険については生活形態の多様化をいって制度を改革し，ゴミ処理についてはそれを一顧だにしないというのは妙なことである。その背景になっているのは「ゴミ問題は各家庭（もしくは個人）の心がけで解決できる」という思い込みである。同時にやっかいなのは，ある生活形態を前提にすれば現実に「心がけ」で解決できてしまうという事実なのである。自己の経験だけに依存した行動の難易の評価が，自己の生活形態を前提にした判断でしかないことがこの「やっかいな事実」を作り上げている。

現在ではもはや「昔のこと」になってしまった強力な何らかの反対運動は，その時代にはあまり社会的影響力のなかった人びとの要求を，少なからず社会に反映させる機能を担っていた。そのような営みが現代の社会を作り上げてきたことも事実であるが，今の時代に，そこまでしなければ社会は変えられないという無力感を植えつけても仕方がないだろう。それは結果的に環境問題に対する無関心をよぶことになる。反対運動をする「気力」のない人びとはただおし黙って協力しないだけになってしまう。そのような人びとを少なくすることが環境問題の解決につながる道である。何よりも環境問題は多くの人びとの協力がなければ解決しない問題なのである。そこで単純に「心がけ」のみを説くことは解決にはつながらない。

「ゴミ捨て場まで持っていけば，あとは他人の責任」という，従来までの大量生産，大量消費によって「大量廃棄型社会」を作ってきた安易な発想は，いうまでもなく改める時にきている。21世

紀は，限られた資源を有効に使い切る「循環型社会」にシフトしていくであろうが，そのためにも地に足の着いた政策は必要不可欠である。「どんな人でも，どんな家庭でも無理なくできるゴミ処理政策」の検討が急務であろう。「環境保護のために」と始終肩肘を張らなくては「協力している」ことにならない社会ではなく，知らないうちに，結果としてだれもが環境保護やリサイクルに取り組んでいる，というような「柔軟性のある」社会への変化が望まれる。

3．提案には順序をつける
―環境保護行動を促進する政策―〔林　理〕

環境保護をめぐる議論のなかでゴミにかかわるものは数多い。「循環型社会」というスローガンは政府でさえも掲げるものとなり，「捨てない生活」はもはや一部の運動家だけのものではない。それでは「ゴミを捨てる」生活は「イケナイコト」であり，ゴミ問題に頓着しない人びとは社会的糾弾の対象になるべきなのだろうか。

あなたの家の近くのゴミ集積場を見てほしい。今日も大量のゴミが積まれていないだろうか。粗大ゴミのなかには「まだ使える」ものも少なくないことだろう。あれほど「循環型社会」が叫ばれても人びとは注意を払わないものなのだろうか。もちろん「買うほうが安い」といった社会的事情はある。そのような直接的かつ明示的な損得には人間は弱い。しかし問題はそれだけではなさそうである。前節でも述べているが，現在のゴミ捨て事情はある生活の型からはみ出した人びとにとっては非常に「やりにくい」ようである。考えてみれば「ひと山いくら」という野菜や果物の売り方は1960年代後半から流通合理化にともなって登場したものである。これでむだが出やすいのは少人数の世帯に限られた話ではない。「4人分」が単位で売られていれば5人家族だったら2単位8人分を買うことになってしまう。野菜なら切り方で調整するという方法もあるが，サンマの塩焼きにしようということになれば4人分を5人で食べることはむずかしい。このような現代の流通事情もまた，「ゴミの山」の一因である。

しかしそれを考慮しても「ゴミの減量」は進まない。そして地方自治体はゴミの減量に躍起になっている。なにしろゴミの最終処分場の面積に限りがある。新たな最終処分場を建設することが容易でない以上，現在の最終処分場の延命を図らなければならないことは自明である。だから自治体は熱心にゴミの減量を進めようとする。ゴミの減量にはゴミとなっているものの再使用，再生使用が不可欠である。再使用できるゴミとそうでないゴミを区分することはゴミの発生の段階であれば容易であるが，あとになって分離することは容易ではない。「エントロピーは増大する」という熱力学第2法則はゴミにもあてはまる。だから現在のゴミ問題への対応はゴミの減量と分別の徹底という2面から進められているといえる。

おそらくあなたの家にも「ゴミの捨て方」を書いた市町村の広報があることだろう（図2-2参照）。改めて読んでいただきたい。ゴミを出す時間，分別の方法，出すときに使う袋の種類など，かなり細かく「ゴミの出し方」が指定されているはずである。自分はこの細かい指定のすべてを完全に守っていると断言できる人は少ないことだろう。「これは可燃ゴミなのか，不燃ゴミなのか」と迷うゴミも多い。実際，ある種のゴミが可燃ゴミか不燃ゴミかということはその地域の焼却炉の性能にも依存することで，地域を越えた一般性があるわけではない。紙ゴミと生ゴミが可燃ゴミに含まれるという程度のことしか判断できない。どうかすると生ゴミはコンポスト化しているので別にするという地域もある。

このようにゴミの出し方はめんどうである。それに違反する住民が後をたたないのも事実で，多くの自治体の悩みの種である。「これだけいって

図2-2 「ゴミの捨て方」を知らせる広報紙

もこの程度だから放置しておくとどうなることか」というのが共通の見解だろう。それと同時に「いくらいってもむだな人もいる」というのも共通の見解であろう。

ここにみられるように，ゴミ処理の問題の少なからぬ部分は住民の態度に帰属されている。「マナーの悪い一部の人びとが問題である。環境保護や廃棄物処理といった問題に無関心な人びとをなんとかしなければならない。だから執拗にいい続けることが重要である」というのがその結論であろう。本節ではこの問題を考えることにする。

環境保護行動に関する態度調査[28]の結果では，環境保護にまったく関心を向けない人びとは限られている。しかしあらゆる環境保護行動を実行しているという人びとも非常に限られている。つまり「できることはする」というのが共通の特徴である。実際，多くの人びとはなんとなく「もったいない」と考えるミニマリズムを共有している[29]。そして実行する環境保護行動の選択に共通の基準はない。

この問題は重要である。地球環境の問題は近年では頻繁に取り上げられる問題である。この問題自体をまったく知らないという人は少ない。その結果，ゴミの減量にしても排水の浄化にしても「しなければならない」ことはそこここで強調されている。そしてこのような広報活動はまったく効果がないわけではない。少なくとも「過度に環境に負荷をかける行動は望ましくない」という態度は形成されている。問題は「過度に」の部分である。実際に調査を実施すると「自分ひとり程度は関係ない」「自分ひとりがしても変わらない」といった態度はほとんどみられない[30]。つまり個人の行動が環境保護問題について相応の重要性があるということ自体は理解されている。そしてその結果，「可能な範囲で対応する」という態度も形成されている。問題はその「可能な範囲」である。

2節で述べているように「どのような行動が容易で，どのような行動が容易でないか」ということは個人の生活形態に大きく依存する。ゴミの「捨て方」について「違反者」が少ないのは地域の規範が厳しい地区であるという報告もある[31]が，それだけに依存する問題ではない。生活時間，生活形態といった問題に依存する問題である。「可能なこと」は個人の生活形態，そして場合によっては個人の「好み」で決まることである。

「空きカン，空きビンの回収は毎週水曜日の朝」と決まっている地区があったとしよう。この回収方式が漠然と「無理のない」ものに感じられるという人びとも少なくないのではないか。しかしこれには意識されない前提がある。まず毎週火曜日の夜から水曜日の朝にかけては深夜勤務(注7)だという人には応じられない回収方法である。そもそも回収が行なわれる「水曜日の朝」は自宅にいないのであるから，ゴミを出せるはずもない。ビン，

(注7) 曜日が固定された深夜勤務はそれほどめずらしいものではない。特定の曜日だけ遅くまで営業する商店もあれば，特定の曜日に出勤することになっている非正規雇用者もいる。

(注8) トマトソースは一般にサンマルツァーノ種のトマトを使用するが，これは日本では通常は生では手に入らない。水煮の缶詰めを利用するのが一般的である。

(注9) 缶入りの飲料を販売するときに一定額の「保証金」を価格に上乗せして徴集し，缶を販売店に持ち込んだときに返却するという方法。ビールビンでおなじみだろう。

カン類のゴミが少ない人であれば「週1回」という回収ペースで問題ないかもしれない。しかし頻繁にトマトソースを作り(注8)，毎日ワインを1本飲むという人にとっては，これでは家の中がビン・カンだらけになりかねない。ある程度広い家に住んでいればさして問題にはならないだろうが，狭いワンルームマンションでは大問題である。「そんなスペースはない」という議論も現代の大都市の住宅事情を考えれば笑ってすませられる話ではない。なんとなく「無理がない」と考えてしまう背景にはこうした前提を漠然と共有している人びとが少なくないという事情がある。いや，多くの人びとは直観的に「無理がない」と考えがちなのである。だからこそ常識的な前提を再検討する必要がある。

このように考えてみると，ゴミの「捨て方」に違反者が続出するのは「心がけの悪い人びとがいるから」という単純な「常識」は考え直す必要がある。いや，そもそも「ゴミの問題はかなりの部分『ちょっとした』心がけの問題だ」という常識がすでに問題なのである。その「心がけ」が本当に「ちょっとした」ものなのかどうかは容易に決まることだろうか。2節で詳細に述べているように，ある人びとにとって些細な問題は別の人びとにとっては生活形態の根底を脅かす大問題なのである。「どのような手段を採用しようと限界はある」という指摘はこの「人によっては」ということを考慮すれば容易に説明できることである。

単純な人間の行動モデルを考えてみよう。人間はある行動を実行するかどうかということを「実行したい度合い（欲求）」と「実行してはいけないと思う度合い（規範意識）」を比較して決定するというモデルは非常に古典的なものであるが，おおまかな説明としては妥当だろう。つまり殺人は一般的には「実行してはいけない」と思う度合いが非常に高いから，たいていの人は実行しない。しかし「実行してはいけない」と思う度合いが低い万引きになると実行する人が増加し，落ちているお金を拾うことになるとさらに実行する人が多くなる。

このモデルを犯罪のような実行を抑止する場面ではなく，適正なゴミ捨て行動のように実行を促進する場面で考えれば，比較の対象になるのが「実行しなければならない」と思う度合いと「実行するのがめんどうだ」と思う度合いということになる。「欲求—規範意識」という対比にならえば，ここでは「規範意識—コスト感」という対比になる。犯罪では規範意識が行動を抑制する向きにはたらき，環境保護行動では規範意識が行動を促進する向きにはたらくことが違いである。広報や現場での指導といった誘導的な手法は規範意識を向上させる。「空きカンデポジット(注9)」に代表される経済的手法はコスト感を低減させる。時間の経過とともに規範意識が低下すればコスト感のほうが大きくなり，違反者が増加することになる。これが1節で指摘した時間の効果の問題である。

適正な捨て方のコスト感が低い人びとは問題にならない。そうした人びとは規範意識が少々低下しても適正なゴミ捨て行動を実行する。しかし適正な捨て方のコスト感が高い人びとは規範意識が低下すれば違反することは自明である。そして2節で指摘したように，ある生活形態の人びとにとってはコスト感が非常に高くなるのが現在のゴミ減量で採用されている手法なのである。これに対応する方法のひとつは多様な生活形態に合わせた手法の採用であろう。しかしそれにも限界はある。一定の逸脱者の発生はやむを得ないともいえる。

さらに行動の総量という問題も考慮する必要がある。2節で指摘した「単身者であることの問題」とは「他に分担者がない状況で，ゴミ処理だけにかかわっているわけにもいかない」ということである。家事の作業量は必ずしも家族の人数に比例するものではない。むしろ人数にかかわりなく発生する部分が多い。そのなかで多数の「実行すべ

きこと」があれば，そのコスト感は非常に高くなる。仮に個々の行動それ自体は当人にとって些細なものであったとしても，総量が多ければ些細だとはいえなくなる。そうなれば「実行すべきこと」のすべてを実行することはできなくなる。

多数の「実行すべき」行動を並列的にならべたとき，そのすべてが実行されるわけではないことは環境保護行動に限った話ではない[32]。これは非常に一般的な行動傾向なのである。環境保護が重要だと認知されれば，並列的にならべられた行動のなかから個人の生活形態，あるいは「好み」に応じたいくつかの行動が選択され，残りは捨象される。ここで重要なのは社会的にみれば行動はランダムに選択されるということである。「掃除が楽になる」といった強い促進条件のともなう行動や「反則金が課される」といった強い抑止条件のある行動は実行されやすい。しかしすべての行動に強い促進条件があるものではないし，あらゆる行動を監視して制裁を課すという政策は現実的な政策ではない。むしろ多数の努力目標を並列的にならべればランダムに取捨選択が起こるということを与件として政策を立案する必要がある。

環境保護行動のような政策は「違反者が出ると政策全体が無効になる」ものと「効果が参加者数に比例する」ものがある。生ゴミのコンポスト化を市町村単位で実施するという政策はゴミの厳重な分別が必要になる。分別方式に違反したゴミがあると，コンポスト化の過程で失敗することになる。もし，生ゴミのコンポスト化という政策を採択するのであれば，「分別できないのであれば，生ゴミも可燃ゴミのほうに入れてくれ」という指示が必要なのである。このような政策をもし実施するのであれば，他のもろもろの「注意事項」は排除し，これだけを徹底するという水準の広報が必要になってくる。

このように考えればペットボトルの回収にあたって「きれいに洗ってから」という指示を出すこととは問題を拡大することになりかねない。現在のペットボトルの回収は回収・保管が自治体の役割ということになっている。自治体は回収した後，ある程度の期間つぶしたペットボトルを保管する。そのときにペットボトルの内部に残留物があると残留物が腐敗してしまう。そのために「きれいに洗って出す」ことを強調することになる。しかし現実には「洗う」ことを「大きな負担」と考える人びとも存在する。そうした人びとにも「リサイクルは重要だ」という態度は共有されている。その結果，洗わないままで，あるいはごく簡単に洗った程度で回収に出す人びとも多くなることだろう。そうなれば回収したペットボトルはまず洗ってあるかどうかを調べ，洗っていないものは洗ってから保管する，あるいは洗わずに投棄するという「仕分け」をしなければならない。それに使うエネルギーを考慮する必要がある。リサイクルするほうがかえってエネルギーを余分に消費し，結果的に環境汚染を促進するということにもなりかねない。環境問題を考えるとき，重要なのは「全体としてどれだけ汚染されるか」という問題である。ペットボトルを再生する過程で排出される汚染物質が焼却の過程で発生する汚染物質よりも多いのであれば，再生するという方針そのものが誤り(注10)なのである。そうだとすれば洗わないで出す人びとはリサイクルに出さないほうがよほどよいということになる。そうなれば「きれいに洗わないで出すのであれば不燃ゴミに出せ」という広報を併せてしなければならないのである。大半が粘性の低い液体を入れているペットボトルならまだしも「洗う」という要求が守られるかもしれない。しかし粘性の強いマヨネーズを入れたプラスチック容器だったらどうだろうか。「環境問題が重要だ」という態度が共有される限り，「まだしも捨てるよりはマシだから」と考えて，洗わないまま容器をリサイクルに出す人が現われる。そうなれば問題は無視できない。

（注10）再生の過程では当然エネルギーも使えば洗浄水も排出される。こうした問題を合算してもまだ再生が有利であるという判断のもとにリサイクルを実施する必要がある。全体の利害を考慮することなく表面的な利害だけで計画を進行することは，かえって全体として不利な結果を招くことになる。この種の問題の典型的な例は計算機のTCO（Total Cost of Ownership）にみられる。「パソコンは調達価格が安い」という理由で大型計算機をパソコンに置き換えると利用者相互のインフォーマルなサポートが大量に発生し，結果的に本来の仕事をすべき時間を他のパソコン利用者のサポートに費やしてしまう人びとが現われる。これでは本末転倒であるという趣旨から提唱されたのがTCOの概念である。計算機利用が一時ほど分散処理一辺倒でなくなったのはこのためである。

多くの人びとが「環境保護は重要だ」という態度を共有することは環境保護に資するというのは常識的見解であろう。そしてそのような態度形成がされなければ環境保護行動は実行されにくいということも事実である。しかし環境問題のような多数の人びとの参加を要する問題への戦略的対応を考えるとき、単純にそれだけでは解決しない。生活形態によっては実行にともなうコスト感が非常に高くなる可能性がある。そのような人びとも容易に応じられるようなシステムを作り上げるのか、ある程度の人びとの「逸脱」はやむを得ないと考えるのか、いずれにしても単に住民の環境保護態度の強化を図れば完結するという性質の問題ではない。現実には多様な生活形態への対応と一定の「逸脱」の容認の双方の戦略が必要になるだろう。そのとき一見奇妙な話に聞こえるが、「あなたは参加しないほうがよい」というメッセージも場合によっては必要なのである。それができなければある前提をともなった政策は遂行できない。

ここで問題になるのは非公式の社会的圧力である。システムが生活形態に応じきれない、あるいは応じることがかえって全体的な効率の低下を招くという場合、そのシステムから「逸脱」する人びとが発生することは社会的決定の結果であって、「逸脱」している人びととの個人的責任の問題ではない。したがって結果的にシステムから逸脱していることは社会的には「好ましいこと」なのである。社会的決定の結果、システムから「逸脱」している人びとに批判的な視線を向けることはこうした人びとへの社会的圧力となる。そうなれば結果的に「少しでも参加する」という方針を選択する人びとが増大する。しかしもともとそうした人びとには対応できないシステムになっているのであるから、必然的に不完全な形での「参加」を増大させることになる。それは当初の方針で「こうした人びとまで参加させることはかえって不利である」と判断したことと矛盾する。多数者が少数者に批判的な視線を向けることは、かえって社会的利益を害することになるのである。住民が相互に表面的な判断から批判的な視線を向けることはこの場合には不利になる。

この問題を考慮した場合、ある人びととは「逸脱」してもよいという判断をする根拠となったプロセスを住民が十分に理解する必要がある。決定の根拠となったプロセスの理解がなければ「逸脱」している人びとへの非公式な圧力が強まることになる。それは結果的に全体の利益を低下させることになる。政策決定のプロセスに住民が参加し、住民も理解を深めることが有用なのはこの問題でもいえることである。同時にこれは住民自身の問題でもある。断片的な事項だけでなく、巨視的な視点でのとらえかたが住民にも求められているといえる。

引用文献

†1 高橋　直　2000　個人のごみ捨て行動への応用行動分析的介入策の提案―歴史的視点にもとづいた議論より―　コミュニティ心理学研究，第3巻，第2号，91-101.

†2 黒板勝美（編）　1999　新訂増補國史大系　第8巻　日本書記私記　釋日本記　日本逸史　吉川弘文館（日本逸史27）

†3 黒板勝美（編）　1999　新訂増補國史大系　第8巻　日本書記私記　釋日本記　日本逸史　吉川弘文館（日本逸史35）

†4 黒板勝美（編）　1999　新訂増補國史大系　第8巻　日本書記私記　釋日本記　日本逸史　吉川弘文館（日本逸史36）

†5 佐藤進一・池内義資（編）　1955　中世法制史料集　鎌倉幕府法　第2部追加法　岩波書店

†6 近世史料研究会　1994　江戸町触集成　第一巻　塙書房

†7 近世史料研究会　1994　江戸町触集成　第二巻　塙書房

†8 北村優希　1995　平安京―その歴史と構造―　吉川弘文館

†9 石井　進・大三輪龍彦（編）　1989　武士の都鎌倉　網野善彦・石井　進・福田豊彦（監）　よみがえる中世3　平凡社

†10 伊藤好一　1982　江戸の夢の島　江戸選書9　吉川弘文館

†11 近世史料研究会　1995　江戸町触集成　第三巻　塙書房

†12 近世史料研究会　1995　江戸町触集成　第四巻　塙書房

†13 木村優希　1995　平安京―その歴史と構造―　吉川弘文館

†14 Burgess, R. L., Clark, R. N., & Hendee, J. C.　1971　An experimental analysis of anti-litter Procedures. *Journal of Applied Behavior Analysis*, **4**, 71-75.

†15 Clark, R. N., Burgess, R. L., & Hendee, J. C.　1972　The development of anti-litter behavior in a forest campground. *Journal of Applied Behavior Analysis*, **5**, 1-5.

†16 Hayes, S. C., Johnson, V. S., & Cone, J. D.　1975　The marked item technique: A practical Procedure for litter control. *Journal of Applied Behavior Analysis*, **8**, 381-386.

†17 Baltes, M. M. & Hayward, S. C.　1976　Application and evaluation of strategies to reduce pollution: Behavioral control of littering in a football stadium. *Journal of Applied Psychology*, **61**, 501-506.

†18 Saver, W. B. & Patterson, A. H.　1976　Decrea sing fuel-oil consumption through feedback and social commendation. *Journal of Applied Behavior Analysis*, **9**, 147-152.

†19 Winett, R. A., Kaiser, S., & Haberkorn, G.　1977　The effects of monetary rebates and feedback on electricity conservation. *Journal of Environmental Systems*, **6**, 329-341.

†20 Winett, R. A., Neals, M. S., & Grier, H. C.　1979　Effects of self-monitoring and feedback on electricity consumption. *Journal of Applied Behavior Analysis*, **12**, 173-184.

†21 Finnie, W. C.　1973　Field experiments in litter control. *Environment and Behavior*, **5**, 123-144.

†22 Geller, E. S., Witmer, J. F., & Tuso, M. A.　1977　Environmental interventions for litter control. *Journal of Applied Psychology*, **62**, 344-351.

†23 O'Neil, G. W., Blanck, L. S., & Joyner, M. A.　1980　The use of stimulus control over littering in a natural setting. *Journal of Applied Behavior Analysi*s, **13**, 379-381.

†24 岩本隆茂・高橋憲男　1983　現代学習心理学―その基礎過程と研究の展開―　川島書店

†25 高橋 直　1996　ある商店街におけるごみ捨て行動への介入の試み　心理学研究, **67**, 94-101.

†26 Willems, E. P.　1977　Steps toward an eco-behavioral technology. *Journal of Applied Behavior Analysis*, **7**, 151-165.

†27 広瀬幸雄　1995　環境と消費の社会心理学―共益と私益のジレンマ―　名古屋大学出版会

†28 林 理・久保信子　1997　環境保護行動が継続して実行される理由と条件　社会心理学研究, Vol.13, No.1, 33-42.

†29 佐古順彦　1994　大学生の環境態度―社会的ジレンマとミニマリズム―　日本教育心理学会第36回総会発表論文集　P.280

†30 林 理・久保信子　1996　学生の環境保護行動と実行の理由　東京工業大学人文論叢，21号, 57-66.

†31 渡部 幹　1993　札幌市における家庭ゴミ排出に関する調査研究　日本社会心理学会第37回大会発表論文集　346-349.

†32 林 理・長谷川太一・卜部敬康（編著）　2000　職員室の社会心理　ナカニシヤ出版

3 福祉は経済だけではない
―社会福祉の流れ―

〔林 理〕

1. ミウチにはできないことでもタニンにはできる
――家庭内福祉には限界がないからこそ限界がある――

21世紀の日本にはとんでもない高齢社会が到来する―これが高齢社会が近年になって騒がれるゆえんである。2000年4月から介護保険が実施され、年金制度改革もさまざまな議論がある。年金制度については次節に譲り、ここでは高齢者介護の問題を考える。もちろんすべての高齢者が介護の対象者というわけではない。現実には高齢者の大部分は介護の対象になるわけではない。しかし高齢者といえば介護が語られるというのにも理由がある。何よりも介護が必要な高齢者はめだつ存在である。だから高齢者というと介護が話題になるのだが、介護をめぐる話題はそれだけではない。

まず、介護は高齢者に固有の問題ではない。常時介護を必要とする高度障害者は高齢者だけではない。これは介護保険の導入に際してもくり返し問題になったことであるし、障害者介護の問題も解決していない。そもそも高齢者福祉だけが福祉ではなく、他にも児童福祉、障害者福祉などさまざまな福祉が存在する。しかしここで福祉にまつわる問題すべてを論じることは不可能である。そこで高齢者を対象とした福祉、とくに身体的介護を中心とした問題に限定して議論することにする。

介護保険の登場のひとつの根拠になったのが「介護の社会化」という問題である。これは「介護を家庭でかかえこむのではなく、社会全体で担おう」という趣旨である。介護の社会化については「必要だ」という強力に推進する立場から「日本の美風を破壊する」といういささか時代錯誤な反対論まであるけれど、推進する立場も否定する立場も理論的にどのように考えられるかという地点に立脚した議論をしていない。ここでは社会心理学の理論からの検証を試みる。

高齢者福祉の担い手はだれか。これは高齢者福祉が家庭に委ねられてきた戦前の日本では「家族」であった。ここで注意しなければならないのは戦前の日本の社会にはそのような前提を含んだ明示的な制度があったということである。戦前の日本は農業中心社会であり、農村は家督相続を原則としていた。農村の中心的な生産財は土地であるから、土地を相続する人が現在の地主の福祉を担うという建前になっている。俗な言い方をすれば「遺産は1人に残すから、介護もしろ」ということになる。遺産として残すべき土地のない小作農民にしても、耕作権そのものは1人が相続し、構造は同一である。この方式の是非は別として、制度的にそれなりの筋はあったのである。そして実態もそれにそわせることが容易であった。

現在の日本ではこのような前提は成立しない。制度的には相続も介護も均等に分割されることになっている。正確にいえば、介護は「可能な者がする」という程度のことであり、とりたてて負担する者が決められていないということになるが、責任は均等である。ところが実態はそうはなりにくい。相続を均等にすることは死亡時点での遺産が確定できれば容易である。だから実際に相続は均等になった。ところが介護のほうは「いつまで続くか」がわかりにくい。子どもが1人ならともかく、複数の子どものあいだで分担するということになればこの問題はめんどうである。「はじめの10年は長男、次の10年は次男、その後の10年は長女」という取り決めでは最後の長女にまわる前に親のほうが死んでしまう可能性が大きい。つまりあまり長い単位でものを考えても意味がない。それどころか「交代する」という約束にしても、1年もたてば状況の変化で守りきれなくなる危険もある。「1年単位で長男→次男→長女の順にする」と決めて、はじめの1年が過ぎたところで交代しようとしたら次男の海外赴任が決まったなどということも十分に考えられる。不確定な時間のなかで均等に負担を分担しようとすれば「月曜日は長男、火曜日は次男、水曜日は長女」というように非常に短期間で担当者を交代しなければなら

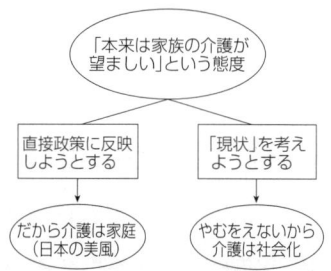

図3-1 まったく逆の政策でも根本にある態度は同一

(注1) 性に開放的になったといわれ、実際の行動面ではたしかにそのようにみえる若者たちも、妊娠中絶についてはなんとなく後ろめたさを感じながら「やむをえないこと」としている。もちろん現実問題として育てることができなければ中絶する以外に方法があるわけではないから、行動面では中絶が実施される。しかし「殺してしまった」という後ろめたさを感じながらの選択であるため、「後ろめたさ」と「つじつまのあう」情報を信じやすくなる。その結果、「水子地蔵」に代表される霊感商法にだまされることになる。

ない。曜日ごとというのは極端にしても週単位、月単位ということになることは避けられない。悪い言い方をすれば老人の「たらいまわし」である。しかし「均分相続を前提にする以上、介護も等分するのが当然である」という議論には説得力がある。「相続は均等に、しかし介護は特定の人」というのはいかにも不公平な話である。

また、仮に家督相続制度を復活したとして、それが介護を特定の人に負担させる根拠となるかといえば、現代の日本では疑わしい。そもそも家督相続は農業中心社会の制度である。家督相続には生産手段としての土地の細分化を防ぐ意味があった。しかし現代の日本ではほとんどの人びとが被庸者である。この場合、土地は住宅用地にはなっても生産手段にはなりえない。この現代の状況は、生産手段の相続が所得の保証になり、それが特定の介護担当者を決めるある程度の根拠ともなりえた時代とは違う。このように「家督相続と介護」という単純な前提が崩壊していることも、現在の介護を考えるうえでは重要なことである。

それでは現代は制度的に均分相続が規定されているから介護も均等の分担が行なわれているかといえば、必ずしもそうではない。均分相続という相続制度は容易に受け入れられ、定着している。しかし「介護の均等」の名のもとに「老人のたらいまわし」が定着しているかといえばそうではない。実際に「たらいまわし」を実行している家族がないわけではない。しかし当人たちはそのことを「当然のこと」と考えているようにはみえない。むしろ「しないですめばそれにこしたことはないが、しかたがない」と考えているようにみえる。つまり実行しているにしても、なにがしかの後ろめたさを感じながら「やむをえないこと」として実行しているのである。この構造は若者の性文化を考えるときの「水子」の問題に近い(注1)。このあたりに一部の人びとがいう「日本の美風」が残

っていそうである（図3-1）。

現在の高齢者介護を考えるとき、大きな論点になるのは「介護担当者」の問題である。介護担当者は近親者がよいのか他人がよいのかという議論はめずらしくない。その発端になったのは「家族介護の限界」を訴える介護担当者たちであった。家族介護が望ましい、あるいは当然であるという考え方は古くからある。それに対し、「家庭内ですべてを抱えるという方式は、介護者と被介護者の共倒れをまねく」という見解が出されたのは、さまざまな「共倒れ」の事例があったためである。

従来、介護担当者は主として近親者であった。その近親者のなかでも特定の人（多くの場合、妻や長男の妻）が担当する傾向が強いという議論は多い。その背景には「近親者による介護は他人による介護よりも望ましい」という常識がある。これはなにも「日本の美風」を言い立てる人だけが信じているわけではない。「共倒れ」の事例になった人も、「共倒れ」を根拠に介護の社会化を推進しようとする多くの人も、近親者による介護を心情的には望ましいとする傾向がある。介護の社会化がしばしば「必要性」の観点から語られることはその証左である。前述の相続制度の変化にともなう負担の衡平性の議論にしても、近親者による介護を望ましいものとする前提に立っていることに変わりはない。「介護は可能であれば近親者が望ましい」という漠然とした信念は、結果的に介護を近親者が担当することが望ましい政策といえるかどうかという問題についての態度とは別に、広く共有されているようである。

この問題を検討するためには現代の介護の性質を前提にする必要がある。介護がこれほどまでに問題にされるようになったのは高齢化の進展、都市化の進行にともなうライフスタイルの変化といった現代社会のあり方そのものに起因する。衛生状態の改善、医療水準の向上といった現代社会の特徴は人間を長寿にした。もちろん80歳、90歳と

いった年齢の人が現代に固有の存在であるということではない。高齢者は以前にもいた。しかしその数は現代とはくらべものにならないくらい少数であった。現在では，従来であれば死亡したような病気でも生き延びることができるようになった。それとともに「障害をもって生きる」ことが普遍化したといえる。その結果，健康な高齢者も増加したが，同時に介護を要する高齢者も増加した。介護が特殊な事例ではなく普遍化したといえる。

このことは介護問題を論じるにあたって，現代では加齢とともに身体的能力が退行する状態になることは普遍的な避け難い事実であるという前提が必要であるということである。現実の高齢者のなかで長期間の介護を要する人びとは比率のうえでは少数である[1]。比率のうえでは少数であっても「特異な事例」という言い方でかたづけられる数ではなくなっており，それが主要な問題になっているということである。以前であれば「めずらしいこと」であり，特例的な対応をすることも可能であった。しかし現在では長期間の介護はいかに比率のうえでは少数であっても，特例的な対応をするほどにめずらしいものではない。

一方，現代の医療水準でも，ある種の障害については完全な回復は不可能である。移植医療の進展や人工臓器の発達でいくらか変化する可能性はあるが，回復不可能な障害がなくなることは期待しにくい。「回復できない」ことを前提として対応を考える必要がある。

また現代では都市化が進行し，介護者・被介護者双方が都市の「便利な」生活に適応している。江戸時代には当然であった生活は現代ではとほうもなく「不便な」生活である。人間はそれぞれの地域と時代に適応した生活をする。「江戸時代にできたのだから現代でもできる」ということにはならない。被介護者も介護者も現代の生活水準を前提に自己の生活を評価する。ところがいかにバリアフリーをいいたてようと，現代の生活は健常者中心にできていることは否めない。その意味で双方にとって「不便な」生活ということになる。

このような前提のもとで考えれば，介護者・被介護者双方に「障害の受容」が求められると考えられる。障害があり，完全な回復は望めないこと，それにともなう不便は避けがたいことという「不便さ」の受容である。これは「それまでできたことができなくなっている」という事実をどのように受けとめるかという問題である。

人間は成長の過程で「できなかったことができるようになる」経験をつむ。寝ているだけだった子どもがつかまり立ちをするようになる，つかまらなければ立てなかったのにつかまるものがなくても立てるようになる，転んでばかりだったのが転ばなくなるといったことである。ところが「できたことができなくなる」というのはこれまでにないことである。これは強い認知的不協和を引き起こすはずである。「自分で自分に腹が立つ」状態である。これに努力重視の社会規範が拍車をかける。日本社会は努力することを非常に重視する社会である。「やればできる，努力せよ」という言い方はたいていの人が聞いたことがあるだろう。小学校でも中学校でもたいていの教師はこのように教えるし，たいていの人は親からもそのように聞かされてきたことだろう。

こうして，できなくなったことを再度できるようにして認知的不協和の解消を図ろうとするのが，介護者・被介護者双方の共通の行動となっていく。しかし機能の完全な回復を期待することはきわめて非現実的な話である。実際には「できないことができるようになる」ことはまずなく，認知的不協和は増大するばかりである。

このような問題は，介護者と被介護者の介護開始前の関係が良好であればあるほど深刻である。「あんな立派な人だったのにこんなこともできない」という事実を毎日みせつけられることは，介護者の認知的不協和を増大する。被介護者も「あ

(注2)「年金」にはさまざまなものがある。「公的年金」と称するものだけでも国民基礎年金，厚生年金，共済年金といったものがあるし，個人年金保険のような民間年金もある。本節では主として全国民が加入することになっている国民基礎年金を対象にすることにする。

(注3)厚生省の発表による。これは保険料免除者を除外した数であり，いわゆる「国民年金の空洞化」を裏づける数値といえる。このほか，調査時期はそれぞれ異なっているが，1995年時点での未加入者は158万人，1996年度末で過去2年以上保険料を納入していない人が172万人，保険料免除者が334万人である。

(注4)国民全員が加入することになっている以上おかしな話に聞こえるが，保険の建前であるため加入手続きをしなければ未加入になる。

の人にこんな醜態はみせたくない」ということになって，ますます機能回復の努力を重ねることになる。しかしいくら努力を重ねても不可能は可能にはならない。だからこそ「残存能力の活用」が重視されるのである。つまり従前の介護者と被介護者の関係が良好であることはかえって問題を増幅するといえる。介護者による虐待が問題にされるが，虐待の危険は介護者と被介護者の従前の関係が良好であるほど大きいといえる。もともと「立派だ」と思っていなければ認知的不協和も小さくてすむ。しかし，「立派な人だ」と思っていたのに身のまわりのこともひとりではできないという事実を受け入れるのは，容易なことではない。身のまわりのことは自分でする，たとえば食事や排泄といったことについては他人の助けを借りなくてもできるということは自立の第一歩である。幼児の自立はそのような水準のことから始まる。身のまわりのことに介助を必要とするという事態は「大人にあるまじきこと」なのである。

逆に従前の関係が非常に不良である場合，虐待が発生するとすれば以前の関係の反動によるものということになる。この場合にはもともと介護を引き受けることが少なく，虐待まで発展する関係にはなりにくい。また不良な関係にともなう問題の発生は周囲にわかりやすい分，問題が少ないといえる。それでも残存能力の限界を受容することは非常に困難である。

このように考えれば，「近親者による介護は他人による介護よりも望ましい」という常識はとんでもない誤りであるということになる。それどころか「近親者による介護は他人による介護よりも望ましくない」のである。従前の関係がない他人は，現在の能力がどの程度従前にくらべて低下したのかということがわからない。残存能力は「他人」である介護者にとっては所与のものであり，比較の対象になるものはない。しかし被介護者を知っている近親者にとっては残存能力は「従前の能力の減退したもの」である。ここに認知的不協和が発生する。また，他人であれば被介護者との関係が弱い分，残存能力が低いことについて認知的不協和の程度は低いと考えられる。従前の関係が良好であった近親者にとっては残存能力が低いこと自体，認知的不協和のもとになる。同時に被介護者自身にとっても残存能力が低いことは認知的不協和のもとになる。現代の介護をめぐる状況はそれを受容することが必要となっている。介護者は受容が容易になるような対応をしなければならない。介護者自身が残存能力の低さを受容できなければ，被介護者への対応も被介護者の努力をうながすものになる。これでは現代の介護の前提に対立することになる。そのような対応は介護者・被介護者双方にとって不幸である。

介護の社会化は「次善の策」ではない。むしろ「最善の策」である。

2．年金の負担は公表するほうが受け入れられる
　　　　　　―社会保障のリスク・コミュニケーション―

あなたが65歳になったときあなたが受け取る年金(注2)の金額はいくらか。

この問題は厚生年金なり国民年金なり，公的年金と称するものに加入している人ならだれしも関心をもつところだろう。「加入している人」という言い方はおかしいのであって，こうした社会保険制度は強制加入であるから原則的にだれでも加入しているはずである。それでもこの言い方にだれも疑問をもたないのは，「国民年金の空洞化」はだれもが知っていることだからである。国民年金の保険料滞納率は1998年度末で23％である(注3)。それどころか未加入という人もいる(注4)。こんな状態であれば公的年金はどうなっているのだということになっても何ら不思議はない。

それでは社会保険庁に自分の受給額を聞いてみることにする。国民年金は加入年数から算出する年金額の式がある。それに従えば現時点では原則

図3-2　年金加入をうながす広報

的に約80万円が年間に受け取る年金の総額であり，加入するはずなのに加入しなかった期間の分が減額されることになっている。原則的には20歳から40年間加入することになっているから，大学を卒業するまでの2年間加入しなかった人が受け取る年金は，本来の金額の95％になるということである。つまり約80万円ではなく約76万円になるということである。このほかに免除期間など特例が多くめんどうだが，大筋はこのようなことである。

「よし，それならわかった」というのは早計である。じつはこれでは自分が受け取る年金の額はまったくわからないのである。いや，正確にいえばまもなく年金の受け取りが始まる人は概略の金額がわかる。しかしまだまだ何十年も保険料を払わなければ年金をもらえない人の年金受給額はわからないのである。もちろんこれからの物価水準がどうなるかはわからない。だからたとえば30年後に年金を受け取る人の受給額はわからない。

しかし「わからない」というのはそのような意味合いではない。名目的にどの程度の金額なのかということにさしたる関心をもつ人はいない。「自分が年金を受け取るときの受給額はいくらなのか」という問いは表面的には金額を聞いているけれど，その真意が金額それ自体にあるということではもちろんない。物価水準にくらべてどの程度なのかということが問題になっているはずである。たとえば「年間の年金受給額が1000万円」であるといわれたところで，その数字自体にはさして意味がないことは自明である。その時代のワンルームマンションの常識的な家賃が月額1億円だということになればこの年金はないに等しい内容であるし，月10万円もあれば豪邸に住んで家事は使用人任せにできるということになればとんでもない金額だということになる。「自分が受け取るときの金額」とは，「自分が受け取る年金はその時代の物価水準に対してどの程度か」という意味の

はずである。それを「将来の物価はわからないから現代の水準でいえばどの程度なのか」と聞いているのである。そしてこれが「わからない」ことが問題なのである。

これがわからないというのはずいぶんおかしな話である。現に年金を受給している人はいる。だから受け取る金額はだいたい決まっているだろうということにならないのか。そのとおり，短期的には年金の金額はそうそう変わらないだろう。

しかし年金の受給金額はしばしば変更されている。受け取り方についての規程も変更されている。これから30年もあればその間に支給方法も金額も大きく変わるかもしれない。つまり長期的にみれば「自分が受け取る年金がいくらになるのか」という問いには答えようがないのである。これを裏づける社会的事情はある。1970年代，多くの企業の定年は55歳であった。ところが年金の受給開始は60歳であった。「5年間の空白はどうするのだ」といわれたのである。現在は形式はともかく，60歳まで働く人は多くなった。そうなるとこんどは「年金は65歳から受給開始」などといっている。これが「逃げ水のような年金」といわれるゆえんである。

このような変動は「少子高齢化」と「賦課方式」のためであると説明されている。現在の年金制度は賦課方式と称し，現に年金の保険料を払っている人が払った保険料が受給者の受け取る年金になっている。そのため高齢化にともなって年金を受け取る人が増え，少子化にともなって保険料を払う人が減れば，入ってくる保険料は少なく，出ていく年金は多くなる。これでは保険料の単価を値上げしなければ年金が払えない，だから保険料を上げるか受給額を引き下げるかしなければ年金制度は維持できない，というのが年金をめぐる議論のなかで厚生労働省が提示している内容である。

あなたが年金を受給することになったとき，あなたの受給額がいくらになるのかわからないとい

うのは，こうした事情のためである。それなら「現時点での見込み」を教えてくれればよさそうなものである。しかし，それはしたがらない。

　この背景には「現実に受け取り額が小さくなったら，年金に加入しない人が多数出る」というきわめて常識的な予測がある。民間の年金保険では，明らかに掛け金総額より受け取り額が小さい商品を買う人はいない。公的年金でもこれと同じことが起こるだろうと考えれば，公的年金から退出する人が多発するという想定は誤りではない。ただ，公的年金は契約時の名目金額を固守するというものではない。物価スライドもある。「だから現時点での名目金額を示すのではなく，『損はさせません』と確約するほうが理にかなっている」というのが常識的判断の帰結である。

　この議論は国民に受け入れられているといえるだろうか。どうも現実はそうとはいえないようである。一方には年金の問題を真剣に考えているとは考えにくい人びとがいる。実際，「なんとなく保険料をとられているけれどどうしようもない」という無関心な人も少なくない。他方には「それなら保険料を払うのはやめてしまおう」と考えている人びとがいる。年金をめぐる問題の理解はこれで十分なのだろうか。

　どんな場面でも積極的な態度をもたない人の数は多い。そして非公式のリーダーはそうした人びとを利用して集団の支配をたくらむ[2,3]。年金問題も例外ではない。「自分の年金受給額がどの程度か」ということに関心を払う人でも，「年金制度のあり方」ということになると「よくわからないむずかしいこと」になってしまうことがめずらしくない。積極的な関心をもたない人が多数であれば，「損はさせない」といっておけば「しかたがない」と保険料を払う人が多数になるかもしれない。そうであれば，リーダーは細かいことをいう必要もなく，めんどうがない。「要は，少ない保険料で多額の年金が手に入ればよい」という人も

いるだろうが，これが不可能なのは自明である[注5]。

　年金改革をめぐって厚生労働省はいくつかの予測されるシナリオを提示している。これは「国民に選択肢を示す」という意味で画期的なことといえる。しかしここに示された選択肢が「少なすぎる」，あるいは「どれも不十分だ」と考えた人は多いのではないか。その選択肢は実際に十分なものなのか，欠落している問題があるのかということも，「よくわからない」のではないか。

　実際，年金にはさまざまな議論がある。たとえば
　①賦課方式か積み立て方式か
　②保険方式か税方式か
　③公的年金か民間年金か
といった議論である。このそれぞれについて理解し，どのように組み合わせるのかという問題に答えるには相当の知識が必要になる。もちろん年金をめぐる問題のなかでここにあげた問題はむしろ単純な問題に属す。実際にはこれ以上に複雑になるのであるから「よくわからないむずかしい問題」になることはやむをえない。

　しかし「よくわからないむずかしい問題」になった結果，なんとなく「損をしている」と感じているというのが人びとの心情ではないか。この「なんとなく損だ」という感覚が年金の議論にまつわる消極的な態度の一部を形成していると考えられる。「自分が何をいってもムダだ」「どうせ不利だ」という無力感が原因といえる。政治についての獲得された無力感の問題であるが，その結果は「可能なら加入しない」「保険料を滞納する」という行動に現われる。つまり「よくわからないむずかしいことだが，なんとなく損だ」という認知の結果は，年金制度に対する不信感の形成になっているということである。「国民の大多数をしめるサラリーマンからは強制的に保険料を徴集しているのだから気にする必要はない，かえってうるさくいわれないから楽だ」ということかもしれないが，それでは長期的には信用を喪失し，その

（注5）じつはこれは理論的には可能である。人口が急激に多くなれば保険料の担い手になる若者が多く，それにくらべてその時代の高齢者は人数が少ないはずであるから，人口が静止状態から急増に移行する時代の高齢者はこのような状態になる。ちょうど少子高齢化時代とは逆の現象である。しかしこれは個人が選択的にとれる行動ではなく，生まれた時代に大きく依存することであるから，さしあたり除外して考えてよい。政策的に人口急増策を採用することは不可能ではないが，非常に長期間にわたる問題であり，その実現を個人が期待することは現実的ではない。

●できれば払った分よりたくさんほしい。それがアテにならないなら，払うのヤーメタ。年金もらわなきゃいいんでしょ。

ままにしておけば「可能な限り年金の保険料は納めない」という選択をする人が増加するだけのことである。このような態度が一般化することは年金の「空洞化」を促進することにしかならない。

それではこのような問題は「むずかしすぎる」だろうか。「保険方式か税方式か」という問題を例にとってみよう。現在の公的年金は保険である。だから一定期間保険料を払った人が年金を受け取るというシステムになっている。この方式は年金の受給には保険料の拠出が前提であるから，保険料を払わなかった人は年金を受け取ることができない。建前としては社会保険であり，全国民が加入することになっているから，保険料を払うはずである。しかし現実には滞納が少なくないことは前に述べたとおりである。

これに対し，「税方式」とは保険料を税金から拠出してしまうという方法である。もともと税金も社会保険料も所得のなかから払うものであるから自分で払うことに違いはない。ただ，税金のほうが徴集するときの強制力は大きい。保険料は「払わなければ年金がもらえない」ということになっている。これは税金にくらべてはるかに「払わなければならない」という意図を減少させる。「年金をもらわなければそれでよいのだろう」という認知を成立させるからである。これは介護保険でも議論されたことであるが，負担と給付の関係が明確であれば「負担」は「給付」という権利を行使するための条件とみなされやすくなる。つまり社会保険の場合，負担と給付の関係が明確である分，給付が「権利」として認知されやすくなる。この理論は介護保険の導入のときに用いられた。

これ自体は正しい。介護保険のときは「権利であるという意識が高まるから要求がしやすくなる」という文脈であった。だから一方的な「福祉」よりも権利としての「保険」のかたちが望ましいというのは，介護保険を社会保険にした根拠のひとつであった。しかし権利は「放棄してもよい」

と認知されるものである。つまり「権利は行使しないから負担もしない」という態度が成立しやすくなるのである。現在の年金の「空洞化」はその結果である。「どうせスズメの涙くらいの額にしかならないのだから，年金はもらわなくてもけっこうだ。だから保険料は払わない」という理屈である。

このかたちで年金制度を拒否するのを防ぐことは，年金制度が「権利」という性格を色濃く帯びている以上，非常に困難である。もちろん「加入しない」という選択を防ぐために，強制的に加入させる社会保険という形式にはなっている。しかし税金ほど「払わなければならない」という態度は強くない。それは保険が「権利」，つまり「サービスに対する対価」という受けとめ方をされやすいからである。

税方式にして税金から保険料を拠出することにすればこの問題は容易に解決する。これは税金という強い強制力のある方法を使用するのだから当然である。ただしここでまちがってはならないのは，税金のほうが滞納が少ないのは税金の滞納に対してのほうが罰則が厳しいからではないということである。社会保険にしても強制加入なのであるから滞納に罰則をつけることは不可能ではない。問題は罰則を厳しくしても税金とは違うということである。税金は「国民の義務」であり，「払わなければならない」と思われていることが違うのである。もちろん「義務」であっても果たす意思のない人はいる。しかしそのような人は，現状の年金の保険料を払わない人にくらべればはるかに少数である。それだけ税金負担への内的強制は強いのである。

これを利用すれば税方式は保険方式よりはるかに有利である。つまり「確実に徴収する」という1点でみれば税方式の優位は明らかである。税方式にするということはそれだけの税金を払うということである。もちろん保険方式はやめるのであ

A案	現行制度の給付設計を維持する案
	前回の平成6（1994）年改正に基づく給付水準や支給開始年齢等を維持する。厚生年金の最終保険料率は，月収の34.3％（ボーナスを含む年収の26.4％）に上昇
B案	厚生年金保険料率を月収の30％以内にとどめる案
	厚生年金の最終保険料率を，前回の平成6（1994）年改正の前提であった月収の30％（ボーナスを含む年収の23％程度）以内にとどめることとし，その範囲内に収まるよう給付設計を見直す。平成37（2025）年度時点で支出総額を1割程度抑制することが必要。
C案	厚生年金保険料率を年収（ボーナスを含む）の20％程度にとどめる案
	厚生年金の最終保険料率を，ボーナスを含む年収の20％程度（月収の26％程度）にとどめることとし，その範囲内に収まるよう給付設計を見直す。平成37（2025）年度時点で支出総額を2割程度抑制することが必要。
D案	厚生年金保険料率を現状程度に維持する案
	厚生年金の最終保険料率を，現状程度の月収の20％程度（ボーナスを含む年収の15％程度）にとどめることとし，その範囲内に収まるよう給付設計を見直す。平成37（2025）年度時点で支出総額を4割程度抑制することが必要。
E案	厚生年金の廃止（民営化）案
	公的年金は基礎年金を基本に1階建ての年金とするとともに，厚生年金は廃止し，積立方式による民間の企業年金または個人年金に委ねる。

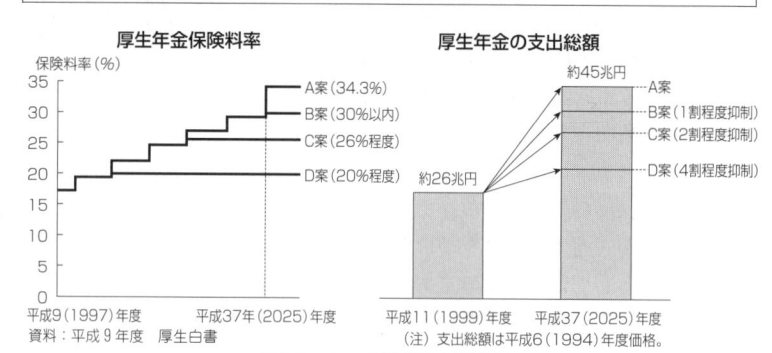

図3-3　5つの選択肢の概要[4]

るから保険料は払わなくてよいことになる。つまり負担の総額は原則的に変わらない。

それなら税方式のほうがよいかということになりそうであるが，それほど問題は単純ではない。まず税金の使途は毎年決めなおすことになっている。だから単純に同じ額が年金に使われるとは限らない。極端な話，「年金の給付額を削減しよう」と国会で決定してしまえば同じ負担でも受け取る年金は少なくなる。逆に，税金の総額のうち年金の支払い以外の部分を削減すれば，同じ年金を少ない負担で受け取れることにもなる。つまり税方式は払った保険料と受け取る年金という単純な関係でないため，「いくら払っていくら受け取る」という関係がみえにくくなるということである。これは所得の分配という問題を考えるにはいささかむずかしい方式である。

また，ひと口に「税方式」といっても，そもそも税金の負担の方式が複数存在する。現在の年金論議のなかでは消費税による税方式が中心に論じられているが，税金のあり方は消費税ばかりではない。むしろ所得の再配分という問題を考慮すれば，消費税は逆進性が高いという問題を含んでいる制度である。また，「いくら払っていくら受け取る」という関係は消費税ではとくにみえにくくなる。そもそも「払った額」が非常に特定しにくいのが間接税の特徴である。もちろん個々の支払い場面では現在の日本では「外税」方式が主流であるから「税額」は明らかになっている。しかし1年間の累積でどの程度の税額になるかという問題になれば，多くの人はとっさには見当がつかないだろう。「それに対する給付は」といわれても

議論はむずかしいに違いない。いや，実際のところ，所得税の額にしても給与明細を見なければわからないという人はめずらしくない。これは日本の所得税が申告税制ではなく源泉徴集制度主体になっているためなのであるが，いささか負担の大きさそのものがわかりにくくなっていることは事実である。

さて，このように考えれば「保険方式か税方式か」という問題ひとつをとっても非常にむずかしそうである。それでは「どうせむずかしいことはわからないのだから，わかる人に任せておけばよい」ということになるのだろうか。これはまさしく日本の現状に他ならない。それではこの制度のもとで国民は幸福なのだろうか。さらにいえばこれは「任された」人びとにとっても幸福なのだろうか。

図3-3は年金制度改革にあたって厚生労働省が示した「選択肢」である。この図を実感をもってみられる人がどれだけいるだろうか。「この年金額では足りない」という議論はできるだろう。しかし「現役世代の負担率」ということまで含めての議論がどの程度，具体的な意味合いをおびたも

(注6) スクルージの時代は福祉の無差別原則が確立する前の時代であり、この後に続く「救貧院の維持のために私は税金を払っている」という言い分はむしろ現代ではあたっているといってよい。現代風にいえば「そうした人のために公的扶助制度があり、その維持のために税金を払っている」ということになる。「生活に困窮すれば公的扶助を受けるのは権利であるから、生活保護を申請すればよい」ということになる。スクルージの時代は選別福祉の時代であるから、選別の網からこぼれた人びとのためには裕福な人びとの「善意」が必要であったが、現代はそれは不要になっているというのもある意味では正当である。ここで問題にしているのは、現代の多くの人びとはその程度の福祉観ももたないことがめずらしくないということである。

(注7) この問題は社会福祉の将来像のなかで在職高齢者の厚生年金加入が一案として提出されていることからも容易に理解できる。実際、65歳以上の在職者は、年金が加入年数不足などで減額されているといった理由で、年金額の不足を補う目的でかなり条件の悪い職場でも働いているというケースと、会社役員、団体役員などの高額所得者に二極化している。後者については老齢基礎年金も厚生年金も不要ではないかという議論は当然、出てくる。現在の年金は保険と

のになるだろうか。それが可能になるためにはこの図の意味がわからなければならない。それはほとんど期待できないことである。だから「どうせむずかしいことはわからないのだから、わかる人に任せておけばよい」ということになりがちなのである。

このようなことは政策担当者の方にもわかっていることである。しばしば言及されるように「いろいろという人がいるとまとまらないから」、よくわかっている人のあいだで効率的に決めてしまえというのが、少なからぬ政策担当者の意図である。これは必ずしも政策担当者の悪意に基づくものではない。むしろ彼らは善意でそうしていることも少なくない。「そうしなければ状況に即応した政策はとれない」というのは多くの政策担当者の主張でもあるし、実際に思うところでもあるだろう。政策担当者が私利私欲のために政策を動かしているという面はあるにしても、私利私欲一辺倒というわけでもないことも事実ではあろう。この種の人びとには「小学校の遠足」型†2の人が非常に多いこともこの傾向を後押しするところである。「効率よく決める」という点ではこの方式は有利である。しかしそれが必然的に「どうせむずかしいことはわからないのだから、わかる人に任せておけばよい」という態度を促進することになる。その結果はどうなるかといえば、「保険料はしかたがないから払っているが、払わないですめばそれにこしたことはない」という態度である。

ある問題に対する専門家でない人びとの理解は個人的に理解できることが優先する†5というのは自然科学に関する問題だけではない。社会問題でも、個人的理解が学問としての理解よりも優先する。つまり「こうなることはわかっている」という結論の押しつけは漠然とした不信感を植えつけることになる。年金については個々の具体的な負担と給付の関係を丹念に説明しないから、漠然と「何かわからないが、とられている」という思い

を促進することになる。実際のところ、「給付には負担が必要」という議論も理解されているわけではない。「救貧院はどうなっているんだ」†6というセリフはスクルージ(注6)でなくてももつ疑問である。これでは「高福祉低負担は可能なのではないか」という漠然とした不満が増えることにしかならない。その結果が一方では「しかたなく」保険料を「とられている」人びとであり、もう一方では「もらわなくてもよいから保険料は払わない」人びとである。

実際のところ、保険料を払わない人は無年金ということになる。それでも何ら問題のない人びともいる。高齢者は所得の個人差が大きくなり、まったく無収入の人びとが多数いる一方で、会社役員など高額所得者も少なくない(注7)からである。若いうちから高齢期の所得が予測できるという人はそう多くはない。社会が数十年後にどうなっているかはだれにもわからないし、ましてその将来の社会で自分の立場がどのようなものであるかということなど、予測ができるはずもない。かなり高い確率で高齢期にも高収入であると予測できるのは、賃貸ビルも株式も山のようにあるといった、とほうもない資産家くらいのもの(注8)である。つまり、個々の人間について高齢期の収入状態がどのようなものであるかということを予測することはほぼ不可能である。しかし確実にいえることは、一定の比率の人びとは年金以外の収入が期待できなくなるということである。「自分がそうならないように気をつける」という精神論でかたづく問題でないことは自明である。

年金以外の収入が期待できなくなったとき、年金が十分であれば問題はない。また、ある程度以上の資産があればリバースモーゲージ(注9)に期待をつなぐことも不可能ではない。しかし年金以外の収入も資産もないということになれば、年金に頼ることになる。社会的にみれば、このような状態に陥る人は一定の比率で必ず発生する。という

(注8) もちろんこれにしても革命でも起きれば保証の限りではない。しかし革命は社会制度そのものが劇的に変化するものであるから、ここでの議論からは除外してよいだろう。

(注9) 高齢者の不動産を担保として毎月一定額を借り入れる方式である。たとえば「毎月10万円ずつ、10年間」と契約し、契約者は自宅を担保にする。契約者が死亡したとき、住宅・土地を売却し、全額を一括返済することになる。売却時に資産価値が借り入れ総額を上回れば、残額が遺族に渡される。問題になるのは予想外の長生き、資産価値の下落といった担保割れであるが、この制度が頻繁に活用されているアメリカでは担保割れ保険付の商品も出されている。日本ではすでに1981年に東京都武蔵野市が始めているが、利用実績は少ない。資産価値で5000万円以上が必要というかなり厳しい条件があること、日本では担保割れの問題がクリアされていないことなどの制約のためといわれる。

(注10) 自分が皇帝になる革命を企てているというのなら根拠があることにはなる。

より、比率のうえではこちらの人びとが大部分であろう。そのときに年金収入もないとすれば、残された手段は公的扶助ということになる。つまり大量の無年金者の発生は大量の公的扶助受給者の発生ということにほかならない。公的扶助の財源は税金以外にはありえないから、ばく大な税金を公的扶助に使うということである。それも含めて年金制度はどのようなものが望ましいのかということを考えることが必要なのである。「公的扶助はいっさいやめてしまえ」という暴論は問題外として、所得のどれだけの部分を税金にあて、どれだけの部分を保険料にあてるか、そしてどのようにそれを給付するのかという問題には、こうした多面的な議論が不可欠である。

同時に、「将来の個人の状況は未知である」ことは重要な前提である。よほどの資産家でもない限り、「自分はなんとかなるだろう」という根拠のない思い込み(注10)は無意味である。それを前提とした多面的な議論を進めることをしなければ、年金に対する見方はいつまでも「保険料はしかたがないから払っているが、払わないですめばそれにこしたことはない」という見方でしかない。目前の保険料さえ小さければ抵抗は少ないだろうという考え方が結果的に、「保険料はしかたがないから払っているが、払わないですめばそれにこしたことはない」という態度を助長するにすぎない。むしろ負担を目に見える形にし、そのうえで議論を進めることが必要なはずである。

同時にこれはリスク・コミュニケーションの立場からも支持される。一般に自己に不利な事項を公言することは主張の信憑性を増し、結果的に主張が受容されやすくなる†7。年金についても同じことがいえる。たとえ当初の議論に時間がかかることになっても負担を見える形にし、多面的な議論を積み重ねることが年金問題の場合でも効果をあげるはずである。負担が具体的にわからないから漠然とした不満をもつ。これでは「高福祉低負担は可能なのではないか」という漠然とした不満が増える。こうした漠然とした不満が現在の「年金不信」の根元にある。

結局、「現時点で断定できないことをいって不毛な議論をするより、『損はさせない』ということだけいっておいてあとは任せてもらうほうがコトが簡単に運ぶ」という常識的判断が誤りなのである。この言い方は不信を増幅しているにすぎない。「現状の計画ではこうなる」という数値は必要である。それも、現在のように少子化がとまるようすがない状況では、少子化が大きく進行するという仮定での推計が必要なのである。そうして議論をすすめたとき、はじめて現在の受給世代まで含めた年金の議論が始まるのである。負担の増加や給付の削減はそのなかで議論していかない限り、「年金はいらないから保険料は払わない」という傾向が強くなるだけのことである。

負担感だけをつのらせることは、年金を維持しようとする政府にとっては不穏な話だろう。しかしそれでも、漠然と「高福祉低負担は可能なのではないか」という認知を促進するよりはずっとましな話なのである。

引用文献

†1 東京都福祉局 1996 高齢者の生活実態 平成7年度社会福祉基礎調査
†2 林 理 1998 しきりの心理学―公式のリーダーと非公式のリーダー― 学陽書房
†3 穐山貞登(監) 2000 参加社会の心理学―新しい市民社会の創造に向けて― 川島書店
†4 厚生省 1998 平成9年度厚生白書
†5 水嶋友昭・林 理 1995 原子炉開発専門家と一般人のリスク認知の差異 実験社会心理学研究, Vol.35, No2, 178-184.
†6 Dickens C. 1843 *A Christmas carol*.
†7 木下富雄 1997 科学技術と人間の共生 有福孝岳(編) 環境としての自然・社会・文化 京都大学学術出版会 Pp.145-191.

4 あるものはどこにでもあるが，ないものはどこにもない
―「サービス水準」は社会の総計に意味がある―

1. 商店街の誘致圏と秋葉原
―めずらしい商品を扱う店が重要―〔水嶌友昭・林 理〕

「秋葉原」というと今でも特殊な意味をもつようである。実際，外国人で日本に旅行にきて秋葉原の電器店街で買物をするという人はめずらしくないし，多くの店で外国人向けの免税手続きをしてくれる。計算機(注1)やオーディオ製品は今でも秋葉原まで買いに行くという人もめずらしくない。それほど秋葉原は電気製品の街として知られている。ここではそれが意味するところを考えることにする。

まず，「秋葉原は安い」だろうか。もともと同じ種類の商品を買うのであれば，安いほうが望ましいことは自明である。というより，「同一のものであれば価格が安いほうを選好する」というきわめて単純な人間観がアダム・スミス以来の経済学の人間観であったし，この人間観は直感的な経験と非常によく一致する。もちろん現実社会のなかでは「まったく同じ品質のもの」というのは存在しにくいし，同じ品質のものが同じ商店のなかに同時に複数の価格でおかれていることはまずないから，直接的にこの話で人間の行動を説明することは困難ではある。しかし類似商品であれば激しい価格競争が起こることは，たとえば携帯電話や長距離電話料金で読者も見聞きしたことがあるだろう。

だとすれば電気製品について秋葉原が知られている理由に「価格」があるのではないかということは，容易に想像されるところである。実際，20年以上前の時代であれば，秋葉原の商店では電気製品は他の地域にくらべて安価であった。もともと高価な商品であるから価格が5％違っても差額は小さくない。だからわずかの割引率でも秋葉原まで出かけるという人がいることは，自然といえば自然である。問題は今でもそこまで秋葉原の電器店の価格設定が低いかということである。

実際に比較してみるとよい。冷蔵庫，洗濯機，掃除機といった家電製品や計算機，CDプレーヤーといった商品の価格をみれば簡単に比較はできるはずである。そして秋葉原の商店の価格は必ずしも「安く」はないはずである。おそらく渋谷や新宿のような繁華街にある量販店のほうが安いはずである。どうかするとあなたの近所のスーパーの特売品のほうが安いかもしれない。「秋葉原は安い」というのはじつは正しくない。

それではなぜそこまで秋葉原が知られているのか。まず考えられるのは「秋葉原は安い」という定着したイメージのために買物に来る人が多いということである。しかし20年以上も前のイメージがそのまま続くだろうか。最近20年間，まったく電気製品を買ったことがないという人がどれだけいるだろう。電気製品を使用して生活している人であればこれは非常にむずかしいことである。家電製品は一般に「耐久消費財」とよばれるようにかなり長期間にわたって使われる。しかし20年間にわたって使うというのは容易なことではない。

20年という時間は非常に長い。たいていの機械は故障し，修理が困難になったり，修理費用のほうが新品の購入費用よりも高額になったりするものである。とくにモーターのような可動部分のある機械は，部品の磨耗にともなう寿命があることは自明である。そしてある程度の間隔で買い替え需要が発生しない限り，製造会社は利益が出ない。したがって製造会社としてはある程度以上の寿命はかえって望ましくないことになる。また，可動部分のある機械の場合には，ある程度を超えて寿命を延ばそうとすれば製造費用が急激に上昇する可能性が高い。モーターの軸と軸受けを非常に硬い金属で製造すればモーターの寿命は長くなるかもしれない。しかし硬い金属を加工することは容易ではない。それができる機械の購入費用が非常に高額になってしまうとすれば，結果的に製品の価格にはねかえることになる。価格が意思決定の重要な要因になるのであれば，「安価な機械にし

(注1) 通常は「コンピュータ」といわれるが，現在のコンピュータはいわゆる「パソコン」の印象が強く，「個人が自己の用途に応じて情報を加工する」という本来のコンピュータの用途がわかりにくくなるため，ここでは「計算機」と表記する。

(注2) システム360は現在の汎用計算機の元祖といった存在である。「命令しだいでどのような処理にも使える」という計算機の性格はここで決まったともいえる。画面の見え方は現在のパソコンなどではかなり違っているが，基本的な性格は変わっていない。だからこそシステム360やその後継機であるシステム370の利用者は容易に現在のパソコンも使いこなしていると考えられる。ただし，この時代は現在のようにアプリケーションが豊富にあるという時代ではなく，計算機は自らプログラムを作成して使用するものであった。その結果，一般的な用途でも特殊な用途でも同様に使用できるというメリットがあった。現在のパソコンは自らプログラムを書くということはあまり想定されず，既製のアプリケーションを使うことに主眼がある。そのためプログラムの作成はむしろ汎用機

て買い替えればよい」ということになるはずである。実際，多くの家電製品は20年も寿命がない。

計算機などはさらに極端である。実際のところ，現在使われている計算機は機能としては1960年代初頭のIBMのシステム360からたいした進化をしているわけではないから(注2)，理論的には長期間にわたって使い続けることも不可能ではない。また，計算機の場合，寿命のある部品はディスクやプリンタといったものであり，本体は可動部分が少ないだけ寿命が長いはずである。しかしそれでは計算機メーカーは利益をあげられない。そこで性能競争という形で買い替え需要を狙い，価格競争という形で新規需要を喚起してきたはずである。そして実際に極端に古い計算機を使っている利用者は少ないはずである。

このように考えれば，実際の価格が高ければ20年にわたって「秋葉原は安い」というイメージが修正されないことは考えにくい。単に「安いというイメージが定着している」ことだけで秋葉原の電器店街が知られることは不可能である。秋葉原は価格以外の要因が期待されているはずである。これは実際に秋葉原に買物に行く人に尋ねればわかるはずである。おそらく「安いから」という人は少数で，かわりに返ってくるのは「いろいろなものがある」ということであろう。つまり秋葉原に期待されているのは商品のバリエーションであって，価格ではない。もちろん著しく価格が高いということはないだろう。しかし量販店のほうが安いということはいくらでもある。

それではここで期待される「商品のバリエーション」とはどのようなことだろうか。あなたが冷蔵庫を買うとしよう。冷蔵庫は家電メーカーであればたいてい製造している。そして1社に限定してもかなりの種類の商品があるはずである。どうかすると選ぶのに困るくらいある。では何を基準に選ぶか。まず冷蔵庫はきちんと冷えるものでなければ困る。しかし冷え方がとんでもなく違うと

いう製品はまずないだろう。温度むらという問題は残る。これは自分では確認の方法がないから雑誌の商品テストを頼ることになる。ここまでの範囲で差がつく商品はまずは落第である。しかしこれに合格する商品はいくらでもあることだろう。あとは何で決めるだろうか。結局は庫内の大きさと外形ではないだろうか。もちろん外形にくらべて庫内が小さいなどというのは悪い点がつくことになる。とすればこれもだいたい一定の比率になっているはずである。残る問題は外形である。それもデザインがどうのこうのというのではなく，「大きさ」という問題である。冷蔵庫は置き場所がある程度決まっているものであるから，外形は重要な要因になるはずである。そうでないと「大きすぎて置けない」などということになりかねない。それから搬入口の大きさという問題がある。ドアよりも大きいものは搬入のしようがないから，この問題は重要である。

実際の日本の住宅の場合，ドアの大きさはだいたい決まっている。だから大型の冷蔵庫はそれに合わせた大きさに作られている。量販店に行ってみればわかることであるが，メーカーが違う，似たような大きさの冷蔵庫がたくさん並んでいる。どれもだいたい同じ大きさである。それより小さい冷蔵庫はかなり小型になるはずである。いわゆる「単身者用」といった製品である。こちらはワンルームマンションのような明らかにおく場所が狭い人のためのものである。両者の中間の大きさの商品はもののみごとにといってよいくらいないだろう。「もう少し小さければ入るのに」「もう少し大きい場所があるのに」という嘆きは住宅の大きさによってはあなた自身のものかもしれない。

このような問題はめずらしいものではない。日本の一般的な住宅のドアは幅がおおむね70cm強である。このドアを通してものを入れるためには，運び込むものの少なくとも1辺は70cm以下でなければならない。さらに，冷蔵庫のような高さの

よりもむずかしく，結果的に一般的な用途には容易に使用できるものの，特殊な要求には汎用機よりも対応がむずかしくなっている。その意味で本節で述べている事項は計算機にもあてはまることである。

(注3) 概略長方形であるとして，長辺と短辺それぞれの平方の和の平方根が回転に必要な最低の廊下の幅である。この長さが長辺よりも大きいことは三角不等式から自明である。実際には回転させる人の手が入る幅が必要になるのでさらに余裕が必要である。

ある物品の場合，ドアを通るときには全体を斜めにするか立てた形で通すかという問題がある（図4-1）。玄関の前に十分にゆとりのある住宅なら何も問題はないだろう。しかしマンションなどはそうはいかないのがふつうである。マンションなどでドアの前が廊下である場合，廊下を運ぶときには，冷蔵庫の幅の狭いほうを廊下の進行方向に直角になるような位置で運ぶはずである。ところが一般にドアは廊下から直角に折れ曲がるかたちで設置されている。したがって搬入するときにはものをドアの前で90度回転させるという操作が必要になる（図4-2）。この操作には冷蔵庫の底面の長いほうの辺の長さよりもさらに余分な廊下の幅が必要になる(注3)。このような場面では「わずかな違い」が決定的な違いになってしまう。

ここで「わずかの差」のある冷蔵庫が必要になったとする。そのときそのような商品があるかということは，現物を見て買うものを決める人にとっては大きな問題である。そして量販店ではそのような細かい違いにいちいち対応することはしない。というより，細かな違いを捨象することで価格を引き下げるというのが量販店の方法である。わずかの違いで搬入が不可能であるとすれば，大幅に小さいものでよいとするだろうか。量販店の商品構成はそのようなものである。わずかの違いで搬入ができない場合は他の店に行くということになる。実際にはそのような「わずかの違い」が問題になる人は少ないから，そのような人が購入しなかったとしても量販店にはさして打撃はない。標準的な商品だけを在庫しておいてそれだけを販売するという方法の効率の高さが損失を上回る。だから些細な違いは捨象されることになる。

それでは買うほうはどうかといえば，それで足りる人は量販店で問題ない。問題は「わずかの差」にひっかかりそうな人びとである。このような人びとははじめから商品構成が豊富な商店が望ましいことになる。それでは大規模小売店ならよいか

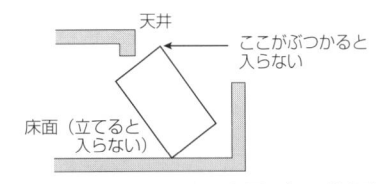

図4-1　斜めにして搬入するときに必要な高さ（断面）

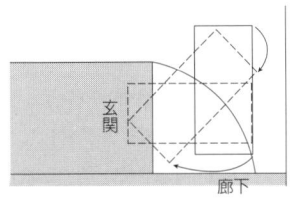

図4-2　回転して搬入するときに必要な間口（上から見る）

ということになるが，それでもわずかの違いの問題となると限界がある。このような場合には，個々の店舗の品ぞろえは限られていても，近接して多数の商店がある秋葉原という地域は便利である。もちろんこの話の前提には各商店の商品構成が異なっているという条件がある。そうして地域全体で多様な商品をカバーできることに秋葉原という地域の意味がある。

これは冷蔵庫といった一般的な商品ではなく，さらに特殊な商品では非常に重要な条件になる。計算機のソフトウェアは現在では寡占化が進み，めずらしいソフトウェアというものそれ自体が少数になってしまったけれど，たとえばWindows以外のOSを探そうと思ったら秋葉原の商店か特注かということになるだろう。

電気製品の部品などはさらに徹底している。計算機を自作するという人にとっては秋葉原の部品を扱っている店は重要である。そもそも計算機を自作しようと思う人はあまりいない。計算機が非常に高価だった時代の話ならいざ知らず，現在ではメーカー製品が非常に安くなっている。そして計算機を自作することは非常にやっかいである。計算機に限らず，機械を構成する部品は「ある部品からこのような要求が出されたらこのように動作する」という関係がある。

トースターを例にとってみよう。はるか昔，トースターは単にニクロム線をはった箱であった。電源は入れるのも切るのも人間である。したがってトースターにパンを入れたら時計とにらめっこをして，適当な時間が経過したら電源を切るという操作をしなければならなかった。これではちょっと時間を忘れるとパンがこげてしまう。そこで

●ほしかったあの部品。もしかと思って来てみたら，秋葉原にはやっぱりあった。う～ん満足満足。

時間を忘れないように警報機を買う。タイマーである。これは1分なら1分にセットしておけば1分後に警報のベルが鳴る。こうしておけば少なくともトースターにパンを入れたことを忘れることに起因する事故は防ぐことができる。しかしタイマーは電源を切ってくれるわけではない。自分で電源を切らなければならないことに違いはない。タイマーをかけるのを忘れれば警報はならない。もちろんパンはこげてしまう。この問題を解決するためにはタイマーと電源を連動させればよいはずである。つまり加熱する時間を指定する装置を電源に連動させればよいことになる。だから現在のトースターは「タイマーが切れたら加熱をやめる」というしくみになっている。これは単にタイマーがスイッチと連動しているだけだから「要求が出されたら」というようにはみえにくいけれど，実際のところ，タイマーは「電源を切れ」という要求を出し，電源を制御するスイッチが電力を供給することを停止するのである。ここで「所定の時間がたった」ことは何らかの形で電源装置に伝えられなければならない。ここでタイマーが出す「所定の時間がたった」というメッセージは，電源装置にも「所定の時間がたった」という意味であると理解されなければならない。そして電源装置はそのメッセージに応じて電源を切るという動作をしなければならない。

計算機はこのメッセージの体系が非常に複雑になっている。部品の種類も多い。ある部品のメッセージが他の部品に正常に受け取られないということもめずらしくない。Xという部品は，Zという部品のメッセージを受けて画面に文字を表示する機能があるとする。そしてYという部品はXという部品の互換商品であるとする。本来ならば「Yという部品はXという部品と互換」ということは「Yという部品はXという部品と同じメッセージを授受し，同じ動作をする」ということなのだが，実際にはそう簡単でないことも多い。実際にZという部品を組み合わせて使ってみると，Xなら画面に文字が出るのだけれど，Yを使うと画面には何も出ないなどということもめずらしくない。それではYが悪いのかというと，Zと互換製品ということになっているWと組み合わせれば画面に文字が出て，逆にWとXを組み合わせると文字が出ないなどということになる。Zと組み合わせてもWと組み合わせても文字が出るのはとても高価なVという製品であるということになる。このような問題は部品の「相性」といわれる。相性の問題はたいていは双方の部品の問題点が重なり合った結果なのであるが，双方が責任のなすりあいをすることになり，まず解決しない。計算機を自作するのは相性との戦いであるといってよい。だから「この部品とこの部品は相性がよい」といった情報が自作マニアのあいだでは流れている。

このような場合には多様な商品が売られていることは重要である。もともと「わずかな違い」のはずである。しかしそれで動いたり動かなかったりするのであるから問題は大きい。このような特殊な要求に応じられることが秋葉原という街の便利さであり，安心感である。特殊な部品も扱っている店があるからこそ，遠方からも秋葉原に足を運ぶ人がいるのである。

この問題は「サービス水準」の問題であるといえる。多くの人が使うものは近くのコンビニエンスストアでも入手できる。しかしめずらしいものを使う人はそれほど多くはない。一般の商店には，めったに売れないめずらしいものをおくゆとりはない。しかしその特殊な商品を求めて日本全国から人が集まるとすればその商品を扱うことは可能である。需要の多いサービスを提供することはだれにでもできる。特殊なサービスを提供するためにはその特殊なサービスを利用する人が集積する必要がある。それが高水準のサービスである。「需要が少ないから」といってめずらしい商品を扱うのをやめてしまえば，秋葉原という特殊な街

に買物に行く意義はなくなる。単に「価格が安い」というだけのことで勝負をすることになれば，明らかに資本力のある業者が有利である。重要なのはむしろ利用者の少ない，めずらしいものなのである。「高水準のサービス」というのはありふれた商品を低価格で提供することではない。めったにないめずらしい商品を提供することである。

2．金太郎飴のような図書館ではダメ
―ポルノ専門図書館の意味―〔真鍋亜希子・卜部敬康〕

さまざまな店がそれぞれにめずらしい商品を扱うことで多くの人の多様な需要に応えられることが秋葉原の電器店街の価値であることを通して，めったにないめずらしい商品を扱うことこそが高水準のサービスであると述べた。個々の店はそれこそ「マニアックな」商品を扱うのだから，多様な需要に応えてはいない。1店あたりの「守備範囲」は狭いのであるが，それが1つの街に集積したとき「だれの要求でも」満たすことができるということであった。

これに対して，「そんなめずらしいモノをほしがらない人にとってそんなことは高水準のサービスではない」という反論の存在を容易に想像できる。しかし，これは正しくない。先の話のミソは「個々の店は違うものを扱っている」ところにある。趣向の異なった店が多く集まることに意味があるのである。そのなかには当然需要の多い一般的な商品を扱う店も含まれるから，「マニアではない」一般消費者が困るということにはならない。また，めずらしい商品がほしいかどうかは個人の趣向の問題であるが，同時に社会全体の問題でもある。端的にいえば，社会の「豊かさ」の問題である。社会全体の要求に応えられる社会が豊かな社会である。しかし，社会全体の要求は個人の要求の平均値や最頻値ではない。「多くの人の要求に応えることが重要」という常識はこの部分の誤解に基づくと考えられる。公共政策の多くもこの常識を前提として進められている。ここでは公共図書館を題材にこの常識の誤りを明らかにする。

(1) 公共図書館の役割についての常識

公共図書館の役割とは何だろうか。「公共」ということばは「みんなのもの」と理解されることが多い。すなわち，公共図書館は「みんなの図書館」である。具体的にいえば「みんなが利用できる」図書館である。これを前提にすれば，実際に「みんなが利用している」図書館が公共図書館の役割を果たしているのであり，すぐれた図書館であるということになる。そこで，各図書館がどれくらい利用されているのかということが問題となる。もっともこれは図書館に限った話ではなく，博物館や公園でも事情は変わらない。だから，公共施設の利用者数がしばしば問題とされ，利用者の多い人気のある公共施設にあてられる予算は増加し，反対に利用者の少ない公共施設への予算配分は減少する。予算が増えた施設ではさらに利用者の「ニーズ」に応えて設備投資を行ない，さらに多くの利用者の獲得をめざすことになる。予算が減った施設では利用者の要求に応えようにも応えることができず，利用者が減る。そうするとますます予算が削られるという悪循環に陥る。

ところで「利用する」をどのようにとらえるかによって，その意味が異なってくる。文字通り，図書館の施設をどんなかたちであれ使うことだと考えれば，「利用する」は「入場する」ということである。そうすると，図書館の入場者数を計測すればどれくらいの人が図書館を利用したのかを知ることができる。しかし，日本では公共図書館の閲覧室が受験生の「勉強部屋」と化している場合も少なくない。こうした「利用者」は公共図書館を本来の意味で利用しているとは言いがたい。図書館を「利用する」というのは，借りるにせよその場で閲覧するにせよ，あくまでも所蔵している本を利用することである。このことを考えれば，

●どうしてポルノを調べているというと、みんなニヤニヤするかな。昭和史の一部としてまじめに研究してるだけなんだけどな。ポルノだって200年たったら文化財さ。

図書館の場合には入場者数をもって利用者数というべきではなく，むしろ貸出冊数を図書館の利用度と考えるほうが妥当である。

以上を総合すると，貸出冊数の多い図書館がすぐれた図書館ということになる。実際，公共図書館のあるべき姿を考えるときに貸出冊数の多寡はしばしば重要視される。ある図書館の貸出冊数が付近の別の図書館よりも少なかったとする。すると半ば「常識的な」判断として，

　　貸出が少ない＝人気がない＝魅力がない図書館

という図式が思い浮かぶ。魅力がない図書館では困るので改善することになるが，ここで改善の方法はたいていの場合，利用者の要求の多い本を購入して貸出冊数の増加を図ることになる。多くの人に利用される図書館，すなわちたくさんの本を貸出している図書館がよい図書館であるという前提に立つ限り，貸出冊数を増やすことが目標となるからである。「A」という本には1人から，「B」という本には50人からリクエストがあったとすれば，図書館は「B」を購入することになる。そのほうが貸出冊数の増加につながるうえに，公共性が高いと考えられている。1人より50人のほうが「みんな」に近いからである。

(2) 公共図書館の「もうひとつの」役割

さて，ここまで述べてきた「常識」にそって公共図書館を運営すると，蔵書はどの図書館でも似通ってくる。地域によって住民に人気のある本にそれほどの違いがあるとは考えられないからである。これが本書でいう「金太郎飴のような」図書館である。もっとも，予算が極端に少なければその要求に応えられないので「金太郎飴」にも及ばないのであるから，ある程度の予算が確保できている図書館の場合の話である。このような過程を経て各図書館ごとのオリジナリティが失われる図書館の「金太郎飴化」についての批判もたびたびなされるのだが，図書館の「金太郎飴化」はやむをえ

ないという議論もあり，実態は長いあいだ変わったようすがない。この背景にある常識は「まず利用者の『ニーズ』に応えて長く読み継がれている各領域の図書をひと通り集めたうえで，館ごとの特徴を生かした蔵書を行なうべきである。各図書館のオリジナリティを追求するあまり，利用者不在の『マニアックな』図書館であってはならない」というものである。つまり，まず「基本」をみたしたうえでのオリジナリティであり，オリジナリティだけでは困るということである。

公共図書館の役割をもっぱら「本を貸すこと」ととらえれば，これは一応妥当な見解であろう。しかし，社会心理学の立場からすれば「本を貸すこと」が公共図書館の最終的な役割ではない。図書館も社会制度のひとつであり，社会全体のなかで果たしている「機能」があることはいうまでもない。この機能には行為者である人間が意図したものと意図していないものとがある。図書館でいえば，「受験生の勉強部屋」機能は後者であろう。「機能」のうち行為者の意図によるものは「目標」である（厳密には「目標」のうち部分的であれ達成されたものが「機能」であり，達成されなかったものは「機能」ではない）。そして，通常「目標」は体系をなしており，いくつかの下位目標からなる。たとえば，企業であれば「目標」は利潤の獲得だが，その達成には商品の製造，販売，従業員の生活や労働への満足などいくつかの「下位目標」の達成が不可欠となる。図書館でいえば，利用者が本を借りることはこの「下位目標」のひとつである。では図書館という制度の最終的な目標は，図書館法の用語を用いれば「国民の教育と文化の発展に寄与すること」である。すなわち公共図書館は国民の教育と文化の発展を目標として成立した制度であり，これを達成するために図書や各種記録の類を収集，整理して保存し，これを人びとに貸出ないし閲覧させるのである。

そこで，この「国民の教育と文化の発展に寄与

(注4) そもそも予算という制約がある以上、単独でこの目標を達成する図書館を多数設置することは不可能である。また、あらゆる種類の本を同時に参照する必要もない。この点で図書館はデータの交換を要する計算機とは違う。計算機は条件によっては「全方位型」のシステムが必要になるが、図書館にはあてはまらない。

(注5) もちろん大学図書館も広く公開されるべきものであるという見解は説得力がある。しかし、大学に付置されているという性格上、学外からの利用には一定の制約が発生することは避けがたい。その意味でも公共図書館の役割は重要である。

すること」という目標が具体的に何をさしているのかが問題となる。もちろんこれらは図書館の通常業務である図書や記録の保存と閲覧ないし貸出を通して達成されるべき目標であることはいうまでもない。これにはごく単純にとらえても2つの側面がある。ひとつは多くの人にさまざまな本に接してもらうことによって国民の教養を高めるという側面であり、もうひとつは何かを調べたい、考えたいという人の活動を援助するという側面である。どちらにしても、領域の幅でも難易度の高低でもなるべく多種多様な本が図書館に所蔵されていることが望ましいということになる。

ここで注意すべきことは、この目標はひとつの図書館が単独でめざすべき性質のものではないということである(注4)。これは社会全体で負う性質の目標である。つまり、居住地の近所の図書館でなくても「どこかの」図書館にあればよいのである。図書館の蔵書を検索するシステムや相互利用の制度を拡充する目的はここにある。しかじかの本を読みたい、あることを調べたいと思う人が、その本をみつけることが現実的に可能であれば、それでよいのである。ところが、「本の貸出」という下位目標に拘泥しすぎると、日本社会全体ではかえってその目標から遠ざかる結果を招いてしまうのである。先にも述べたように、利用者の要求に応えた結果が「金太郎飴」なのであるから、そのほうが貸出冊数でみると利用者は多くなり、図書館運営の「下位目標」は達成される。しかし、このことが同時に「文化の発展に寄与すること」を意味することにはならないのである。

なぜだろうか。まず、出版部数の多い現代にあって一図書館の運営予算で買える本はごくわずかであるから、ひとつの図書館で揃えられる本の種類にはおのずから限りがある。そこで各図書館では所蔵する本を吟味・選択することになり、何らかの基準でその選択を実行せざるを得ない。一図書館が単独で多様な本を揃えようと思えば、「広く浅く」という基準を採用することになる。つまり、「広く浅く」が「金太郎飴」の内容である。そうすると、A図書館に所蔵されている本はB図書館にもC図書館にもある確率が高い。しかし、その反対に、ある図書館になかった本は別の図書館を探してもないことが多くなる。「あるものはどこにでもあるが、ないものはどこにもない」という事態である。こうした傾向は専門書の場合顕著であろう。「専門書をおくのは大学図書館の役割だ」という議論もあるが、本末転倒である。何かのきっかけである疑問を徹底的に自力で解き明かそうと考えている人や、学校に通わずに高度な勉強をしようと考える人にとって、この状況は望ましいはずはない。大学に所属している者が研究を行なうために大学図書館がある(注5)。公共図書館こそ「個人的な研究・文化活動」を支援すべきである。それこそが、図書館法が目的と掲げる「国民の教育と文化の発展に寄与する」の意味するところであろう。

(3) 図書館には多様な「文化遺産」を

そうすると次に問題となるのは、図書館が寄与すべき「文化」の内容である。ひと口に「文化」といっても、文化とは何をさすかということ自体議論を要することであるが、ここでは人間の活動そのものやそれらの遺産と広義に理解しておこう。文化をこのようにとらえることで、文学作品や学術書、雑誌のほか、ありとあらゆる領域における記録のすべて、つまり文字で書かれたものすべてが図書館の「守備範囲」となる。したがって、図書館には学術的・芸術的に高い価値があるとされるものだけを揃えるべきではなく、大衆文化に属するものも積極的に揃えるべきであることはいうまでもない。大衆文化はまさに人間の生活に根づいているからである。たとえば、文学作品でいえば「純文学」だけでなく「大衆文学」も豊富に蔵書に加えるということである。このこと自体はも

（注6）地方新聞については当該地方の都道府県立図書館でしばしば保存されており，すでに実現している。一方，スポーツ紙や競馬新聞などはふつう保存されない。しかし，これらも現代社会を映し出している重要な資料の一つなのである。

はや図書館に携わる人にとってあまりにも常識的なことである。

　ここで私たち自身が「大衆文化」をきわめて狭義にとらえがちな点に注意すべきである。大衆文学のようなものや落語や漫才などの「大衆文化」そのものの記録や，それらを学術的に研究したもの，比較的多くの人に愛好されている趣味にまつわる書物などを図書館に揃えるべきだとする議論は了解されやすい。そして，漫画や週刊誌，スポーツ情報誌などもこの範疇に入れるべきだとする見解に異論は少ないだろう。もっとも，漫画を「文化」として積極的に評価するという見方はこれまでずいぶん長い間，多数派のものではなかった（2000年度の教育白書ではじめて明言）。図書館に所蔵する場合でも，これらを積極的に「文化遺産」とみる考え方と「利用者の要求に従った結果」とする考え方とに二分されていることは想像にかたくない。では，ヌードモデルの写真集やアダルトビデオの情報誌なども大衆文化の一部であるから図書館に所蔵すべきであるといえば賛成する人は少ないだろう。そんなものは「文化」とはいえない，という人も少なくないであろう。そして，そんな低俗なものの収集・保存に国民の税金を使うべきではないという意見も多いだろう。だとすればやはりこれらは図書館が収集，保存，そして閲覧に供するに値しないものなのであろうか。

　結論的にいえば，これらも「文化」の一部であり，図書館は積極的に蔵書の候補として考えるべきであろう。ヌード写真集やアダルトビデオ（の情報誌）もまさに私たちの暮らし向きを物語る資料であることに変わりがないからである。Ⅱ部の「性行動」で述べるように，こうしたものも時代によってその表現方法や販売のあり方が異なっている。そう考えると，ポルノ雑誌も単なる「ポルノ」情報としての側面を有するだけでなく，ポルノが社会のなかでどのような位置づけにあるか（またはあったか）を間接的に示す資料としての

側面もある。その意味では，ある種のポルノ雑誌もカロリー計算マニュアルも「機能的に等価」であるといえる。つまり，いずれも消費者が興味・関心を示すもの（前者は性行動，後者は健康管理）について，それらについての知識やスキルを向上させるための書物である点で同じである。異なる点は，記述内容に対する社会的な「価値づけ」の高低である。価値づけの高低と文化全体に占める割合とは何らの相関関係も予測できないこともいうまでもない。多くの人に高く評価されているものも，低く評価されているものも，当該時代の文化を等しく構成する一要素に過ぎないのである。同様の趣旨で，スポーツ新聞や夕刊紙，地方新聞なども図書館は積極的に収集すべき(注6)であろう。

(4)「ポルノ専門図書館」の意味

　ポルノ雑誌も「文化遺産」のひとつであることは了解できても，「国民の教育や文化の発展に寄与」するために必要な蔵書であるとはいえない，という反論があるかもしれない。しかし，これが誤りであることは「学問とは何か」を考えれば直ちに明らかとなる。仮に，ポルノを「低俗な文化」とみなすとしても，これを研究対象とすることはできる。ポルノが人間にどんな影響を及ぼすのか，ポルノ規制と社会の秩序との関係など，現代社会とそこに生きる人間を解読する人文・社会科学的研究が可能な内容には枚挙に暇がない。こうした研究を進めるためには，出版される膨大な量のポルノ情報誌の類が必要となる。研究者が個人の研究費で賄うことはむずかしい。図書館の蔵書という形で共有すべきであろう。

　また，現代では江戸時代の遊郭を題材にして文化史を論じた研究も行なわれている。こうした研究は，史料を探すこと自体が困難である。数百年後には，この時代のサブカルチャーとしてのポルノ雑誌やアダルトビデオ，性風俗をとりあげた歴史的研究が行なわれることであろう。図書館にサ

(注7) このように書くと,「逆に多くの人が求めるものはどこにもないということにならないか」といわれそうであるが,これは大規模図書館がそれこそ「余力で」対応できることである。もちろん需要が非常に多ければ安定した利益を見込めるから,民間の参入も期待できる。

ブカルチャーに属する資料を豊富に揃えることは,こうした研究活動をサポートすることを意味するものであり,人類の正確な歴史を私たち自身が記録していくことにほかならない。そもそもそのために人間は文書を貯蔵するための図書館という制度を発明したはずなのである。その意味では,図書館の蔵書の選択基準としてはあくまでも書物の題材や領域に貴賤の区別は存在しないのである。

ところが,現状では「あくまでも図書館に置くべきでない」と考えられている領域は確実に存在する。ここで例に用いた「ポルノ」はそれにあたるであろう。現代社会では「ポルノ」は規制の対象であり,公共図書館で閲覧を推奨すべきものではないと考えられている。しかしⅡ部でも述べるように,「性」をひたすらタブー視し続けている現状が,性をめぐる社会問題をより複雑にしている。「ポルノ刺激が青少年にどのような影響を及ぼすのか」「ポルノ規制はどのようにすべきか」などといった課題は,研究を重ねたうえで結論が下されなければならない。にもかかわらず,巷で交わされる議論はもちろん,政策担当者のコメントでも「水かけ論」に終始している。研究者の研究環境という意味も含めて,各人がこの問題を積極的に考えるための材料がどこにもないことがこの状況に拍車をかけている。その意味で,人間の文化の発展のためには,むしろ人びとが通常「語らない」分野,「猥雑で語る価値がない」と考えられている分野の資料こそ,接触しやすくするという「配慮」が望まれるのである。その担い手は,図書館以外にあり得ない。私たちの日常のなかで「(意識的に遺すほどの) 価値がない」と多くの人に考えられているものは,その当時に生きた愛好家(マニア)ぐらいしか保存することはないが,人類の足跡を正確に刻み込むためには必要不可欠なものである。だとすれば,それらを他の領域にくらべて遜色なく遺すには図書館や博物館をはじめとする,制度化された機関による「意図的な」収集,保存が必要となる。

「愛好家が収集するから図書館は収集しなくてもよい」ということにはならないことを念のために指摘しておきたい。ポルノ雑誌やヌード写真集のような,社会的に価値が低いとみなされているものを好んで集めるのはよほどの愛好家に限られる。ポルノ雑誌を研究する学術的価値を見いだしていても,それを多数購入して保存することに対する社会的評価に耐えかねて,研究を断念する者がいても不思議ではない。こうして数ある社会現象のなかでも研究が進まない領域が生まれ,それがタブーを形成するのである。「公共」図書館がこうした資料を収集する意義はここにある。

ここで,それらを実行するためには先に述べたように図書館の役割は単独の図書館をベースに考えるべきではないという視点が重要となる。運営予算を考えても物理的なスペースの面からも,ひとつの図書館でいわゆる「高尚」なものから「低俗」なものまでカバーすることは不可能である。それは複数の図書館で達成できればよいのである。この視点に立つと,図書館運営の前提が異なってくる。つまり,図書館はほぼ全領域にわたって本を均等に集めるのではなく,個々の図書館に「専門領域」があってよいのである。正確にいえば,個々の図書館ごとに力を入れている専門領域があったほうがよいのである。先の例に即していえば,「ポルノ専門図書館」ということになる。

何もポルノに限らない。ある特定の興味・関心に応えるものであれば,テーマとして掲げるものは無数にあるだろう。ただし,多くの利用者が見込めるようなテーマはあまり意味がない(注7)。むしろこれまでに述べてきた趣旨からすれば,①個人では組織的な収集がいろいろな意味で困難なもの,②当該時代の典型を示すものでありながら流動的で文化遺産になりにくい領域,③関心を示す者は必ずしも多くはないが重要な社会問題についての資料などについてこそ,専門に収集・保

(注8)「合成の誤謬」とは，もともと哲学・論理学の用語で，「全体を構成する部分の単純な総和は全体を意味しない（場合がある）」ということである。これが成立する典型的なものとして，「一人ひとりが貯蓄を増やせば個々人の所得は増大するが，国民全体の貯蓄率の上昇は国民総所得の減少をもたらす」という，経済学でいう「貯蓄のパラドックス」がよく知られている。貯蓄率の増加は消費の減少を意味することから導かれるものである。また，不況下で企業は人員削減を進め，それで個々の企業は生きのびようとするが，解雇された人びとは所得がなくなるため大幅に消費を削減することになるから，需要が収縮し，さらなる不況の深刻化をもたらす。このように，個々の人間が自己にとって最適な経済行動をとることが全体としては好ましくない結果をもたらすことが多いことから，この原理は経済学でもよく用いられている。

存・閲覧に供する公共図書館の発足が望まれるのである。「低俗」なものに国民の税金を使うべきではないというのが「常識」であろう。しかし，この視点に立てば個人で収集できないような「低俗」なものだからこそ，図書館という制度のもとでの共有財産という形で収集・保存する意義があるのである。ここでは上の①に焦点を据えて，ポルノを題材に考察してきたが，他にも可能な領域は無数にある。③の場合の一例として，「＜冤罪＞専門図書館」をあげることができよう。冤罪に苦しんだり，冤罪に関心をもつ人は多くはない。しかし，冤罪の構造と法の運用など，冤罪をめぐる研究課題は数多く，文化的・社会的意義はきわめて大きいものと思われる。

(5) 専門図書館に向けての課題

こうした視点での専門図書館を発足するには，従来の「図書館観」が通用しない部分が多く，解決すべきさまざまな課題がある。まず，異なる図書館にまたがる相互利用の制度を充実することが重要である。ひとつの図書館の守備範囲が狭ければ，多くの領域の本は居住地から遠い場所の図書館に所蔵されることになるから，相互に閲覧・貸出ができないと意味がない。そのうえで「金太郎飴」からの脱却や「貸出冊数」信仰からの解放が必要である。

こうした発想は，何もここではじめて提示されるものではなく，アメリカでは同様の趣旨で「セックス・ミュージアム」という施設が発足しようとしている。ここで論じてきた図書館ではないが，博物館であり，社会教育のための施設であるという点では同じことである。2004年の開館をめざして現在準備中なのだそうだが，問題も抱えている。当初は企業などから出資を募り，非営利団体として運営する予定であったのだが，出資が集まらず営利企業として出発せざるを得ないようである。文化の社会的蓄積の意義についての合意を得るには，こうした議論を重ねる必要がある。

そして，最大の課題は図書館の人的資源の問題である。ここで述べたような図書館を実現するには，図書館職員に相当の専門性と教養が要求される。図書館の専門職としては図書館司書制度がすでに存在する。この司書教育を充実させる必要があるのはいうまでもない。しかし，実際の運用面での問題は，この図書館司書の全図書館職員に占める割合が少ないことであろう。細々とした貸出業務などに専門職員を何人も配置する必要がないという考え方もあるが，それでは利用者の問題関心に即したリファレンス業務など，利用者への本来の意味でのサービスはできない。「サービス水準」はここでも高める必要がある。また，館長職には短期間で異動する一般公務員ではなく，図書館司書を配置することが必要である。専門性を有する人に運営権限がなければ，専門的視点に立ってしかも長期的展望をもって資料を収集することは不可能だからである。

本稿の議論は，高いサービス水準を「図書館」という制度で実現するために必要な図書館についての新たなパラダイムの提示である。結論をより一般的に表現すれば，「合成の誤謬」(注8)の事例であるといえる。単独の図書館で高いサービス水準を実現しようと努めることは蔵書の「金太郎飴化」をもたらし，社会全体の図書館が実現し得るサービス水準が低下する。私たちの社会のもつ制度としての図書館が全体として高いサービス水準を実現するためには，「ポルノ専門図書館」のようなきわめて特異なテーマを掲げた専門図書館をつくるという発想が求められているのである。

5 「反対運動はエゴ」では片づかない
── 一般人は直観的な理解を求める ──

〔水嶌友昭〕

1.「反対運動は地域エゴ」という常識

「反対運動」といえば，まず思い浮かぶものとして，国や地方自治体の政策に対する反対運動がある。たとえば，道路，高層建築物，清掃工場の立地問題や，大きなものでいえば原子力発電所などの立地問題に対する反対運動がある。それ以外にも，企業とのトラブルから発生したものもある。たとえば，産業廃棄物の不法投棄に対する反対運動である。

なぜ反対運動が起こるのか。この問題の常識的理解は次のようなものではないだろうか。

道路，清掃工場，発電所といった施設は住民にさまざまな利益をもたらす。こうした施設をいっさいなくして現代の「便利な」生活を享受することは不可能である。しかし，こうした施設は利益だけをもたらすものではない。利益をもたらす一方で，さまざまな危険（リスク）や損害ももたらす。広幅員の道路を建設すれば単に個人的な交通の便がよくなるだけではなく，交通の便がよくなることにより，その地域の活性化につながる。その一方で交通量が増加するため，その道路の付近に住む住民にとってすれば交通事故の危険性や，自動車から出る排ガス問題，騒音問題などが発生する。また，道路を建設するためには，そのための土地が必要になる。土地を道路にしてしまえばそこに住むことはできなくなる。原野であればたいした問題ではなかろうが，市街地の中であれば道路建設のために住み慣れた住宅を追われる人が出ることになる。また，その土地の付近に保護動物や保護植物が生息していれば，生態系の保存という問題も発生することになる。同様に人が生活すれば必ずゴミが発生する。そのため何らかの形でゴミを処分する必要がある。微生物が分解するゴミならかまうことはないとばかりに野積みして放置すれば悪臭は出るし，衛生上も好ましくない。ある種のゴミは焼却して処分する必要がある。だから清掃工場は人が生活するためには必要な施設である。しかしゴミを焼却すれば，煙突から出る煙によるダイオキシン問題や環境破壊問題，ゴミ焼却中の爆発事故の危険性，煙突などの建造物による景観上の問題，輸送中のゴミの悪臭問題が発生する。また，ゴミ収集車が清掃工場に集まるため，交通事故の危険性やその排ガスの問題が大きくなる。原子力発電所は化石燃料による発電よりも酸性雨の原因になる二酸化炭素や窒素酸化物の排出が少ない。しかしその一方で原子炉燃料の廃棄処理問題や事故が発生した際の環境破壊問題があり，もし事故が発生した場合，チェルノブイリ原発の事故のように周辺は広範囲にわたって住むことすらできなくなる。道路にしても，清掃工場にしても，原子力発電所にしても，建設予定地の近くに住んでいない人びとにはさほどの不利益はない。場合によっては利益だけを享受することも可能である。そのため，それにより起こる問題に対する意識は低く，たとえ問題が発生したとしても他人事として扱う。しかし，その場所の付近に住む住民にとっては大きな問題である。そこに住む住民にとってみれば，大きな環境の変化があり，利益ばかりではなく，損害（リスク）も被ることになる。すべてがいいことだらけならばとくに反対運動は起きることはないが，たいていの場合はいくつかの問題を含んでいる。近隣住民はそのような問題が解決しない限り建設を容認できるものではない。容認できないため，反対運動が起こる。反対する住民は「遠方の人びとは利益だけをむさぼり，負担を特定の地域に押し付ける」と考え，遠方の住民は「反対するのは地域エゴだ，彼らも利益を受けているはずだ」と主張する。事業推進側と反対側で互いに「安全だといくらいっても感情的に反発する」「事実を隠して安全だと主張する」という論争が繰り広げられるのは毎度のことである。本章ではこの問題を検討する。

●車より安全だとはいうけれど，やっぱり飛行機は恐いよう。だって落ちたらおしまいだから。

2．単なる「エゴ」の問題か？

こうした反対運動が展開されるとき，頻繁にみられる光景がある。国や地方自治体，企業などの推進派と反対派の住民とのあいだでの論争がまったくかみあっていないという状況である。推進派は技術的に安全であること，環境面でも問題のないことを調査や研究により得られたデータをもとに住民に説明する。ところが反対派はそれとは異なった独自の調査で得られたデータをもとにして危険であることを主張する。そして多くの一般住民は両者の主張に「なんとなく」不安を覚えるという図式である。両者の主張はまったくかみ合わず，議論は成立しない。

ある意味では，反対運動は住民と国，地方自治体や企業とのあいだで論争がかみあわないために発生する。両者で話がかみあえば，両者で納得のいく話し合いができ，反対運動は起こることも少なくなる。しかし両者のあいだでまったく異なった論点をめぐる議論がされ，双方の主張が平行線をたどったままではいつまでも結論が出ないことになる。そうしてめんどうになった推進派が強行突破を図り，着工をめぐって紛争になるという図式はあまりにありふれたものである。この問題を検討するためには両者の情報の受けとめ方，とくにリスク情報の受けとめ方の違いを考慮する必要がある。

人が生活をしていくなかにはいろいろな形で「リスク」が潜んでいる。たとえば自動車を運転していて交通事故に遭う「リスク」や，ゴミ焼却施設が処理中に爆発する「リスク」などがある。こうしたさまざまなリスクについての認知構造の研究結果では，リスク認知は「恐ろしさ」「未知性」「災害規模」の3つの因子で表現できることが報告されている[1,2]。つまり，恐ろしくなく，よく知っていて，もし何かがあっても大したことがないと思われるものは，リスクが低いと認知するのである。

3．リスク認知は確率ではない

ここで問題となるのは，これらのリスク認知は確率論のことではないということである。あくまでも人がリスクを認知する際の態度でしかなく，事故発生率といった種類の確率論的な議論とは異なるという点に注意する必要がある。

たとえば飛行機と自動車でそれぞれに乗って死亡するリスクを比較した場合，飛行機のほうが死亡するリスクが高いと答える人が多い。しかし，実際には飛行機のほうが移動距離当たりの死亡率は低いのである。これはそのリスクによる災害の規模が問題となる。自動車は事故が発生した場合，人が死ぬ可能性は低いし，死亡事故が発生したとしても，その人数は少ない。しかし，飛行機事故が発生した場合，数百人単位で死亡する。原子力発電所と火力発電所とで同様の比較をした場合，原子力発電所のほうがリスクが高いと答える人が多いが，火力発電所のほうが現実の死亡者数は多い。日本では原子力発電関係の死亡事故は1999年のJCOの事故のみである。火力発電所の事故はニュースにはならないが件数そのものははるかに多い。この傾向はリスク認知が確率論的な議論とは別の視点で行なわれていることを示すものである。

このように考えればリスクに関する議論が平行線をたどることは当然ともいえる。リスクに関する説明は一般に確率論的な立場で行なわれている。このこと自体は誤りではない。リスクの大小を比較するということになれば，何らかの形で確率論的な議論が必要になる。そこでリスクを含む施設を建設したり，リスクを含む政策を推進したりする場合には，もっぱら確率論的な立場から「リスクは低い」という説明をすることになる。ところが単純に「リスクは低い」と説明したところで，あっさりと受け入れられるはずもない。「あのよ

うにいっているが，じつは危険なのではないか」「何か隠しているのではないか」「いくら確率は低いといわれても皆無ではない」などという反応が返ってくることになる。一方で，人間が現実生活のなかでさまざまなリスクを受容していることを考えれば，人間は必ず「リスク皆無」を求めるものでもなさそうである[†3]。

では，身近なリスクほど，正確に認知するといえるだろうか。つまりあるリスクに身近に接する機会が多いほど，それを正確に認知するといえるだろうか。これは一面で正しい。そのリスクに携わる技術者もしくは専門家は多くの場合，正確にそのリスクを認知していると考えられる。たとえば，原子力発電に関する技術に携わる技術者のほうが，原子力発電所に対するリスクを，一般の住民よりも正確に認知しているだろう。反対運動が起こっている際の，国，地方自治体や企業側もまた，調査や研究データをもとに正確なリスクを認知している面は否定できない。当然，住民とはそのリスクに対する認知にギャップが生じてくる。

では，この差はどうして発生するのであろうか。原子力発電に携わる技術者は原子力発電に関する技術的な知識が一般人と比較して多いのは確実であり，知識量の差がその差になることは自明である。それでは一般住民に十分な知識を与えればよいということになるかといえば，それほど単純な問題ではない。技術者と一般住民のリスク認知構造が同一であるとは限らないからである。

そこで両者の比較に目を向けることにする。両者にまったく同一の調査用紙を用いてリスクの判定を求めた場合，両者の基本的な構造は「恐ろしさ」と「未知性」の2次元であり，同一である。しかし「未知性」の軸の構造が異なっている[†4]。技術者は「未知性」を評価するときに「科学全般のなかでわかっている」ことを重視し，個人的理解を越えたことであっても科学全体のなかでわかっていれば未知性が低下する。しかし一般人の場合には個人的理解が及ばない問題は未知性が高くなる。ことばを変えれば，技術者は他人の研究成果を評価し，そのうえで自己の研究を構築するが，一般人は，他人からいわれたことは根拠があろうとなかろうと自分自身が納得できる説明ができなければ受け入れないということである。

4．「知っている」は大違い

専門の技術者は「科学的にわかっていること」を「わかっている」と判断する。ところが一般人はそうではなく，「科学的にわかっている」といわれても「わかっている」とは判断しない。自分が「直接理解できる」ことを「わかっている」ことと判断する。

この結果は専門家は意外に「だまされやすい」ということでもある。専門家は相互の信用を基盤とする。「論文にウソは書いていないだろう」と判断するのである。データを捏造した論文があったところでその真贋を判定することは不可能である。だから専門家はデータそのものについては相手はうそはいっていないだろうという前提で議論を進める。そうしなければ他人の研究成果のうえに自分の研究を構築することは不可能である。だから専門家は個人的な了解の範疇にあるかどうかということではなく，「科学全体のなかでわかっているか」という視点でリスクを評価する。しかしこの論法は専門家に固有のものであって，一般人には通用しないということである。

この結果はリスクに対して専門家の目からはとかく「過剰な」反応が現われることとも符合する。リスクについて断片的な知識を与えられたとき，そのリスクに関する知識をなんとなく納得できるように説明する論理を構築することは，リスクに関する「しろうと理論」の構築である。結果的に正しいかどうかとは別に，ここで構築されたしろうと理論はそのリスクの評価の基準となる。その結果，専門家の側が「問題にするほど大きなリス

クではない」と判断して「問題にならない」と発言したところで、前提となっているしろうと理論に適合するように認知が形成されることになる。ここでは認知的不協和の解消は、「リスクが小さい」という発言に対する認知を修正することで行なわれる。そのため「リスクは小さいなどといっているが、ゼロではない」「じつは隠しごとをしている」などという認知になる。この問題を解決するためには前提となっているしろうと理論を変えなければならない。もし「リスクは小さい」というのであれば、リスクが小さいことを一般人の個人的理解を得られる形で説明しなければならないのである。

反対運動のなかで住民は、国や地方自治体の説明に対し、科学としてどうかという視点ではなく、個人的に理解できるかどうかという視点で判断するのである。そして個人的に体系化のできない説明であれば「隠しごとをしている」と判断するのである。ここでは結論を一面的に強調する説明は非常に不利になる。

たとえば、原子力発電所立地の際に立地推進側（国、地方自治体や電力会社）と立地反対側（住民）のあいだで合意がとられているとはいえない。ここで問題になっているのはしばしばいわれるような「住民の無理解」ではない。「知識」の質が問題になっている。このような問題の説明に際して、国、地方自治体や電力会社は確率論的安全評価（PSA）を用いて技術的に安全ということを前面に出して説明を行なう。ところが住民には直観的に理解できる説明になっていないため、「安全だ」という結論だけを聞き取ることになる。しかし個人的に理解できる説明が重要であるという住民の「知識」の評価からは、「安全だ」という結論しかわからないPSAによる安全性の評価は意味のある説明ではない。その結果、「何か隠している」などという認知が形成されることになる。このような場面で「なんとなく恐い」という認知を変えるためには、原子力発電所はどのように安全かということを住民が個人的に理解する必要がある。そのようにすることにより、国、地方自治体や企業と住民との同じテーブルの上での話し合いが可能になり、原子力発電所立地問題の是非を問うことができるのである。そうでなければ立地の是非以前の段階で拒否されてしまうことになる。

では、リスクに対する知識を正確に与えれば、国・地方自治体・企業と住民のあいだでリスク認知の差がすべてなくなるのかといえば、必ずしもそうではない。当然のことであるが、専門の技術者が理解するのとまったく同じ形で一般住民が理解できる可能性はまずない。「住民に理解できる形の知識」というのは、たとえば厳密に計算する計算式のいちいちを提示するということではない。ある程度直観的な理解が必要である。この点では住民の理解を得る技術が遅れているといえる。

5. 返報性の問題

実際問題として、住民にとっては国・地方自治体・企業といった一方の当事者と同じ知識量をもつことはきわめて困難である。だからといって「どうせわからないのだから黙っていろ」というのでは反対運動はなくならない。「つごうの悪いことがあるから黙っているのだろう」と受け取られ、「火に油を注ぐ」結果になる。実際、これは過去のさまざまな反対運動の過程で「そこまでしなければ動かない行政や企業」という印象をくり返し形成してきた以上、ある程度やむをえないことである。これだけの不信感を形成してくれば、住民の信頼を得るためには大きな努力が必要である。そしてそのはじめの前提となるのは「住民と同じ視線でリスクを認知する」ことである。

じつはここに少々やっかいな問題がある。それは「説得的コミュニケーション」の理論で知られている返報性の問題である。一般に人間は「相手が譲歩すればそれに応じて自分も譲歩する」とい

(注1) 被験者に「少年院に収容されている少年の遠足のつきそいを1日」というボランティアを依頼した場合をくらべている。この依頼をいきなりすると応じる人は2割にも満たないが、この依頼に先立って「今後2年間にわたって毎週2時間のボランティア」という依頼をし、「それがダメなら」といって上記の依頼をすると半数が応じたという結果がある。これは直感的にも非常に理解しやすい結果だろう。

(注2) 眺望という面では最上階を切り取ったところでそれより高い限られた建物だけの問題になり、周辺の大部分の建物には関係ない。近くから見れば背面の高さだけの問題になってしまう。また日照の面では最も北側の壁面の高さが問題になり、南側の高さは関係ない。この例の場合、むしろ悪くなる可能性がある。

う「譲歩の返報性」に従う傾向がある†5。同じ要求でもはじめに法外な要求をしておいて、断られた後に提示すると受け入れられやすいというものである(注1)。これを悪用すれば住民にとうてい受け入れがたい要求をしておいて、後になって「ホンネ」の要求をすれば容易に受け入れられることになる。実際、開発業者などはこの方法を使うこともめずらしくない。はじめに図5-1の左のような建物を公表する。そして「住民説明会」を開き、反対意見を聞く。それから右のような建物を公表すると受け入れられることが多くなる。じつは両者とも日照や眺望といった周辺の環境に与える影響という視点ではさして違いはない(注2)。建物の床面積という面ではまったく差はない。むしろ階数が下がっているだけ建設費用が低下し、開発業者には有利である。

　これを実行すれば「説得的コミュニケーション」という視点では合意が得やすいが、後日になって内実が露顕したときに信用をなくすことになる。セールスマンは売り逃げればそれでよいということになるかもしれないが、住民と長期的な関係を保たなければならない行政にはまずいやり方である。

　行政は政策を考案する場合、ただ単に押しつけがましく「安全だから」「便利になるから」という理由だけで政策を推し進めるのでは、すぐに反対運動が起きることになる。住民は住民個人がもつ知識だけを使ってそのリスクを認知するため、「安全だから」という結論だけの一面的な強調はかえって結果を悪くすることになる。反対運動を起こさないようにするためには、まず「いかなる理由で安全なのか」「いかなる理由で便利になるのか」を住民に理解できるように説明をする必要がある。そして、その後でその政策の是非を問う必要がある。反対運動は「一部の困った人びと」の問題ではなく、説明の問題と考える必要がある。

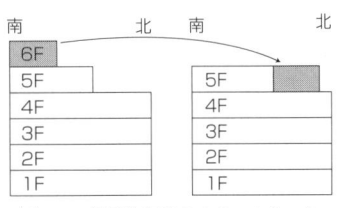

南		北	南		北
6F					
5F				5F	
4F				4F	
3F				3F	
2F				2F	
1F				1F	

図5-1　低層住宅地の中のマンション
6階を切りとって5階の北側につける。北側の住宅への影響はほとんど変わらない。

引用文献

†1　Slovic, P.　1986　Informing and educating the public about risk. *Risk Analysis*, Vol.6, No.4, 403-415.

†2　Slovic, P.　1987　Perception of risk. *Science*, **236**, 280-285.

†3　中谷内一也　1998　人々は環境ゼロリスクを追求するか　日本社会心理学会第39回大会発表論文集　98-99.

†4　水嶋友昭・林理　1995　原子炉開発専門家と一般人のリスク認知の差異　実験社会心理学研究, Vol.35, No.2, 178-184.

†5　Cialdini, R.　2001　*Influence: science and practice*. Boston: Allyn & Bacon.

──まとめ──
6 「多くの人」はじつは少数
―政策に人数を持ち込むな―

〔林　理・卜部敬康〕

　「最大多数の最大幸福」とはあまりにも有名なことばである。社会的決定はこの原則に従うべきだというのは多くの人びとの信じているところではないか。「だから決定は多数決」であり、「一部の人びとのエゴは問題である」というのはあまりに常識的な見解である。事実、小学校の学級会から公共政策にいたるまで、この論法を前提とした決定の例には事欠かない。「みんなのためには個人のわがままは抑えるべきだ」というのは学校教師も口にするし、政治家も口にする。公共政策の決定の場面では「一部の人びとのエゴ」という言い方が公共事業推進の免罪符になっている。もちろん公然とこのような論法を口にする人びとは必ずしも多数ではない。限られた強硬な復古派の言い方であることは理解されているところだろう。

　しかし一般人はそのようには思わないだろうか。むしろ「それも一理ある」と思ってはいないだろうか。そして漠然と「できるだけ多くの人が満足するような解決」をめざしていないだろうか。

　社会のなかで「大多数意見」となるような問題はじつは非常に少ない[注1]のである。それでも多数意見が形成されるからくりは「どちらでもよい」を「賛成」に数えてしまうことにある。「そこまで乱暴なことはしていない」と思うかもしれない。しかしわからない形でこれは実行されている[注2]。

　これはたいていの決定には「原案」があるという事情に起因する。まずどこかで原案が作られる。そして決定は「原案の採否」という形で行なわれる。これは中間的な態度を原案への「賛成」に取り込む結果になる。

　単純な決定を考えてみよう。現在では高校の修学旅行の行き先や日程を生徒が決めることがめずらしくない。これは生徒全員にかかわることだから、学年の生徒全員が集まって決めることにしたとする。このときいきなり各自の提案を出してもらうという方法で決定をすることは困難である。この種の問題はまず予算が決まっている。日数も決まっている。「単価が極端に安い方法を用いて1か月にしよう」というのは認められない。たとえば「4泊5日以内、費用は1人5万円以内」などということになっているはずである。すでにこの段階で現実に行ける場所は限られている。1学年の生徒全員を収容できる旅館のある地域はさらに限られる。あまり強行軍になる日程も現実的ではない。現実の日本のツアーには「地上交通で1日600kmを移動[注1]」などというとんでもないものもあるが、これでは移動するだけで時間がすぎてしまう。もちろんそれでは「旅行」の意味がない。つまり実行可能な計画はもともとかなり限られているのである。

　ところが生徒の大部分はこの種の事情を知らない。個々の生徒から行き先の提案を募集すれば、必然的に実行不可能な場所が大量に提案されることになる。個々の生徒が提出する「行ってみたい場所」をいちいち検討して可否の結論を出すことはおよそ現実的でない。そこでたいていは「何人かの代表で委員会を作り、原案を決定する」ことになる。委員会ではさまざまな議論があるかもしれないが、最終的に提示するのは多くの場合、1つの完成案である。その結果、完成案を土台に議論が行なわれることになる。ここで完成案に対する全面的な反対意見が出されることはある。しかしその大部分は「実行不可能な案」である。実行可能な案にしても、十分に検討をつくした委員会案にくらべれば不完全なものである。結果的に委員会の提出した原案と修正案の比較が行なわれれば、原案のほうが完成度が高い分、有利である。こうして完全な対案は採択されずに終わる。

　ときには部分的な修正案が出されることもある。この場合、論点になるのは「修正案のほうが原案よりよいか」ということである。そして「修正案でも原案でも大差ない」という場合には修正案は否決されることが多い。横浜の観光コースを作成したとする。フランス山を下り、氷川丸から山下

(注1) この距離は東京から西に向かえば姫路あたりまでである。新幹線でも3時間以上を移動に費やすことになる。一般の地上交通ではほぼ丸1日走りっぱなしになる。航空機の使用を前提としても、ミラノ、コペンハーゲン、ボローニャなど市街地近くに空港のある都市相互の移動といった特殊な条件がない限り、「移動してから何かをする」時間には到着しない。

図6-1 横浜港周辺

公園を通って中華街にぬけるとする（図6-1参照）。この原案に「大桟橋を加える」という修正案が出されたとしよう。大桟橋は山下公園の端から5分とはかからない場所である。ただ、「中華街にぬける」というコースは山下公園のほぼ中央から大桟橋とは反対向きにそれるのが最短距離になる。修正案は少々距離が長くなり、時間ものびる。ただしその違いはわずかである。現実には修正案を採択してもほとんど違いは出ないはずである。

ところが多くの場合、「わざわざ大桟橋を見る必要はない」という結論が採択されることになる。これは修正案に対する賛否が問われるためである。つまりここで行なわれる採決は

　・大桟橋を絶対に見たいかどうか

という問いになっているからである。本来の生徒の態度は

　・大桟橋を絶対に見たい
　・大桟橋は見ても見なくてもよい
　・大桟橋は絶対に見たくない

という3通りのはずである。しかし採決の場面で問われるのは「大桟橋は絶対に見たい」という修正案に対する賛否である。つまりここで生徒の態度は正確に3つの類型に分類されているのではなく、

　・大桟橋を絶対に見たい
　・絶対に見たいとは思わない

という2つの類型に分類されているのである。その結果、「どちらでもよい」と考えている人びとは「絶対に見たいとは思わない」側に分類されてしまうことになる。これが「どちらでもよい」という態度を一方の態度に組み入れるからくりである。もちろんこれは原案が反対であれば結果も反対になる。つまり原案が大桟橋を見るように設定されていれば、生徒の態度は

　・大桟橋は絶対に見たくない
　・絶対に見たくないとまでは思わない

という2つの類型に分類され、結果的に「見る」ほうが採択されることになる。

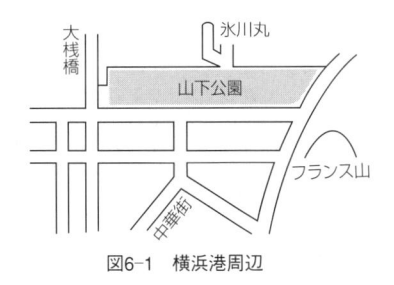

「多くの人が満足する」という場合の「多くの人」はこの程度の内容である。「多く」の中には積極的にそれが望ましいと考えている人びとも含まれているが、「どちらでもよい」と考えている人びとも多数含まれているのである。積極的に「これが望ましい」と考える人びとはどのような問題に対しても限られている。その限られた人びとへの対応を社会的に充実することが結果的に多様な社会を形成するはずである。

ここでしばしば提示される疑問は「一部の人びとの利益を図る必要が社会全体としてあるのか」ということである。このいかにも常套的な見解の根元にあるのは「典型と典型の重ねあわせは典型である」という誤解である。人間が強い関心をはらうことのできる問題は限られている。多くの人にはその人なりの「好み」がある。何に強い関心を向けるかということは「好み」の問題にすぎない。強烈なマニアを念頭におけば「奇妙な人びと」という印象が強いだろう。しかしそうした人びとでもふつうに日常生活を送っている。ある特定のことがらに関する態度以外に特殊な部分はない。ラーメンマニアはラーメンの味にうるさい。しかし生活の他の部分が特殊だということにはならない。長蛇の列をものともせずにラーメンを食べに行くという行動はラーメンに関心のない人からみれば特異だろうが、それは個人の「好み」という視点でみればバーゲンで高級ブランドの洋服を買いあさる行動と同じことである。

人間の能力には限界がある。ありとあらゆることに強い関心をもつことは不可能である。強い関心をもつことがらはせいぜいいくつかであり、それ以外のことにはそれほど強い関心は寄せない。しかし「何に強い関心を寄せるか」ということは人によって違う。ある人は食事であり、ある人は酒であり、ある人は芸術であろう。そしてどのようなことがらについても最も多いのは「それにはたいした関心はない」人びとである。健康や美容

（注2）この時代のソフトウェアはコピープロテクトをかけてあることがふつうであった。両ワープロソフトも例外ではなかった。しかしプロテクトの「はずしやすさ」に大差があり，「一太郎」は容易にはずせることで有名であったが，「松」は困難であった。その結果，多数の不法コピーが出回った「一太郎」のほうが知名度が高くなったというのは皮肉な事実である。

●ボクがラーメンの味にこだわるのは違いがわかるからさ。みんなよくマズイラーメンを食べるよね。それにしてもなんで並んでまで洋服買うのかな。

といった視点からではなく，もっぱら食味の面から食事に強い関心をもつ人は，さほどの関心をもたない人びとよりもはるかに少ない。どんな芸術でも，それに関心を向ける人の数は，それに関心をもたない人の数にくらべてはるかに小さいだろう。どんなことであれ，最も多いのは「関心がない」人びとなのである。

それではどんなことにも関心をもたない人びとが多いのかといえば，そうではない。関心をもつことがらは人によって異なっているのである。だからこそある人は食事，別の人は芸術というように関心が分かれるのである。「強い関心がない」というどのことがらにも共通の最も典型的な人間像を重ねあわせれば「なにごとにも関心がない」人物ができあがる。しかしそれが典型的人間像であるというのは誤解である。単に関心の向きが人によって異なるから「無関心」が多数意見になるけれど，どのようなことについても無関心という人びとが多いわけではない。積極的な関心をもつ問題があまりに多様であるために「積極的に関心をもつことがらのある人」が存在しないようにいわれるのはこの誤解に起因する。その意味で「積極的な関心のある人びと」は「一部の人」ではない。積極的な少数意見を尊重することは「一部の人びとの利益」ではないのである。

人間の欲求の多段階構造説というものがある。これは，「生理的欲求→安全→愛情→承認」という欲求の順序があり，一般に低次の欲求が満たされたとき次の段階の欲求が発生するという固定的な欲求の段階説である。低次の欲求については，ほぼ固定的な順序がつけられることを裏づける事実にことかかない。しかし，高次の欲求になれば欲求の内容は急速に拡散し，強い個人差が現われることは経験的にも，またさまざまな研究の示すところでもある。

新しい機械ができると毎度のように規格争いが繰り広げられる。「ビデオ戦争」といわれた家庭用ビデオの規格争いは有名である。計算機でも同様である。ワープロソフトに「一太郎」というものがあることは今でもよく知られている。しかし，現在のワープロソフトの先べんをつけた製品に「松」というものがあったことはもはや知らない人のほうが多い。そして両方を熟知している人で性能面から「一太郎」に軍配をあげる人はまずいない。「松」のほうが高速で「軽い」。「一太郎」は重装備で「重い」。結果的に「一太郎」が有名になったのは「多くの人が高く評価したから」ではない。多くの人は単に「ワープロでありさえすればよい」としか考えていなかったから（注2）である。比較検討をするまでもなく一方が選択されてしまうというのは，人間は強い関心をもたないことについては思考を節約する「認知的ケチ[†3]」だからである。

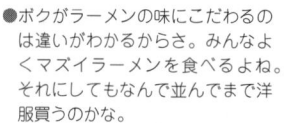

「大部分の人びとが関心をもつことがらは存在しない」という事実と「なにごとにもまったく関心をもたない人びとも限られている」という事実を考えあわせれば，「社会的決定に人数の多寡を持ち込むことは危険である」ということになる。どんなことも一部の強い関心をもつ人びとにとっては重要である。そして関心をもたない大部分の人びとにとってはどうでもよいことである。強い関心をもつ一部の人びとの主張を尊重することが社会的決定では重要なのである。「それでは迷惑施設などは作れないではないか」という議論はあるだろう。しかし「自分の当面の生活には関係ないから迷惑施設を建設することに賛成する」という態度が，社会問題における先鋭な対立を促進していることに気づかなければならない。

引用文献

[†1] 統計数理研究所国民性調査委員会（編） 1992 日本人の国民性 第5 出光書店
[†2] 林 理 1998 しきりの心理学——公式のリーダーと非公式のリーダー—— 学陽書房
[†3] Baron, R. & Byrne, D. 1994 *Social psychology.* Boston: Allyn & Bacon.

I部　現代の都市問題の「常識」
情報化社会

　IT革命などといわれるように，情報機器の発達は著しい。情報機器はどのように生活を変えるものだろうか。そして情報機器はどのように人間関係を変えるものだろうか。これがここでの話題である。

　「情報化が進行すれば生活が便利になる」「情報化が進行すればコストが下げられる」「情報化が進行すればものごとの選択の幅が広がる」といった「ITの福音」を述べたてる人びとは少なくない。その一方で「情報化が進行すると現実がわからなくなる」といった，おもに青少年を念頭においた，情報化の弊害を説く議論も少なくない。これは双方ともに「しろうと理論」である。

　情報化の進行とともに人間はさまざまな情報を追い求めるようになった。それは情報が「手に入る」からである。情報が「手に入る」ことは「より多くの情報があるのではないか」という不安をかきたてる。結果的に情報機器の発達は情報の需要を大きくした。それとは裏腹に，情報機器の発達は情報を使うスキルを低下させている。情報を評価する能力は情報それ自体からは獲得されないからである。その行き着く先は極度の単極社会である。情報化の問題はこちらのほうにある。

　ここでは「考えずに情報を消費する」問題を検討する。

携帯端末―いつでも，どこでも，あなたとだけ―

7 知らない人も知ったつもり
―コンピュータ上の自己開示と幻想―

〔林　理・水嶌友昭〕

1. 計算機が変えた社会

　現代は情報化社会であるといわれる。もちろん「情報化社会」というものの言い方は1970年代からいわれてきたものであるし、大きな意味でいえば「脱工業化社会」という意味である。しかし、1990年代以降の情報量の増大はそうした動きをはるかに超えたものである。それは人間の処理能力をはるかに上回る量の情報の洪水というべきものである。これを語るとき、しばしばキーワードになっているのは「インターネット」である。「世界各地からの情報が瞬時に集まり、いながらにして世界の動きがわかる」「自分の部屋で世界の情報を手にし、視野を広げられる社会」といった宣伝文句は聞いたことがあるだろう。「インターネット」ということばが一般化する前は「ニューメディア」という言い方がされたり、「マルチメディア」ということばが流行したりした。こうしたことばは情報の内容ではなく情報の媒体に注目したもので、その言い方の背後には媒体が変われば社会のあり方も変わるという含意がある。

　このような言い方のなかで共通にあげられている特徴は、①双方向性、②文字、画像、音声などの複数の表現形態の混合ということである。「双方向性」というのは、「メディア→個人」という「送り手」と「受け手」が画然と区分された情報の流れではなく、だれもが送り手にも受け手にもなるという程度の意味である[注1]。

　「表現形態の混合」は計算機を情報交換の道具に使用する場合に特徴的なことである。一般に人間の情報交換は特定の表現形態に限定されることはない。これは対話場面を想定すれば自明のことであって、会話という言語的手段のほか、さまざまな非言語的手段（non-verbal communication）を用いて意思の伝達をしている。パーティーの案内状には招待する旨を記した文書と会場の地図がつけられていることだろう。写真や絵を使わずに文字だけでニュースを伝える新聞はおそらく「Le monde」だけである。つまり「表現形態の混合」は日常の対人場面では自明のことである。これを改めて問題にするのは、計算機という機械が介在する場面では、このような表現形態の混合は一般的でないからである。

　計算機はすべての情報を符号化して処理する。そのため、「どの符号が何を意味するか」を規定する必要がある。この規定は当初は文字だけ（それもアルファベットだけ）について行なわれたため、計算機で交換される情報は文字だけというのが主流になった。その計算機を使用した情報処理でも画像や音声を扱うようになったというのが「表現形態の混合」の内実であって、日常の表現形態と異なった形式というわけではない。

　計算機は基本的にはデータを加工する機械である。計算機を「コミュニケーションの道具」ととらえる見方が急速に広がったのはいわゆる「インターネット」の広がりにともなってのことであるが、これは「データ加工の特殊な形態」と考えるほうが当たっている。電子メールを例に考えてみよう。電子メールはしばしば「ネットワーク上で交換される手紙」と説明される。実際のところ、ネットワーク上である必要はなく、同じ計算機の利用者相互であればネットワークを介さずに同一機材の上で電子メールが交換される。古典的な電子メールはこの「同一機材上のメッセージ」という形で交換された。これに「相手が使用している機材」の指定を追加すればネットワーク上の電子メールということになる。実際に電子メールがしていることはデータのかたまりをある利用者から別の利用者に流すことである。このように表現すると自明なことのようにみえるが、実際にはこれには別の前提がある。

　計算機は、利用者番号ごとに別の世界を提供する[注1]。つまり同じ計算機を使用していても利用者番号がAの人の行動は利用者番号がBの人に影響を与えることはない。利用者番号がAの人が計算機上にPという名前のデータセット[注2]を作成する。

(注1)「利用者番号」は「ログイン名」とよばれたり、「ユーザ名」とよばれたりすることもある。いずれも各利用者に計算機上での識別記号として管理者から交付されるものである。

(注2) 一般的には「ファイル」という表記のほうがなじみ深いと思われる。ただし、「ファイル」という語は論理ファイルと物理ファイルを混同した表現であり、本書では物理ファイルに限定した意味で「データセット」と表記する。パソコン上ではほとんどの処理系が論理ファイルの概念をもたず、データセットを直接指定する形式になっているが、本書ではあえて区分した表記を採用する。

(注3) 複数の人で1つの利用者番号を共有することは、パスワードの漏洩の危険が増すことからきわめて望ましくない。通常の計算機利用では厳禁されているはずである。

このとき利用者番号がBの人はデータセットが作成されたという事実そのものを知ることがない。もちろん利用者番号がBの人は遠慮なく同じ計算機の同じディスクにPという名前のデータセットを作成することができる。同時に利用者番号がBの人は利用者番号がAの人のデータセットを参照することも書き換えることもできない。それどころか、その存在すらわからない。利用者番号がBの人にできるのは自分が作成したデータセットを変更することだけである。つまり「ある情報を他の人にみせる」ことは計算機のうえでは原則的にできないことなのである。1つの利用者番号を複数の人が使用するという運用でもすれば問題は別だが、これは論外としよう(注3)。ある利用者番号のもとで作成したデータは他の利用者番号からは参照できないというのが計算機上の情報の特性である。これに例外を作るのが計算機の機密保護機能である。特定の利用者番号に対してだけ、参照を許可するという機能を使用して情報の共有をすることになる。この機能があるために計算機は情報の共有の道具として有効なものなのである。

　一般に情報を特定の相手とだけ共有することはきわめてむずかしい。人前で話をすれば聞かれたくない人にも聞こえてしまう。紙に書けばその情報はだれにでも読める。特定の相手とだけ情報を共有するためには人払いをして密室で話す、封筒に入れてメモを渡し、人のいない場所で開封してもらうといった手段が必要になる。計算機の機密保護機能は封筒に入れたメモと同じような機能であると考えてよい。計算機上のデータは機械可読形式になっているため、自由に加工できるという点でメモよりも有用である。このような特徴から計算機は情報の共有の道具として有効に機能する。オンラインなどはこの機能を活用した例である。

　その情報共有の手段のひとつが電子メールということになる。計算機の情報の共有の手段を利用してある人のデータセットの内容を別の人にスプールを介して送るのが電子メールである。ここでは情報の内容は変わっていないが、他の利用者番号で参照できる形にするという加工をされたことになる。電子メールにしてもデータの加工であることに変わりはない。

　機械可読形式情報であればどのような情報でも扱えるのであるから、計算機を使用して共有される情報は必ずしも文字情報に限定されるものではない。それを利用したのが計算機における表現形態の混合であり、これは計算機の性能が低い時代には困難であった。とくに画像情報は機械可読形式にしたとき情報の絶対量が非常に大きくなるため、性能の低い計算機での取り扱いは困難であった。しかし現在の計算機の性能はそれをある程度可能にした。その結果、「表現形態の混在」が現在の計算機を使用する場合の特徴になった。

　それではこうした計算機を使用する場合の特徴は社会にどのような違いをもたらすものだろうか。

　計算機の使用が社会を変えたという面は確実にある。たとえばオンラインである。銀行にせよ、列車や航空機の予約にせよ、劇場の予約システムにせよ、広範囲にわたるサービスが提供されるようになったのは計算機の利用を抜きには考えられないことである。計算機を使用しなければ銀行の全国の支店でキャッシュディスペンサーを使って預金の引き出しができるという状況は実現できない。JRが旧国鉄時代に構築した全国の指定券のオンライン発行システムは予約を非常に容易にした。このシステムがなければあらかじめいくつかの発売所に座席発行権そのものを分配し、それぞれの発売所が手持ちの分を販売するという方式にしなければならない。これでは、ある発売所では奪い合いになったのに別の発売所では売れ残っているということになりかねない。計算機上で売れた座席の情報を一元管理しないかぎり、効率的な販売は実現しない。言い換えれば売れた座席の情報を広範囲で共有できることが効率的な販売を可能にしている。しかしこうしたことは「双方向

●コスプレって変わった趣味かな。まあ、まわりのみんなには、いくらいってもこの楽しさはわからないみたいだけど。でもネットのなかなら友達いっぱい。「ハーイ，コンニチハ。私は魔法使い修業中の芹香です」

性」や「表現形態の混合」といった機能で実現したものではない。「情報共有の道具」「大量情報の一括処理」という機能がもたらしたものである。

2．「双方向」は偶然が頼り

では「双方向性」「表現形態の混合」というしばしば語られる「情報化社会を支える」機能はどうか。はじめに「双方向性」を検討する。

「情報化社会」というときには必ずしも「双方向性」が想定されているわけではない。「世界の情報が瞬時に届く」というのはすでにマスコミによって実現されている。「双方向性」といわれるのは，発信する側のマスコミと受信する側の多数の個人という図式が成立しないことをさしている。

情報の発信者が限られているということは多くの人が同じ情報を受け取ることである。ある人物に関する情報がたとえ誤った内容であっても周囲の人びとがその情報を信じれば，現実に人間の行動そのものが情報に見合う形に変容してしまうというのはラベリング理論の示すところである。多くの人が一元的な情報を受け取ることになればこの傾向は加速される。その意味で発信者が限られている社会は危険である。それでは双方向性のコミュニケーションが図られればこのような傾向はなくなるだろうか。

じつはこれはかなりあやしい。まず刺激が多くなればそのすべてを処理することは不可能になる。発信者が多数になっても受信者が受け取る情報の量は限られている。受信者が選択することもあるだろうし，検索にかからずに放置される情報もあるだろう。ある情報が受信者のもとに届くかどうかということは偶然が左右することになる。めだつ情報のほうが届きやすいということになれば，情報の内容よりも「見せ方」が優先されることになる。そのためか「プレゼンテーション法」がさかんにとりざたされるけれど，プレゼンテーション技術の良否と情報内容の信憑性は別物である。

つまり「めだつ」からといって質がよい情報であるとは限らない。

受信者は受信者でむずかしい問題に直面する。受け取る情報の量が多くなればそのなかには矛盾する情報も含まれることになる。その相互に矛盾する情報をどのように受けとめるかということはむずかしい問題である。しばしば一方が無視されることになったり，それぞれの先入観に一致する情報だけが受け入れられたりする。これは受信者が悪いからではないことは認知的不協和の理論で容易に説明できる。人間が外界の認知の一貫性を保とうとする以上，先入観に一致する情報だけを受け入れるのは当然のことである。たいして関心のない問題については，はじめに受け取った情報がその後の態度を規定してしまうことがめずらしくない。これでは双方向性は活かされない。

実際には「双方向」であることは受け手がいて成り立つことである。だから「井戸端会議」は双方向である。「双方向性のコミュニケーション」はそのような限られた範囲で成り立つものなのである。「情報化社会」といわれるなかには「日常的に関係のない相手とも双方向のコミュニケーションが成立する」という含みがある場合が多いのであるが，実際にはそれは容易なことではない。「必要なときに必要な相手と」という言い方で「ある問題についての疑問を電子メールに書いたら専門の研究者から返信がきた」といった例が出されるが，これは受信する電子メールが少ないから可能なのであって，大量の電子メールを受信する人はつきあいきれない。同じ質問が多数出現することになればマスコミと同様の一方的な発信という形になることだろう。実際，計算機の使い方で頻繁に質問される項目はＦＡＱ (Frequently Asked Questions) という形で一方的に発信されている。「双方向性」が有効に機能するのはごく限られた人しか関心をもたないような話題だということになる。これは井戸端会議のような限られた仲間うちのコミュニ

（注4）一般に色の3原色は赤，黄，青であるが，光の色を制御するときは黄に代えて緑を用いる。テレビの調整のつまみをみれば了解できるだろう。

ケーションということになる。井戸端会議との違いは距離の制約が小さいことである。つまり「近隣にはこの問題について話ができる相手がいないが，日本全国といった単位になればいる」という状況を想定すればよい。

だから計算機を使用したコミュニケーションでしばしばとてつもなくマニアックな領域の話題がはずむのは偶然ではない。たとえばあまり知られていないアイドル歌手の電子掲示板がある。あるいは「コスプレ」とよばれるゲームやマンガの登場人物の扮装をすることに関するWWWページは，一般社会でそのようなことにかかわる人の数からは想像もつかないくらい多い。つまり計算機を利用した「双方向性」のコミュニケーションは，利用者の少ない問題，言い換えればサービス水準の高い問題について有効なのである。どこにでも転がっているような話題はこのようなコミュニケーション手段を使用する必要はないのである。

3．表現形態の混合は現物に代わるか？

それでは「表現形態の混合」のほうはどうか。動画像や音声を用いた表現は計算機を使用しなくても可能である。現にビデオはそれを実現している。むしろこれまでは計算機で扱うことがむずかしかったというほうがあたっている。

しかしそれは計算機を前提としなければ容易に扱うことのできたものである。単純な話，井戸端会議は主として言語でコミュニケーションが図られるが，言語に限定しているわけではない。「このくらいの大きさのゴキブリが出た」といって手で大きさを示すといった会話はどこでも交わされていることだろう。それが計算機のうえで可能になるということは何を意味するのだろうか。

計算機は大量のデータを一律の基準で処理する機械である。逆に個別的な処理は不得意である。だから大量のデータのなかから「先頭から8文字目に『5』が記入されているもの」を抽出するこ

とは計算機で容易に可能になる。しかし計算機で扱えるのはこのような形式的な基準が規定できる情報に限られる。「心理学」という語を含む文を抽出することは可能である。しかしこの処理では「心理の科学」という文言が含まれる文は抽出の対象とはならない。単に「心理」でも対象にはならない。抽出の対象を「心理」という語を含む文とすればいずれも抽出される。しかしそうすればたとえば「心理ゲーム」という語も抽出の対象になってしまう。結果的に抽出される文が多すぎるということにもなりかねない。

これは画像を処理の対象にするとき，さらに大きな問題になる。たとえば100枚の写真から赤い車が写っている写真だけを選ぶことは人間には可能である。しかし計算機にはこれは不可能である。「赤い」とはどのような情報形式なのか，「車」とはどのような形式なのかを規定できないからである。たとえば色は赤，緑，青の3色(注4)の光の強さの組み合わせで表現してあるとする。3色それぞれについて0から255までの数字で表示することになっているとする。0に近ければその色の光は弱く，255に近ければ強いとしよう。このとき「『赤い』とは赤の数値が250以上で緑と青はともに50以下であることを意味する」と規定すれば計算機でも「赤い」ことの認定は可能である。しかしこの水準の規定をしないかぎり，計算機は「赤い」ことを認定することはできない。では人間はどうかというと赤の数値が250で緑と青がともに50のものも赤が249で緑と青がともに51のものも同じような色にみえることだろう。つまり画像データは計算機の本来の機能である「大量データの一律の処理」にはなじみにくいものなのである。

これは色の変化が連続であるという事情に起因する。赤と青のあいだには無限に中間色が存在する。中間がなく，赤でなければ青であるというように分離していれば計算機でも容易に扱える問題である。しかし色の変化は連続である。したがって

（注5）偶然出た音のつながりを音楽とみようという考え方で作成される音楽は「ハプニング音楽」とよばれている。たとえばピアノの中に釘、木片などを投げ込み、そのピアノの鍵盤を適当にたたくという方法で作成される。もちろんたたいた鍵盤が打つピアノ線の上に何があるかはわからないので、音はまったく偶然の産物ということになる。当然、録音しておかない限り、同じ音楽を再現することは不可能である。

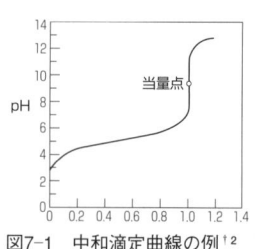

図7-1 中和滴定曲線の例[2]
0.1mol/m³酢酸を0.1mol/m³水酸化ナトリウムで滴定

「赤が250以上，緑と青はともに50以下」という基準はもともとの色の性質に合致しない、計算機のための基準だということになる。そのような基準を作れば計算機を使った処理は可能になるだろうが、その基準に現実的な意味があるとは考えにくい。

化学の実験に「滴定」という操作がある。たとえば酸性の液体に1滴ずつ塩基性の液体を追加して、液体全体の中和が終了するまでに必要な塩基の量を測定することで酸の濃度を測定しようというものである。この操作は最後の1滴でpHが大きく変化し（当量点）、中和が完了するという変化があるから可能になるものである。たいていの化学の教科書に図7-1のようなグラフが載っていることだろう。このような問題であれば形式的な基準を決めやすい。しかし「赤い車」はそのような基準の決めかたにはなじまない。

計算機のうえで画像を扱うことは、たとえば計算した数値を用いてグラフを作成するといった場面では有効である。グラフの作成が自動化できることは作業の軽減につながる。しかし絵の具と絵筆の代わりに計算機を使ったところで絵画の作成が自動化できるわけではない。乱数を用いて画像を作成すればハプニング音楽（注5）と同様の「ハプニング絵画」を作成することは可能であるが、それが絵画の中心的な存在になるとは考えにくい。

とすれば、計算機で画像を表示することの意味が問われることになる。画像どころか音声も動画像もということになれば、それによる効果がさらに問題になる。こうした表現形態の混合は「仮想現実」をめざすものであるというのがこれを推進する人びとの考えであろう[3]。ネットワーク上の「仮想商店街」まであることからすれば、これはおかしな発想ではない。

しかしそれは現実に取って代わるものではありえない。単純な例をあげるなら、どれほど精密に絵を再現したところで絵に描いた餅は絵にすぎず、食べられない。いくら眺めたところで空腹は満たされない。モノは使う（消費する）から効用を得られるのであって、使わなくても同じ効果があがるということにならないことは自明である。仮想現実と実際のモノの使用とは別の次元の問題である。

このように考えれば仮想現実は精密なカタログということになる。そのカタログの消費、つまり情報の存在そのものが現実のモノの消費とは別の次元で効用を引き起こすというのが情報化社会をめぐる議論である。

4. 情報化社会は対面場面を不要にするか

情報化の進展は在宅勤務や在宅ショッピングを可能にし、人間はいながらにしてなにごともできるようになるという社会像が語られる。「在宅ショッピング」というと御用聞きがたずねて来る昔の山の手の住宅地のような生活がネットワークを使って実現されるということだろうか。実際のところ、それでもさして違いはなさそうである。実際に物を運ぶという作業が求められる以上、ネットワークだけで完結する話ではありえないからである。

それではネットワークという御用聞きは人間の御用聞きにくらべて有用だろうか。さしあたってネットワークという御用聞きに払う「保守料」という名の給料が人間の御用聞きに払う給料より高いか安いかという話は除外しよう。これまでに述べてきたように計算機を使用した場合、大量の情報のなかからめざす情報を絞り込むという作業は容易にできそうにみえる。しかしこの話は計算機が非常にプラクティカルな基準を必要とするという障壁にぶつかることになる。「1gあたりの価格が最も安いコーヒーを選ぶ」「最高の価格の酒を選ぶ」という話なら計算機にとっては簡単なことである。しかし「自分の好みに合わせる」という選択はむずかしい。価格が高ければ好みに合うとは限らない。少なくとも人間の御用聞きにくらべて計算機ははるかに好みの学習のスピードは遅そうである。これについては人工無能[4]の実験でも知ら

れているが，計算機に学習させるということは想像以上にむずかしいことである。山のような情報のなかからいくつかの基準で候補を絞り込むことは計算機にもできそうである。しかしその絞り込んだなかからさらに選択するのは自分ですることになる。表現形態の混合でかなり詳細な情報が提供されることになれば，情報量はさらに増大する。紙のカタログをめくるよりも時間がかかることになりかねない。

この方法の利点はもともと少数の商品しか提供されていないような場面で発揮される。「このような仕様の商品」と仕様を規定すれば限られた数の商品が検索されるという場面である。それも現物を目にする機会が少ないものほど有効である。ここでもネットワークは物理的な距離を取り除く役割を果たしている。つまり「地球が狭くなった」のは，距離の制約から製造するほどの需要が見込めない商品については有用なことである。商品の生産には一定の固定資本形成が必要である。そのため，ある程度まとまった需要の見込めない商品を製造することはむずかしい。また製造したところで販売ルートが確立されていなければその商品を売りさばくことはむずかしい。ネットワークはこの問題に一定の解決を与える可能性がある。つまりこれまでは販売ルートがなかった商品でも，ネットワークを利用した通信販売という形をとれば一定の需要が見込めるようになるからである。もちろん実際に商品を移動するための費用はかかるから安くはならない。しかし多少高価でもそれがほしいという人びとにとっては有効である。

これは計算機の新しい機能に起因するものではないことに注意する必要がある。むしろここで有用なのは「多数の情報の一律処理」という古典的な機能のほうである。その結果は「めずらしい商品の検索可能性と販売可能性」のはずである。限られた地域でも十分な需要が見込める商品であれば，一般的な流通ルートで販売することが可能である。

たとえば現在の日本では牛肉の入手に苦労する人はあまりいない。どこででも売っていることだろう。しかし「牛の胃の煮込みを作りたい」ということになれば問題は別である。実際に日本で作ろうとすればかなりの労力をはらわなければならない。牛の胃などイタリアであれば別にめずらしくもないものである。煮込みを作ろうと思ったら市場で買ってくればよい。しかし日本では小売店で仕入れたところで売れ残るだけのことだろう。だからどの小売店も牛の胃を仕入れたりはしない。その結果，牛の胃は日本ではどこに行っても手に入らないということになる。ネットワークによる検索はこの問題にひとつの解答を与える可能性がある。つまり牛の胃を売っている店が日本に1軒あり，その店にだれもが注文するといった状況を想定すればよい。実際には鮮度という問題があるにしても，解決の可能性がないわけではない。

ところが実際のネットワークの使われ方は逆である。どこにでも売っているものがネットワーク上にあるというだけのことでは，ネットワークが新しい社会を拓くとはいえない。むしろそれは大資本による寡占化の進行に寄与するだけのことである。その先に待っているのは選択の余地のない社会である。対面場面を排除する情報化は「多様な選択」という理想とは裏腹の単極社会にすぎない。

情報化の進行はむしろ対面場面を重視することでなければならない。ネットワークを通じたコミュニケーションのなかでしばしば問題にされるのは「フレーミング」とよばれる攻撃行動である。ネットワークを通じたコミュニケーションでは，一般社会では想像できないような対人攻撃性が出現する場合がめずらしくない。そのため「ネットワーク上でのマナー」などという言い方で利用者に注意が喚起される場合が少なくない。このような注意が必要になる背景にはネットワーク上で交換される情報は非常に限定的であるという事情が指摘されている[†5]。一般的な対人コミュニケーシ

（注6）ＣＵＧ（Curious Users' Group）とは特定の利用者を対象にした電子掲示板サービスであり，運営する事業者によって「電子会議室」「フォーラム」などという名前でよばれている。たとえば「ドラえもんに関するグループ」といった形でＣＵＧが作られる。

（注7）ネットワークは一般に複数の階層に分割して規約を決める。代表的なのはＯＳＩの7階層モデルであるが，他にもさまざまなモデルがあり，たとえばＮ−１は3層である。最下位層となる物理層から最上位層となる応用層のあいだにいくつかの階層が定義される。一般にＯＳＩの7階層モデルの第4層とされるトランスポート層を境に，これ以下を「下位層」，第5層以上に相当する部分を「上位層」とする。インターネットの規約であるＴＣＰ／ＩＰは上位層内の階層が明確でなく，一括して「上位層」となっている。ネットワーク技術についての詳細は文献（シュラー Schlar[6]，ビエンドラとアショーク Bijendra & Ashok[7]，マーシャル Marshall[8]など）を参照されたい。

ョン場面では，相手に関するデモグラフィックな情報が重要な役割を果たしている。しかしネットワーク上ではそのような情報は捨象される。もちろんデモグラフィックな属性情報をあえて提示する，ある種のＷＷＷページのようなものは存在する。しかしそれを隠すことは容易である。また虚偽の情報を提示することも容易である。その結果，デモグラフィックな情報のないコミュニケーションも少なくない。それがネットワーク上のコミュニケーションのあり方をむずかしくしている[5]。

このような事情からネットワーク上でのコミュニケーションが発達するにしたがって，「オフラインミーティング」と称される，対面場面でのコミュニケーションが重要であるとされることになる。実際，パソコン通信グループでは対面型のコミュニケーションの場を設定することがめずらしくない。ＣＵＧ[注6]などではこの傾向は顕著であり，日常はネットワーク上で通信している人びとが休日に交流会を開くことはめずらしくない。「情報化が進行すれば対面する必要はなくなる」という宣伝文句は明らかに誤りである。

なお，この種の「情報化」につきもののようにいわれるのが「インターネット」である。これはしばしば二重の意味で誤りである。まずインターネットとはネットワーク相互の接続であって，この種の話題につきもののように現われるＷＷＷや電子メールはある種の通信サービスにすぎない。両者はまったく次元の異なった問題である。その意味で「パソコン通信と『インターネット』は違う」という「インターネット」普及の初期にしばしばいわれたことも誤りである。本来のインターネットとパソコン通信は別物である。しかしこのような言い方でいわれる「インターネット」は，現実にはＷＷＷや電子メールをさすものであり，パソコン通信と同様の応用層上のネットワークサービス[注7]にすぎない。また，ネットワークの相互接続にはほとんどの場合，ＴＣＰ／ＩＰとよばれる規約が用いられるが，これも絶対にＴＣＰ／ＩＰでなければならないという性質のものではない[9]。単に最も普及しているという程度のものであるし，課題も多いことは承知で使われているものである[10]。「インターネットで世界がつながった」というのも誤りで，パケット交換網でとうに接続はされている。「インターネット」を特別視する必要は何もない。

5．不要な情報の増加と「薄い」対人関係

情報化社会の特徴とされる情報の増大は，個人にとって有用な情報の増加を意味するものではない。情報の全体量が増加すれば個々の人間にとって有用な情報も増加する可能性はある。ここでいう「有用」とは「好みに合う」という程度の意味である。ある人にとって有用な情報が社会的にみれば特異なものである場合，情報を収集できる範囲が広がることは有効である。

任意の2人の人間のＨＬＡ抗原が一致する確率はＨＬＡ抗原の型によって数百分の一から数百万分の一である[11]。骨髄移植をするためにはＨＬＡ抗原の型が一致する必要があるから，骨髄移植が最も望ましい治療法であるとされる種類の白血病の患者にとっては，ＨＬＡ抗原の型が一致する骨髄提供者がいるかどうかということは重要な問題である。骨髄提供者は1人存在すればよいのであるから，骨髄提供候補者が多いほど「候補者のなかに提供可能な人が存在する」確率は高くなる。したがってこの患者にとってはできるだけ多くの骨髄提供候補者がいることが望ましいことになる。だとすれば多くの人のＨＬＡ抗原の型を調べて登録しておけば，骨髄移植が必要な患者が発生したときに提供可能な人を速やかに探し出せるだろう。これが骨髄バンクの考え方である[11]。

このような場合には情報量は多いことが望ましいことになる。骨髄バンクが広範な登録者を募集することは当然である。ここで注意しなければな

（注8）あるホスト上にメーカーがそれぞれ当日の希望販売価格を提示するといったサービスは実際に行なわれている。消費者はネットワーク上で購入希望を出し，最寄りの取り扱い店で商品を受け取る。どのメーカーの提示価格も自分が買いたいと思う金額より高額であれば，消費者は自分の希望購入価格を提示し，その価格での販売を引き受けるメーカーを探すこともできる。

（注9）都市化とともに対人関係の対応が簡略になったり，関係をもたなくなったりする。都市の刺激の多さの結果である。

らないのは，ある人にとって有用な情報は骨髄バンクの情報のなかでも非常に限られているということである。骨髄移植を必要とする人にとって有用なのは自分自身とＨＬＡ抗原の型が一致する人の情報だけである。ＨＬＡ抗原の型が一致しない人についての情報がいくらあっても意味がない。1人の患者にとって有用な情報は社会的にみれば特異な情報である。

それでは一般に情報は多いことが望ましいといえるかということになれば別の問題が現われる。情報が多くなれば刺激の遮断が起こり，ある情報は受け入れられなくなる。情報を受け入れる前に何らかの手段で選択する必要があることになる。その選択の手段に計算機を使うというのが一般的な情報化の考え方である。たしかに計算機は大量の情報の処理に向いている。その意味で計算機は情報の選択に使える可能性がある。骨髄バンクなどはまさしくその例である。

しかし計算機には「一律の処理」という制約がある。一律の単純な基準で選択できる情報であれば計算機を利用することも有用である。しかし単純な基準が決められない選択は計算機で処理することは不可能である。そのような情報が増大すれば結果的に受け入れる情報の基準は偶然に頼ることになってしまう。これでは単純に情報が多いほうがよいということにはならない。

6．「情報化」はスキルの変化

「情報化」にともなって大量の情報が流れるようになった社会では，個人の選択の余地が広がったようにみえる。事実，ネットワークを経由してメーカーとのあいだで価格交渉をするといったことも現実になってきている(注8)。しかしそれは単純な基準での選択が基本にある。

人間の行動は価格だけで決まるといった単純な問題ではないことは自明である。複雑な選択の場面ではむしろ過剰な情報が選択の妨害となっている。それどころか，不要な情報への対応のために有用な情報への対応が抑制されるということも発生する。刺激が過剰になればすべての刺激に対応することが不可能になり，結果的に人間の社会的行動は粗略になるというのは「都会的性格(注9)」でしばしば語られる説明だけれど，これと同じことは現実に情報化社会のなかで起こっている[†12]。

このような情報化社会の特徴は必ずしも人間の選択の余地を広げることにはならない。むしろ選択の余地は狭くなっている。あふれるような情報を処理するために計算機を活用しようとすれば，一元的な基準で処理が可能になるように問題を定義しなければならなくなる。つまり目的に合わせた選択方法を採用しているのではなく，選択手段に合わせて目的を定義することになってしまう。これでは本末転倒である。

それでも情報が重視されるのは「情報がなければ選択できない」という「常識」に原因がある。情報を求める人は「そこにあるということを知らなければ使えないではないか」と主張することだろう。最も単純な例は毎朝の新聞にはさまれてくる折り込み広告である。近所にいくつかのスーパーがあればチラシの「特売品」を見比べて買うものと場所を決める。「できるだけ安く買うためにはチラシという情報が必要である」ということになる。実際，これを実行している人も少なくないことだろう。「こうすれば食費は安くできる」という特集を目玉にする主婦向けの雑誌には「チラシを見比べて，最も安くなったときの価格を『底値帳』に記録する」[†13]などと書いてある。これを実行するためには折り込み広告は不可欠である。

しかしこれが本当に選択の範囲を拡大しているのであろうか。「同一のものは価格で選択する」という経済原理の立場からいえば，これも選択に違いない。ところがこの立場は「等質なものの価格競争」という前提がある。つまり質の異なった多様な選択をする場面ではこの原則はもともと成り

立っていないことになる。

「選択の拡大」は本来は選択の質的拡大のはずである。異なったものがあるから個人の選択が問題になるのであって，等質なものの選択であればそれこそクジ引きでもいっこうにかまわない。等質なものの選択のための情報の量ばかりが肥大するというのは，本当に必要な情報をわかりにくくするという意味でむしろ選択の妨害になっている。このような「情報化」は情報が重要になったから進行したとはいえない。情報化が進行する原因は別のところにある。

原始人にとっても情報は重要であったはずである。人間社会の最大の課題は「食料の確保」であった。原始人は食料の確保のために生涯のほとんどを費やしたはずである。その原始人にとって，たとえば「あそこにマンモスがいる」という情報は重要な情報であったはずである。マンモスを獲物にできれば相当の数の人の食料が確保できたことだろう。マンモスを獲物にするためにはマンモスがいる場所を知ることが重要である。だから原始人にとっても情報は重要であった。

ところがこれだけでは原始人は困るのである。原始人がマンモスを食料にするためにはマンモスを捕まえなければならない。マンモスを捕まえることは，その居場所をつきとめることよりはるかにむずかしいことであった。だから原始人にとっては，マンモスを捕まえるスキルのほうがマンモスの居場所情報よりも重要であった。

ところが現代は事情が違う。貨幣経済が発達すれば食料を直接生産するスキルは一部の人のものになり，他の人びとは何らかの手段で手に入れた貨幣を媒介として食料を手に入れる。貨幣の入手には情報だけで足りることも少なくない。こうなれば生活上での各種のスキルの重要性は低下する。その結果，情報の価値は相対的に上昇する。それが情報化社会の進展の原動力になったはずである。

「情報化社会」は情報の価値が高まった社会ではない。各種の生活上のスキルの価値が低下した社会であるといえる。

引用文献

†1 川上善郎 2000 参加社会の心理学—情報化社会— 川島書店
†2 Mahan, B. H. 1900 *University chemistry*. 塩見賢吾・吉野諭吉・東 慎之介(訳) 1972 大学の化学 廣川書店
†3 情報処理編集部(編) 2000 実世界に近づくインターフェース技術 情報処理, Vol.41, No.2, 122-168.
†4 Kiesler, S., Siegel, J., & McGuire, T. W. 1984 Social psychological aspects of computer-mediated communication. *American Psychologist*, 39, 1123-1134.
†5 川上善郎・川浦康至・池田謙一・古川良治 1993 電子ネットワーキングの社会心理 誠信書房
†6 Schlar, S. K. 1990 *Inside X.25 A Manager's Guide*. Princeton: McGraw-Hill. 杉野 隆(訳) 1992 X.25 プロトコル入門 オーム社
†7 Bijendra, N. J. & Ashok, K. A. 1990 *Open Systems Interconnection*. New York: Elsevier science publishers. 滝沢 誠・中村章人(訳) 1993 OSIプロトコル技術解説 ソフト・リサーチ・センター
†8 Marshall, T. R. 1990 *The Open Book: A Practical Perspective on OSI*. Englewood Cliffs: Prentice-Hall. 西村竹志・長谷川 聡・中井正一郎(訳) 1991 実践的OSI論 トッパン
†9 林 理 1992 ネットワークはRJE 東京大学大型計算機センターニュース, Vol.24, No.5, 43-49.
†10 林 理 1997 ダメな「事実上」 東京大学大型計算機センターニュース, Vol.29, No.3, 42-46.
†11 十字 猛夫 1994 骨髄バンク 中央公論社
†12 Stoll, C. 1995 *Silicon Snake Oil*. New York: Doubleday. 倉骨 彰(訳) 1997 インターネットはからっぽの洞窟 草思社
†13 「すてきな奥さん」1997年6月号 主婦と生活社 など

8 携帯電話でつながる「薄い」対人関係
―いつでもつながる「疎遠な」人―

〔卜部敬康・林　理〕

　この章では携帯電話を多用する若者の友人関係のあり方が従来の「友達」や「親友」という関係と大きく異なっていること，そして携帯電話がそうした対人関係のあり方の変化を規定する重要な要因であると同時に病理的側面も多分にはらんでいること，の2点を指摘したい。このようにいうと，「携帯電話などというものが存在するから対人関係が薄くなった」という，あまりに常識的な議論のようであるが，これは誤りである。むしろ「薄い」対人関係は，情報化社会が必然的にもたらすものである。詳しくいえば，「薄い」対人関係は情報化社会に生きる人間にとって社会適応の手段になっており，情報化社会特有の構造的病理の一翼を担っている。したがって，携帯電話が「薄い」対人関係を生みだすのではなく，情報化社会に適応するために私たちが築きがちな対人関係のあり方が「薄い」対人関係であり，これを維持・存続するための装置として携帯電話が機能しているのである。その結果，携帯電話が「薄い」対人関係を生みだしているようにみえるにすぎない。この一連のメカニズムを明らかにすることで，情報化社会の対人関係の病理を示すことが本章の目的である。

1．「薄い」対人関係とは

　ここで問題にしようとしている「薄い」対人関係とは，簡単にいえばつきあいの程度が「薄い」ということであり，表面的な対人関係をさしている。私たちは毎日，いろいろな人と接しながら生きているが，そのなかには毎日のように会う人もいればたまにしか会わない人もいる。また，相手を特定した関係だけでなく，人と接触しているのだけれど「その人」でなくてもよい関係も多い。偶然入った喫茶店の店員や駅でものをたずねた駅員などがそれである。これらの人との関係も広くとらえれば「対人関係」のなかに含めることができる。こうした人びととのコミュニケーションをはじめとした相互作用（やりとり）は一時的なものであり，その内容も表面的なものにすぎない。その意味でここでいう「薄い」対人関係にあてはまるのであるが，ここで問題にしようとしているのは一時的な対人関係ではない。

　ここで問題にするのは，「知人」「友人」などということばで表現されるような関係，つまり一回きりではなく継続する対人関係である。そのなかには，お互いのことをよく知ったうえで長期的，永続的に継続する強い信頼関係に基づいたもの（たとえば「親友」）もあれば，仕事や日常的なレジャーをともにする程度の友人関係もあり，あいさつや立ち話程度を交わすだけの関係もある。前者を「濃い」対人関係と表現すれば，後者になるにしたがって「薄い」対人関係と表現できる。

　こうした対人関係が人間の行動にどのような影響を及ぼすかについては，社会心理学ではさまざまな研究がなされてきた。あたりまえに考えれば，私たちは「濃い」対人関係を中心に据えてみずからの行動を決定すると思える。しかし，じつはそうではない。一般に「薄い」対人関係のもつ影響は意外に大きい。対人関係は相手によって「ミウチ」との関係，「セケン」との関係，「タニン」との関係に区分できる。そして「セケン」との関係が人間の行動の強い規定要因になっているのである。

　「心理学の実験をする」といって2人の人に来てもらう。実際には2人のうちの1人はあらかじめ頼んでおいたサクラである。「ちょっと準備をしますから待っていてください」と言って実験者は姿を消す。2人の前にエビセンの入った皿がおいてある。そして正面には「実験室内での飲食厳禁」と大きな字で張り紙をしておく。実験者がいなくなるとサクラは2人のあいだのエビセンを食べはじめる。このとき被験者がサクラに追随してエビセンを食べてしまうかどうかということは2人の関係によって違う。被験者とサクラが友人で

●この人見たことあるなー。あっ，エビセン食べた。この部屋で食べ物食べちゃダメでしょう。どうしよう，私も食べたほうがいいのかな。

あった場合，まったく面識がなかった場合，顔見知りであった場合の3通りを比較する。すると「顔見知り」の場合だけ，被験者がサクラの行動に追随してエビセンを食べはじめることが多いのである†1。この実験は人間は「セケン」に弱いということを示すもので，「エビセン実験」とよばれている。この例でいえば「友人」は「ミウチ」であり，「知らない人」は「タニン」である。「ミウチ」「セケン」「タニン」とならべると，薄い対人関係である「セケン」の規定力が強いということになる。この実験でいう「セケン」，つまり顔見知り，知人，クラスメートといった存在は，「濃い—薄い」という言い方でいえば「薄い」人間関係のほうに含まれる。

2．若者文化の一側面としての「薄い」対人関係

対人関係にはさまざまな次元があり，いわゆる「濃い」ものから「薄い」ものまであること自体は当然であるといえよう。ある人に複数の友人・知人がいたとしても，それら一人ひとりの人生観や価値観，趣味の違いによって，親しさの度合いは異なってくる。根っから心を許して本心を打ちあけあえる「親友」から，あたりさわりのない範囲でおつきあいを続けている「職場の友人」やあいさつやちょっとした立ち話程度の「顔見知り」までさまざまである。この場合の「親友」とは相互作用の水準が深い。本心を打ちあけることはお互いの意見や好みについての微妙な差異に気づくことになるから，時にはケンカになるリスクも含んでいる。それでもそのようにふるまうことは，相手をより深く理解したいのと同時にみずからをよく理解してほしいからにほかならない。つまり，このような関係は自我関与の程度が高い。くり返しになるが，こうした自我関与の程度が高い対人関係を，「濃い」対人関係とよぶ。反対に，自我関与の程度が低く表面的な対人関係を「薄い」対人関係とよぶ。「薄い」対人関係においては，表面的に交わされるコミュニケーション自体が快適に円滑に進むことが何よりも要求されるから，「その場が楽しければよい」のである。

ところで，昨今の若者にみられる対人関係のきわめて顕著な傾向として，友達の数は多いのに「親友」と表現できるような「濃い」対人関係が形成されないことが指摘できる。仮に学生や近所の若者に「あなたの友達は何人？」ときいてみるとよい。その数は概して多い。彼らは携帯電話のメモリーに自分の友人の電話番号を登録していることが多いが，その数は数十にのぼる場合が多い。百人以上の連絡先を自分の携帯電話に記憶させている若者も少なくない。ふた昔前の若者がアドレス帳に記入していた友人の数を考えると，格段に「友達」の数は増えたようにみえる。しかしその一方で，彼らが深刻な悩みや相談事を打ちあけられる友達をもっているかといえば，かなりあやしい。Ⅱ部「性行動」でもふれるが，若者がよく読む雑誌の記事はある種のマニュアルとして機能している。恋愛や性にかかわるものが多いのだが，単なる娯楽的な読み物というよりも，「こんなときどうすればよいか？」という構成になっている。こうしたところからも，若者たちが本当に情報交換したいことを友達のあいだでは相談できず，ひとりでマニュアルを読むことで対処しているようすをうかがい知ることができる。

「現代の若者に『親友』とよぶにふさわしい関係がみられない」という指摘は，これまでにもしばしばなされてきた。社会心理学者の田中國夫は，すでに1987年に図8-1のようなモデルで当時の大学生の友人関係の特徴を説明している。それによると，「親友」という関係はお互いに心理的距離が近いと感じているから「気をつかう」必要がない。そしてこのような関係が築けるか否かは，「どれほどしっかりと自分の考えや自分自身のことを打ちあけあうか」すなわち「自己開示の程度」に大きく左右されるという。ところが，昨今の学

生はこうした自己開示を嫌うのだという。その結果，友人とのあいだに信頼関係の構築は望めない。友人関係の基底に信頼感が存在しないのであれば，友人と接触する個々のその場その場で「浮かないように」と不安が広がることは想像にかたくない。そして田中は，学生を日頃から観察しての私論であると断ったうえで，こうした彼らの心のすき間を埋めるものとして機能するものの典型として，コンパの席上での「イッキ」の強要をあげている。限られた場面で同じことをすることでしか，自分たちの「友情」の存在を証明できないのだという。

最近の若者の友人関係を外から観察する限り，そのようなよそよそしさが根底にあるとはとてもみえないが，精神科医の大平健[2]による分析とあわせて考察するとよくわかる。大平はまず「やさしさ」という概念の変容を指摘する。いわく，「人間関係における『やさしさ』とは，相手が自分の気持ちを察してくれ，それをわが事のように受け入れてくれたと感じられるもの」であったはずだが，最近の若者の考える「やさしさ」はそうではないという。最近の若者にとっての「やさしさ」は，相手を傷つけないように相手の心情に深入りしないように注意することからはじまる。相手の気持ちを察することに失敗して結果的に相手を困らせたり悩ませたりすることがないように，最初からその可能性をゼロにしておくのが「やさしさ」であると考えている。つまり，へたに相手を深く知ろうとしたばっかりに「気まずい」状況をつくってしまうよりも，相手を不愉快にさせるおそれのない「あたりさわりのない」関係に終始するのである。

ではお互いの内面をよく理解しあえた親友のような「濃い」対人関係がなく，友達のすべてがこのような「薄い」対人関係であれば，どんな弊害があるのだろうか。簡単にいえば，「薄い」関係を保つ友達が何人いても，肝心なところで友達として機能しない。仮に自分が苦境に立たされた場

図8-1 大都市高校生の心理的特徴と生活環境[1]

面を想像するとよい。仕事で失敗した，自分の考えが支持されず孤立した，社会的に望ましくないとされるような大失敗をした，などである。このようなとき，お互いに全人格的な信頼をよせる「親友」の存在が果たす役割は大きい。「親友」は自分にとって特別な人であるから，自分に対する多くの「タニン」や「セケン」の見解とはまったく独立の尺度で自分をみていると思うことができる。だから，社会的に客観的には少々孤立しても，孤独感自体はさほど深刻にならない。しかし「薄い」対人関係で結ばれた「友人」が何人いても，彼らの視線は一般的他者と同一であるとみなせるから，自信を失ったときの助けにはならない。むしろ何人友人がいても，「いつ自分が浮いてしまうか」漠然たる不安を抱えることになる。この不安を解消するためにひたすら周囲に同調するものの，不安自体は低減しない。これは悪循環である。つまり，厚い信頼関係のある親友がいない状態は人を不安にさせるので，親和欲求が高まって周囲の人に同調することで友人を獲得しようとする。しかし，そうして獲得した友人は「薄い」対人関係に基づく友人であり，根本的な不安解消や自尊感情の高揚にはつながらない。このくり返しで，親友は一向にできないのに，その場を楽しくやり過ごすだけの「薄い」友人だけがふえることになる。この悪循環が「薄い」対人関係のもたらす病理であるといえよう。

3．「薄い対人関係」を維持する装置として機能する携帯電話

さて，ＩＴ革命としばしばいわれるように最近の情報技術の進歩はめざましい。ここで取り上げる携帯電話をはじめとした移動体通信メディアも例外ではない。むしろ，情報技術の末端使用者を

子どもたちにまで拡張したという意味で，携帯電話はＩＴ革命の主役のひとつであるといえる。ここでは，携帯電話の普及という社会の動向が，先に述べたような対人関係の傾向を強化すること，つまり「薄い」対人関係を維持し，「濃い」対人関係を築くための対人関係スキルを私たちから奪っていく方向に作用することを示す。

そもそも移動体通信メディアが私たちの対人関係の規定要因になり得るのだろうか。私たちが日頃結んでいる対人関係が先にあって，あくまでも通信機器はそのコミュニケーション手段にすぎない，と考えても不思議はない。しかし，通信手段の普及が人間の見方を変えることは簡単な例でわかる。あなたは「自宅の電話番号を書け」という書類を頻繁に目にすることがあるだろう。学校の連絡網などは典型である。もしかすると職場でも「何かあったときのために」届け出ろといわれたかもしれない。このときあなたが「私は電話をもっていません」と答えたら，聞いた人はどんな顔をするだろうか。「あ，携帯しかありませんか，では携帯で」という反応になるのではないだろうか。「携帯もありません」といったときの相手の反応を想像するとよい。

考えてみれば40年前の社会では「自宅に電話がない」などというのは別にめずらしい話ではなかった。もちろん携帯などあるはずもなかった。それが現代では「連絡はどうするんですか」などというおそらく40年前には考えられなかったような反応になっている。電話連絡は受けられないなどというと奇人扱いではないだろうか。通信手段の普及は確実に人間観そのものを変えたのである。

移動体通信メディアの存在が，対人関係のあり方を規定し得ることを示す単純だがおもしろいデータが筆者の手元にある。ポケットベルから携帯電話へその主役が移った頃に，大学生を対象にポケットベルと携帯電話の所有とその用途などをたずねたものである。ほとんどの学生が携帯電話をもっている現在と違って，携帯電話をもっていない人はそれをほしがっているというのが最も多い回答であったが，両方ともほしいという回答やポケットベルをとくにほしいという回答も（とくに女子では）少なくなかった。家にいなくても友達と連絡がとれるという機能は両者に共通するが，ポケットベルは携帯電話よりは明らかに不便な道具であることを考えれば，次のように解釈できる。友人網を複数もっていて，それぞれに通信メディアを使い分けているのである。つまり，Ａグループ用のポケットベル，Ｂグループ用の携帯電話，……という具合である。今であれば，携帯電話を２台もっていて友達によって使い分けるということになる。実際筆者も「携帯２台あってそのうち１台は彼氏用」や「彼氏以外（の男友達）はメールで」などという学生の話をよく耳にすることを考えても，的外れな解釈ではなさそうである。

かつて利用料の高かった携帯電話はともかく，ポケットベル自体はずいぶん前からビジネスマンの道具として活用されていた。しかし，このような使い方は少なくとも一般的ではなかった。「薄い」対人関係の網の目のなかで暮らす若者によって，そうした対人関係を維持するための道具として，ポケットベルや携帯電話の利用法が発明されていったのである。

さて，通信メディアによって対人関係を使い分けているらしいことは明らかになったものの，それをただちに（若者の）対人関係の病理と関連づけることにいささか違和感を感ずる読者もあろう。先の調査結果からは，携帯電話やポケットベルなどの移動体通信メディアによって「薄い」対人関係が維持されている側面は肯定できても，互いに厚い信頼をよせる「濃い」対人関係が消滅していくという側面は直接検証していないからである。しかし，この点に関してはむしろかなり古典的な理論がそれに示唆を与えてくれる。

「人間は交換原則に基づいて行動する」とする，

人間の行動原理を一種の「経済モデル」で表わせるとする理論がある。社会的交換理論がそれである。要するに，人間は得になることはするが，損になることはしないということである。これらを定式化すると，ある人がある行動（A）をとるかどうかは行動Aによって得られるであろう「報酬」と，行動Aをするのに必要な「コスト」の差（X）の大きさで決まる。すなわち，ある人が行動Aを行なうに際して，

X＝（報酬）−（コスト）

としたとき，X＞0であれば行動Aを実行するが，X＜0であれば実行しない。

たとえば，のどがかわいて何か飲もうか迷っている場面を想像してほしい。お茶を付近の自動販売機で買って飲めばのどを潤せる。これが「報酬」であり，その代価として支払う120円が「コスト」である。お茶でのどを潤すことによる快適さという「報酬」が120円を支払うという「コスト」よりも大きいとき，お茶を120円で買うという行動が発生する。付近に自動販売機がなく，探したり遠回りして買い求めなくてはならない場合，「コスト」は高まる。真夏の炎天下で一刻も早く水分がほしいとき，お茶を手に入れるという行動の「報酬」は大きい。<u>クーラーの効いた快適な喫茶店で高級豆を用いたうまいコーヒーを飲む</u>」という行動のもたらす「報酬」はさらに大きいが，当然代金も高いので「コスト」も大きい。しかし，喫茶店という場所が嫌いだという人にとっては下線部は「報酬」ではなく「コスト」になるから，別に必要がない限り喫茶店には入らないだろう。

さて以上の話からでは，この理論は人間の行動のなかでも経済行動の側面，すなわち人間の合理的かつ打算的な側面しか説明できないようにも思える。しかしじつは，人間の一見「非合理的」で「愚かな」側面やボランティアのような「無償の奉仕」活動もうまく説明できるのである。社会的交換理論では，ある行動をとったときの行為者にとっての「報酬」と「コスト」をまず考えるが，これらの意味が重要である。ここでの「報酬」とは，その行動をとることによって文字通り行為者にとって「得になること」ということができる。これに対してコストとは単純に「損になること」とは表現できない。具体的には，必要なお金や労力といった経済的コスト以外にも「たいして大きな問題ではないのに会議の席上で強く異論をとなえるのはめんどうだ」といった心理的コストも含まれている。とくに集団規範（暗黙の掟）に反した行動であれば，その圧力の認知や後ろめたさという心理的コストが高くなる。つまり，ここでいう「報酬」や「コスト」というのは客観的な尺度があるのではなく，あくまでも行為者の主観で決まるのである。したがって，客観的にはたいした報酬でなくても，行為者本人が「満足できる」ものであれば「報酬」にあたる。

無償のボランティアの場合がその典型例である。労働に対する経済的な報酬がないからX＜0となるのではない。そのボランティアに要する労力や時間などの「コスト」に対して経済的な報酬こそ与えられていないものの，自己の人生観に合致した行動をとっていることそれ自体や，自分が「役に立っていること」の実感は大きい。これを心理学では自己効力感とよんでいるが，これを「報酬」とみなせば，無償ボランティアを行なうという行動も十分この理論で説明可能である。一般に自己効力感の有無は精神的健康に大きく影響することが知られていることから，この解釈はおおむね妥当なものだといえるであろう。

誤解のないように付け加えれば，交換理論は人間がもっぱら「打算的な」存在であることを意味する理論ではない。つまり，私たちが常に「報酬」と「コスト」を天秤にかけて行動を決定しているのではなく，人間の行動をこうした枠組みでみることで，特定の行動の背後にある本人も気づいていない意味や機能を明らかにすることができるの

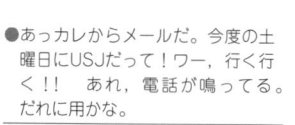

●あっカレからメールだ。今度の土曜日にUSJだって！ワー，行く行く！！ あれ，電話が鳴ってる。だれに用かな。

である。

さて，携帯電話がなぜ「薄い」対人関係を維持しながら「濃い」対人関係を消滅させる方向に機能するのか，この理論を用いて考えてみよう。一般に携帯電話の普及は，コミュニケーションに要する「コスト」を引き下げる方向に作用すると考えられる。携帯電話の通話料は固定電話より高いのだから，経済的なコストはもちろん大きい。しかしそれと同時に，どこにいても連絡がとれる，電話をかけたときにまちがいなく「本人」が電話に出る，といった携帯電話によるコミュニケーションの特徴は，いずれも電話をかけるという行動に付随する心理的負担，つまり「コスト」を軽減するという性質をもっている。このことの重要度は，携帯電話の通話料の高さなど問題にならないぐらいに大きいことは想像にかたくない。

ここで若者にとって重要なのは「確実に本人が電話に出る」ということである。一般に家庭の電話はその家庭の共有のものである。家族のだれが出ても不思議はない。出た人に取り次いでもらってようやく目的の人物と話ができるということになる。これは電話をかけてきた相手が家族に知れわたるということである。両親のどちらかが電話を取り次ぐとき，電話の相手がだれなのかということは両親のあいだで容易に共有される情報だろう。そして詮索好きな親であれば「あれはだれ」などといいだすことは目に見えている。両親だけでなく兄弟姉妹からもあれこれと交際相手について聞かれることを好ましく思う若者はいない。だから確実に本人が出る携帯電話は，家族の目から相手を隠す有効な手段になる。

さて，携帯電話によって電話をかけるという行動一般にかかる「コスト」が下がったことはどんな効果をもたらすのか。結論からいえば，一人ひとりにとってとくに重要でないつきあいの「薄い」友達との関係が維持されやすく，互いに厚い信頼をよせる「親友」という関係が形成されにくくな

るのである。交換理論の原点である式

$$X＝（報酬）－（コスト）$$

に戻ろう。自宅に固定電話しかなく，電話のやりとりをする「コスト」が高いとどうだろう。頑固おやじからガミガミいわれても，自分にとって重要な人間であればそれを説明してでも電話を続けるか，会ったときに事情を説明して理解を求めるなり非礼を詫びるなりして関係修復を図るだろう。逆に，「そこまでする価値がない」友人との電話は緊急性がない限り控えることになる。そして，こうしたことのくり返しによって，「親友」と「ただの遊び友達」の区別がなされる。この区別，つまり「だれを親友にするか」という選択は重要である。発達心理学的にいえば，自己確立のための青年期の発達課題のひとつということになるし，キリスト教的にいえば，愛すべき隣人の発見ということになる。

しかし，携帯電話の普及によってこうした「コスト」が下がるとどうなるか。「親友」との電話が多くなるだろうか。相手にもつごうがある以上，いくら親しいからといって一日に何度も同じ相手に電話をするわけにはいかない。むしろ，その逆である。たいした用事はなくてもひまつぶしに電話で話したり，飲食をともにする程度のつきあいの友人は何人かいるだろう。先の式に照らしていえば，携帯電話による「コスト」の低下はこうした電話程度の「報酬」でも$X＞0$となり，電話をかけるという行動が選択されることが多くなる。つまり先の例でいう「そこまでする価値がない」友人との電話が増えることになる。換言すれば，携帯電話は重要でない友人との関係維持コストを下げることに寄与することになり，その結果として多くの人と均等に友達づきあいをすることになる。つまり，そこそこの「薄い」つきあいをする友人が増えることになる。

このことは，数ある友人のなかで「だれが自分にとって重要な人か」を選択することがなく，対

人関係のあり方が受動的で「その場限りの」相互作用が基本となることを意味する。「親友」という関係は「お前だけは特別」と両者が能動的に選択し合っている関係であるから，こうした選択機会の減少した状況下で「親友」はつくられにくい。また，多数の友人と均等に「薄い」つきあいを毎日くり返すこと自体が，親友とふつうの友人との区別を解消する方向に機能する。

4．「いつでも」連絡できる関係はコミットメントの欠如を生む

　本章では，人びとのあいだに携帯電話という手軽な通信手段が普及することが「薄い」対人関係を維持する一方で，「親友」という表現に代表されるかけがえのない対人関係を失わせていくことを示した。手軽な通信手段の普及は，「いつでも」連絡がとれる関係があたりまえとなるのと引き換えに，「いつまでも」おつきあいのできる関係を手放す方向に作用するのである。

　これは何も携帯電話に限ったことではない。電子メールもそうである。携帯電話のメール機能はケンカの後の仲直りなどによく用いられる。手紙は相手に伝わるのに時間がかかる。電話だと直接会話しなければならない。その点，電子メールは瞬時にメッセージのみを伝えることができるので，ケンカの後の仲直りのように「直接は言いづらいが早く言ってしまいたい」ようなときに便利である。しかしすでに述べたように，直接言いづらいことを言ってこそ両者のあいだに信頼感が生まれ，少々の意見の相違ぐらいではビクともしない対人関係が形成されるのである。直接言いづらいことを相手に言い，理解を求めることは簡単ではない。それなりのスキルが要求される。7章で述べたように，人間のもつスキルの価値が低下した社会が情報化社会であるとすれば，手軽な通信手段の普及という情報化の一側面は，私たちが「濃い」対人関係を形成するための対人関係スキルを私たちから奪うということをも意味する。

　トフラー（Toffler, A.）が「一時性社会」といったように，高度に情報化した社会はあらゆるものに対する「コミットメント」の欠如を生むという指摘は，理論的には古くからなされてきた。そして，私たち人間はコミットメントの対象をもつことでしか生きる喜びを見いだすことはできないということも，また知られた事実である。しかし，携帯電話や次章で述べるインターネットなどの普及自体はもはや止めることはできない。問題なのは，こうした情報技術が人間どうしの直接的なコミュニケーションと互換可能である，これまでになかった画期的なものであるという前提が，「常識」となって社会に共有されていることである。その前提のもとにさまざまな領域で政策が決定されつつある。ここではこの前提が誤りであることをいくつかの例をもとに述べた。

　それは「情報技術を使うべきでない」ということではない。携帯電話やネットワークに代表される「常時接続されている」情報技術は，人間の直接的なコミュニケーションを置き換えるものではないという自覚をもって使うことである。コミットメントが薄くなりがちな「常時接続」の情報技術を前提とした社会であるとすれば，意図的にコミットメントを高める対象を選択し，コミットメントを高める努力をしなければならない。情報化社会を選択するのであれば，その努力をしなければならないのである。

引用文献

†1　田中國夫　1987　ザ，社会心理学バザール—人が見え社会が見え自分が変わる—　創元社
†2　大平　健　1995　やさしさの精神病理　岩波書店

9 「インターネット」はナンパの道具
―ネットワークと「貧しい」社会―

〔卜部敬康・林　理〕

　「情報化社会」という概念自体はとくに新しいわけではなく、「脱・工業化」をむかえた社会のひとつの特徴を示したものである。その意味では日本は情報化社会をむかえてすでに20年以上が経過したといえる。一方、「ＩＴ革命」ということばに象徴されるように、インターネットをはじめとした各種情報技術の開発とその一般への普及は、ここ数年めざましいものがある。その意味で、多くの人にとって身のまわりが急速に「情報化」したのはここ数年というのも事実であろう。

　ここでは情報化社会についての常識的な見方を再検討しているのだが、9章ではインターネットで何ができるかについて述べる。とくに「インターネットで何でもできる」式の（しだいにちまたの常識となりつつある）言説は「偉大なる誤解」であることを示すことが本章の目的である。インターネットの機能とそれを用いる人々の思考や行動の様式から情報化社会を論ずるのは乱暴だという見解もあろう。しかし、7章で述べたような情報化社会の特徴、すなわち情報の価値が「相対的に」上昇した結果、人間のスキルが軽視される傾向は、インターネットの普及によってこれまでとは比較にならないほど促進されると考えられる。そうだとすれば、インターネットがどのような機能をもっており、その普及が社会にどのような影響をもたらすのか、あるいは人びとのくらしにどのようにかかわっており、それが人間の思考や行動にどのような影響を及ぼすかを論ずることは、情報化社会の特質を論ずることにほかならない。「インターネットは何でもできる」と過大評価すべきではなく、インターネットは「事実上ナンパの道具くらいにしかならない」というのが本章の主旨である。

1.「インターネットの利便性」についての常識

　「インターネット[注1]で何でもできる」と考えることがそろそろ「常識」となりつつある、といえば言い過ぎであろうか。もっとも、「インターネットで何でもできると思うか？」と問いかけられて、即座に「ＹＥＳ！」と答える人は少ないだろう。料理や洗濯、そうじなど明らかにインターネットを用いてもできないことがあることは自明だからである。しかし、これまで自宅やオフィスに居ながらにしてはできなかったことのうち、「インターネットでできる」といわれているものをあげれば、かなりのものをあげられる。買い物、航空機やホテルの予約などは読者諸氏もすぐに想像されることだろう。従来の通信販売でも店頭に行かずに電話一本で買い物ができるのであるが、インターネットによって24時間いつでも注文でき、注文者の住所を口頭でいう手間が省けるなど、その利便性を重宝する人は多い。航空機やホテルの予約も同様である。時刻表や宿泊ガイドを読むのが面倒だという人には従来から旅行社が適当に見繕ってくれたのだが、インターネット予約システムによって窓口に行く必要もなくなった。最近ではＪＲグループの一部でも、新幹線をはじめとした特急列車の座席をインターネットで予約するサービスを始めた。

　こうしたインターネットのさまざまな使いみちのなかでも、電子メールはその代表格だろう。電子メールはある意味でたしかに便利である。とくに、定型文書を複数の人に同時に発信する場合など、郵送や用件を電話で伝えるよりはるかにラクである。そして、この場合も24時間いつでも自由に発信できる点が大きい。電話であれば、相手が就寝中である確率が高い深夜にかけることは許されないうえに、海外の人に電話しようとすれば時差のことを常に念頭におく必要がある。電子メールであればそうした心配はまったくいらない。このように考える人が多いことを反映して、最近では「ｉモード」など、メール機能がついた携帯電話が人気を博している。

　インターネットの効用が認められているのはこ

(注1)「インターネット」ということばは7章で述べたようにかなり誤用されているが，本章では現在の一般的な言い方で表記しておく。ここでは「インターネット」ということばは「一般的に混同されている，実質的にWWWと電子メールをさすことば」という程度に考えていただきたい。

うした商品売買や個人的な通信だけではない。たとえば，教育現場である。まず制度上は「数学」という教科のなかに「情報」という単元または科目を配置し，そこでインターネットのしくみなどを教えるようになってきている。また，インターネットそのものを教えるのではなく，従来の教科・科目の授業のツールとしても，インターネットが活用されはじめている。時事問題などをインターネットで調べるというのは中学校や高等学校ではめずらしくないし，極端なケースでは小学校においても「××のことについて，インターネットで調べなさい」というような宿題が課されることがあるという。

2．インターネットの利便性に隠れた落とし穴
　　―学校教育におけるインターネットの利用―

　私たちが常識的に考えているインターネットの効用は重大な誤謬を含んでいることが多い。なかでも，インターネット上に流通する情報の質の問題が利用者側によって考慮されることが少ないことはとくに注意すべきである。だれでも情報を発信できるのがインターネットの特徴であるから，情報の送り手に正確な知識があるとは限らない。また，発信者の匿名性が高いので，無責任な内容の情報が多くなることも防ぎようがない。これは「規制をすれば減る」という問題ではない。ネットワーク社会の前提として考えるべきことがらである。

　こういったことはここでとくに強調するまでもないインターネットの「常識」であり，「知識」としては知っている人は多い。しかし，ＩＴ革命などというかけ声のもと，さまざまな領域で情報化ないしネットワーク化を推進しようとするとき，必ずしもこれらの「前提」が正しく認識されているとは言いがたい。具体的なインターネットの利用場面を取り上げ，その問題点をみてみよう。

　学校にパソコン教室が設置され情報教育がさかんになされているところも多いが，筆者が非常勤講師として勤めるある高校でも，学校図書館にインターネットに接続されたパソコンが数台設置され，利用する生徒も多い。

　この学校には生徒が自主的にテーマを設定し，1年間ないし2年間かけて論文を作成するというユニークな教科があり，筆者は1993年度からその科目を担当している。論文作成といっても，高校生がこれまでの研究成果をしっかりふまえたうえで新たな知見をうみだすことは事実上不可能であるから，研究のプロセスを体験させることで論理的にものを考える力や議論する力を涵養することがこの教科の目的である。つまり，高校生の限られた行動範囲のなかで可能な限り資料を探し，そこから得た知識や思想をまとめ，自分なりに論点を整理したうえで，自分のことばで立てた仮説を論証する作業を行なう。

　従来，生徒が論文作成に使う資料のほとんどは図書館所蔵の文献であり，テーマによっては映像や実地観察などが可能となる程度であったが，インターネットの導入にともなってこれを利用する生徒も多くなってきた。研究の糸口をみつけるのに苦労する生徒にとって，インターネットは強力な味方である。たとえば，ゴミのリサイクルなどの問題に興味を抱いてそれをテーマにした生徒が，インターネットで行政機関のホームページにアクセスして当該地域のゴミ収集法を調べるなど，論文作成に必要な情報を得る，というような使い方をしている。資料収集といえば，まずゴミ処理を論じている文献を片っ端から探して読むしかなかった頃とくらべれば，便利になったことだけはまちがいない。

　しかし一方，こうしたインターネット利用が生徒たちに定着するのにともなって現われてきた問題がある。テーマにあげた用語からインターネットで検索したいくつかのホームページの内容を丸写しする生徒が出てきたのである。もっとも従来

から，文献をいくつか引用するだけで（中間報告や下書きを）提出しようとする生徒はたくさんいたのであり，「文献」が「インターネット」になっただけであるようにも一見思える。

しかし事態はそう単純ではない。一例を端的に示そう。本の丸写しをした生徒とのやりとりは以下のようなものである。

（例1）
筆者「これ，2，3冊ところどころ写しただけちゃう？」
生徒「はあ。……（苦笑い）」
筆者「もっとたくさん資料探して，自分の頭でまとめて自分のことばで書くのが論文やで」
生徒「えっ？自分の意見も書くんですか？」
筆者「単なる意見じゃないんよ。自分の立てた疑問あるやろ。テーマや。調べたことを根拠にして，それを自分で組み立ててそれに答えるんや。君が読んでる本はその材料や。だから，強い根拠として使えるものもあるしいい加減なものもある。それは（論文には）使えんよな。その判断するんは君や。ま，質問してくれたら答えるけどな」
生徒「げぇーっ！めっちゃ，しんどいやん」
筆者「（どつき漫才風に）今ごろ気づいたんかい！ま，頑張ってくれ（笑）」

この会話がインターネットのホームページを丸写しした生徒との会話では次のような展開になることがある。

（例2）
筆者「これ，ホームページ写しただけちゃう？」
生徒「はあ。……（苦笑い）」
筆者「ホームページだけじゃなくて，それをヒントにして文献探して理論やデータで裏づけしないと……」
生徒「インターネットに全部載ってるから，それでいいんじゃないですか？」
筆者「いや，インターネットで調べたものは裏づけが必要やで」
生徒「（けげんな表情で）何で？」
筆者「ホームページはだれでも匿名で開けるやろ。それだけにガセネタも多いっちゅうことや。というよりチェックがまったくないんだからガセネタが基本で，たまに使えるものがあるという程度や。ホームページで資料を得るというのは他人の日記か井戸端会議（の記録）を大量に入手したのと同じなんや」
生徒「……」
（以下，例1の後半のような話題になる）

こうした生徒との会話から，計算機に対して彼らがもつある種の信仰をうかがい知ることができる。例2の筆者のセリフは本節の冒頭に述べたインターネットの一般的性質を簡単に表現したものだが，これがなかなか感覚的につかめないらしい。いろいろ話しているうちに「でも，コンピュータで調べたんですよぉー」と不満顔になる生徒も少なくない。計算機は入力したデータをあらかじめ設定したプログラムに従ってまちがいなく計算する。人間のように，「38＋25＝53，あっまちがえた，63だ！」などということはない。そうしたことから，「計算機は正確な頭脳」というイメージをもつ（もちろんそれは一部において正しい）。一方，インターネット上で調べた情報の信頼性は発信元に左右され，一般的には低いといわざるを得ない。それでもインターネットの検索システムで得た情報は計算機の画面に映る。表面だけをみると，計算機が出力しているのと変わらない。それで，インターネットで調べたガセネタであっても，＜計算機＝精密な頭脳，で調べた情報＞という図式で誤認していても不思議ではない。こうしたメカニズムが「コンピュータで調べたんですよぉ」という生徒のことばの背景にあると考えられる。

インターネットのもたらすもうひとつの問題がある。それは生徒の学習スキルの低下である。あるテーマを追究するために図書館で関連図書を調

べることは，目的とする本をみつけるか否かにかかわらず，教育上の意義が大きい。図書館の本は学問体系にある程度準拠した分類方法に基づいて配置されている。したがって，図書館で本を探して本棚のあいだを行き来していること自体がその後の学習のためのスキルを育てていることになる。インターネットによる検索はこの機会を完全に排除してしまう。機会だけではない。インターネットでキーワード検索を行なうと，たとえば「34件一致しました」などと表示され，34件の情報が何の体系性ももたずに並列的に表示されてしまう。これでは，学問体系を理解することや未知の部分を含みみずからの将来を展望するなどといった，抽象的な思考を要するスキルが育つ余地はない。

近年，学校教育プログラムにインターネットをはじめとした計算機を取り入れようという動きは多い。しかし計算機およびネットワークの特性や限界をふまえた利用法がしっかり検討されているとは言いがたい。この点をいかに教えていくか。それ以前に，教える側（教師）がこれらの点を自覚することから始めるべきであろう。

「コンピュータ・リテラシー」ということがさかんにいわれる。これらはしばしば「ワープロ検定に合格すること」や「エクセルやパワーポイントの使い方を覚えること」と同義だと考えられているフシがある。しかし，計算機の誤った理解を避け，人間社会の英知に貢献するための，真に育成すべきコンピュータ・リテラシーとは「計算機の操作法」ではなく，「計算機の特性と限界について理解すること」である。これが情報教育の目的のはずである。この目的のためには，小中学校段階で性急に計算機を利用させる必要はない。なぜなら「情報の質」という概念はふつう小学生の段階では理解不可能であり，中学校の段階で教えていく必要が生じるが，現段階では生徒が情報を主体的に吟味する機会さえ十分ではない。計算機を活用するということは，計算機にできることとできないことを区分し，その特徴的な機能を活かすこと，そして限界を知って使うことである。たとえば計算機は7章で述べたように多数の同形のデータを統一的な基準で処理することに有効な機械である。その機能を利用すれば一定の基準による情報の検索などは容易に可能である。しかし処理すべき基準を設定することは人間の作業である。その基準の設定には情報の内容の理解が不可欠である。計算機に可能なのは外形的な形態による分類であるから，「しかじかの内容の情報は無視する」という指定は計算機ではできない。

たとえばわいせつ情報は児童・生徒には見せないなどということが真剣に論議されている。しかしこれを計算機で実行しようとすれば，たとえば「ポルノ」という語を含むWWWページは児童・生徒には見せないなどということになる。しかし計算機に可能なのはこの水準の規制なのである。これは「ポルノ」という語列を含めば自動的に除外するということである。ということは「児童ポルノ禁止」という文言を含む女性団体のWWWページは排除の対象になる。逆に単に10歳の少女の全裸写真だけを掲示したWWWページはこの方法では規制の対象外になる。このようなことを避けるためには全WWWページを調査し，人間の手で内容の分類をしなければならない。

「だれもが自由に発信できる」ことがWWWページの特徴であるとすれば，その発信の総量が大きくなったとき，この方法による規制が不可能であることは自明である。だからといって発信を規制すれば，「だれもが自由に発信できる」という当初のWWWの特徴は失われることになる。

3．インターネットが招くスキル低下の悪循環メカニズム

インターネット利用が何らかの弊害をもたらすのであれば，だれもが次に考えるのはそうした弊害が生じないようなインターネットの使い方であ

る。先の例では，インターネットを学校教育で利用することによって，計算機が万能であるという錯覚を助長すること，生徒の学習スキルの獲得機会がなくなることの2点の弊害を論じた。インターネットというとても便利な道具を使う恩恵に浴しながら，こうした弊害を少なくすることは可能か。ここでは，とくに後者のスキルの低下の問題について考えることにする。

結論からいえば，7章で「情報化社会は各種の生活上のスキルの価値が低下した社会である」と述べたように，これは不可能である。そもそもインターネットは多くの場合，利用者の情報検索・獲得スキルの乏しさを補う道具として機能している。あるものを探したいのだが「探すにも何を調べればよいかわからない」という人にとって好都合なのがインターネットである。したがって，インターネットが一般化することによって人びとの情報獲得スキルが低下し，さらにこうしたスキルが不足していても一向に構わないと考えることが「あたりまえ」になることも，インターネットの普及が招く「必然的な」結果である。「インターネットがあるから大丈夫！」というわけである。

しかし，ここまでは「クルマが一般化すると人間は歩かなくなるので体力の衰えが心配だ」という類の議論と同一であり，本質的な問題ではない。クルマが普及しても，登山やハイキングのように「歩くことでしか達成できない」ことが存在することを私たちはよく知っている。歩くことがクルマに置き換えられるのは，「移動」という側面に関してのみである。つまり，クルマが徒歩にとってかわるのは「移動できれば何でもよい」という場面に限られる。それ以外の場面では，選択の機会が残される。たとえば純粋にハイキングや前時代的な雰囲気を残すために一定地域内への自動車の乗り入れを禁止することも可能であり，その方法で景観保護している観光地や宿場町も存在する。

しかしインターネットをはじめとした情報化がもたらす本質的な悪影響は，その次の段階で顕著に現れるのである。具体例で述べよう。

インターネットの数ある使いみちのなかでも，宿泊施設の検索と予約は，これまでに述べてきたインターネットや計算機（この場合はオンライン・システム）の特性を考慮に入れても，その有用性は高いといえる。先に述べた「多数の同型のデータを統一的な基準で処理する」という条件を満たすからである。東京都区内に宿泊施設は数百以上ある。これを利用者の予算や都合のよい場所を考えながらガイドブックを片手に検索する作業は，旅行に不慣れな人にとってはたいへんである。いくつか候補をあげたにもかかわらず繁忙期でなかなか空きがなければ，各施設ごとに電話しなければならない。自宅のパソコンでインターネットに接続して宿泊施設を探せば，こうした手間はかなり省略できる。また，最近はインターネット上で高級な宿泊施設が安価で提供されていることもあって，そうした「おトクな」プランを筆者もよく利用している。

ではインターネットのこうした利用法が普及すればだれもが「おトクな」宿泊プランの恩恵に浴することができるのかといえば，答えは「否」である。いや，長期的にみればだれもがその恩恵を蒙ることができなくなるおそれすらある。たとえば，ネット上に2つのホテルの「朝食つき半額プラン（同額）」があったとする。どちらも割引率は50％で同額で朝食つきでも，「おトク」の度合いは同一とはいえない。もともとの通常料金が設備に見合っているかどうかが問題である。朝食の質も問題である。プランとは直接関係しないが，滞在中の楽しみを考えれば，夕食を提供するレストランのメニューやシェフの腕前，バーやラウンジの質も重要である。これらはいずれもそのホテルを利用することでしか明らかにならない。実際には，いろいろなところを利用することで相対的な比較をする眼が養われる。また，そのくり返し

●おいしいお店もこんなにたくさんあるとぜんぜんわからないな。テレビに出ていたあの店だって、そんなにおいしくなかったしね。

によって未知の施設であってもさまざまな条件から確度の高い類推が可能になる。つまり，先のプランのどちらが「おトク」かを判断するには，類似のものをよく利用することを通して「ホテル業界のサービス内容に精通している」消費者であることが必要となる。

　ところが，インターネットによる宿泊施設検索システムは，そもそも旅に不慣れで「ホテルのことをよく知らない」人が使うものである。というよりも，「よく知らない」人が「よく知らないまま」で困らないはずのものである。サービス内容をよく知らない消費者は，サービスの質についての評価は甘い。よほどひどいものでない限り，何を提供されても「まあ，こんなもんか」と思うだけのことだからである。多くの利用者の判定基準が低下すれば，供給されるサービスの質も低下することは避けられない。したがって，インターネットの普及は，それを用いる人間のさまざまなスキルの育成機会を奪う過程を経て，「悪貨が良貨を駆逐する」現象が広範に発生することを促進するものと考えられるのである。だれでも便利に検索できるインターネットが多方面の領域で用いられれば，このようなことがあらゆる分野で起こり得る。

　これはじつはインターネットに固有の現象ではない。インターネットの問題というよりも，情報量の問題である。情報が増えれば私たちにとって必要な情報が周囲にあふれるかといえばそうではない。情報量の増加は，情報の質の低下を必然的にもたらす。雑誌を見ても「おいしい店」に関する情報は，20年前よりも格段に増えた。しかし，その分「雑誌に載っているのにおいしくない店」も格段に増えたのである。その意味で，情報化社会とは情報の質が低下した社会と表現することもできる。膨大な数の計算機利用者が大量の情報を瞬時に手にいれることのできるインターネットは，これまでの情報機器以上に，情報化社会のこうした側面を促進する機能を果たすのである。だれでも便利に使えるインターネットが，だれもが上質のサービスを受けられない社会，すなわち質的に貧しい社会をつくっているというのはじつに皮肉である。

4．「意識的に選ぶ」社会

　では，「インターネット」が現代社会およびそこに生きる私たちになにをもたらすのだろうか。携帯電話という手軽な通信手段が，個人に対するコミットメントを欠いた対人関係（「薄い」対人関係）を常態化させることを前章ですでに述べた。本章のここまでの内容をそれと対比させて表現すれば，「インターネット」の普及は私たちのものに対するコミットメントを失わせ，結果として「貧しい社会」を形成することになるだろう。

　情報化が極端に進行すれば，人間は膨大な量の情報に接することになる。その膨大な情報のなかでどれが重要でどれが重要でないかということを決めることはむずかしい。ここで「重要かどうか」ということは社会的に決定されているものではないということを忘れてはならない。「何が重要か」ということは個人がみずから決めることである。だからこそ膨大な情報のなかで生きることはむずかしいのである。膨大な情報のなかからコミットメントを高くすべき情報とそうでない情報を選択することは容易ではない。これは情報だけではない。膨大な人間関係のなかからコミットメントを高くすべき人間関係とそうでない人間関係を区分することは人間関係の形成が容易であればあるほど困難になる。携帯電話は手軽に連絡をとるために便利な道具である。その結果，自分にとって重要な人間とのかかわりあいが「薄く」なるというのはずいぶんおかしな話である。「そんなことはないだろう」といわれそうであるが，これは奇妙な経路を通ってそうなる。

　従来の固定回線の電話であれば，前章で述べた

ように家族のだれが電話を受けるかはわからない。「彼女に電話しようと思ったらガミガミオヤジに『娘に何の用だ』と言われた」などということは頻繁にあったはずである。電話を受ける女性にしても，頻繁に特定の男性から電話がかかるなどということになれば「そんなフシダラなマネは許さん」などという親のお説教がとんでくるかもしれない。携帯電話ならその心配はまずない。「だから携帯電話のほうが関係が強くなる」と思うかもしれない。しかしそれは誤りである。

携帯電話という手段がなければガミガミオヤジのお説教があっても連絡をしたい相手でなければ関係を維持しようとはしない。ところがガミガミオヤジという障壁がなくなれば，そこまで強く関係を維持しようとは思わない相手とも容易に連絡がとれることになる。その結果，どうでもよい相手との連絡が多くなるのである。使える時間や資源には限りがあるから，すべての人間と強い関係を結ぶことは不可能である。つまり「どうでもよい相手との連絡の増加」は必然的に「重要な相手との連絡の減少」を意味するのである。

最も極端なコミットメントの低い関係は「その場限りの関係」である。そうした関係が「出会い」が多いほど増大するのは当然である。テレクラやナンパはこのようなコミットメントの低い関係を前提とした「出会い」である。もちろんテレクラやナンパで知り合った相手と長期的関係を形成したという例はないわけではないけれど，それは一般的とはいいがたい。「インターネット」にはしばしば「出会い系」と称するサイトがあり，「巨大なテレクラ」と化しているのは偶然ではない。あえていえば「インターネット」というものはそのようなものなのである。

その一方でこうした情報通信に費やしている時間は「人間関係で充実した時間」にみえる。人間は何かをしていれば充実した時間を過ごしているように感じられるのである。「何もしない」とい うのはいかにもダラダラと無為に時間を過ごしているように感じられる。これは子どものころから「ダラダラしていないで勉強しなさい」「何もしていないのならお手伝いをしなさい」というように「何もしない」ことに対する風当たりが強かったということもあるだろう。「何もしない」というのはかえってむずかしいのである。コミットメントの低い相手との人間関係に費やした時間やコミットメントの低いことに対する情報を見ていることは，じつは「ムダな時間」のはずである。ところが「何かしていた」時間であるため，それがムダであることには気づきにくい。その結果，重要なものの選択は非常に困難になっているのである。

引用文献

†1 竹村研一　1988　日本人における「スモーキンクリーン」のライフスタイル　たばこを考える(2)　平凡社　Pp.91-113.

10 ウソもみんなが信じればホント
―マスコミが現実を「作り出す」―

〔森 真一〕

1.「三つ子の魂，百まで」という「常識」

　本章は，「現実は社会的に構成される」あるいは「現実はコミュニケーションによって構成される」という視点から，幼児期決定論という「常識」がマスコミによって構成されていることを明らかにしたい。

　多くの人にとって，「幼児期決定論」ということばは聞き慣れないものかもしれない。しかし，それは現代日本社会においてある種の「常識」として広く信じられている。

　幼児期決定論とは，"ある人の人生の歩み方や性格は，幼児期，とくに3歳までのあいだにほぼ決定される"という考え方をさす。この考え方を具体的に表現している典型例が「三つ子の魂，百まで」ということわざであろう。広辞苑（第四版）によると，このことわざは「幼い時の性質は老年まで変わらない」という意味だと説明してある。「三つ子（児）」とは「3歳の幼児」の意味だから，「幼い時」とは「3歳ぐらいまでの幼児期」をさすのだろう。

　だから，"3歳ぐらいまでの幼児期に親その他の他者から受けた影響によって，当人の性格や行動傾向は形成され，それを変えることはとてもむずかしい"，というのがこのことわざの意味といえよう。とすると，このことわざはまさしく幼児期決定論を表現している。そして，このことわざに疑問を感じる人はあまりいないのではないか。そう仮定できるならば，幼児期決定論を「常識」として受容している人も多いと推測できる。

　このことわざ自身はマスコミが発達する以前から存在していたであろう。つまり，それは私たちの先人たちが生活のなかで形成し，言い伝えてきた知識なのであり，マスコミがかってに作り出した「常識」というよりも，人間の「現実」や「真理」をいいあてた知識として人びとのあいだに受け継がれてきたわけである。

　この知識はマスコミを通じて強調され，不特定多数の人に伝達されてきている。しかも，日常のさまざまな機会に。たとえば，凶悪な事件，とりわけ少年による残酷な犯罪が発生した場合，容疑者の幼児期の家庭環境やしつけのあり方が必ず問題視される。また，不登校や摂食障害，児童虐待などの病理現象を報道するときも同様である。その種の報道で紹介される説明は大略次のようなものであろう。

　"彼らがまだ幼い頃，両親が離婚するなどしたため，不十分な愛情しか得られず，そのため性格に歪みや未成熟なところが残ってしまった。その結果，他人と適切につきあうことができず，自分を受け入れてくれない社会に敵意を抱いたり，自分の子どもを虐待してしまったりするのだ"と。

　このような説明には「3歳」という具体的な数字は出てこない。しかしそれを除けばこの説明も幼児期決定論の具体例とみなせるだろう。そして，この種の報道に接しても疑問を感じることなく受け入れる人のほうが，そうでない人より多いだろう。とすると，やはり幼児期決定論は現代の「常識」として通用していると考えられる。

　しかし，幼児期決定論は学者や研究者から疑問視され，批判されてもいる。

　たとえば大日向[1]は，幼児期決定論（大日向は「三歳児神話」とよぶ）が近代家族と資本主義体制を維持するために形成されてきたイデオロギーであり，とりわけ戦後の高度成長期と1973年以降の低成長期に強調され，その傾向は現在にも及んでいることを指摘している。

　また，幼児期決定論の根拠として引き合いに出されるのが，さまざまな心理療法における臨床的な事例であるが，これについても疑問がある。ここでいう臨床的な事実とは，心理療法を受診する人びとの症状や問題の原因を探ると必ずといってよいほど幼児期にまでさかのぼるという事実である。セラピストはこの事実から，幼児期の経験が問題や症状を生み出していると推論する。つまり，幼

児期決定論を支える根拠は，心理療法を受ける人びとの記憶にあるというわけである。しかし，心理療法に詳しいドイツのジャーナリスト，ヌーバー（Nuber, U.）[2]やアメリカのジャーナリスト，ホーガン（Horgan, J.）[3]が指摘するとおり，心理療法を受ける人びとはセラピストの期待にこたえたいと強く感じているので，幼児期決定論を支持するセラピストの治療を受けているときには，幼児期に受けた否定的な経験（たとえば，親による虐待）を，でっちあげて報告することがある。

むろん，患者のすべてが記憶をでっちあげているわけではないだろう。この話のポイントは，患者がでっちあげた記憶とそうでない記憶を区別することは困難であり，幼児期決定論を唱える多くの心理療法家たちはこの点を真剣に考慮したうえで幼児期決定論を提示してきたわけではないことにある。

このように，幼児期決定論を人間についての「真理」とみなすには，疑問が残る。

しかし，マスコミの報道や自分の身のまわりをみていると，家庭環境に問題があったために幼い頃適切に育てられなかったといわれる人たちは，性格や行動に問題があるように思えることがある。だとすると，科学的に立証されていないとはいえ，やはり幼児期決定論は「真理」なのだろうか。いや，むしろマスコミによって「作り出された現実」という側面をもつ可能性があるのではないか。本章はこの問いを考察していきたい。

しかしその考察の前に，「現実が社会（コミュニケーション）によって作られる」とはどういうことかを紹介し，「現実」ということばには区別すべき2つの意味が含まれていることを明らかにしておきたい。その後で，マスコミが「三つ子の魂，百まで」という「現実」を作り出している可能性について論じたい。

（注1）日本語版企画・制作は丸善株式会社による。

2．現実の社会的構成―その2つの意味―

この節では，「現実の社会的構成」というテーマでどのようなことが論じられているのかを紹介し，「現実の社会的構成」を社会学者や社会心理学者が論じるとき，「現実」ということばに2つの意味を含ませていることを明らかにしておく。ここでは社会心理学や社会学を勉強し始めた初学者がふれる可能性の高い教材を考察対象としよう。

『心理学への招待』というビデオ教材がある[注1]。アメリカで制作されたそのビデオの第20巻では，アメリカの社会心理学者たちが登場して，「現実の社会的構成」について説明している。ここでビデオの内容をすべて紹介することは紙幅の都合上できないので，本節に関係する事例と実験を紹介しておく。

（1）カルトの集団自殺

ビデオはまず，1978年11月28日に南米ガイアナで起きた「人民寺院」というカルトの大量殺人・集団自殺事件を取り上げる。このカルトの教祖は人民寺院への調査をほのめかしたアメリカの国会議員の殺害を命じ，予測された罰よりも死を選んだ。そして「もしわれわれのメンバーをここからひとりでも連れ去ろうとするなら，われわれは集団自殺する」と声明を発表。こうして集団自殺は実行された。信者たちは自分の子どもに毒を飲ませたあと，みずからも服毒し，指示にしたがわなかったものは容赦なく殺されたという。

心理学者の説明は続く。"このような行動を選択した人びとは奇妙な新興宗教を信じた特殊なパーソナリティの持ち主だったと考えれば話はそれで終わってしまう。しかし，彼らの置かれた社会的状況を考慮に入れてみよう。彼らは住み慣れた土地やそれまで親しくしていた人びとから何年ものあいだ切り離され，同じ教祖と教義を強烈に信じる人びとだけで共同生活を営み，外部社会からの情報は制限されていた。このような社会的状況

下で生活していた信者たちにとっては，教祖の教えに基づく偏執的な世界観こそ「現実」だった。つまり，教祖への絶大な信頼感，閉鎖的なコミュニケーションの回路によって，信者たちの「現実」が作られていた。その結果，教祖の命令は絶対的なものとなり，集団自殺事件が起こったのだ"と。

(2) 予言の自己成就

2つ目はある小学校での実験の紹介である。ローゼンタール（Rosenthal, R.）らは，教師の期待がどの程度生徒の学業成績に影響するのか，その影響は生徒と教師のコミュニケーションがどのように変化した結果生まれたのかを，この実験で明らかにしようとした。

実験はまず，3年生全員に知能テストを受けさせることから始まる。テストは心理学者が評価し，その結果を担任教師に知らせる。その際，無作為に選んだ生徒に関して教師に「この生徒は今後成績が伸びるだろう」ということを教える。もちろん教師はそれらの生徒が無作為に選ばれたとは考えていない。また，生徒にはそのことを告げないようにと教師に口止めした。1年後学業の伸びを調べたところ，「今後成績が上がるだろう」と教師に教えた生徒は，でたらめに選ばれていたにもかかわらず，他の生徒よりも有意な成績の伸びを示した。つまり，「成績が上がるだろう」という予測・予言はでたらめであったにもかかわらず，的中し「現実」となったのである。

どのようにしてこのような現象が生じたのか。ローゼンタールは次のように説明する。教師は心理学者のでたらめな予測・予言を信じた。そして「今後成績が伸びる」と心理学者が予測した生徒に接するとき，教師はその生徒に自分の期待を知らず知らずのうちに伝達した（口止めされていたので生徒に直接ことばで「君には期待してるよ」などとはいわない）。たとえば，できると考えている生徒と接するとき，教師は暖かい雰囲気で接しはじめ，より多くいろいろな知識を教えようとする。授業中その生徒に発言を求める回数も増え，わからないときには生徒といっしょに考えたりヒントを与えたりして，その生徒に正解をいわせようとする。さらに，その生徒が正解を述べたときにはより強調してほめたりする。このような教師の態度をとおして，生徒は教師から期待されていることを知らず知らずのうちに感じ取り，その期待にこたえようと努力した結果，当初はでたらめだった予測・予言が「現実」となったのだ。こうローゼンタールは説明する。

さてここまでの紹介で，「現実の社会的構成」というテーマを掲げたこのビデオが，「現実」ということばに2つの意味を込めているのがおわかりだろうか。

カルト集団の集団自殺について説明するとき，そこで使われる「現実」ということばは信者たちが主観的に「これが現実だ」と信じている内容をさしている。たとえば，「アメリカ政府や議員たちのいうことは全部ウソで，教祖の教えや講話こそ真実だ」という信念は，信者たちにとっては単なる「信念」ではなく，「現実」であり「真理」なのである。信者でない人びとにはどう考えても幻想や妄想にしかみえなくとも，また信者に対して「それは幻想にすぎない」と説得しようとも，やはり教祖の意味づけやそれに基づく自分たちの世界観のほうが，より「現実」的だと感じられるだろう。つまり，この場合の「現実」は「現実感」をさしているのである。このような，複数の人びとが共同で「これが現実だ」と信じている「現実（感）」を，ここでは"共同主観的現実"とよぶ。

一方，予言の自己成就では，当初はでたらめで誤った予言・予測だったのに，人びとがそれを信じて行動した結果，予言が「現実」となった。ビデオの事例でいえば，生徒の成績が本当に伸びた。この場合の「現実」は，たとえ複数の人が「それ

(注2) 共同主観的現実の社会的構成については池田[14]を，また予言の自己成就のメカニズムに関する理論的な説明については正村[15]を，参照してほしい。その他，全般的な「現実の社会的構成」の考察については，バー（Burr,V.）[16]や磯部・片桐[17]が詳しい。

は現実ではない」と考えようとしても，生徒の成績が実際に上がったことに変わりない。ある人には成績が上がったようにみえて，別の人の主観ではそうではないというようなことがらではない。このような「現実」を"客観的現実"とよぶことにする。

では，共同主観的現実は客観的現実ではないのか。それについては，そうかもしれないし，そうでないかもしれない，としかいえない。どの共同主観的現実が客観的現実かを判定し保証できる特権的な立場にいる人は，どこにもいないからである。しかし生徒の成績の向上は，それがどのようにして起きたかについては意見が分かれるかもしれないが，成績の向上それ自体は人びとの主観によって異なることはない。そういう意味で"客観的"なのである。

以上のように，「現実の社会的構成」が論じられるとき，①人びとのコミュニケーションをとおして"共同主観的現実"が作られるという意味と，②人びとのコミュニケーションをとおして"客観的現実"が作られるという意味が混在していることがある。しかし，両者の意味は異なっており，読者が「現実の社会的構成」について話を聞く場合や，みずから「現実の社会的構成」を考察するときには，どちらの意味の「現実」をさしているのかに注意する必要があるだろう[注2]。

以下では，マスコミによって幼児期決定論という「常識」が「共同主観的現実」として，また「客観的現実」として，作られている可能性について論じていく。

3．「幼児期決定論」の社会的構成

本章の1節でも述べたように，幼児期をだれとどのように過ごしたか，この時期にどのようなことを経験したかによって，人の性格や行動傾向は異なってくるだろう。そういう意味で，幼児期の経験や家族関係はその後の人生をどのように歩むかに影響していると推測できる。

しかし，ある成人の任意の行動や性格を取り出して，それが幼児期のどのような経験によってどのように形成されたものなのか，科学的に説明できるのだろうか。また，現在幼児期を過ごしている子どもがある経験をしたから何年後にこういうことを行なうだろうという予測は，科学的にできるのだろうか。現在のところ，それらが可能だとする客観的証拠は出されていない。少なくとも，議論の余地のない説明や予測は存在しない。

つまり，「三つ子の魂，百まで」という知識はまったくのまちがいではないかもしれないが，しかし科学的に厳密に「三つ子」のどの部分の「魂」が「百まで」その人の性格や行動傾向を規定しているのかは，検証や証明ができないのである。

すでに述べたとおり，「三つ子の魂，百まで」という知識はマスコミが発達する以前から存在していた。しかし現在は，凶悪犯罪や病理現象が起こるたびに，問題の人の幼児期を取り上げて，両親のしつけや対応の失敗，そのとき受けた「こころの傷」が当の凶悪な行為や病理的行為を生み出した，とマスコミは説明・報道する。その説明はすべて推測にすぎないにもかかわらず，専門家・評論家による説明を引き合いに出して，まるで「現実」であるかのように語る。

また，自分で自分の性格や対人関係を改善するために多くの人に読まれている心理学書も，性格や対人関係上の問題は幼児期に原因があるかのように説明している。

つまり，幼児期決定論は現在も存続しているだけでなく，マスコミを通じて広範囲に浸透し，心理学者をはじめとする科学者・専門家たちの後押しに支えられて，強化されてきている。幼児期決定論が現代人に「正しい常識」として受け入れられているのである。

さて，幼児期決定論が「正しい常識」として多くの人びとに受け入れられている状況で，たとえ

● 「お母さんが忙しいから，あの子
　しつけがなってないわ」
　「それにすごく乱暴よ」
　「やっぱりね」
　「でもやさしいとこもあるわよ。
　　この前もね…」
　「それはたまたまよ」
　「そうそう，たまたま」

ば幼児期に両親が離婚した子どもや，母親が企業で就労していたために幼児期から保育所に預けられていた子どもがいるとしよう。そのような家庭環境を知る人は，その子ども（Aとする）の行動や性格を理解しようとするとき，おそらく幼児期の経験と結びつけて了解する可能性が高い。

たとえば，勉強がよくできる利発そうな青年に育ったとすると，「お母さんが家にいなかったからひとりで何でもしなければならず，あんなにしっかりした子に育った」などと理解するだろうと想像できる。

反対に，ちょっとでも何かよくないことをした場合，「やっぱり小さい頃の家庭環境が悪かったから，あんなことをするようになってしまったのだろう」というように納得してしまうだろう。

さて，これら2つのケースのうち，どちらのほうがより人びとに受け入れられやすいかといえば，おそらく後者であろう。なぜなら"幼児期に適切な愛情やしつけを受けなかった場合，子どもの人格は正常に発達せず，問題行動を起こしやすいだろう"というのが幼児期決定論的「常識」であり，後者のケースのほうがその「常識」に適合するからである。

それゆえ，Aの行動や性格のプラスの側面よりも，マイナスの側面にばかり注意が向きやすくなる。つまり，よい点は見過ごしやすいのに対し，悪い点は見逃さなくなるのである。

こうして，幼児期を「健全な」家庭で過ごさなかったとされるAは，周囲から変わったものでもみているかのような視線を，くり返し浴びせられる。そしてだれでもするようないたずら程度の行動も，他の子どもと違って見逃されず，問題視されてしまう。そのたびに，Aの過去が蒸し返される。

また，周囲の人たちが他の子どもに向けるのとは異なる視線をいつもAに浴びせることで，友人たちもAから遠ざかりはじめる。特別視・問題視される人といっしょにいると，自分も同じ視線を浴びることになってしまうからである。

しかも，周囲からのそのような意味づけに対抗できるほどの心理的なパワーをもたない子どもは，周囲が自分をみているのと同じように自分自身をイメージしやすくなる。みんなが自分を特別で問題のある子どもだとみている，ということをくり返し経験させられると，自分でも自分が特殊で問題を抱えた人間であるかのように思えてくるのである。

このように形成されてきた社会的状況や自己イメージは，人を問題行動へと導きやすくする。同じような状況下にあったり自己イメージをもちながらも問題を起こさない人はもちろん存在する。しかし，冷たい視線や特殊なものをみるような視線しか向けない周囲の人びとに反感を抱かない人は少数だろう。また，幼児期決定論を信じる「常識」的で良識的な人びとの仲間には加われず，彼らからの痛い視線に耐えてひとりで生きるのもつらいだろうし，いわゆる「逸脱」行動をくり返す人びとの仲間に入る場合も多いだろう。こうして，問題行動へと導かれやすくなるのである。

あるいはこういう可能性も考えられる。幼児期決定論が広く強く信じられている社会に暮らす人で，小さい頃母親が企業で就労していたような人は，幼児期における自分に不遇感をもち，現在の自分の生活に不満があるときには親にそれを攻撃的なかたちでぶつけやすくなってしまう。

幼児期決定論が広く強く信じられていれば，"幼児期の子どもには惜しみない愛情を与えるべきである。母親が企業などで就労して自分の子どもから離れるなどもってのほかである。子どもとのそのようなかかわり方は子どもに悪い影響を与えるだろう"と考える人は多いであろう。とすると，より強く幼児期決定論を信じる社会では，"両親，とりわけ母親は子に惜しみない愛情をたっぷり注ぐべき！"という規範はよりきびしくな

っているだろう。また，子どもの立場からすれば，自分には親からたっぷり愛情を注がれる権利があると考えるだろう。

このとき，Aは"自分は親からあまり愛情を注いでもらっていない"という不遇感をもちやすくなる。"親から愛情を注がれる権利がある"という意識は，容易に"親に愛情を注いでほしい"という欲望につながる。この欲望は実際に受けた愛情よりもつねに大きくなるだろう。"親は家庭にいてもっと自分に愛情を注ぐこともできたのに！"とAには思えるからである。

すると，Aがもし現在の生活に不満を感じたり，自分の性格や人間関係の作り方に問題を感じた場合には，親を攻撃することもできれば，攻撃を正当化することもできる。"適切に育てられなかったから自分はこのような性格になったのであり，その責任は適切な育児をしなかった親にある。だから「悪い」ことをしたこの親を処罰しても正当なことだ"と感じられるからである。こうしてこの場合も家庭内暴力などの問題行動をとりはじめることになる。

いずれにしても，いまや予言は的中した。幼児期に適切に育てられなかったとみなされる人が問題を起こしはじめたのだから。こうして「三つ子の魂，百まで」は「正しい常識」とみなされることになる。しかし，これまでみてきた社会的プロセスを考慮に入れれば，「三つ子の魂，百まで」という「常識」それ自体が正しいのか，みんながそれを信じて行動したために皮肉にも「常識」の予言どおりの結果が生じたのか，区別することはむずかしい。マスコミを通じて幼児期決定論が浸透した社会では，3歳までに形成された性格や行動傾向が発達心理学的なメカニズムにしたがって問題的な性格や行動を生み出したのか，それとも幼児期決定論を信じる周囲の視線が問題行動へと導いてしまったのか，明確な結論が出せなくなっているのである。

けれども，多くの人びとは幼児期決定論それ自体の「正しさ」を確認し，さらに強く信じることになるだろう。こうして，"3歳ぐらいまでに適切な育てられ方をしてこなかった人は問題行動を起こす""やはり「三つ子の魂，百まで」なのだ"という共同主観的現実が構成される。と同時に，幼児期に適切な育児を受けなかったとみなされた人が本当に問題行動をとりはじめるという客観的現実をも構成するわけである。

4. 社会規範との関係から理解する―本章の提言―

さてここまでは，幼児期決定論という「常識」を「現実の社会的構成」の視点から論じてきた。念のため確認しておくと，私はここで"育児のしかたなど重要ではないし，幼児に愛情など注ぐ必要もない"などと主張しているわけではない。

人がどのような行動を選択するかを規定するひとつの要因は，当人の自己イメージである。この自己イメージを人は他者という鏡をとおしてしか知ることができない。それは自分の顔は鏡をとおしてしかみることができないのと同じである。そして，人がこの世に生まれて最初に出会う他者は親である。それゆえ，親との関係が子どもの自己イメージやものの見方，行動パターンに大きな影響を与えていると推論しても無理はない。

ただし，"幼児期にxという影響を受けるとその後その人の性格はyになったり，zという行動を頻繁に行なう"というように，幼児期の経験とその後に現われる性格や行動傾向とのあいだには，一義的な因果関係を特定することはできない。むしろ，本章で考察したように，そのような因果関係を「常識」として信じることのほうが社会的な影響力は大きいと思われる。

このような「常識」の否定的なパワーを多少とも緩和するには，これまで「個人の心の問題」と考えられてきたことを，たとえば社会規範との関係でとらえ返すことが大切だと私は考えている。

(注3) 知識社会学や感情社会学の視点から心理学的知識と社会規範との関連性を明らかにする試みのひとつとして，森[†8]がある。

なぜなら現在，幼児期決定論という「常識」は，さまざまな逸脱行動や病理現象を「個人の心の問題」として説明するマスコミによって維持・強化されてきているからである。しかし，ここまで論じてきたように，一見「個人の心」が生み出していると思われる逸脱行動も，「常識」を信じる周囲の人びとが向ける視線との関係で起きている可能性がある。そして，その周囲の人びとの視線を支えるのが"親は健全な家庭を作り，幼児期の子どもに全力を尽くして愛情を注がねばならない"という社会規範であり，その社会規範を強化する社会的なパワーを発揮しているのがマスコミなのである。

このようなとらえ返しのためには，一部の心理学がマスコミに利用されることでこの社会規範と幼児期決定論を維持してきたことをも理解する必要がある。マスコミが幼児期決定論を伝達するとき，それに権威や根拠を提供しているのは主として臨床系の心理学者や精神科医であり，彼らが提供する心理学的知識は人びとが形成する相互依存関係（＝社会）のあり方に影響を与えてきているからである(注3)。

「個人の心の問題」と思われることを社会規範との関係でとらえ返すこと。社会規範と心理学的知識との密接な関連性を見抜くこと。ささやかではあるが，このような営みが幼児期決定論という「常識」のマイナス面を緩和していくのではないだろうか。

引用文献

[†1] 大日向雅美　2000　母性愛神話の罠　日本評論社
[†2] Nuber, U.　1995　*Der Mythos vom Fruhen Trauma*. Frankfurtam Main: S. Fischer Verlag.　丘沢静也（訳）1997　〈傷つきやすい子ども〉という神話―トラウマを超えて―　岩波書店
[†3] Horgan, J.　1999　*The Undiscovered Mind*. New York : Free Press.　竹内　薫（訳）2000　続　科学の終焉―未知なる心―　徳間書店
[†4] 池田謙一　1993　社会のイメージの心理学―ぼくらのリアリティはどう形成されるか―　サイエンス社
[†5] 正村俊之　1996　予言の自己成就―現実と虚構のはざま―　友枝敏雄・竹沢尚一郎・正村俊之・阪本佳鶴恵　社会学のエッセンス―世の中のしくみを見ぬく―　有斐閣　Pp.81-94.
[†6] Burr, V.　1995　*An Introduction to Social Constructionism*. London: Routledge.　田中一彦（訳）1997　社会的構築主義への招待　川島書店
[†7] 磯部卓三・片桐雅隆（編）　1996　フィクションとしての社会―社会学の再構成―　世界思想社
[†8] 森　真一　2000　自己コントロールの檻―感情マネジメント社会の現実―　講談社

まとめ
11 「パソコンくらい使えないと」
―情報化社会の世間体意識―

〔林　理・卜部敬康〕

1. 情報化社会と「セケン」の拡大

　情報化社会では情報の公開が進み，旧来のような人間関係に頼った利権の維持はできなくなる――これが「グローバル化と情報化」を推進する決まり文句ではないか。そして「情報化社会は均等な機会のもとに大競争になる」ということになるのではないか。この議論にしたがえば，情報化の進行とともに「周囲の一部の人びと」だけを気にする「世間体が重要なムラ社会」から「世界一般を相手にする社会」に変わるということになる。はたして情報化社会は世間体意識を排除するだろうか。

　もう一度，「セケン」というものを思い出してみよう。「ミウチ」「セケン」「タニン」という人間関係の類型はコミットメントの強さの違いであった。強いコミットメントのある関係が「ミウチ」，弱いコミットメントのある関係が「セケン」，コミットメントのない関係が「タニン」である。

　いつの時代にも若者を非難する大人は絶えないけれど，現在しばしば指摘されるのは「他人の迷惑を顧みない」ということではないか。「ジベタリアン」とよばれる，道路に座り込んでいる若者はめずらしくない。それを非難がましい目でみられても気にするようすもない。「だから彼らは社会性がない」というのが大人の言い分である。しかしこの理解は誤りである。ジベタリアンは大人と同じ意味での社会性がないわけではない。彼らから見れば通行人は「タニン」である。だから通行人の非難がましい目つきは気にならないのである。じつは大人にしても同じことをしているのである。あなたは電車の中でスポーツ新聞のポルノページを読んでいる中高年男性を見かけないだろうか。あるいはバーゲン会場でたいへんな勢いで「戦利品」をあさっている中高年女性を目にすることはないだろうか。こうした人びとが電車の中やバーゲンの会場で同じ町内に住んでいる，それほどよくは知らない人に出くわしたらどうするだろうか。何となくきまりがわるい思いをするので

はないか。そんなことはまずないからこそ，このような行動をとっているのである。つまり大人にしたところで世間体が行動の基準になっているという意味ではジベタリアンと選ぶところがない。

　それでは情報化が進行すればこれは変わるだろうか。どれほど情報化が進行したところで「あの人は電車の中でポルノ記事を読んでいる」などという情報が流される可能性は非常に小さい。そしてそれを自分の知人が目にする可能性も非常に小さい。もともと知らない人に関する情報を収集するなどということはだれもしない。自分に関するゴシップに気を配らなければならないのは政治家[注1]のようなだれもが知っているような職業の人びとの話である。情報化が進行したところで一般市民のあいだで「セケン」より「タニン」が重要な行動基準になるなどということはありえない。

2. 情報化による世間体意識の促進

　それどころか，現実の情報化はある種の世間体意識を助長している。「IT革命」が叫ばれ，IT技術の重要性がそこここで喧伝される現在，「情報機器が使えない」ことは「乗り遅れた人」と同義にいわれている。「情報機器を使いこなし」，「モバイル環境になじんだ」人が「時代の先端をいく人」である。これはバブルの時代にだれもが「財テク」に踊ったのとまったく同じ構図である。1980年代はバブルであり，現在はITであるが，何かの流行に追随しない人びとを「時代に取り残される」と揶揄する構造はまったく変わっていない。これは古典的な世間体意識そのものである。

　就職難といわれる時代には卒業生の就職問題は学校にとって大きな問題である。もちろん学校にできることは限られているから，学生たちに「就職を考えてしかじかのことをしなさい」という言い方で努力を要求する。学生自身も「就職のために」と資格取得に励む。昔は珠算や簿記であったが，現在ではもっぱらパソコン関連と英語関連で

（注1）選挙民からみればこれはある意味で政治家の選択の参考になることである。単に「ゴシップがあるからいけない」というのでは意味がないが、ゴシップが日常の政治家としての言動と一致するかどうかということは重要である。つまり愛人問題といった場面であれば、日常的性の自由を主張する政治家ならば問題ないが、「若者の性の乱れを直さなければならない」などと発言している政治家であるとすれば問題だなどということになる。

表11-1　資格の類型

十分＼必要	○	×
○	医　師 弁護士	英検一級 高度情報処理
×	教　員	ワープロ検定 英検初級レベル

ある。「ＩＴ化」と「国際化」に備えるというわけである。現在では珠算の資格が求められることはないだろうが、本当に珠算が昔は意味があったのだろうか。そして本当に現在はパソコン関連の資格や英語関連の資格に意味があるのだろうか。

資格は「その職業に対してどのような条件になっているか」という観点から4通りに区分して考えることができる。表11-1をみていただきたい。

ここで「必要条件」というのは、「この資格がない者はこの職業にはつけない」という規制のある資格である。一方「十分条件」というのは「この資格をもっていれば必ずこの職業につける」資格のことである。必要条件であってもその資格をもっている人が多ければ、資格をもっている人びとのあいだで競争が発生する。教員採用試験の厳しさはよく知られている。教員免許を取った人びとのなかで実際に教員という職業につける人はわずかである。一方、とりたてて規制はない職業であっても、ある種の資格をもっていれば確実にその職業につけるという場合がある。たとえば英検一級をもっていれば何らかのかたちで英語にかかわる職業につくことは容易である。

「その職業につく」という立場で考えれば、重要なのはその資格が十分条件であるかどうかということである。必要条件であればその資格をとらなければならないことは自明である。しかし必要条件であったとして、十分条件でないとすれば、その資格を保有していることはその職業につける保証にはならない。まして必要条件でも十分条件でもない資格であれば、資格の取得は職業につくことは無関係だということになる。

このように書くと、「いや、資格がなければ不利になるから困るのだ」という反論が出そうである。「資格自体に意味はなくても、資格が『足切り』の材料に使われるから困るのだ」という議論はめずらしくない。しかし「あらかじめ取得していなければ仕事に支障がある資格」が存在するとすれば、その資格は就職の十分条件になっているはずである。就職後、もしくは採用決定から実際に就職するまでの期間で容易に取得可能な資格であれば、その時点で取得すれば足りる。それができないということはその資格は取得が困難だということである。そしてそのような資格は一般に就職の十分条件である。「右から左にとれる資格」であれば、採用時に問題にする必要はない。つまり「右から左にとれる資格」は就職の必要条件でも十分条件でもありえない。「資格がなければ不利になるのではないか」という不安は「右から左にとれる資格」が存在するから発生するのである。「そんなことはない。事実、資格がなくて就職できない人がいる」という反論があるかもしれない。しかし、そこでは資格は断る口実になっているにすぎない。資格があれば他の口実を作るだけのことである(注2)。

この不安は「パソコンくらい使えないと現代社会では通用しない」という態度の変形である。「パソコンが使える」ことは「現代社会では必須」であり、「パソコン関連の資格」はこの条件を満たしていることの「お墨つき」になっているのである。この構造は「資格」を「成績」に置き換え、「パソコン」を「学校の教科」に置き換えれば成績における世間体意識であるし、「資格」を「ルーズソックスをはく生徒の数」に、「パソコン」を「生徒指導」に置き換えれば生徒指導に関する教師の世間体意識[*1]である。ここでは情報化社会は世間体意識の増幅装置になっている。

ここで「パソコンの資格」を「携帯電話」に置き換えれば、携帯電話をもたないことがなんとなく「遅れている」ようにみえることが説明できる。「携帯電話をもつこと」は「みんながもっている」から必須なのである。「遅れている」人にみえるのは世間体が悪い。だから若者はこぞって携帯電話をもちたがる。そうした若者を「学生に携帯電話はいらない」と批判することは簡単である。し

(注2)「その口実を与えないために資格をとる」というのは無意味である。その人がもっていない資格を口実にすればすむことだからである。

かしその一方で「資格をとれ」と推奨したり,「成績が悪いとみっともない」と怒ったりするのは明らかな矛盾である。あるときは世間体に注意を払うことを求め,別のときは世間体を無視することを求めるというのは論理的に矛盾する。

3. 個人の「好み」と「選択」の社会

情報機器の発達による「便利な社会」自体を変えることはむずかしい。著者も「昔の不便な社会に帰るべきだ」と主張するものではない。それは不可能な話である。しかし情報化社会の行方はこれまでに述べてきたような問題を含むものである。

ここで必要なのは,このような問題を含むことを承知して強い個人の選択をはたらかせることである。このように書くと「選択には基準が必要だが,それがわからない」といわれることがしばしばある。このような異論が出される背景にあるのは「多くの人に望ましい一般的な基準があるはずだ」という「常識」である。6章で強調したように,人間の態度は多次元的であり,一律の基準にはなじまない。みずから基準をたてて選択することが必要なのである。その基準は「好み」である。「好み」というといかにも「主観的・恣意的」で悪いことのように聞こえるかもしれない。しかし「好み」を基準にすることは選択には必要なことである。

個々の基準に照らして「どれが望ましいか」を判断することは容易である。あなたが洋服を買うとする。そのとき「最も長持ちする」という基準をたてることも「最も安いもの」という基準をたてることも可能である。それぞれの基準に応じた判断ができるはずである。しかし安いものは長持ちするとは限らない。逆に安いからといってすぐに破れてしまうとも限らない。どちらの基準を採用するかということはあなた自身の問題である。前述の「多くの人に望ましい一般的な基準」を求めれば,「どの基準でもそこそこのものが最もよい」ということになりやすい。しかしそれはかえって自分にとって悪いものを選択することにもつながる。自分の要求に最もよく合致するものは耐久性の高いものかもしれない。「すぐに破れてしまっても,とても価格が高くても,このデザインがほしい」という人もいるかもしれない。

このような基準の「重みづけ」までを含む一般的な評価方法が存在するだろうと考えることは,みずからの基準を立てることの放棄につながる。そこで採用される基準は「多くの人が満足するもの」となり,ここでも「多くの人」が顔を出す。これでは選択の基準すら世間体になってしまう。実際,「そんな洋服はだれも着ない」といわれればその洋服を着ることを躊躇するという人は少なくない。これが端的に現れるのが高校生のルーズソックスである[†1]。情報があれば選択の範囲が広がり,多くの人びとが自分の「好みに合った」ものを見いだすことができるだろうというのが情報化の論理である。しかしこのような情報の増大は,「みんながよいといっている」モノの情報の増大である。ここでみずからの選択基準を定めることができれば,「みんながよいといっているが,これはダメだ」「これはよい」ということになり,情報の増大は選択肢の拡大に寄与する。しかし,ここでみずからの基準を定めることができなければ,「まあ,このあたりで」という「世間的基準」に流されることになる。

「好み」は悪いことではない。むしろ必要なことである。現代の情報化社会のなかでは自分の「好み」を明確に意識することが必要である。そうしなければ膨大な情報のなかで,かえって自分が「好きなもの」にも出合えなくなる。

引用文献

[†1] 林 理・長谷川太一・卜部敬康(編著) 2000 職員室の社会心理 ナカニシヤ出版

II部　現代の若者文化の「常識」
性行動

　ここでは，現代の若者の性意識と性行動について一般に共有されている「常識」を検討する。最近の青少年の「性行動の低年齢化」とそれをマスコミを始めとした「性情報の氾濫」が支えているという事実から議論を始めることにする。こうした現状で多くの人がもつ「常識」は，「性道徳の乱れ」である。すなわち，「現代の若者のもつ性道徳は乱れている」ということである。未成年の望まない妊娠の増加や援助交際の問題なども，「性道徳の乱れ」がその原因として考えられることが多い。ここでは，この「常識」をまず疑ってみることから出発する。すなわち若者の「性行動の乱れ」は事実だとしても，彼らの行動を内側から規制している規範（日常会話でいう性道徳）は，前時代のそれと質的な違いはないのではないだろうか？と考えてみるのである。

　1章はこうした議論全体のイントロダクションとして，とくに若者の性行動の実態と彼らの接触する性情報の内容を検討しながら，彼らの「性」をめぐって私たちが抱きがちな「常識」がかえって現状の的確な把握を妨げていることを示す。2章では「性道徳の乱れ」が奔放な性行動の原因ではないことを若者，とくに女性にみられる典型的な性意識を紹介することを通して示すと同時に，若者の「性」の最も深刻な問題点について，実証研究をふまえてその問題点が示される。こうした点を考えると，現在多くの学校で行なわれている性教育（理念ではなくてあくまで実態をさす）や，ただただ「規制」という形で事態を鎮静化しようとする社会的なレベルでの政策は，有効に機能していないと思われる。3章ではそのことを社会心理学の立場から理論的に考察し，4章ではそれを実証した研究を紹介する。そのうえで5章では，現在の私たちがもっている性意識は，必ずしもいつの時代も変わらない普遍的なものではないことを，性意識の歴史的な変遷，とりわけ明治時代の結婚，および恋愛と性行動のあり方を紹介することを通して示す。そして6章では，「性」にまつわる問題が抱え込まれる高校の保健室という現場からのリポートを紹介する。高校の保健室には，しばしば生徒が「性」にかかわる問題を相談しに訪れる。そのなかには深刻なものも多いが，在校生ならだれでも接触できる場所であるだけにけっして極端なものではない。その意味で，現代の高校生の抱えがちな典型的な問題がここでは報告される。7章ではこれらの考察をふまえて，性教育のありかたを含めて，「性」に関するさまざまな問題を長期的かつ根本的に解決するために何が必要であるかが結論として示されることとなる。

これは「性的好奇心」の対象か？　ちなみに，この被写体は20歳以上である

1 なぜか道徳は残っている
——性道徳と実態の乖離——

〔卜部敬康〕

1. 婚前性交の肯定と性行動の低年齢化

現代の若者の「性」を語るとき，「性行動の低年齢化」を指摘する人は多い。もっともたいていの場合，具体例を数多く知ったうえでそう考えているのではない。テレフォン・クラブ（以下，テレクラと略称する）を介した男女交際や援助交際などの実態を，週刊誌やテレビのワイドショーで知って驚き，「隔世の感」を抱きながら固定したイメージが作られがちである。では，現代の若者はどれくらいの年齢で性行動を経験するのだろうか。

図1-1は，日本性教育協会が1974年と1993年に青少年を対象に性体験を調査した結果を示したものである。たしかに，高校生と大学生についてはここ20年間で「性行動の低年齢化」がすすんだことと，とくに女子の経験率が高まり，男女の経験率の差が小さくなっていることがわかる。しかし「低年齢化」というものの，93年の時点で中学生で性行動を経験する者はごく少数であることと，高校生を卒業して性行動を経験する者が大きく増えるというごく大まかな傾向に変化はないことに注意すべきである。「性行動の低年齢化」といってもそれは性行動の平均的な経験年齢がやや下がったことを意味するものであり，成長とともに異性への関心が高まり，葛藤を経験しながら徐々に「性」の世界にふれていくという図式自体が完全に崩れているわけではない。

では，「性行動の低年齢化」というのはまったくの誤解に基づくイメージなのかというと，必ずしもそうではない。再び，図1-1に戻ろう。私たちのもつ一般的なイメージとよく符合する事実も読み取れる。高校生から大学生にかけての「性交」経験率の変化である。74年と93年の差異に注目してほしい。74年の場合，もちろん経験率は上昇するものの経験者が少数派であることに変わりはない。大学生といえども，恋人とセックスすることは「いけないこと」という記号を含んだ行為であったといえよう。ところが93年では，高校卒業を境に経験者と未経験者の構成比が劇的に変化している。もはや現代の大学生にとってセックスすることは「いけないこと」ではない。むしろ，彼らにとって高校卒業がセックスの「解禁」事項になっているものと解釈できる。

じつは，このことは現代の若者のもつ性意識のある重要な側面を示している。1971年に総理府が15歳から24歳を対象に，1994年に，日本性教育協会が中学生・高校生・大学生を対象に，性意識の調査を行なったが，図1-2はそのなかの「婚前性交」についての態度をたずねた質問の結果である。71年の時点では，理由のいかんにかかわらず婚前性交を不可とする態度が一般的であった。逆にいえば，結婚がだれにも了解できる唯一の「解禁」事項であったということである。それに対して，94年の調査では，婚前性交について，「愛があれば」あるいは「お互いに納得していれば」構わないとする態度に二分された。「結婚前提で可」「いっさい不可」という態度をもつ者はきわめて少ない。この傾向は男女でまったく同じである。先の図1-1とあわせて考えると，2, 30年前の時点ではまだ婚前性交は「タブー」であったのだが，少なくともここ数年，その善し悪しは個人の価値観に委ねられるようになったといえる。また，婚前性交についてのタブー視は女子のほうが強かったのであるから，「性行動の低年齢化」と同じく「婚前性交態度」においても女子のほうが態度変化が顕著であることがわかる。

これまでの議論から，「やっぱり近年の若者の性道徳は乱れている」と思う人も多いだろう。いや，むしろそれはもはや「常識」だというべきかもしれない。「婚前性交の禁止」が性道徳の一部を構成していると考えれば，その部分は「乱れて」いる。ただし，婚前性交のタブーが崩れたことが，伝統的な性道徳の完全な崩壊を意味するかといえば，必ずしもそうではない。このことは，Ⅱ部

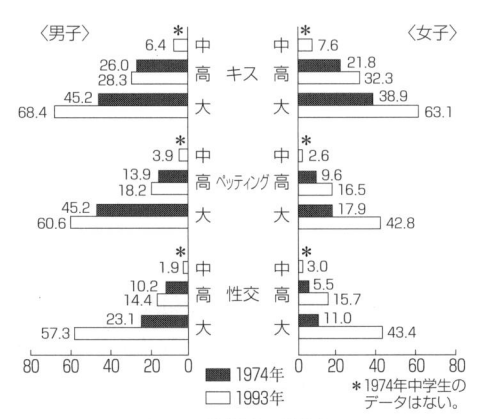

図1-1 性体験の推移[1, 3]

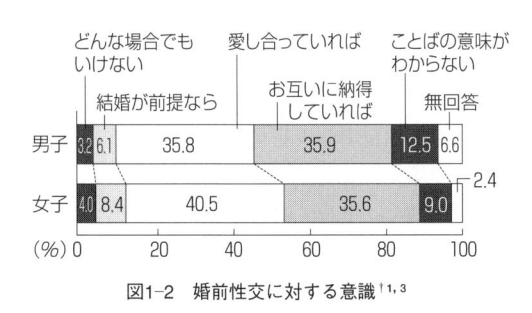

図1-2 婚前性交に対する意識[1, 3]

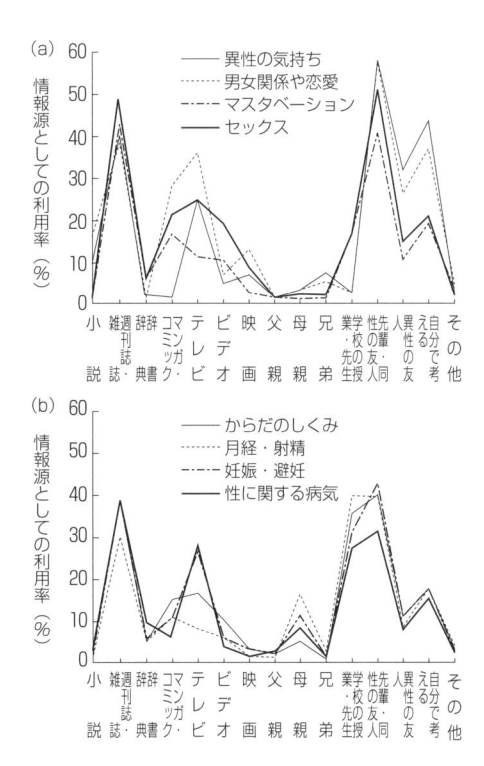

図1-3 性知識の種類と情報源[2, 3]

「性行動」全体を通して明らかにする。

2．マス・メディアによる性情報と若者の性意識

「若者の性道徳が乱れているか否か」という問いに答えるためには，彼らの性意識を詳しく論ずる必要があろう。彼らの性意識を調査した研究も数多いが，ここではさしあたり，マンガや雑誌，アダルトビデオなど，彼らが日頃「性」についてのどんな情報に接触しているのか，その一部をかいつまんで紹介する。というのは，これらの内容を簡単に把握することだけでも彼らの性意識の大まかな輪郭はみえてくるからである。図1-3をみていただきたい。これは，中学生と高校生に「性」について知りたいとき，何を情報源にしているかを質問した結果をまとめたものである。友人，マンガや雑誌，テレビ番組などをおもな情報源にしているようすがわかる。友人がトップというのは結局，マンガや雑誌でお互いに知ったことを交換しているという事情であろう。だとすれば，若者の「性」に関する実質的な情報源はマス・メディアであるといえよう。こう述べると，「ポルノメディアが若者にどのような影響を及ぼすか」「ポルノは規制すべきか」などといった疑問が生じるであろうが，これについては3，4章で詳述するとして，本章では若者の性意識を知るてがかりとして，彼らが見聞する性情報についてごく大まかにその内容を紹介する。とはいえ，アダルトビデオやポルノ雑誌の内容を逐一紹介する紙幅の余裕はなく，本書の目的からも大きく逸脱するので，ポルノグラフィーないしポルノメディアの歴史について考察した他の文献を参照されたい。ここでは，ここ10年ほどの特徴であるとして，私たちがごく直観的なレベルで抱いているイメージに沿ってみていくことにしよう。

(1) 性描写の過激化

「常識的議論」で最も強調されがちなのが，「最近は過激なモノが多い」という見解である。これは，ある程度，事実である。1957年，『チャタレー夫人の恋人』がわいせつ文書であるとして，訳者の伊藤整と発行人が刑法175条「猥褻図画等頒布罪」で罰金刑を受けた，いわゆる「チャタレー事件」はあまりにも有名である。判決後長らく，一部削除版が売られたが，1996年になって完訳版

（注1）たとえば，ごく最近のアダルトビデオと日活ロマンポルノとを見くらべてみれば明らかである。

が発売された。補訳者の伊藤礼は改定版へのあとがきの中でこう述べている。

　……世の中は変わったのだ。風俗的な表現は加速度的に激化する一方であるが，それに比例して表現の受け手の側もたいていのことには驚かないぐらい頑丈な神経の持ち主となっている。……社会通念というものが昭和25年とまったく違っているのである。だからもう問題ないだろうというのが私の判断であり……

性表現のありかたが具体的にどう変わったのか。当時表現がわいせつとされて削除された箇所の一部を紹介しよう。

　……だがやがて，彼女は彼を抱いていればいいということを知った。彼が絶頂をすぎても自分の中にいれておくことを覚えたのである。彼女のなかで彼は寛大で奇妙に力を維持していた。彼は彼女の中にしっかりとどまり，彼女に身体をまかせ……

今の基準で考えると，どうしてこれが問題となったのか不可解な感さえ残る。性交の場面が詳しく描かれているとはいえ，昨今のスポーツ新聞に掲載されているポルノ小説よりもはるかに「オブラートに包んだ」書き方である。これは文芸作品の性表現の変化をみることで，こうした社会全体の「性」に対する通念の変化がわかる端的な例である。私たちの身のまわりの性表現が全体として「過激に」なり，私たち自身のそれに対する許容度が上昇したことだけは確かであろう。

しかし，これらは若者がおもに接する性表現ではない。その代表は，やはりもっぱら「性」のみを扱う書籍（これらは雑誌・写真集を問わず，仲間うちの会話では「エロ本」といわれることが多く，本書でもそれに従う）や映画・ビデオの類であろう。ではこれらの性描写は「過激に」なったのだろうか。正確なところを知るには膨大な規模の実証研究を待たねばならないが，視聴覚メディアに関しては過激になったといえるだろう。

まず，Ⅰ部「情報化社会」で紹介したインターネット上の性情報やポルノゲームソフトは，一昔前にはそもそも存在しなかった。では，家庭用ビデオデッキの普及にともなって，ポルノ映画に代わって台頭したアダルトビデオ（以下，ＡＶとする）はどうか。かつてのポルノ映画はそれなりに「ストーリー性」が重視された作品として仕上がっていたが，多くのＡＶにはストーリーとよべるようなものはなく，ＡＶ女優の体と性交のシーンが画像のほとんどを占める，ということはしばしば指摘される。ポルノ映画では性交シーンにいたるまでのストーリーに数十分を要するものも少なくないが，ＡＶでは数分もあれば長いほうで，収録時間の大部分は性交シーンに費やされる。そしてその内容は，キスや抱擁から始まって両者のエクスタシーにいたるまでがじつにこと細かく映される。また，映像技術の発達によって画質は向上する一方であり，そのことが性表現をよりリアルにしている。その意味で，かつての1本のポルノ映画と現在の1本のＡＶとを比較すると，裸体が映る時間が長い，性交シーンも長くその描写もキメ細かい，などという基準でみる限り，後者，すなわち最近のＡＶの性描写のほうがより「過激」であるといえよう[注1]。

ただし，この見方はいささか「木を見て森を見ない」ものであるともいえる。昔のポルノ映画も現代のＡＶも同じく，愛情と性欲の合成の産物として，あるいは愛情を伝達する記号として，セックスを描いていることにほかならない。また，先に述べた差異もビデオ（映画）で表現する性情報の詳しさの程度なのであって，質的な大きな違いは認められない。要するに，視聴者にとってはどちらも，女性の体のふだん見ることのできない部分を見ることができ，セックスへの想像を駆り立てられることによって，おもに男性のオナニーの材料になるという程度のものである。

この議論はいわゆる「エロ本」の場合について

(注2) 藤井誠二（著）『18歳未満「健全育成」計画』（1997年，現代人文社）に詳しい。

はわかりやすいであろう。これも，しばしば過激な性描写が多くなったといわれるが，同じことである。「ヘア・ヌード」ブームは記憶に新しい。モデルの陰毛が写った写真はかつて禁止であったのだが，ここ近年，書店ですぐに買い求めることができる。たしかに性描写の範囲は広がったが，だからといって質的な違いがあるとはいえまい。

また，かつて「ビニール本」（以下，「ビニ本」とする）とよばれたもののように，相当インモラルな性描写の書籍は20数年前から存在はしていた。こうした事情をふまえて考えると，「過激な」性描写というのは，一般に共有されているイメージほど，ここ数年だけに顕著な傾向ではないものと考えるべきであろう。にもかかわらず，私たちにこうしたイメージが根強いのは，むしろ次に述べる「性の日常化」の進行が著しいためだとも考えられるのである。

(2)「性」の日常化

従来，性描写はその内容がもっぱら「性」がらみで占められる書籍でなされるものであった。だからこそ，私たちはそうした書籍をさして「エロ本」という。が，最近は事情が異なっている。およそ10年ほど前（1990年頃），有害コミック撲滅運動というものが展開された(注2)。子ども向けのマンガ雑誌の内容に驚いた人たちが，市役所や警察にかけこんだことから全国に広がったこの一連の運動で，少年向けのマンガにも性行為そのものをかなり露骨に表現したものが数多く存在することが，一般に知られることとなった。批判にさらされたこれらのマンガは，いわゆるポルノマンガ誌ほどではないが，登場人物の性行為を直截的に描いている。「性」を扱ったモノの量や種類が飛躍的に増大したことから，この状況を「性情報の氾濫」ととらえる見方も多い。また，「性情報の氾濫」が若者の「性道徳の乱れ」をもたらしたと考えられることが多い。

しかし，「エロ本」以外の書籍に性描写が頻繁になされ，子どもを含めて日常的にそれらに接触できること，またそれらの読者にとってはこの状況がもはや「常識」であり，とりたてて特異なことではないことを考えあわせれば，むしろ「性の日常化」ととらえるほうが現実的であろう。このような社会でさまざまな性情報，性刺激にさらされている若者が，どのような「性道徳」を有しているのか。若者の性道徳は乱れているのか。この問いに答えるためには，子ども向けのマンガ以外にどのような形で「性」が日常化しているのか，日常的に接するこれらの性情報に彼らがどう接しているかを検討する必要がある。

「性の日常化」といえる事象は数多い。最もわかりやすいのがAVである。都市部ではいたるところにレンタルビデオ店があり，その店内には必ずAVのコーナーがある。1つのレンタルビデオ店に数百本，店によっては数千本のAVが常備されている。そこでは300円前後の値段でAVが借りられる。もっとも18歳未満の会員にAVは貸し出さないことになっている。会員になるには身分証明書が必要であり，年齢はチェックされる。しかし，兄弟や知人を経由して一度借りてしまえば自宅で観賞できる。また，ひと月に数十本のAVが新たに制作，発売されるのと入れ替わりに，中古のAVは場合によっては数百円という廉価で販売される。かつてポルノ映画を見るには，繁華街にでかけ，特定の種類の映画館に行くしかすべがなかったことを思えば，物質的，経済的そして心理的にも映像による性情報がごく身近なものとなった。あらゆる面で「敷居」が低くなったのである。

AVは性情報を身近にした。これに対して，多くの若者に「性」そのものを身近な話題のレベルにしたという点では，むしろ雑誌の果たしている機能が大きい。ここでいう雑誌はいわゆる「エロ本」のみをさすのではなく，ファッションや占い，

●あそこのカフェ，すごくカワイイ。今度，友達と行ってみよう。あれ，こんな所にホテルできたんだ。ヨーシ，絶対彼と行こう。

芸能界の情報などを掲載し，広く若者一般をターゲットにした雑誌を含む。"恋・セックス・結婚"あなたの未来がすべてわかる〇〇占い」「惚れちゃうsex・冷めるsex」「ねえ，男の子のセックスってどうしてこうなの」「セックスできれいになる」「"オーガズム"そんなにいいものですか」「一度は行ってみたいファッションホテル」。これらは筆者の手元にあるファッション雑誌に掲載されている「性」に関する記事の見出しであり，表紙に書かれているものである。これらはもちろん，「エロ本」とは違い，視覚的に過激なものはないが，タイトルからもわかるように，かなり「突っ込んだ」内容のものも多い。これらのなかには，性行動について読者の体験談投稿やインタビューが含まれる記事も少なくない。「エロ本」のように性表現が過激ではないが，流行の服，映画やテレビ番組，グルメ情報などとこうした記事が混在していることから，かえって「性」が若者にとって日常化しているようすがよくわかる。

この「性の日常化」という現象は，AVなどをはじめとする「性情報の氾濫」よりも，若者の性意識の全体的傾向を形作るうえで相対的に大きな役割を果たしている。なぜか。AVや「エロ本」の存在が身近になったり，その内容が過激になったりしたところで，受け手の意識のうえでは「あっちの世界の話」であるにすぎない。つまり，AVや「エロ本」の内容がどれだけ過激であっても，それらを見ることは，ファッションを楽しんだり食事を楽しんだりする「日常」とは，意識のうえではあくまでも切り離される。これに対して，今日では，どこでも買える「フツーの」雑誌で，若者たちは「性」について見聞きすることになったことで，「性」についての情報を得ることや「性」について考えたり語ったりすることが，彼らの日常の一部を構成するようになった。つまり，おいしいものを食べたりはやっているテレビ番組を見たりすることと，恋人とセックスを楽しむことは，彼らの「日常的な楽しみ」ということで意識のうえで同じ次元に属しているのである。また，先にも述べたように，読者の体験という形式の記事も多く，これのもたらす効果も大きい。「性」についての読者の体験記事やインタビュー記事は，読者にとっては「恋愛マニュアル」の一部として読まれる。つまり，今日の若者にとって，雑誌に書かれている「性」は「あっちの世界の話」ではなく，自分のごくありふれた「まわりの」人びとの話であり，自分も含めた「こっちの世界の話」なのである(注3)。

婚前性交が概して否定的に考えられた時代の枠組みで考えれば，何とも「ふしだら」な話である。いたずらに性行動へとあおりたてる情報が氾濫するという形で「性」が日常化したなかで，若者の多くがそれをまったく批判することなく，享楽に溺れているようにみえる。やはり，「性道徳が完全に失われた」結果，「ふしだら」な行動に走っているのだろうか。この問いに対する常識的な答えは，"YES"だろう。冒頭に述べたように，「性行動の乱れ」の背景に「性道徳の乱れ」があるという見方が一般的である。

しかし，じつは必ずしもそうではない。意外にも，若者が内在化している規範（＝道徳）に，「伝統的な」部分がかなりみられるのである。では，現代の若者はどのような性道徳を有しているのか。伝統的な性道徳はどのようなかたちで残っているのだろうか。

3．現代の若者のもつ伝統的性道徳

若者の性意識，とりわけ彼らの内在化する（＝本心からそうすべきだと考える）性道徳の内容を知ることは必ずしも容易なことではない。性がタブーであることは，年配の人びとに限ったことではなく，若者にとっても「性」はタブーであることにかわりはないからである（直観的にはそう思

(注3) 現代社会の特徴であるボーダーレス化の一例である。

(注4) このことは近代社会とそこに生きる人間の心性の特質を示す概念である"アノミー"で説明できるだろう。恋愛を自由に追求できる現代社会は「恋愛アノミー」を生む。つまり，恋人がいないという状況は「不満」かつ「不安」であり，そうした状況を避けたい動機が高まる。なおアノミーを「不満」と「不安」の2側面からとらえる理論的背景は大村（p.144）を参照されたい。

えないが，これについては後に述べる）。したがって，「性行動そのものをどのようにとらえているか」などと，彼らに直接たずねるだけでは不十分である。彼らの日常会話やよく読まれている雑誌や漫画の記述が参考になる。また一般に，「道徳」や「規範」の内容を知るためには，どんな行動が暗黙のうちに禁止されていたり非難の対象となっているかを調べることが必要である。そこで，ここでは恋愛や性をめぐって，どんな行動が若者たちのあいだで非難の対象になっているのかを，彼らの日常会話や雑誌の記事などから読み取ることによって，彼らのもつ性道徳の解読を試み，どのような点が伝統的な性道徳と類似しているかを示すものとする。

(1) それでも「性」はタブーである

まずひとつめは，直前に述べたように，若者にとっても「性」はタブーである。ここでとくに問題にするのは年配の読者だけでなく，学生諸君にとっても意外であるかもしれない。明石家さんまの司会進行で人気のあるテレビ番組「恋のから騒ぎ」では，一般の若い女性十数人が一定期間レギュラー出演し，その日のテーマに合わせてみずからの恋愛体験を臆することなく話している。性行動の体験やその感想が話題にのぼることも少なくない。筆者にうちとけて話す学生の話と番組とを比較検討する限り，その話題や雰囲気は若者の平均的な実態とはいえないにしても，ひとつの典型であるとみてよい。みずからの性体験を「堂々と」笑いを含めて語る人気番組が存在することからは，「性」を語ることが若者にとってもタブーであるとは，いささか信じがたいようにも思われる。

しかし，彼らの語り口やその場面などを考えれば，やはり「性」を語ることは一種のタブーであることがわかる。タブー意識の強い年配の人が「性」について話をするのは，盛り上がった酒の席にほとんど限られることに思いあたるだろう。

若者の場合も，程度の差を別にすれば，まったく同じである。ふだんは話してはいけないことであるから，それが許容される特定の場面が社会的に構成される。それが「酒の席」や「コンパ」などである。さらに，そこで交わされている会話はあくまでもそのような種類のものであることが，語り口によって示される。こうした場面や語り口が，「性」を語る際の記号となる。こうして成立するのが「ワイ談」である。通常のモードで「性」を語ることができないから，"モード"を切り換えるというこの構造は，若者も中高年層も同一である。世代間で異なるのは「ワイ談」の「中身の濃さ」だけである。

この例からわかるように「性」はふざけた場面で語られる話題であって，あらたまった場で語られることはない。したがって，みずからの人生観や人間観の一部として「性」をどう考えるか，自分にとって性行動とは何であるか，といったことをまじめに語る機会がない。ここで強調しておきたいのはこの点である。つまり，「性」をまじめな話題として語ることは「タブー」とされている。

さて，こうした意味で「性」がタブーであり続けていることが若者に及ぼす影響は，いささかややこしい問題を含んでいる。それは，現代の若者が彼らの親たちの世代とくらべて，恋愛することをきわめて高く価値づけていることと深い関係がある。やや大げさに表現すれば，彼らにとって恋愛することが「幸せ」の象徴となっているのである（これが具体的にどのような形で表われるかについては，2章で明らかにする）。こうして「恋愛」に強くあこがれればあこがれるほど，「自分に恋人がいること」や「恋人と親密な関係にあること」を確認したいという動機が生まれる[注4]。性行動は二者関係が親密であることを相互に伝えるコミュニケーションであるから，結果として，若者が性行動に駆り立てられることになる。つまり，現代の若者が「性」に強い関心を有しているのは，

(注5) たとえば，社会的比較過程の理論をあげることができる。

彼らがとりたてて好色だからではなく，それが幸福感と結びついたきわめて「まじめかつ切実な」側面を有するからである。性行動は「イケナイこと」であると同時に，恋愛という「幸せへの登竜門」と位置づけられているのである。

これは一見，先に述べた「性の日常化」と矛盾するようにもみえる。ＡＶや成人向け雑誌といったポルノメディアだけでなく，一般向けの雑誌や漫画にも掲載されるほど，若者にとって「性」は身近な話題であると述べたばかりである。日常化するほどまでに身近なことを語ることが「タブー」でもあるというのは，考えにくいかもしれない。

しかしよく考えれば，「性」がタブーだからこそマスメディアによる性情報が氾濫したと考えるほうが自然である。先に述べた「性の日常化」というのは，彼らのまわりに日常的に性情報があふれていることと，それに影響された結果，彼らにとって性行動への「敷居」が低くなったことであった。だからといって，彼らは性行動それのみを興味本位で追求しているのではない。一言でいえば，恋愛に強くあこがれ，それを成就させる手段として性行動を強く志向するのである。この詳細なメカニズムは2章で明らかにするが，ここでは性行動が若者にとって，ふまじめな意味ではない「重大な関心事」であることだけを確認したい。

一般に重大な関心事については，自分の考えがことさらにおかしなものでないことを確認したい動機が強くなることは，社会心理学ではよく知られている(注5)。だとすれば，多くの若者にとって，「性」についての知識や考え方についての他人の意見や見方は，「まじめに」たいへん気になるところである。ところが，「性」についての話題は「まじめな」場面ではタブー視され，酒の席では「おもしろおかしく」興味本位で語られる。会話の場面ではそれなりに集団規範に同調せざるを得ないから，まじめな顔で「性」についての疑問をぶつけたり，他の人の考え方をじっくりと聞いたりすることはできない。「直接は聞けないけれど，みんなホントはどう考えているのだろう？」。雑誌の記事は，若者のこうした疑問に答える機能を果たしている。これがマスメディアの性情報が氾濫したひとつの大きな理由である。

(2) 性行動における強い排他性の規範の存在

性行動に対する一般的な態度については，本章冒頭の調査結果と同じく，これを否定的にとらえる者はごく少数である。そして，「性行動はだれとするか」と質問すれば，あたりまえだといわんばかりに「彼女（彼氏）」という答えが返ってくるが，それだけでなく，「彼女（彼氏）だったら（当然性行動を）するでしょう」という反応が一般的である。恋愛関係にある2人が性行動をするのは彼らにとって「常識」であり，また性行動を行なうことは2人が恋愛関係にあることを示す記号としての機能も果たしていることがわかる。したがって，なるべく性行動をひかえるというようなかつてのような意味合いでの「貞操観念」は存在しない。

では自由奔放かといえば，けっしてそうではなく，ある種の規範は強く内在化されている。性行動について，とくに非難されるべきことを若者にたずねると，異口同音に「浮気」と「二股」をあげた。この場合，「浮気」は特定の恋人がいるにもかかわらず別の人と性行動を行なうことをさしており，「二股」は性行動のパートナーが複数いることを意味する。彼らは，婚前の性行動や低年齢での性行動経験を悪いことだとは思わなくても，従来から「不貞行為」とされている行動にはまったく同じ態度をもっていることがわかる。さらに，彼らに「お互いに浮気や二股を認め合っているカップルをどう思うか」ときくと，「そんなのオカシイ！」「サイテー！」「本当の恋人じゃない！」「相手のことを本当には愛していない！」などといった反応がかえってくることが多い。婚前の性

（注6）P.91の後半部および注4に述べたことを想起してほしい。

行動を「相手が納得していればかまわない」と考える若者が以前より増加したというデータを先に紹介したが，よく考えるとこれらの反応とは矛盾する。自分と相手が納得していることが行為の正当性の根拠となるのだとすれば，浮気や二股も「相手が納得していればかまわない」はずだからである。これらのことから，いわば「私的自治の原則」といった行為の一般原理に優先して，「性行動のパートナーはひとりに限定されるべき」だというのは，若者が強く内在化している「道徳」であると考えるのが自然であろう。

以上のことから，現代の若者のもつ「性道徳」の内容は，伝統的な性道徳と大きく重なるものであることがわかる。それを一言でいえば，「性関係は排他的でなければならない」ということである。要するに，結婚前の性行動も未成年の性行動もそれ自体悪いことではないが，その相手は「恋人」というステディな関係にある人に限定するべきだ，ということである。そうだとすれば，ここ数十年で若者の性行動の実態は（促進的な方向に）大きく変化したわりに，彼らのもつ「性道徳」のベースはあまり変化していないことが指摘できる。より正確にいえば，今の若者の理想とする恋愛像自体は2，30年前の若者と変わるところはなく，これを脅かすような性行動のあり方は是とされない。結婚までバージニティを維持するという意味はもはや失われているものの，恋人のために「操をまもる」という意味での「貞操観念」は有しているのである。

4．強い「恋愛促進規範」の存在

ここで問題となるのは，「伝統的な性道徳」を保持しながら，なぜ多くの若者が性行動へと駆り立てられるのか，ということである。この「伝統的性道徳」は性行動の排他性の規範であり，「性行動はもっぱら恋人と行なうこと」というものである。論理的には，社会において「恋人をもつこ と」や「恋人と過ごすこと」といった「恋愛」の価値が相対的に高まれば，「性行動の排他性の規範」と「性行動の促進」の2つは両立する。2章以降の結論を先取りすれば，現代はさまざまなところで恋愛促進的なメッセージが存在しており，漫画や雑誌，映画，テレビのトレンディドラマなど，枚挙にいとまがない。その結果，恋愛することは若者にとってきわめて「幸せなこと」と位置づけられており，「恋愛したくない」などという人はほとんどいない。その意味で，恋愛することは若者のあいだで単に高く価値づけられているだけでなく，「恋愛促進規範」とでも表現すべきものが若者のあいだに共有されていると考えられる。

「恋愛促進規範」とは文字通り，恋愛することをよしとするインフォーマルな規範である。「そんなものは昔から存在している」という声が聞こえてきそうであるが，ここでいう「恋愛」は，強くひかれた特定の異性を何年も思い続け，その人との恋愛に憧れるというものとはまったく異質のものをさしている。もちろん例外もあるのだが，誤解を恐れずにいえば，「だれとつきあっているか」よりも「つきあっている恋人が存在していること」が重要なのである。もちろん，当人たちは現在の恋人を重要でないとは思っていないし，だれよりもその人を愛していると主観的には考えている。しかし現在の相手と別れることになれば，その相手に執着することは少なく，次の相手を積極的に探すことが多いのである。極端な場合，ある異性からの「告白」を「恋人がいるから」と断っておきながら，その数日後に再度告白されて，「いまは別れて"フリー"だからいいよ！」などということもあり得るのである。恋愛すること自体を高く価値づけているという意味でいう「恋愛促進規範」とは，こうした現象を包括的にとらえることによってみえてくるものである[注6]。この恋愛促進規範が強くなればなるほど，自分が恋愛をしている「確たる証拠」を得たいと思うように

なる。そこで，性行動が「2人の関係が恋愛関係である」ことを証明する記号として機能することは，先に述べたとおりである。

10代の望まない妊娠など，古くて新しい問題も含めて，若者の「性」をめぐって解決すべき問題は多く，こうした問題の原因を若者の「乱れた性意識」に求めるのが「常識」的な議論であった。それに対して，ここまでで明らかにしたことは，むしろ「理想的恋愛像」や「貞操観念」に代表される「伝統的性道徳」そのものは若者の態度に色濃く残っているということである。そして，若者をとりまく「性」についての情報網は，彼らの意識のうえで「日常化」するほどに，彼らを性行動へと駆り立てている。そして，その両者を媒介するものとして「恋愛促進規範」が示唆される。こうした状況で若者の「性」をめぐる問題を詳しく検討していくと，「性道徳の乱れ」が原因で発生するという図式では説明できないことが多い。むしろ「なぜか伝統的性道徳が残っている」ことをその原因であると考えたほうが，若者の「性」の実態をよく説明することができ，有効な対応策を考える糸口が見いだされるものと考えられる。

では，若者の一見「奔放な」性意識のなかにどのような形で「伝統的性道徳」が横たわっており，それが若者のどのような問題を生み出しているのだろうか。それらの具体的な問題の所在は，2章で明らかにしていくことにしよう。

引用文献

†1 日本性教育協会　1994　青少年の性行動　第4回
†2 日本性教育協会　1992　青少年とマンガ・コミックスに関する調査
†3 清水弘司　1995　10代の性とこころ―知っておきたい本当の姿―　サイエンス社

2 「乱れた」行動と「道徳的な」態度

　性行動の低年齢化や援助交際の問題をはじめ，若者にとってあらゆる意味で性行動への「敷居」が低くなっていることは，さまざまな場面で指摘されている。この背景にあるのが若者の「性道徳の乱れ」であるというのが「常識」的な見方である。1章ではこれに対して，むしろ伝統的性道徳は維持・存続されていることを示した。では，どのようなプロセスを経て「乱れた」性行動にいたるのか，具体的な水準で述べるのが2章の目的である。ここでは「恋愛促進規範」が若者の恋愛行動や態度，知識に具体的にどのように作用するのか，筆者らの事例とインタビューをもとに，その典型的な像を描くこととする。

1．3時間前からつきあっている
―「行きずり」と「カレシ」は紙一重―〔今垣菊子〕

(1) 筆者の事例にみる若者の恋愛

　恋愛促進規範が，若者の恋愛行動や恋愛するまでの気持ちにどのような形で表われるのだろうか。筆者自身の高校生時代をふり返る。

①やっぱりそれは「カレシ」じゃない

　高校一年生の頃の話である。当時，私には同じクラブにとても仲のよい友達がいた。仮にA君としよう。笑いながら悪態をつき，じゃれあう，要するに，他人からみればいわゆる「友達以上，恋人未満」の関係であった。しかし当の本人たちはまったくそれと意識しない，あくまでも「友人」であった。ところがまわりの友達は私たちの関係をやっきになって「恋人どうし」にしようとした。ことあるごとに「Aは絶対あんたのことが好きやって（と私は思うよ）！　あんたはどうなん？」と聞かれる。私がA君と2人で話しているときには他の人が話しかけないようにするなど，意図的に「ふたりっきり」の状態にされた。このような過程を経て，当人どうしの意思疎通のないまま，2人は部公認の「恋人」関係に祭り上げられてしまった。

　「なんか変なことになったな」とお互いとまどってはいたが，それでも恋人同士になってしまったことを否定することもなかった。しかしその一方，2人の行動は以前と変わることはなかった。ふたりっきりで行動したがることもなく，家に帰ってから電話をかけたり休日にデートしたりすることもなかったし，そのような発想すらなかった。そもそもお互いに「好きだ」とか「つき合おう」ということばを交わすことがなかったのである。それは雑誌やテレビドラマなどマスメディアによって流布されている「恋愛様式」に照らし合わせれば，とうてい「つきあっている」とはいえないものではあったが，私たちはこれでよかったのである。ただ，私たちの周囲の友達によって無理やり「恋人」にされてしまったから，やむを得ず外面だけは恋人関係であるようにし，じつは友人関係であったということでもない。何度も強調するように当人たちにその認識は欠如していたものの，今から思えば周囲から「恋人どうし」というラベルを貼られることで自分たちの関係を再認識しながら，そのラベルに私自身が知らず知らずのうちに適応していたのかもしれない。

　しかし，それをみているまわりの友人たちは私たちの関係に納得がいかないようだった。しばしば「Aに毎日電話をしろ，休日は2人ででかけろ」と私に言い続けた。要するに，2人は恋人どうしなのにまったく恋人どうしらしくない，もっと恋人どうしらしいつきあいをすべきだということである。私としてはこれでうまくいっているのだから放っておいてほしかった。だが，A君との「恋愛」は長くは続かなかった。私にアプローチしてくるB君が出現し，私はそのB君に乗り換えたのである。A君と親しかった頃の私は一般的な「恋愛モデル」に自分たちを適合させようとは思っていなかったのだが，この理由を後で考えれば，私自身がやはり「恋愛促進規範」の影響下にあったことを認めざるを得ないのである。その過程を次

に述べる。

②セックスは恋の味

　B君はA君と「つきあう」ことになった後に知りあった友達である。知りあってしばらく経つと、B君は私を個人的に遊びに誘ったりするなどして、私に対する好意をあらわにしてきた。それまでは「好きだ」と言われなくても平気だったのに、いざ実際に明示的に私を「好き」だと言うB君に出会ってからはA君との関係に確信がもてなくなった。A君は本当に私のことが好きなのか、私もA君のことが本当に好きなのだろうか。そうやって迷っているあいだもB君の熱心なアプローチは続き、遊びに行った帰りにキスされて、それが決定打となった。揺れ惑ったわりには、既成事実によってあっさりB君の「彼女」となったわけである。

③「カレシとはいつも寝る」から恋人だ（？）

　つきあいだして1か月もたたないうちに、彼は私に性交を求めてきた。彼の家に遊びに行ったときのことである。彼の部屋にあがり、しばらくすると、B君は何気なく私の肩に手をかけ、キスをしてきた。私が抵抗しなかったためか、暗黙のうちに性交を求めるように、私を引き寄せて身体に触れ続けた。私が驚いたことはいうまでもない。なぜなら、私はこの時点で彼と性交をするつもりはなかったからである。ところが、彼の「求め」をはっきりと拒否することもまた、できなかったのである。それにはいろいろな理由がある。だが、何よりも私から決定的に拒否する気力を奪ったのは、「恋人どうしは性交をするものである」という恋人関係についての定義づけが、すでに私の中に存在していたからである。

　こうして彼の「求め」に応じたことをきっかけに、私とB君との関係は「性交を含む」恋人関係となり、彼はたびたび性交を求め、私もそれに応じることとなった。恋人関係にある2人にとって、性行動は愛情を伝えあうコミュニケーションとしての側面をもつ。したがって、彼がそれを喜んで

いたのはいうまでもなく、またそれは私にとってもうれしいことであったのだが、同時に違和感をも生じたのである。というのは、私にとって性行動それ自体はとくに魅力的なものではなかったのである。ところがその一方で、「恋人は性的行動をするものである」とも考えていたので、あるべき恋人関係に適応しない自分自身とその感情に後ろめたさを抱きつつ、この関係を高校の卒業まで続けたのである。

　その間、A君との関係は以前のまま続いていた。それは私にとってそれほど「気楽な」関係だった。私にとって「無理のない」関係だったのである。こうして私は、何となく違和感をもちながらB君の「恋人」であり続け、A君の「友達以上恋人未満」であり続けた。

　以上が著者の高校生の時の体験談である。筆者の個人的体験というまことに特殊事例ではあるが、若者のあいだに共有されている「恋愛促進規範」の内容とその具体的な姿が、いくつか典型的に現われているので、論旨をわかりやすくする目的で取り上げた次第である。次に、その「恋愛促進規範」の具体的な内容について、体験談と照らし合わせながら述べることとする。

1) 強い恋愛促進規範の存在—友達以上恋人未満はまわりが放っておかない—

　筆者は友人たちによって、「友達」であるA君となぜか「恋人どうし」にされてしまったが、これは筆者の体験に限った話ではない。10代の若者のあいだでは頻繁にみられる現象であり、一般に仲のよい異性どうしをみると、周囲はその2人を「恋人」扱いしようとする傾向がある。若い男女が仲良くしていれば冷やかしの対象になるというのは昔からのことであって、とくに現在の若者の恋愛の特質を考えるのに何の参考にもならない、「ごくあたりまえ」なことであると思われるかもしれない。しかし、あえて「なぜか？」と問いか

けてその背後の意味を考えてみると，次の2点が指摘できるように思われる。

ひとつは，恋人関係でないがきわめて仲のよい「異性関係」が日頃から成立していないということである。

もうひとつは「恋愛促進規範」の存在である。若者を読者対象にした雑誌にはこれまでにみられないほどの多くの恋愛関連記事が掲載され，恋愛することが彼らの幸せの象徴であるかのような情報が流通しており，これらがおおいにもてはやされているというのが最近の風潮である。恋愛を高く価値づけている若者にとって，「恋人がいる」ことは幸せの象徴であるのと同時に，「恋人がいない」ことは「さびしい」こととみなされている（これがもたらす病理は1章と3章でアノミー論の立場から説明される）。この図式に従えば，恋人どうしではないがきわめて仲のよい男女は，「幸せをつかみかけ」ている2人ということになる。だから彼らに少しでも恋人関係に発展していきそうな兆しをみつけると，「幸せ」の象徴である「恋人関係」に押し上げようとするのである。

2）恋人らしい生活のすすめ

まず，「恋人らしい行動」とは何であるかを考える。「恋人らしい行動」とは，たとえば，手を握ったり抱き合ったりするのがそれである。恋人関係にある2人が，恋人関係であるがゆえにとる行動をひとくくりにしたものといえよう。こういうと，親密な愛情の表現に限られるようだが，そうではない。一般にデートスポットなどといわれる場所に2人ででかけることや，2人のあいだでのみ通用する記念日を設定し，その日にムードのよいレストランで食事をする，といったものがこれにあたる。12月24日と2月14日の都市部の一流ホテルの予約がとりづらいのはこの理由にほかならない。

ここで注意しておきたいのは，これらの行動が単に「恋人らしい」とされているだけではなく，恋人は「恋人らしくあるべき」という規範としての側面をもっていることである。よく考えてみれば，この規範の存在は「恋人関係」をおかしなものにしていることに気づく。お互いを「好き」だと思っている2人は，彼らのあいだで満足できることをしていれば，それが彼らにとっての「幸せ」のはずである。しかし，この規範は明らかに恋人たちの行動に大きく影響を及ぼしている。恋人がとるべき「恋人らしい行動」は恋人のいる「幸せな」人びとだけができる行動であるから，この一連の行動が「幸せの象徴」となる。たとえば，クリスマスに恋人と一流ホテルに宿泊することに憧れるのである。ここまでは，とくに問題はないのだが，困った問題はその次である。この「憧れ」にどれくらい近づけるかで自分たちの「幸せ」や「恋人らしさ」が測定されるのである。だから，「恋人」であることを再認識して安心したいがために，彼らは率先して「恋人らしい」行動をとるのである。筆者が友人たちに忠告されたのは，この理由によるものである。

こういえば，筆者は高校時代にすでにこれに気づいていたように聞こえるが，じつはそうではない。筆者も友達と同様，少女漫画やドラマなどのマスメディアから「恋愛」がどのようなものであるかを学んだのである。ただ，それをA君との恋愛で実現させようとしなかったのは，それはあくまでも虚構であり，現実には起こり得ない夢物語であると考えていたからである。規範の存在を友人から示されたとき，それを無視することができたのはそのためである。実際のところは，それを本当に理解していたのではなく，ちまたの「恋愛図式」への憧れをもちつつも，自分には縁がないことだとあきらめていただけだったのだ。だからこそ，B君によって現実に目の前に「恋人らしさ」が転がり込んできたとき，急にA君との関係が「恋愛」ではないように思えてしまい，B君の「求め」に応じてしまったのであった。さらに，

●二股かける人なんて大嫌い。
ちゃんとけじめをつけなさいよ。
私はいつだってカレシだけだよ。

B君の数々の恋人らしい行動の要求に，多少の違和感をもちながらも応じてしまったことも，この結果である。

3）セックスは恋人の証明

筆者が自分では望んでいない性行動をしてきたのは，体験談のなかでも述べたように，性行動が「愛」を保障するものとされ，「恋人らしさ」を表わす最たるものであったからである。その意味で，性行動は「恋人関係」を実質的に行動面から定義したものとなっている場合も少なくない。このことは若者たちのあいだでは，もはや「常識」である。つまり，恋人どうしであるにもかかわらず性行動を拒否するということは，恋人関係を否定するほどの重みをもってしまうことになる。性行動が「恋人」の証であれば，性行動を抜きにした「恋人関係」は成り立たない。したがって，筆者のようにこれといった理由もなく性行動が嫌だった場合，それを相手に伝えることはできない。また，そう思ってしまうこと自体，後ろめたい思いを抱くことになるのである。多くの女性雑誌の「読者の悩み相談室」には，このような性行動についての話がしばしば掲載されている。そこでは女性の生理や避妊などの「からだの問題」だけでなく，「カレシがセックスをデートのたびに求めてくるが断れない」「カレシがセックスの時，いろいろな体位でしようとするがうんざりしている」といったたぐいの相談もけっして少なくない。そして，これらの相談者の多くが，多少ともみずからの体や感情を相手のニーズに適応させる方向での解決をめざしているのである。性行動は愛情の表現として機能するから，これをどう考えるかは重要なことのはずである。しかし，こうした場合，恋人との関係を「考え直す」ことは少ない。「（相手に）自制を求めつつも自分を変化させる」方向で悩みを解消しようとしているのである。カレシを失いたくない一心でひたすら我慢する人も少なくない。これも，「恋愛促進規範」が強いこ

とを示す例である。

少なくとも態度のうえでは「伝統的な性道徳」を保持しながらも，こうした強い恋愛促進規範の影響下におかれた若者の考えていることや行動の一端がおわかりいただけたであろうか。ここに示したエピソードはあくまでも筆者の個人的体験がおもなものであり，当時の友人たちのアドバイスなどをあわせて若者一般の心性を具体的に紹介した。もちろん，最終的な行動や細かい思考は「人それぞれ」である。また，恋愛促進規範や伝統的性道徳の片方または両方をまったく内在化しない「わが道をゆく」人もいることはいうまでもないが，それは少数である。そうした意味で，ここに描いた葛藤や行動は典型例なのである。

これをふまえて次に，伝統的性道徳と恋愛促進規範の両者を両立するために，どのような現象が若者のあいだでくり広げられているか考察する。

(2)「つきあっている」の意味すること

現代の若者の心のうちを一言で表現すれば，「恋愛はとてもしたいが『ふしだら』ではありたくない」ということになる。そのために若者は大きな「努力」をしているが，実質的にこれらを両立している者は少ない。そして，彼らが理想とする恋愛像のとおりの恋愛をしているものも少ない。そこで奇妙な文化が成立し，それを正当化するような思考や行動も多くみられる。それらは，自分たちが実際にとっている行動と理想的な恋愛のあいだの隔たりが生み出す認知的不協和の解消を図る営みである。

1章ですでに紹介した，伝統的性道徳を若者がよく内在化しているものとしての「性行動の排他性の規範」はその典型である。「性行動の排他性」といえば，きびしく貞操観念をとらえているように聞こえるが，「ひとりを半永久的に愛する」という旧来の貞操観念とは異なっている。彼らは旧

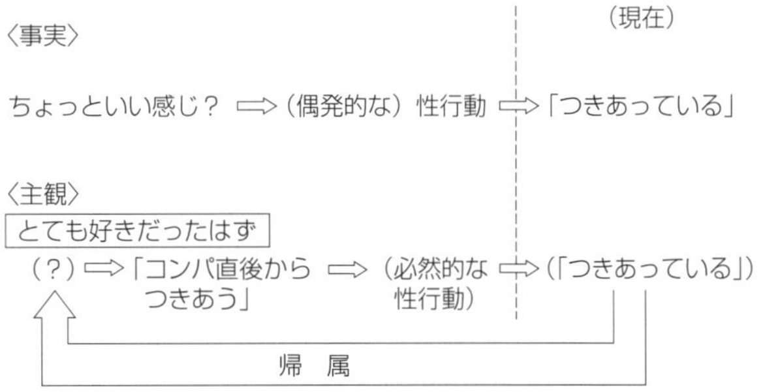

2 「乱れた」行動と「道徳的な」態度

```
                                                          （現在）
〈事実〉
    ちょっといい感じ？ ⇒ （偶発的な）性行動 ⇒ 「つきあっている」

〈主観〉
 とても好きだったはず
    (?) ⇒ 「コンパ直後から ⇒ （必然的な ⇒ （「つきあっている」）
  ↑        つきあう」        性行動）                   │
  │                                                     │
  └──────────────────── 帰 属 ──────────────────────────┘

         図2-1  「つきあうきっかけ」の錯誤帰属
```

来の貞操観念からみれば「乱れた」みずからの行動を，この「道徳的な規範」と両立するように頭の中でつじつまを合わせるのである。たとえば，2，3か月のうちに3人と性行動をした人を「貞淑」だとはだれも考えないだろう。しかし，この規範から逸脱しないように行動しているのである。その言い分は次のようなものである。「ふしだらなんかじゃないよ。カレシ以外とはやってないじゃん。愛があればやるのはあたりまえでしょう」。「カレシ以外の人とはセックスはしない。ちゃんとけじめつけてるよ。A君とつきあっているときはB君としてないし，C君とするときはちゃんとB君と別れてたよ」。「二股なんてとんでもない」というように彼らは1対1の関係であることを強調するのである。

こうした傾向は若者の恋愛行動の様式の随所にちりばめられている。ここではそれらを2つ紹介することとする。

①恋人獲得の場としてのコンパ

若者の性行動の実態をよく知る人からみれば，ここまでの説明はやはり「腑に落ちない」ものかもしれない。数年前から問題となったテレフォン・クラブ（テレクラ）やインターネットのいわゆる「出会い系サイト」で，見ず知らずの男女が簡単に性行動をともにしてしまうことは，やはり「単に乱れているだけ」のようにもみえる。それは極端なケースであるにしても，コンパなどを通してかなりの短期間でカップルが成立し，性行動をしている若者が少なくないのは事実である。ところが，本人たちの意識のうえではあくまでも「恋人とのセックス」であり，「行きずりのセックス」とはきびしく区別している。

若者は頻繁にコンパをする。そのコンパにまつわる用語に「おもちかえり」というものがある。これはコンパで意気投合し，そのままふたりきりでデートをすることをさす。その日のうちに性行動にまでいたることをさす場合も多い。事実のみを忠実にひろいあげれば，この「おもちかえり」は，よほどの例外を除いて，「行きずりの性行動」であろう。終電が行ってしまいどこかに泊らざるを得なかった，車で順番に送っているうちにふたりきりになってしまい，会話を重ねていくうちに「いい雰囲気に」なってしまった，というのはよく聞こえてきた話である。つまり，「おもちかえり」の多くは，男女の片方もしくは両方が相手を「恋人にしたい」と明確に認識する前に，性行動が行なわれるということである。

ところが，この当事者に後で回想させるとこのとおりの内容にはならない。「たしかに出会ったその日にセックスをしたが，もう好きだったから」というようなものになる。これは性行動をしたことによって，それ以前から「愛があった」ことになっているのである。その性行動が「酔いにまかせて」などといった偶発的なものであったとしても，性行動があった時点でその前から2人のあいだには愛があったとされ，つきあっていたことになり，必然的なものであったとされるのである。この心的過程を図2-1に示そう。

考えてみれば奇妙な話である。若者たちの内在化するトレンディドラマのような「理想の恋愛」には程遠い。しかし，当事者たちは，そんなことには気づいていないかのように，このような空虚な恋愛をくり返す。これが「性行動の排他性の規範」と「恋愛促進規範」を表面的に両立させた結果であることは容易に気づくことができる。このような失敗を経験したり周囲から失敗談を聞くことによって，よりよい恋愛をするためには，相手を厳選する方向に向かっても不思議ではない。ところがこれはむずかしい。若者の多くにしてみれば，「恋愛はしたい！でもふさわしい相手はみつからない！」ということになるからである。「恋人がいないことは不幸である」という恋愛促進規

範の存在ゆえに，よい恋人を得たいのだが，恋人のいない「不幸」はもっと困るのである。したがって，コンパで訪れた恋人獲得の機会を逃したくはない。と同時に「道徳」をふみ外すことは避けたい。「ふしだら」でありたくないからである。そこで，性行動への「敷居」を大きく下げることをしていながら，彼らのもつ「道徳」に合致するように自分の行動を再構成するのである。

②「一応つきあっている」の意味

恋愛促進規範の存在は，若者が日常的に交わしているこんな話からもうかがい知ることができる。恋人はいるがその恋人とうまくいっていないとき，「一応つき合っている」と表現する人は多い。けんかやすれ違いが多いものの相手に対する愛情が持続している場合だけでなく，すでに「もう愛が冷めた」などといっている人もよく用いる表現である。「もう，冷めたー。あいつなんて嫌い」などと公言しているのに，なぜか彼（あいつ）との関係性を他人からきかれると「カレシ」と答える。律儀にも「けじめ（相手とのあいだで別れの交渉成立）」をつけるまではあくまでも「恋人」なのである。たとえば，これは失恋をした友人に「2人はどれくらいの期間つき合っていたの？」と聞いたときのやりとりである。

X子「うーん，今年の4月からつきあってて，今が10月だから6か月だね」
筆者「あれっ？ 9月ぐらいからもう嫌い，別れるーとか言ってなかったっけ？ だったら5か月なんじゃないの？」
X子「ううん，ちがう。だってまだ別れてなかったもの」
筆者「？？？？」
X子「だからね，私は別れたいって言ったんだけど，向こうは別れてくれなかったの。だから6か月なの。最後のほうは悲惨だったけどね」

ここで注意すべきは，別れ際のごたごたやけんかしていた期間も「つきあっていた期間」に含まれるのである。ところが，この会話に先立ってこの友人に「つきあっている」と「恋人」の定義をたずねたところ，以下のような答えが返ってきた。「つきあっている」は「恋人と性行動も含めたコミュニケーションをすること」「双方ともに相手を愛すること」などであった。「恋人」は「いっしょにいて安らげる存在」「信頼できて自分の弱い部分も含めてわかってくれる人」「自分を愛してくれて，また自分も彼を愛していて，セックスもする存在」などというものであった。

これは明らかに矛盾する。この矛盾が彼らに及ぼしている影響は大きい。これとおおいに関係あるのが「排他性の規範」である。どうしてその状態を「つきあっている」とよぶのかまったく理解できないような状態であっても，恋愛（と性行動）は1対1の関係でする，ということだけは厳守している。これがX子のような例が起きる理由である。自分としてはすでに愛情も薄れ，整理がついているのだから，相手が別れに応じるかどうかとは無関係に，「別れたことにしてよい」はずである。しかしX子は，ため息をつきながらも「けじめはつけないとね」と，その状況を受容している。そうでなければもし他の男性とつきあうことになった場合，構造上いわゆる三角関係や浮気になってしまう。しかしそれは彼らのあいだで一番非難される行為であり，それだけは避けたいのである。このこと自体は若者以外も含めた私たちの社会の一般的な常識にほかならない。年代をこえて共有しているこうした「恋愛関係の排他性」の強調は，このような形骸化した関係を生み出すことにもなった。X子のこのような発言が特殊なものでないことを裏づけるように，別のカノジョがいる男性（Z）とつきあうこととなった友人（Y子）も同じようなことを述べている。

筆者「つきあってどれくらいたつの？」
Y子「（つき合いが）スタートした時点では，彼には彼女がいた。そういう意味では彼が彼女と

別れた時がつきあい始めた時といえる。Z君はどう言うかわからないけど，私としてはキスしちゃった時かな。あの時点ですでに2人とも恋人になってもいいと思ってたからね。ただ，一般的にいったらやっぱり彼が彼女と別れた時からつきあい始めたことになるだろうな」

　年配の方からみれば，若者の性行動は貞操観念を失ったほとんど乱交のようなものであろう。しかし，これは彼らのさらされている恋愛促進規範と伝統的性道徳との，「ごまかし」であるとはいえ，両立を図ったものであった。3時間前にほとんど行きずり同然に性行動を行なったとしても，それは3時間前からつきあっている恋人との「幸せな時間」とみなされるのである。

2．「コーラで洗えば妊娠しないって知ってた？」 ―「友人」という情報源―〔藤原麻美〕

　「コーラで洗えば妊娠しない」というのは，友人から伝わってくる避妊法のひとつである。避妊具を使用しない膣内射精もしくは膣外射精後にコーラで膣内を洗浄すれば，女性の体内に入った精子を殺すことができる，という噂である。これは俗信であり，生理学的には否定されている。もちろん，この俗信を信じている人は多くはない。だが，皆無でもない。若者の性の傾向を考えるうえで，前節の「3時間前からつきあっている」と同じようにこれはかなり極端な俗信である。しかし，典型的な俗信でもある。どのような点で典型的であるかを，筆者の体験を通して述べる。

(1) 性教育と実際の知識との乖離
①友達の「親切」

　現在の学校における性教育は担当者しだいであるといってよい。かなり具体的な話を持ち出す担当者もいれば，まことに抽象的ないい方に終始する担当者もいる。とくに現実の性行為そのものにかかわる事項は具体的に取り上げないことがめずらしくない。もちろん家庭で親から聞くことも不可能ではないが，親もこの種の話題は避けたがる。その結果，20歳近くまでほとんど性に関する具体的な知識をもたずに育つという極端な例もでてくる。本節はその「極端な例」の話である。

　短大生ともなれば「カレシ」は重大な関心事である。そしてしばしば猥談がかわされる。そんななかであまりに性知識が乏しいとわかれば，友人たちが「教育」にのりだすことになる。もちろんそれはあまりに何も知らない仲間をおもしろがってのことではない。「カレシとセックスするときになって，何も知らなければこのコが泣くことになる。何とかしてあげなければ」という純粋な親切心からである。

　こうして友人たちから教わったものは，数多い。性交と出産の関係であったり，コンドームの使用法，生理前にでる粘着性の強い液体（おりもの）のことであったりした。これらは学校で学ぶことのできる性知識である。実際に保健体育の時間に程度に相違はあるが，ひと通りは教えてもらった人が多い。だが，それはあくまで「ひと通り」の知識であり，実際の性行動とは結びつかない，妙にぼかされたものである。

　しかし，友人たちが教えたのはこれだけではない。そのなかにはたしかに保健体育の時間に学ぶような「正しい」ものもあった。その一方で，雑誌に代表されるようなメディアや別の友達からの受け売り，とうてい一般性があるとはいえない個人的体験に基づくものも数多くあった。その極端な例が次のような会話である。

学生P「ねえねえ，Qは口の中に出されたカレの精　　　　液って飲める？」
学生Q「飲めないよ！　だってアレ，マズイもん。　　　　でも，ジュースと一緒なら飲めるよ」
学生P「だよね。アレはマズイよね」

　口の中に射精された精液をジュースは必要なく

そのまま飲むことができる人もいるであろう。一方，ジュースがあったところで飲み込むことができないという人や，彼女たちのようにジュースがあれば飲むことのできる人もいるだろう。つまり，これは当人たちがそのように思っていただけのことにすぎない。しかし，その個人的な感覚があたかも一般的であるかのように語られているのである。これはたしかに非常に極端な例である。しかし，えてして個人的体験に基づいている情報はこの類のものが多い。このような形で仲間内で伝達される性情報の大半は，こうした個人的体験や，個人的体験を誇張して掲載したメディアからの受け売りである。

つまり，生理学の専門知識を獲得したうえでの話ではなく，生理学的に正しい情報が含まれていたのは単なる偶然にすぎなかったのである。たとえば排卵日を概算する方法は知らないという友人が多かった。また，自分の性知識が正しいかどうかを確認する方法をもっていない人も多かった。

②「性」に関する情報の入手方法

「性」に関する情報はどこから入手してくるのだろうか。筆者の場合は，性情報の入手経路として一番影響したのは，やはり友人のネットワークであった。では，友人たちの場合はどうであったのだろうか。彼らの多くが性について強い興味を抱いたのは中学や高校の時期であった。一般に思春期といわれている時期である。そしてとくに意識していなかったにしろ，その時期に本やビデオなどから性関連の情報を積極的に収集した人もいる。このために短大に入学した時点では，すでにひと通りは性に関する会話をすることは可能であったのだ。一方，筆者は友人たちがもっているような性情報を中学や高校では仕入れなかった。性について興味をもっていなかったわけではないが，何とはなしに「知ってはいけない情報」だと思い，こうした情報を避けていた。

しかし，短大に入って友人たちから性情報にふれることは「イケナイコト」ではない，むしろ（男性と「つきあう」うえでは）必要な知識であると教えられた。そして高校や中学のときに性情報を避けていた筆者は，短大で積極的に性情報を収集するようになったのである。早いか遅いかということにすぎなかった。「つきあった」相手がいる人はその相手から異性の生理や心理を教わることができるという違いはあるにしろ，入手経路はほぼ同じなのである。

③公式の情報は「性」を教えない

この節の冒頭に学校の先生や両親は性についてほとんど教えてくれなかった，と述べた。とくに親についてはそれが顕著である。筆者自身，月経中にはどのような服装をすればよいのか，生理痛がひどいときにはどうすればよいのかなどを初潮時に母親から教わったぐらいである。父親からは何も教わっていない。学校も担当者によるとはいえ，一部の「熱心な」学校を除けば，具体的な性行動に関する情報は限られている。とくに隠されやすいのは男性の体内でつくられるはずの精子がどのようにして卵子まで到達するのかという，性交そのものに関する部分，つまり「男性器を女性器に挿入する」という部分である。

学校での性教育で開示されている以外の情報を教員から入手するのはまったく不可能ではない。筆者の友人のなかには小学生のときに「授業で教えてもらう知識だけでは不完全。まだ何かある」となんとなく感じていた人もいた。彼女は学校での性についての授業後，友人数人で担任のところに質問に行っている。その教諭は質問に来た児童だけに，「どのようにして男性で生成される精子が女性の体内に運ばれていくのか」を話したという。しかし，このように聞くことができた人は少数である。多くの人は「何かまだ言ってないことがあるな」と感じていても，質問に行くことはしない。「性」がなんとなく「公的な場では語ってはいけないもの」というイメージは確実に小学生

にも伝わっている。

　小学校や中学の頃の筆者にとって，親や学校の先生は絶対的な存在だった。学校や親が教えていた性知識は生理学的な知見に基づいおり，まちがった俗説は教えていない。しかし，その内容は性交そのものをイメージさせないものである。その結果，性交は「汚らわしいもの，汚いもの，いけないもの」「不良のするもの」と受けとめることになった。つまり，公的な場では話してはいけない淫らでうしろ暗いものという性のイメージは，中学生の筆者には疑いえない常識だったのである。そして，性をふれてはいけないものと考え，直視するのを避けるようになった。当時の私にとって，性交は未来永劫関係のないものと思えた。一方，上記の小学生のときに授業終了後に教師に質問に行った友人は，出生と性交との関連を知ったときでも，「いやらしい」といった否定的な感情はもたなかったといっていた。このことは「性は秘匿すべきものである」という規範を内在化することの危険性を物語るものといえる。

　この傾向を端的に示しているのが筆者の友人たちの行動であった。前節で述べているように若者のあいだでは「恋愛は幸福である，性行為は恋愛の証である」と信じられている。その結果，性行動それ自体が促進されることになっている。ところが一方で「性は秘匿すべきものである」という規範もたいていの若者はよく内在化している。この性交促進規範と性秘匿規範は直観的には非常に両立しにくいものである。その結果，筆者の友人たちは性に関する話のときはいつも猥談の形式をとっていたのである。例外はなかった。生理学的な知見に基づいた知識を話す時でさえも猥談形式であったのだ。

④セックスは禁断の「カイカン」

　猥談を通じて伝えられた性のイメージは大きくいえば3つであった。

　第一には，性はみだらな好奇心の対象であるということである。性については親も教師も，国語や数学といった科目のように懇切丁寧には教えてくれない。しかし，微分や積分などを小学校で扱わないように，これ以上は子どもの理解の範囲を越えるために教えないということではない。性が秘匿すべきものと思われているためである。性知識をもつことは，未成年者が喫煙や飲酒をすることと同じような，してはいけない（知ってはいけない，ふれてはいけない）ものなのである。

　友人から性情報を仕入れた私は，彼らのいう「性」は快楽をともなうものであると知った。快楽があるから性は隠匿すべきものとなっているのだ。日本では煙草や酒といった嗜好品は子どもには害悪になるとして禁止している。子どもには禁止されている飲酒や喫煙が可能になることは「オトナ」への仲間入りを意味する。かつ，嗜好品を味わっている人のようすは子どもには非常においしそうにみえる。私は嗜好品に付随する「快楽」が子どもには癖になるものであるから害悪とされているのだとなんとなく考えていた。性交も同様だと思っていた。身体に対する実質的な害などはわからなかった。しかし，オトナの世界にある種のあこがれをもっていた私は，隠されれば隠されるほど，機会があれば性交をしてその快楽を知ってみたいと思うようになった。その想いはメディアや友人たちから流される「＊＊歳まで処女！信じられない！（あの快楽を知らないなんて可哀想）」「やっとカレシと初エッチ。処女をあげました。幸せでいっぱいです」などという，性交経験のない人は損をしているかのような情報に影響され，強いものとなっていった。

　第二は，性交渉はだれとしてもよいという行為ではない，ということである。性交する相手は限定しなければならない。つまり，性的な快楽をいくら知りたいと望んでも，カレシ・カノジョという「つきあっている」相手以外とは性交すべきではないのである。「カレシ」や「カノジョ」以外

(注1)「愛情があれば性交する」という命題の対偶をとれば，「性交をしないのならば愛情がない」であるから，両者は同値の命題である。したがって前者を信じれば，後者も論理的に信じられることになる。

の相手と性交することは「つきあっている」相手に対する「裏切り」であり，「不道徳」なのである。既婚者が夫や妻以外の人と性交することは「不倫」とよばれており，それはしてはいけないこととして忌避されている。しかし，たとえ結婚していない状態であれ，だれかと「つきあう」ということも，結婚と同じように「他の相手とは性交しない」という暗黙の約束事となっている。

このように性交は特定の相手にしか開かれていないものなのである。性関係を許す相手は「カレシ・カノジョ」という，その他大勢の友人たちとは区分された特別な存在となる。その結果，性交には「つきあっていることを相手と確認する行為」という記号が付与されることとなった。俗な言い方をすれば，性交は「愛の証」なのである。性関係に関する調査で「愛情があれば婚前交渉してもよい」という回答が若者に非常に多いのは，性交に付与されたこの記号のためである。

この記号は現代の若者文化では大きな意味をもっている。「つきあっている」ことの証が性交であるなら，その相手とは性交しなければならない，ということになる。つまり，性交は「つきあっている」相手とは積極的にしなければならないものなのである。少なくとも嫌々するものではないのだ。「愛情があれば婚前交渉も可」というのは裏返しで，「つきあっている」のにいつまでも性交を拒むということは「相手を愛していない」ととられてしまう可能性が高い(注1)。ある程度の年齢になってからの「つきあう」は「性交する」ことと同値なのである。

第三は，性交時にはお互いが性的快楽を得ることができるように何かしらの努力をしなければならないということである。私は友人たちから性的快楽の存在を教わった。性交において重要なのは自分が得られる「キモチよさ」のみを追求してはいけないということである。自分が得られる快楽のみを追求するのではなく，女性は男性が，男性は女性が「キモチよく」なれるように努めなければならないのである。そのために教わったのがオーラル・セックスのような，生殖の観点からみると，一見奇異な性行為であった。さらに，相手が望むならアナル・セックスやソフトＳＭといった変態的行為もしなければならない（かもしれない）。本来なら一部のマニアにしか知られていなかったこれらの変態的行為がこれほどまでに社会に認知されているのは，もちろん風俗店やアダルト・ビデオの影響が大きい。しかし，「相手にキモチよくなってもらわなければならない」という「常識」も無関係ではない。

私は「性交は『つきあっている』相手とのみ積極的にしなければならないものである」ということを強く思い込むようになった。この規範は，もちろん情報源となった友人たちももっている。このような「性は秘匿するもの」「性交渉はつきあっている相手とだけ，しかもその相手とは積極的に」という二重の規範を内在化した結果が大きな問題を引き起こす。次項ではこれを取り上げる。

(2)「カレシ」を「キープ」する努力

こうして私は，「恋愛は1対1でするものである」「性交はつきあっている相手とのみ積極的にしなければならない」「つきあっている相手がいない日常はおもしろみが半減する」などを内在化していった。それらを常識だと信じ切っており，疑問すら抱かなかった。そして，「カレシがほしい」と強く思うようになった。

そのうちに，私にいわゆる「好きな人」ができた。その相手（A氏）も私に対して好意をもってくれたようであった。私はA氏と「つきあう」ことができればうれしいなと漠然と思っていた。しかし，A氏とのあいだに私が理想化していた「カレシとカノジョになる関係」は成立しなかった。A氏は前述のような「常識」からまったく「外れ」た人物であった。A氏は1対1の恋愛関係を

（注2）アノミーとは無規制を意味するものであり、現代社会の重要な特質のひとつをあらわすものである。このような社会のもとで生きる私たちは、たえずあらゆる欲求に煽られている状態にあるといえる。若者の「性」はその典型なのである。

理想とはしていなかった。また，性行為が恋愛関係を保証するものであるとも考えてはいなかった。そして，それらを公言していた。

実際に，A氏の周囲には複数の女性が存在した。そして，A氏はそのことも隠しておらず，公言していた。1対1の関係以外は恋愛においてはありえないと強く内在化していた私はその考え方を受容することはできなかったが，A氏といっしょにいると楽しく「恋人気分」を味わうことができた。しかし，家に帰るとやはり不安で寂しかった。私はこの寂しさをA氏との時間をより多く共有することによって癒そうとした。しかし，会えば会うほどA氏の背後に他の女性の影を感じ，家に帰ってくると以前より強く不安感をもつようになった。これはアノミー論(注2)（p.91，93，115を参照のこと）の立場からは当然のことなのである。

私の不安は高まるばかりだった。そこで私はますます「時間をとってくれ」という要求をくり返すようになった。その結果，私はA氏から「このような極端な時間の共有は不可能だ」といわれてしまう。A氏と時間を共有することで味わうことができた楽しい「恋人気分」の時間ですら手放してしまうことになってしまったのである。「つきあう」相手のいない生活は，「恋人気分」を一度実感としてもってしまった後は，若者の性規範を内在化していた私には寂しく孤独な生活であった。

そのうちにアルバイト先で私に好意をもってくれている人（B氏）の存在を知った。A氏から「距離をおこう」といわれ寂しかった当時の私は，その好意を受け入れることにした。「つきあう」相手ができて，再び急に毎日が明るくなったような気がした。同時に，「カレシ」のいない生活には戻りたくないと思うようになった。そのためには，「つきあって」いる相手（この場合はB氏）と「別れ」なければよいのである。交際を継続させるために私は，相手の望んでいることをした。性交も同じである。性交することは「つきあって」いることの証であると私は信じていた。このため，要求されれば喜んで積極的に応じていた。会う機会が多くなるにつれて，性交回数も急激に増えていった。体調との関係で性交に応じるのが困難なこともあったが，「カレシ」であるB氏とはいっしょに居たかったので，多くの場合，応じていた。しかし，性交を要求される回数があまりに多くなってしまい，さすがに応じることを拒否するようになった。そのうちにB氏は「また今日もやらせてくれへん」というようになった。前述したように，私は性交することは「つきあって」いることの証であると思っていた。したがって，このことばをいわれたときに私には「カレシと別れること」が近い将来にあるものとして思えた。そしてそれを避けるために，その後はいくら疲れていても拒否しなくなったのである。

性交を要求されれば断らないどころか，「膣外射精をするから避妊具を使用しないまま性交をしたい」という要請も受け入れてしまったこともある。私は避妊具を使用しない膣外射精での妊娠の可能性を知っていた。それが避妊法として意味がないことも知っていた。しかも，まかりまちがって妊娠すれば事後処理が大変になることもわかっていた。それでも拒否することはできなかった。拒否するとB氏が「別れよう」と言い出すかもしれないと思ったからである。「カレシ」のいる幸せな毎日を過ごすためには「別れること」だけは避けたかったのだ。「拒否すればカレシと別れることになりかねない。まあ，仕方がない」程度にしか考えなかったのである。つまり，そのときは避妊のことは軽く考えていた。直視しないことによって，中絶の可能性などが及ぼしてくる認知的不協和を解消しようとしたのだ。この妊娠のことを直視しないという行動は，友人からの情報で伝えられる性規範を内在化していた結果である。「性は公然と語るものではない」「性はつきあっている相手とだけ，積極的に」「カレシがいないの

はとても不幸」といった性情報を内在化すると，このような行動をとってしまいかねないのである。

やがて，このような関係を維持することは私が望んだことではないと気づき，B氏との関係を終えることにした。こうして改めて分析すれば，私がB氏との関係の維持に膨大なエネルギーを費やしたことは，私が「性は秘匿するもの」「性交渉はつきあっている相手とだけ，しかもその相手とは積極的に」という二重の規範を内在化した結果であったと考えられる。そしてこの規範は友人という情報源から入手したものであった。

友人から伝わってくる性情報を規制することは不可能である。流通量も莫大であり，手に入れる源は身近にいくらでも存在するからである。現代社会では性を「隠す」ことはできない。隠しても，猥談などで，周囲から聞いてくるのである。無理に秘匿しようとすると，性交促進規範に踊らされ，筆者のような行動をとる可能性がある。これは公然と性を語っている状況より，悲惨である。

(3) 情報の「つまみ食い」を避けるために

学校や家庭で行なわれている性教育において，多くの場合，教えられる内容は非常に限定的である。「一度の射精で放出される精子は数多い。卵子の中にそのうちのひとつが入り込む。それが受精である。受精卵は細胞分裂をくり返し，胎児になっていく。人間の胎児へと形成されていく細胞分裂の過程は，さながら進化の過程をみるようである」という，友達のあいだでさかんに噂されている「性」とはかけ離れた内容である。性を，腫れ物にさわるかのように扱っているのである。多くの場合，学校や親が教える性教育から性交をイメージすることはできない。性のそのような扱いは，ことばよりも明確にその裏にある意味を私たちに伝える。その意味をひと言で表現すると「性は人前では公然と議論してはならないもの」なのである。

一方で身のまわりに氾濫している性情報は規範も伝達する。「つきあっている相手がいないことは不幸なこと（つきあっている人がいれば，幸せな日常を送ることができる）」「つきあっている相手とは性交渉は当然すべきもの」などがこの規範にあたる。性規範は内在化され，結果的にその情報にふりまわされてしまうのである。

この種の性規範を内在化したとき需要が発生する情報が存在する。たとえば「つきあっている相手と別れないためには，どうすればよいのか」といった情報がこれに該当する。無論それは学校などの公的な場では教えない。やはり，頼りにするのは周囲からの性情報である。周囲を情報源にもつ性情報は，学校での勉強のように自分の知りたくないことは強制されないという「利点」をもっている。好奇心のあることだけを聞くことができる。この結果，性交渉にともなう負の側面は後回しにされる。性交渉をするうえでは必然的に考えねばならないことに避妊や性感染症がある。しかし，このような知識は「つきあっている」相手と性関係をもつうえでは「とりあえず，おいておく」こととされる。そして「どうすれば自分と相手の快感が高まるか」などといった内容に注意が向けられることになる。つまり，現状では，直接向き合っている関心事以外の知識はおざなりにされるという情報の「つまみ食い」が発生する。筆者の体験はその現状に則った，いわば典型的な例であるといえる。

このように書けば，メディアに対してはやはり厳しい規制が必要であるという意見をもつ人もいるであろう。実際に，メディアを取り締まろうという運動は後を絶たない。青少年健全育成条例（いわゆる淫行条例），白いポスト運動など，若者を「有害な」情報から遠ざけようとする規制はしばしば推進されている。しかし，メディア規制を行なっただけでは問題は解決しない。友人ネットワークともいうべき身近でかつ膨大な情報源が存

在しており，メディアから友人ネットワークに流れるものを規制したところで，もはや，個人的体験に基づいた性情報は規制することはできないのである。メディア規制を強化するならば，友人を情報源とする情報は急増していくであろう。しかも，個人的体験に基づくものがとくに増えるのだ。そうなれば，現在よりもいっそう俗信なのか学問的知見に基づいた性情報なのかの判断が不明確になるであろう。

　メディアに対する規制の目的は「性」に関連している情報を子どもに与えないというところからきている。たしかに，性に関する情報を子どもから完全に切り離してしまうという教育は理論上不可能ではない。「大人」と「子ども」を明確に区分すればよいのである。子どもから大人への移行時に，たとえば割礼などの厳格な成年の儀式を課すのである。そして儀式以前に性情報に接触した子どもは「けがれた存在」として，処刑や（よく問題視されている宗教で使われるような）厳しい再教育など，何らかの方法で社会から排除してしまえばよい。しかし，それを実行することは現代社会では不可能である。現代日本の社会システムはそのようになっていないからである。そもそもそのようなことをしないというのが，現代社会の約束事であったはずである。子どもは性情報を大人の知らないうちにどこからともなく聞いてくるため，「大人になるまで，教えない」という方針で教育することは無理がある。これを前提に考えれば，現在のなんとなくぼかされた性教育では現状に対応しきれていないことになる。氾濫している性情報の只中に子どもはいる（子どもは興味本位の性知識だけはもっている）として親や学校が性教育を行なうことが必要なのである。

　現状の性教育では性情報の「つまみ食い」を誘発するだけである。その状況は結果的に，子どもが何も考えずに性交促進規範に流されることを助長することになる。むしろ，現代社会では「性を公然と語る」ことが必要なのである。

3.「知っている」はとても危険
―不完全な知識と性教育の実態―〔大木桃代〕

　これまで述べてきたように，私たちの周囲にはさまざまな性情報が渦巻いている。私たちはそれらの情報を取捨選択して自分の知識としている。多くの「知識」をもっているものは，自分の知識量に自信をもち，それを実際の行動の参考にすることが多い。しかしこの「知識」，すなわち「知っている」ということは，じつはとても危険な思い込みであることに気づかない人も多い。

　本節では，青少年を対象として，性に関する知識と実態の関係，および性教育に対する受けとめ方を中心に，この問題を考えていくことにしよう。

(1) 知っているから大丈夫？

　ここではまず，「知っているから大丈夫」という常識について考えてみよう。これは「自分はさまざまな媒体から多くの性情報を仕入れているから大丈夫―すなわち，望まない妊娠や性感染症などのトラブルを引き起こすことはない」ということを意味する。

　前述のように近年多くのメディアで日常的に性の問題が取り上げられているし，性について他人と話したり，情報を交換することも以前ほどタブー視されなくなっている。そしてこのような現状は，青少年の性に対する態度に大きな影響を与えている。中学・高校生の性に対する知識や意識が，ここ数十年のあいだに飛躍的に変化してきているとは一般にいわれていることである。彼らは性に関して，量・内容ともに大人たちからみれば驚くような情報をもっていることがしばしばあり，また性に対してきわめて肯定的・開放的であるという報道も数多くなされている。そしてさまざまな媒体から彼らが得ている知識は，正確なものであることも多い。しかし，たとえば進んでいるとみ

表2-1　大学生の性知識問題正答率と性差・性交経験差

番号	質問項目	正答率(%) 女性	正答率(%) 男性	性差	性交経験差
1	射精しなくても，興奮しているあいだなどに男性のペニスからしみ出る液体にも精子が含まれている	83.2	92.6	女<男	
2	コンドームを使う場合，射精した後すぐにペニスを抜くと破れたりして危険なので，しばらくたってからゆっくり抜くとよい	63.7	77.9	女<男	有>無
3	人工妊娠中絶は22週未満ならできると法律で決まっている	55.8	51.5		有<無
4	女性の身体の「排卵」というものが，妊娠に深く関係している	100.0	98.5		
5	女性が妊娠すると，子どもが生まれるまで月経（生理）はない	98.2	89.7	女>男	
6	18歳未満の未婚の女性の妊娠は，法律で禁止されている	94.7	89.7		
7	女性は月経中（生理中）であれば絶対に妊娠しない	79.6	79.4		
8	女性の性経験の多さは，乳首や性器の色でわかる	90.3	88.2		
9	性経験のない女性全員に，必ず処女膜があるわけではない	84.1	83.8		
10	性欲は，男性にも女性にもある	100.0	100.0		
11	コンドームには，避妊と病気の予防という2つの目的がある	99.1	98.7		
12	セックスのあとまもなくであれば，コーラや水などで膣を洗うことにより，妊娠を防げる	98.2	89.7	女>男	
13	女性ができる避妊方法は，基礎体温を計ることだけである	100.0	100.0		
14	ピル（経口避妊薬）は，医師の処方箋がないと，薬屋で購入できない	85.8	72.1	女>男	
15	コンドームがないときには，膣外射精法（中絶性交）で，精液を女性の身体の外に出せば，妊娠の心配はない	92.0	92.6		
16	男性は精液がたまるため，セックスやマスターベーションで射精しないとそのうち病気になる	84.1	83.8		
17	人工妊娠中絶には，保険証が必要である	48.7	52.9		
18	精液はアルカリ性で，飲むと身体に有害である	93.8	92.6		
19	男性に乳房をさわられることが多いと，女性の乳房は大きくなる	55.6	58.8		
20	多くの女性は精液を顔にかけられると興奮する	97.3	97.1		
21	淋病は，キスをしても感染しない	72.6	55.9	女>男	
22	マスターベーション（オナニー）をしすぎると頭が悪くなる	98.2	97.1		
23	エイズに感染する原因のほとんどは，同性間の性交渉によってである	85.0	88.2		
24	コンドームは2枚重ねれば，より妊娠の可能性が低くなる	68.1	67.6		
25	ペニスの長さは8cm以上なければ子宮に届かないため，妊娠することはない	100.0	98.5		

性差・性交経験差はいずれもp<.05

られている彼らの知識に一種，歪んだものが多いという調査[1]のように，その内容によっては興味本位になっていて，うわさや迷信が知識という衣をまとって，もっともらしく定説と考えられている場合もある。それでは彼らが「知っている」ということの意味はいったい何だろうか。

①何を知っているのだろう

まず，具体的にどのような内容の知識が青少年に理解されており，どのような内容が誤って浸透しているのであろうか。これに関する調査をいくつか紹介しよう。

大木と百瀬[2]は東京都在住の3つの公立高校生女子140名（1年生76名，3年生64名）を対象に，性に関する知識を調査している。問題はおもに中学・高校の保健体育の教科書・資料集を参考にして作成され，「女性の身体」「男性の身体」「性感染症」「避妊」「妊娠」の5つのカテゴリーから成る40項目で成り立っている。調査の結果，平均点は40点満点中19.1点と半分にも達せず，さらに領域によって正答の傾向に違いがみられた。たとえば「女性の身体」のカテゴリーでは実際に自分の身体で経験している事項についてはわかっているが，それ以外の面になるとかなり知識があいまいになっていた。また「性感染症」では，エイズに対する関心は高かったが，その他の性感染症についてはほとんど知らなかった。一方「妊娠」については，簡単なメカニズムですら十分には理解していないようであった。さらに「男性の身体」と「避妊」に関しては，情報としてはもっているが，実践的な知識となると十分ではなかった。またこの調査では「わからない」とする回答も多く，とくに避妊，妊娠などの項目でこれらの回答がめだったことが問題視された。この調査からは，青少年が多くの性知識をもっているという前提がかならずしも支持されない結果が示されている。

続いて大木と百瀬[3]は東京都内の6つの公立高校3年生女子119名に対して，再度1993年の調査を一部改定した知識問題を施行している。前回より問題の難易度を低くし，女子にとって社会的な問題点である「妊娠」と「避妊」の2カテゴリー

表2-2 性交時の避妊実行率（(財)日本性教育協会¹⁴より改変）
(%)

	高校生		大学生	
	男子	女子	男子	女子
いつもしている	51.5	47.6	66.0	65.9
いつもしていない	11.2	16.1	7.3	2.9
場合による	34.9	34.5	25.9	30.1
わからない・無回答	2.4	1.8	0.8	1.2

表2-3 性交時の避妊方法（(財)日本性教育協会¹⁴より改変）
(%)

	高校生		大学生	
	男子	女子	男子	女子
コンドーム	95.4	91.3	98.2	88.6
ピル（経口避妊薬）	0.0	0.0	0.0	5.3
フィルム状避妊薬	0.0	1.3	6.1	4.4
月経からの日数を数える	9.2	16.3	9.2	19.3
基礎体温を計る	1.1	2.5	0.0	4.4
膣外射精法（精液を外に出すこと）	24.1	30.0	28.8	27.2
その他・わからない	0.0	0.0	0.0	6.1

に焦点を当てた内容とした。その結果、「性欲は男性にも女性にもある」「コンドームには避妊と性感染症予防という2つの目的がある」「女性が行なえる避妊法は基礎体温を測ることのみである」など基本的なことがらは80％以上の正答率であった。しかし、「リズム法でいう安全期とは、高温期が続いた4日目以降である」「コンドームは射精後しばらくたってからゆっくり抜く」などの具体的な問題や、「女性の性経験の多さは、乳首や性器の色でわかる」「男性にさわられると女性の乳房は大きくなる」「成人男性は精液がたまるため、排出しないと身体に悪影響がある」などのいわゆる俗説に該当するような項目においては、正答率は50％未満であった。つまりこのような俗説が、彼女たちにとっては知識の一部とされていたのである。

　これら2つの調査は高校生女子のみを対象としていたが、より性交が身近なものになっており、性知識も豊富であるはずの大学生ではどうであろうか。そこで大木（未発表）は関東にある2つの大学の学生（女子113名、男子68名）に25問から成る同様の知識調査を施行した（表2-1）。その結果、全体の正答率は84.6％と比較的高い数字を示したが、いくつか誤りに特徴が認められた。大学生の性交経験は後述の日本性教育協会での調査でも半数を超えており、この調査の対象者である大学生の性交経験率も56.2％であった。そのように性交経験が身近なものとなっている状況にいるにもかかわらず、高校生と同じように「コンドームを使う場合、射精した後すぐにペニスを抜くと破れたりして危険なので、しばらくたってからゆっくり抜くとよい」や「コンドームは2枚重ねれば、より妊娠の可能性が低くなる」といった実際の性交にかかわる問題や「男性に乳房をさわられることが多いと、女性の乳房は大きくなる」といった俗説のような問題において、多くのまちがいがみられた。また正答率としては低くはないものの、

「射精しなくても、興奮しているあいだなどに男性のペニスからしみ出る液体にも精子が含まれている」「女性は月経中（生理中）であれば絶対に妊娠しない」「セックスのあとまもなくであれば、コーラや水などで膣を洗うことにより、妊娠を防げる」「コンドームがないときには、膣外射精法（中絶性交）で、精液を女性の身体の外に出せば、妊娠の心配はない」「男性は精液がたまるため、セックスやマスターベーションで射精しないとそのうち病気になる」などのように、望まない妊娠を避けるのであれば当然まちがいであることを知っていなければならない俗説を正しいと思っている人も少なからずいたのである。またこれは性交経験の有無においては、ほとんど差が認められていない。

　最後に日本性教育協会が2000年に実施した、第5回青少年全国調査¹⁴の一部を紹介しよう。この調査はほぼ6年おきに全国規模で実施され、今回は全国12地点の中学生2187名（男子1095名、女子1092名）、高校生2176名（男子1081名、女子1095名）、大学生1129名（男子670名、女子459名）を対象としている。この調査で性交時の避妊の有無やその内容を尋ねており、避妊実行率を示したものが表2-2、そのなかで「毎回避妊する」と回答した人の避妊方法を表わしたものが表2-3である。ほとんどの人が避妊にコンドームを使用しているが、その他にはじつに3割前後の人が誤った避妊法である「膣外射精法」をあげていることは注目すべき点であろう。先の調査と同様に、自分では避妊法を知っている、そしてそれを実行しているつもりでいても、妊娠する危険性から考えるとじつは知らないことと同じなのである。

　これらの結果を概観すると、近年、性にかかわる情報が一般に多く流布しているといわれているものの、けっして正しい知識を青少年がもってい

表2-4 非行少年と一般高校生における性知識問題の正答率[15]

番号	質問項目	正答率(%) 非行群	正答率(%) 一般群	差
1	射精しなくても，興奮しているあいだなどに男性のペニスからしみ出る液体にも精子が含まれている	77.4	86.8	
2	コンドームを使う場合，射精した後すぐにペニスを抜くと破れたりして危険なので，しばらくたってからゆっくり抜くとよい	32.3	38.2	
3	人工妊娠中絶は，外から見てお腹がめだたない程度までならできる	19.4	44.1	**
4	女性の身体の「排卵」というものが，妊娠に深く関係している	46.8	91.2	**
5	女性が妊娠すると，子どもが生まれるまで月経（生理）はない	79.0	75.0	
6	18歳未満の未婚（結婚していない）の女性の妊娠は，法律で禁止されている	54.8	66.2	
7	女性は月経（生理）中に妊娠することもある	30.6	25.0	
8	マスターベーションをしすぎると身長が伸びなくなる	43.5	61.8	
9	女性の性経験の多さは，乳首や性器の色でわかる	27.4	55.9	**
10	性経験のない女性全員に，必ず処女膜があるわけではない	61.3	63.2	
11	性欲は，男性にも女性にもある	96.8	94.1	
12	コンドームには，避妊と病気の予防という二つの目的がある	96.8	91.2	
13	セックスの後まもなくであれば，コーラや水などで膣を洗うことにより，妊娠を防げる	43.5	54.5	
14	女性ができる避妊法は，基礎体温を計ることだけである	50.0	80.9	**
15	ピル（経口避妊薬）は，日本の薬局では買えない	16.1	39.7	**
16	コンドームがない時には，膣外射精法（中絶性交）で，精液を女性の身体の外に出せば，妊娠の心配はない	50.0	77.9	**
17	男性は精液がたまるため，セックスやマスターベーションで射精しないとそのうち病気になる	53.2	61.8	
18	人工妊娠中絶には，保険証が必要である	11.3	26.5	*
19	精液はアルカリ性で，飲むと身体に有害である	66.1	57.4	
20	男性に乳房をさわられることが多いと，女性の乳房は大きくなる	9.7	29.4	**
	平　均　点	9.7	13.0	**

（**p<.01，*p<.05）

るわけではないということがわかる。すなわち「知っているから大丈夫」という常識は，知識の正確さというレベルからいって成立していないのである。

②知っていることが十分って？

　性行動と非行を一義的に結びつけるものではないことを強調したうえで，もうひとつ興味深い調査結果を紹介しよう。これは門本ら[15]が少年鑑別所に入所している青少年男子と，高校に通学する男子のあいだで，性に関する知識・意識を比較したものである。

　調査対象は，東海地方の少年鑑別所に入所した少年のうち，自発的に調査協力依頼に応じた16,7歳の男子少年62名（以下非行群）と関西地方の私立普通高校に通学する男子生徒2年生68名（以下一般群）であった。知識問題の内容は表2-4のとおりである（なお非行群には用語を簡易にしたうえでルビをふっている）。

　その結果，一般群と非行群間で正答率に差があったのは，人工妊娠中絶の時期や手続き（No.3,18），排卵と妊娠の関係（No.4），避妊法（No.14,15,16）のほか，若年層に広がっている俗信（No.9,20）に関する項目であった。非行群のみに目を向けると，コンドームの具体的な使用方法（No.2）については32.3%，膣外射精法の危険性（No.16）については半数しか正答できず，正しい避妊の方法を知らない実態が浮かび上がった。このほかにも，妊娠・避妊の知識は全般的に不足しており，俗信（No.9,13,17,20）でさえ確信をもって否定できない傾向がみられた。

　ところがその反面，自分の知識の量や正確さに不満を抱いているものは少なく，自らの性知識を不満だと感じているものは11.3%にすぎなかったのである。

　非行少年は性に関する情報への関心度が低く，自分の性知識を過大評価しやすい傾向があるということが先行研究[6,7]でもいわれているが，この調査でも，非行少年は自分の知識の少なさやあやふやさに問題意識が希薄であることが明らかになった。知識不足とそれにそぐわぬ自己認識，そして積極的な性行動というバランスの悪さが，男子非行少年群の特徴であると門本らは指摘している。

　先の調査でも「知っていることが正しいというわけではない」ということを述べたが，それに気づかず自信をもってしまうということは，いっそう重大な問題を引き起こす危険性を秘めている。「知っているから大丈夫」という常識に随伴する「自信」というもののあやうさがこの結果から指

2 「乱れた」行動と「道徳的な」態度

表2-5 性教育で教わった内容 ((財)日本性教育協会[14]より改変) (%)

内　容	中学生		高校生		大学生	
	男子	女子	男子	女子	男子	女子
性器のつくりとはたらき	62.5	68.7	74.6	77.8	74.8	78.4
二次性徴（発毛・声変わり・乳房のふくらみ）	59.4	68.5	70.9	75.6	78.0	76.4
精通（射精）	58.6	62.8	67.8	65.1	77.5	69.1
初潮（月経）	54.3	80.7	66.0	89.8	77.2	90.9
エイズ	53.3	54.4	71.0	72.0	70.3	74.2
生命誕生（受精・妊娠・出産）	50.8	58.4	71.4	82.4	71.9	79.6
思春期の心理	36.3	39.2	53.0	47.6	45.9	36.4
セックス（性交）	23.6	18.3	36.2	36.3	28.1	34.2
性感染症（性病）の知識	23.0	19.0	49.6	45.3	42.6	39.6
男性と女性の心理や行動の違い	16.3	15.1	27.2	23.9	17.6	17.8
避妊の方法	11.0	9.7	56.0	56.3	59.4	59.3
男性と女性の役割	10.2	8.2	18.2	13.9	10.4	13.3
性に関する不安や悩みの相談にのってくれるところ	6.1	3.7	7.6	6.6	2.7	8.0
性は人生にどういう意味をもつか	5.6	3.7	9.1	5.8	3.3	6.7
愛とは何か	5.5	3.5	7.9	6.1	2.4	3.6
異性との交際のしかた	5.4	4.0	7.7	4.8	2.4	2.7
性欲の処理のしかた	5.4	3.7	10.9	5.2	9.3	4.0

表2-6 性について知りたい内容 ((財)日本性教育協会[14]より改変) (%)

内　容	中学生		高校生		大学生	
	男子	女子	男子	女子	男子	女子
セックス（性交）	27.5	21.2	36.9	28.6	37.2	30.9
異性との交際のしかた	25.4	26.0	33.0	30.0	36.1	29.2
エイズ	25.3	29.2	31.3	34.8	38.8	35.1
愛とは何か	24.5	24.2	32.7	25.0	46.0	28.3
性感染症（性病）の知識	17.1	18.5	32.7	37.8	45.2	60.3
男性と女性の心理や行動の違い	16.7	18.0	29.8	29.0	44.9	47.5
思春期の心理	15.9	16.5	14.5	13.4	13.9	9.8
自分の身体について	15.7	15.8	16.7	21.5	23.0	25.1
性欲の処理のしかた	14.2	8.1	20.0	9.1	19.7	13.1
性は人生にどういう意味をもつか	13.8	11.1	13.1	11.6	22.7	24.4
性器のつくりとはたらき	12.2	2.7	11.9	2.9	12.2	8.7
避妊の方法	11.6	14.6	24.5	29.8	27.9	41.8
二次性徴（発毛・声変わり・乳房のふくらみ）	11.3	7.4	7.2	3.0	3.4	3.7
男性と女性の役割	9.1	6.0	9.3	4.9	13.0	7.4
生命誕生（受精・妊娠・出産）	8.8	12.3	9.9	17.8	12.2	17.9
精通（射精）	7.9	1.7	6.9	3.9	7.5	8.7
初潮（月経）	6.2	6.0	9.9	4.4	10.6	3.9
性に関する不安や悩みの相談にのってくれるところ	5.8	8.2	7.8	12.4	7.2	13.5
とくに知りたいことはない	41.4	34.3	25.0	19.8	5.7	7.4

摘できよう。

(2) 教えていれば大丈夫？

　本節ではもうひとつ，教師を中心とした大人の常識である「学校において性教育を行なっていれば大丈夫」という考えについて検討してみよう。この「大丈夫」という意味は2通りある。ひとつは「学校においてきちんと性教育の授業がなされれば，青少年は自らの性の大切さを学習し，それにより青少年の性行動を抑制できる」という考え方である。もうひとつはそれとは違う観点で，「学校においてきちんと性教育の授業がなされれば，青少年は正しい性知識を身につけ，役立てることができる」というものである。前者の意見は価値観をともなうものであり，性行動の抑制が好ましいか否かについては本節で論議すべき内容ではない。ここでは後者の意見，「教えていれば知識が身について役立つ」について考えてみよう。

学校で行われている性教育の内容と割合は，先の日本性教育協会の調査¹⁴によると表2-5のようになっている。一昔前にくらべ，近年の性教育は教える内容や量が豊富になり，カリキュラムもかなり検討されてきてはいる。しかし学校段階における差はあるものの，全体的に教えられた内容はまだ生理学・生物学的なものが多く，精神的なものは少ないことが目につく。

次に青少年が知りたい内容をみてみると(表2-6)，より精神的なものや自分に関係していることが多い。このなかには教わっていてもなおいっそう知りたいというものもあれば，教わっていないことと一致しているものもある。すなわち，教わったからといってそれで十分だとは思っていないテーマもあるし，知りたいと思っているのに教えられていないテーマもあるということである。この結果からは，青少年のニーズと現在の性教育のずれが明らかになっており，教えているからといって，それが身について役に立つというレベルとして評価されるかどうかは疑問である。

さらに筆者はこの全国調査結果をもとに，「性にかかわる行動に最も影響を与えたもの」を，友人，マス・メディア，ビデオ，教育という4つの群にわけて，それぞれの群における性行動を分析している¹⁴。すると女子では教育群で「いつも避妊をしている」人の割合が他の群より少なく，また膣外射精法などのまちがった避妊法を選択している人も多かった。教育群は「学校」や「家庭」から最も影響を受けたという群であり，本来正しい情報を教わっているはずである。それにもかかわらず実際の行動では，この教育は生きていない。

これらの結果から，「教えているから大丈夫」という常識も成立していないことがわかるだろう。

(3) 常識を成立させるためには？

性に関して青少年の「知っている」ことが「正しい」わけではないし，教師の「教えている」ことを青少年が「正しく覚えている」わけではない。さらに「正しいことを知っている」ことが「実行に移される」わけではない。これら一つひとつの段階だけで「知っているから大丈夫」とする常識が成立しないことは，すでに述べたとおりである。それでは，完全にとまではいかなくとも，多少なりともこの常識が成立するような方向に向かうためには，学校現場からどのような対策が考えられるだろうか。

まずよくいわれるように，学校における性教育は，理論的なことが多く具体的なことが少ない，という点の改善である。たとえばコンドームがどういうものであってどのような役割を果たすものなのかは教えても，その使い方を具体的には教えていない。したがって結局教わったことが実際の行動の場ではあまり役に立たないということである。もちろんすべてのことが役に立たないわけではないし，学校間で差があることは否めない。しかし教えた内容と教わりたい内容を対比させると，今後いっそう情報過多になるであろう社会のなかに生きる青少年たちにとって，現在の教育が十分であるとはいえないのである。

これをふまえると，青少年にとって役に立つ性教育を行なうためには，彼らの性教育に対するニーズをとらえることが第二の改良点である。そしてじつはこれこそが，先の常識を成立させるための重要なポイントなのである。なぜならば，人間は自分にとって関心のないことがらを，積極的に知識として取り入れようとはしない。したがって学校で教えたことがらを知識として青少年が身につけるためには，それが自分たちにとって必要なことがらであり，興味のあるものだと認識することが第一歩になる。そうであるならば，当然彼らのニーズを反映するような教育の展開がまず求められるといえる。

さらに性行動というものは知識がそのまま反映されるわけではない。いくら具体的な知識を教わ

ったとしても，それを実際の行動に移すためにはその状況が整わなければならない。たとえば先の大学生を対象とした大木（未発表）の調査では，性交時に避妊をしない理由として，「面倒くさい」「たぶん妊娠しないと思った」「なんとなくしなくてもいいと思った」，さらに女子では「避妊をいい出せない」「相手から断られる」といったことが少なからずあげられている。この一例からも，ただコンドームの使い方を具体的に教えたからといって，避妊する可能性は低いことがわかるだろう。すなわち性知識が実際に役立つためには，その知識の有無だけが影響するのではなく，両者の関係に依存する部分も大きいということなのである。

そのためには，女性も男性も互いに尊重しあい，いっしょに生きていく存在であることを実感するような，より精神的な内容の教育の必要性が強調される。そしてまさに「愛とは何か」や「男女の心理や行動の違い」といったその内容を語るにふさわしいテーマこそが，青少年自身のニーズと一致するものなのである。さらに，これらの知識を実際の場に役立てるためには，他者とのコミュニケーション・スキルを高め，アサーション・トレーニングのように自分の意見をうまく表明する方法を身につける必要もある。

性教育が今後役立つものになり，「知っていれば大丈夫」という常識を本当の常識にしていくためには，性という特定の領域にかかわる教育のみを行なうのではなく，全人格にかかわる問題として考える教育が必要であるといえよう。そして現代の青少年は生理学的レベルにおける性行動のみを肯定しているわけではなく，このような精神的レベルにおける性行動をも重要視している。この事実からみても，マスコミでいわれるような性道徳の乱れがすべての青少年にあてはまるわけではない，ということもまたわかるだろう。

引用文献

†1 上田公代　1992　高校生の性行動に及ぼす家庭の影響　(財)日本性教育協会(編)　現代性教育研究月報，10(3)，1-5．

†2 大木桃代・百瀬　泉　1993　思春期女子における「性」の受けとめ方―女子高校生の性意識と性知識―人文科学論集(信州大学人文学部紀要)，27，71-81．

†3 大木桃代・百瀬　泉　1994　思春期女子における「性」の受けとめ方―女子高校生の性意識と性知識 II―早稲田心理学年報，26，67-74．

†4 (財)日本性教育協会(編)　2001　「若者の性」白書―第5回青少年の性行動全国調査報告　小学館

†5 門本　泉・大木桃代・卜部敬康　1998　男子非行少年のセクシャリティ―行動・知識・意識面からの一考察―　犯罪心理学研究，36(1)，23-32．

†6 三浦正子・小野広明　1992　非行少年の性意識・性行動とその周辺　犯罪心理学研究，30(1)，61-77．

†7 松本恒之・松本良枝・見神誠子・川崎道子　1972　非行少年の性意識に関する研究　犯罪心理学研究，10(特別号)，20．

3 子どもはどこかで聞いてくる
―「寝た子を起こすな」論の不毛―

〔卜部敬康〕

　ここまでの議論をまとめながら，問題を整理しよう。まず，奔放・野放図にみえる若者の「性」の実態を明らかにしてきた。現代は「性」についての情報が氾濫し，それらにあおられるように若者のあいだで「性」が日常化しているといえる。そうしたことから，過激な性情報によって若者の性道徳が乱れたのがその原因であるというのが常識的な見方であった。そこで，1章ではこの「常識」が誤りであることをおもに2点指摘した。まずひとつは，若者をとりまく性情報が質的に過激になった事実はないということである。それよりもここ十数年の間の顕著な変化は，「性」についての話題が恋愛の一部として，日常的に語られるようになったことであり，その結果として「性」についての独立した情報も量的に増えたということである。もうひとつは，若者の性行動とそれを支える「性」についての態度は，「意外にも」伝統的性道徳と質的に同一であるという点である。具体的には，「性関係の排他性」の重視であり，性行動はだれが相手であっても自由に行なってよいのではなく，あくまでも特定の相手となされるべきであるという態度である。したがって，若者の「性道徳の乱れ」が「性の日常化」を招いたのではない。

　「性」が日常化しているのにもかかわらず，なぜか純潔教育時代以来の伝統的性道徳が残っているとみるべきなのである。

　では，伝統的性道徳を共有している若者が，気軽に「性」についての話題で盛り上がったり，実際の行動面でも性交経験が豊富であったりするなど，あらゆる意味で「性」に対しての「敷居」が低くなっているのはなぜだろうか？という疑問が残る。この疑問にこたえるために，ここでの議論の当事者である若者の視点から，内省を含めて若者の日常生活と「性」とのかかわりについて考察したのが，2章の1節と2節である。まず，現代の若者は「恋愛すること」をきわめて高く価値づけているという事実から出発する。つまり，若者にとっては恋愛対象（つきあっている彼氏／彼女）が存在することが「幸せ」の象徴なのである。そこで，「何をもって『恋愛』と定義するか」という問題が発生するが，その基準となっているのが性行動である。性行動を行なう相手が彼氏または彼女であり，性行動をするにいたった関係を「恋愛関係」と定義する場合が，事実上多い。若者の考える「幸せ」の重大な構成要素が恋愛であり，幸せな恋愛関係の存在は相手との性行動によって「担保」される。つまり，恋愛と性行動は密接な関係にあるとはいえ同一のものではないにもかかわらず，性行動は恋愛の「記号」となっているのである。したがって，若者が幸せな恋愛を追求すればするほど，必然的に性行動に駆り立てられることになる。

　このことは彼らが恋愛をするにあたって，多くの「本末転倒な」現象を引き起こすことになる。2章で紹介した数々のエピソードはその具体例であるが，恋人と良好な関係を維持するために不本意ながら性行動に応じるというのは特殊な例ではない。お互いに相手を「恋人」と定義している2人のあいだで，一人が性行動を求めたがもう一人がそれを拒んだとしよう。「好きなのだけれど性行動はしたくない」というわけである。もちろん，こうした態度も当然あり得る。しかし，求めたほうが性行動を恋人の「記号」と信じて疑わない人であれば，「（拒んだ相手は）本当は自分のことを愛してはいない」と解釈することになる。

　ここでさらに重要なことは，性行動を拒否したほうも，相手がそのように解釈するであろうことを予測しているだけでなく，その解釈を正当なものとみなすということである。そうすると「拒否する自分のほうが悪い」と考えることになる。相手との関係を継続したい場合，この状況はできるだけ避けたいと思う人は多い。これが性行動を断れない理由である。

以上からわかるように，多くの若者が性行動にふみきるのは貞操観念が崩れた結果というよりも，自分が恋愛をしている幸せ者であるとの証しを実感したいことによる。ほとんどの若者が「恋愛依存症」のような状態で毎日をおくっていると考えればよい。そして，恋愛関係の存在を保証するのは相手との性行動である。こうして恋愛と「性」についての関心は日ごとに高まる。このニーズにこたえて恋愛や性行動のハウツーを提供するのが，雑誌やビデオである。そうした情報のなかには誤った俗説も多く含まれており，それらを安易に信じていることが望まない妊娠などの問題につながっている。

　すなわち，若者の「性」の実態が「性道徳の乱れ」の結果ではないにしても，恋愛への促進規範，ひいては性交促進規範がそこにはたらいていることと，「性」に関する誤った知識がメディアに影響を受けた友人どうしの会話を通して若者のあいだに蔓延していることがわかる。そして，それによって深刻な問題が引き起こされているのもまた，事実である。

　また，少女売春や不特定多数を相手にした性行動などをはじめとした性非行の温床といわれるテレフォン・クラブ（テレクラ）や各種性風俗産業が急速に成長したのも，じつはこの恋愛促進規範と大きな関係がある。恋人がいれば幸せであり，いなければさびしいということは，いまに始まったことではないが，恋愛促進規範はこの感情を増幅させる。すなわち，ここ数年の強い恋愛促進規範のもとでは，恋人がいない若者は以前にくらべてよりさびしい感情を経験しているといえる。ともかくも恋人がいる状態にひきつけられた状態なのであるから，「だれを恋人にするか」という問題よりも「どうやって恋人を獲得するか」という問題が中心となることにより，各人にとって相手を恋人とみなす，いわば「しきい値」が低下する。そうした「恋人獲得のアノミー」とでもいうべき状況下で広がったのが，テレクラである。売春目的を別にすれば，テレクラで出会う男女は双方ともに「恋人がほしい」と思っている。そうした思いをもちながら，匿名的な空間を利用してお互いのプライバシーに根ざした話もなされる。そこには対面では話しにくい性的な話題も含まれる。「会ってすぐに性行動」というテレクラの特徴は，こうした文脈で理解する必要がある。ちなみに，現在テレクラは大幅に減少しているが，これは先に述べた機能を「メル友」や「出会い系サイト」が有していることによるものであり，実態は何ら変わっていない。

1.「規制すればよい」という常識

　そこで，こうした状況の解決策としてごく「常識的に」考えられやすいのが「青少年をとりまく社会環境の浄化」である。つまり，若者を性行動に駆り立てる欲求をあおっているのはAVや性描写の豊富な漫画などにみられるようなマスメディアによる性情報の氾濫であって，これに一定の制限を加えることが必要と考えるものである。どの程度制限すべきかは，人によって大きく態度が異なるだろう。しかし，性情報が氾濫すること自体が青少年に悪影響を及ぼすこと，そしてこれに制限を加えることで彼らの抱える性がらみの問題が少なくなること，の2点はほぼ「常識」と考えられているようである。わかりやすくいえば，青少年に「性」についての情報を与えること自体が悪いことであり，「なるべくみせるべきではない」と多くの人が考えているのである。

　実際，若者の「性」をめぐるさまざまな問題を解決するためにこれまでに展開された社会運動や政策は，ほぼ一貫して彼らの興味をあおっている（とされる）情報源（雑誌やビデオ）や風俗を規制するものであった。そこには「なぜそのような対策を行なうのか」という疑問の入り込む余地はない。「性」についての情報源や性風俗の存在自

法制化で有害環境浄化 (二〇〇一年五月八日付読売新聞朝刊)

――自民、民主両党の法案についての賛否は？

A氏 1200万人の会員を抱える不偏不党の団体として、個々の法案へのコメントは避けたいが、青少年の有害環境を浄化する運動に取り組んできた立場から、包括的な法制化を望んでいる。たとえば、アダルト向けの雑誌やビデオの自販機にしても、各都道府県の条例には違いがあり、規制が弱いところに集中する傾向がある。言論・表現の自由は尊重したい。しかし、子どもたちを健全に育てるうえで現状のままでいいのか、というのが私たちのスタンスだ。

――何を「有害」というのか。

A氏 テレビからビデオ、テレビゲーム、おもちゃ、インターネット、テレクラ、酒やたばこの自販機まで含めている。少年たちの凶悪犯罪や非行との関連については、一言で言えば、過激な性描写や暴力表現だ。少年たちの凶悪犯罪や非行との関連については、すべての子どもにあてはまるわけではないが、総務省などの調査をみると、何らかの因果関係はあると思う。

――「子どもに見せたくない番組」調査やスポンサーへの自粛申し入れなど、とくにテレビを問題にしているようだが。

A氏 一方的に家庭に入ってくるテレビの影響力は大きく、子どもたちは映像をうのみにしてしまう。民放連は「悪影響を語るなら、科学的な根拠を示してほしい」というが、親たちは経験的に実感している。調査のポイントには、いじめの助長や差別的な表現、物を粗末にする描写なども含まれる。もちろん、親が子どもに見せたくない番組は見せない、という家庭教育は大切だ。しかし、両親が働いていて、一人でテレビを見る子どもが増えている今、放送界の対応は変わったか。

私たちは20年も前から、番組に対するアンケート調査を続け、各局に善処を求めてきたものの、反応はまったくなかった。これではらちが明かないと、昨年、問題視したバラエティー番組のスポンサーにお願いに行ったら、すぐに対応してくれた。テレビにクレームをつけているのではなく、番組改善の提言をしているつもりだ。

――法制化論議が起こってから、放送界の対応は変わったか。

かなり敏感になり、こちらの言い分にも耳を傾けるようになった。自分たちの論理をふりかざすだけでは通用しないと思ったのか、前向きな姿勢がみられる。自主規制を強め、私たちが「子どもに見せたくない」とした番組もその後に改善の跡がうかがえるのは、率直に評価したい。ただし、番組の調査は今後も続けていく。

A氏 「放送と青少年に関する委員会」の活動には、おおいに期待していた。メンバーの中に入れてほしいと望んだが、「団体の代表はだめ」といわれたのは残念だ。委員に選ばれた専門家は、私たちの生の声を反映しているだろうか。

――他のメディアはどうか。

A氏 子どもが出入りするコンビニエンスストアでは、アダルト雑誌が一般誌と一緒に並んでいる。ぜひとも区分陳列をしてほしい。少女漫画の性描写がひどい、という話もよく聞く。

A氏 各メディアが自主規制を徹底してくれれば、それに越したことはないが、「法制化の動きが立ち消えになったら、また元に戻ってしまうのでは」という疑念がないわけではない。お互いに信頼関係が欠かせないだろう。

体が有害であり、それを少なくすること（またはなくすこと）がその有害性を抑える方向に機能することは、わざわざ検証するまでもない「常識」であると考えられているからである。と同時に、「性」の商品化を憂えることが「健全」な考え方であり「良識」であると考えられているからである。一昔前の「有害コミック運動」や各地方自治体の定める「青少年健全育成条例」の内容は、こうした常識的な考え方の延長線上にある。そして、これらに積極的に反対を表明する人が少ないことは、こうした「常識」が広く共有されていることを示している。

これは「寝た子を起こすな」論の典型といえるだろう。「性」に関する情報が世の中にあふれていることが行動レベルの問題を生んでいるのであり、こうした情報を根絶してしまうことが、その解決の第一歩であるという考え方である。こうした「常識」は正しいのだろうか。若者の「性」をめぐる問題を解決する方向に作用するのだろうか。それを考えるための適切な素材となる新聞記事（2001年5月8日付読売新聞朝刊）が筆者の手元にある。そこには先に紹介した「常識」に沿った考え方がわかりやすく描かれている。まず、この記事を紹介し、その内容を社会心理学の立場から吟味することとする。

「性」の問題を考えるうえで多くの人に共有されている「常識」が、このA氏の主張の中にいくつかみられることに気づかされる。その「常識」は次のようにおよそ3点に要約できるだろう。

A．子どもの健全な成長にとって「性」に関する刺激は有害である
B．悪いモノは自然淘汰されない場合、法的規制で排除すべきである
C．「表現の自由」はその結果の有害性によって当然に制限される

マスメディアによる過激な性描写や街中における性風俗店の存在自体が未成年者にとってただちに有害である、というのがA説の意味するところである。言い換えれば、「ポルノをはじめとした性刺激や『性』を商品として扱ったあらゆるものが根絶されれば、子どもは現状よりも健全に育ちやすい」ことを意味している。そして、仮にAが正しい場合、有害刺激を排除する方法について私たちがしばしば考えがちなのが、B説とC説である。有害刺激を排除することは「公共の福祉」なのであって、その程度が大きければ「表現の自由」が制限されることもやむを得ない（C説）というものである。こう考えれば必然的にB説が導かれる。ここで注意すべきことは、いくら法で禁止し

(注1)「公」の利益のためには,「私(個人)」の権利をある程度制限されてもしかたがない,とよく言われる。しかし,この「常識」は,「公共の福祉」という法理の誤解に基づいたものである。

ても青少年の周囲の有害刺激が根絶できないならば,そうした対策は無意味だということである。したがって,法的規制を主張する人びとはそれによって最終的に「有害刺激の根絶」が可能であると考えていることが前提となる。

2．対症療法としての「規制」は病理を深刻化させる

さて,これら3つの「常識」は学問的にも正しいのだろうか。結論だけを先に述べれば,いずれも誤りである。まず,「性」にまつわる刺激自体が青少年にとって有害であるというA説については,多くの理論的・実証的研究の結果を総合的にみれば,妥当性はきわめて乏しいと思われる。これについては4章で詳細に検討する。次に,これを前提としたC説,すなわち「性」に関する表現や商業活動を厳しく取り締まることは公共の福祉であるという考え方であるが,これも「公共の福祉」の法理のもつ意味内容についての誤解に基づくものである。「公共の福祉」は個人的利益を超えた社会の利益や公衆道徳などをさすものではない。個々の基本的人権に内在する制約なのであって,個人のある行為が他者の権利を侵害する「明白かつ現実の危険」がある場合に限ってその行為を禁止し得る法理であるにすぎない。これは近代法の基本原理であって,みだりに例外を認めるべきでない(注1)。ここではそのことだけを指摘することとして,法解釈の問題にこれ以上深入りするのは避けておこう。

したがって,ここで心理学的問題となるのはB説の問題である。ポルノビデオや漫画・雑誌を含めたマスコミの「性」についての情報や性風俗産業などを規制することが可能なのか,そしてそうした対策は若者が抱える「性」をめぐる問題解決の方法として有効であるかどうかである。残念ながら,その答えは「ノー」である。人間の社会行動についての社会心理学の古典的な知見からす

れば,従来のような「規制」を中心とした対策は,関係者の努力にもかかわらず,長期的にはむしろその根底に横たわる病理をますます育ててしまうことが予想される。何故なのか。ここではその根拠を,社会心理学の立場から示すこととする。

(1) 人間の行動の規定要因としての非公式の規範

社会病理の原因と考えられているものに対してしばしば徹底的な法的規制が行なわれることは,「性」に限ったことではない。かつてのアメリカにおける禁酒法はあまりにも有名である。当時のアメリカのあらゆる道徳的退廃の原因を酒に求め,飲酒を禁ずることで人びとの道徳意識を高めることをめざしたのである。しかしそれがもたらしたのは酒の裏取引であり,結果として順法精神がかえってそこなわれたことはよく知られている。また,酒の裏取引はギャングの繁栄をももたらした。禁酒法はその意図に反して「逆効果」となってしまったのである。また,とくに取り締まりが厳しいわけではないが,これと類似の構図を呈しているのが現代のわが国の未成年者飲酒禁止法である。法で定められ,発覚すれば学校では停学,部活動であれば対外試合禁止といった重い罰を課せられるにもかかわらず,飲酒少年は無数にいる。成人後も酒をまったく飲まない人を別にすれば,成人前に酒をいっさい飲んだことがないという人はきわめて少ないだろう。

「きまり」は存在するのに運用の実態はまったく有名無実化しているこのような例は,枚挙に暇がない。法の抑止効果は,常識的に考えられているほど大きくないのである。社会心理学では,一般に個人の行動を外側から規制する圧力の総体を規範とよんでおり,法や規則などのようにその内容が公式に定められているものと,人びとのあいだに暗黙に了解されている非公式なものとを区別する。後者をインフォーマル(非公式)規範といい,前例や慣習,暗黙の掟などがこれに含まれる

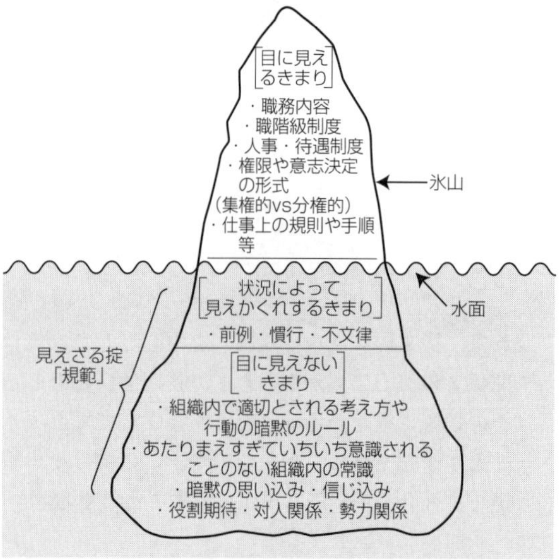

図3-1 の内容：

「目に見えるきまり」
・職務内容
・職階級制度
・人事・待遇制度
・権限や意志決定の形式（集権的vs分権的）
・仕事上の規則や手順等

氷山／水面

「見えざる掟『規範』」

「状況によって見えかくれするきまり」
・前例・慣行・不文律

「目に見えないきまり」
・組織内で適切とされる考え方や行動の暗黙のルール
・あたりまえすぎていちいち意識されることのない組織内の常識
・暗黙の思い込み・信じ込み
・役割期待・対人関係・勢力関係

図3-1 目に見えるきまり，目に見えないきまり[1]

（図3-1）。心理学や社会学で規範という場合，この非公式の規範をさすことも多い。法や規則といった公式の規範よりも非公式の規範のほうが，実際のところ人間の行動の規定要因としては大きいからである。

たとえば，会社で年間14日の有給休暇を定めてあったとしても，同僚の大多数が有給休暇をほとんど消化しないという状況では休みづらい。上司や同僚の目が気になるのである。この「目」とは評価である。評価といっても，「出世のために上司の心証をよくしておきたい」というほど給料や雇用の継続にダイレクトに影響するものである必要はない。たとえ有給休暇の取得が給料や雇用に無関係であるとわかっていても，「何となく白い眼でみられる」ことを人は避けるのである。どのような行動をとれば他人から「白い眼」でみられ，どうすればそれを免れるか。これはその人の暮らす社会，集団によっても異なるし，同じ集団でも微妙に変化する。そしてそれはどこにも明記されていない。その集団のそれまでの歩みのなかでの前例や慣習，構成員の価値観の相互作用によって育まれる。「すべきこと」と「してもよいこと」，そして「してはいけないこと」が暗黙の掟として人びとのあいだに共有される。これが非公式の規範なのである。先の有給休暇の例に戻ろう。「有給休暇を14日以内は自由にとってよい」という社則の規定は公式の規範である。職場集団にそれを許容する風土が十分に根付いていれば，社員はこの規定に基づいて有給休暇を取得できるのだが，

そうでなければこの規定は「絵に描いたモチ」でしかなくなる。つまり，社員の有給休暇取得を実質的に保障するのは，公式の規範ではなく非公式の規範なのである。

「暗黙の掟」などと称されるこうした非公式の規範が人びとの行動を意外に大きく左右することは，すでによく知られている事実である。とくに，前近代的な価値観を前提とする集団では「暗黙の掟」は絶対であり，現在でも職場や家族などの小集団における非公式の規範にまったく無縁な人はいないだろう。にもかかわらず，先に述べたように，非公式の規範が人びとの行動を規制（統制）している程度は，法をはるかに凌ぐものだということは，あまり知られていない。社会病理の原因だと目されるものに対して，しばしば十分な議論を重ねることなしに，法的規制によって解決を図るのは，その表れであると思われる。法のような公式の規範と慣習や暗黙の掟のような非公式の規範の内容が異なる場合，公式の規範の影響が大きいというのが政策決定の場での「常識」のようである。人びとのあいだで許容されていることでも，法で禁止すれば人はそれをしなくなる，と考えられているのである。

ところが，規範についての社会心理学の研究成果からみれば，それは誤りであることがわかる。規範がそこに存在するだけで人びとの行動が規制されるわけではなく，規範が有効に機能するためには，人びとがその規範を個人的な行動の指針ないし規準として取り入れることが不可欠である。これを社会心理学では一般に，「規範の内在化」とよんでいる。よく内在化された規範は管理者や罰則がなくてもよく守られるが，あまり内在化されていない規範が守られるかどうかは罰や他者の視線の有無に大きく左右される。ある人が最大限に内在化している規範は，その規範がなくなってもその人の行動の規準となるから，個人の信念と同じものとなる。一方，内在化の不十分な規範は，

●そろそろ12時か。なんか終わりそうもないね。でも、ひとりだけ帰るのもねえ。みんなどうするつもりかな。

(注2) あまりにも多くのことがらが規定されているのに、どれもまったく徹底しないのは、学校の校則がその典型例である。詳しくは、林・長谷川・卜部（編）『職員室の社会心理』（2000年、ナカニシヤ出版）を参照されたい。

制裁を受けるおそれが少なければ守られない。要するに「バレなければ破られる」規範であり、最悪の場合、法を破っておいて「バレないように」とりつくろわれる。また、公式の規範に基づいて制裁を受けたとしても、人びとによってその制裁の正当性が認識されない限り、公式の規範とは違った非公式の規範が形成されやすいことが知られている[†2]。

そうだとすれば、ある事象についての公式の規範と非公式の規範とがくい違う場合は、人びとはよりよく内在化している規範にしたがって行動することになる。より正確にいえば、多くの人が内在化しているであろう規範に基づいて行動することになりやすいのである。「道徳的に望ましい」という理由で新しい法を定めたとしても、人びとがその法を内在化しなかったり、別の非公式の規範を共有していてそれをよく内在化していれば、その法は守られないのである。有給休暇を社則に規定されているとおりに取得できないこと、そしてアメリカの禁酒法の失敗の理由は、いずれも人びとが非公式の規範を内在化している（していた）ことにほかならない。「酒を飲むことは悪いことだ」とはだれも考えていない状況下での禁酒法が酒の裏取引をうながしたように、当事者がことさらに「悪いことだ」と考えていないことを法的に禁止すると、人びとはそれを「バレないように」しようとするだけのことである。こうしたことが続けば、法に対する一般的態度が変容する。なにごとも「バレなければよい」という態度の形成である。法の抑止効果を過剰に期待すると、一般的な順法精神の衰退という深刻なモラルの低下を招きやすいのである(注2)。

(2) 「規制」が生み出すもの

以上の議論を若者の「性」にあてはめて考えると、ポルノ情報や性風俗産業を規制することが問題解決につながらないことは明らかである。若者の性行動を促進しているのは彼らのあいだでインフォーマルに共有されている恋愛促進規範であり、この規範を彼らはよく内在化しているというのが、先の議論であった。ポルノ情報や性風俗産業が彼らの性意識を規定しているのは事実であっても、彼らがそれらのポルノ情報に積極的に接触するのは恋愛促進規範を内在化した結果である。ポルノ情報などを法的に規制すれば、彼らがそうした情報を取得することはむずかしくなるが、それに接触する動機を低下させることにはならない。また、若者の共有する恋愛促進規範の変容をみないまま、違反者に罰則を加えることが無意味なことも、先の考察から明らかであろう。いずれにせよ、規制を中心とした現在の対策は、ポルノ情報や性風俗産業を「バレないように」見たり利用したりすることを促進しているだけのことであるように思われる。

これに対しては、テレクラは規制運動が功を奏してその数が激減したというような反論があるかもしれない。しかしそれは互いに未知の男女が出会うきっかけを提供するという、テレクラのかつてもっていた機能を担う同種で別個のサービスが生み出されたからに過ぎない。したがって、テレクラが減ったのは「見かけ」の現象であり、実態は何ら変わらない。I部の9章で述べたインターネットの出会い系サイトはその典型であるし、テレクラが営業できなくなった地域では、かつてテレクラであった店がそのままプリペイド式のツーショット・カードを販売しているケースが多いのである。

こうした状況は、ポルノ情報や性風俗産業の存在自体を有害かつ悪しきものと考えるか否かということとは別の次元で、好ましくない事態を生み出す。先にあげたテレクラ規制がそのよい例である。テレクラは未知の男女が相手に対する十分な吟味をしないまま交際するきっかけを提供するため、性犯罪や強盗傷害などの犯罪機会の提供にも

なってしまうことは不可避である。そうした事態から青少年を保護するため，というのがテレクラ規制の理由でもあった。ところが，テレクラ規制をしても，恋愛促進規範に駆り立てられた若者は出会い系サイトで同じことをくり返すから，元の木阿弥である。むしろ，テレクラにくらべて出会い系サイトのほうが，利用者が犯罪に遭うリスクは高いと考えられる。テレクラは特定の場所に店舗を構え，男性会員に一定の入会手続きを課していること，出会い系サイトは携帯電話でアクセスできるから日常的な手軽さの点でテレクラに勝っていること，などがその理由である。つまり，テレクラ規制の目的とされている病理は，規制することによってむしろ深刻化しているのである。

　以上から，短期的な効果を期待しての「ポルノ規制」を中心とした対策は，かえって長期的には若者文化の一部としての「性」をめぐる病理的な構造を助長しているというのが，ここでの結論である。

引用文献

†1　藤原武弘・高橋　超(編)　1994　チャートで知る社会心理学　福村出版
†2　佐々木　薫　2000　集団規範の実証的研究—拡充されたリターン・ポテンシャル・モデルの活用—　関西学院大学出版会

4 禁止されればウラで見る
―ポルノ規制は有害である―

〔松谷德八〕

1.「ポルノの悪影響」は本当か

　思春期の息子・娘をもつ親（とくに母親）が，コンビニエンスストアの雑誌コーナーに置かれている週刊誌，月刊誌を立ち読みしたら，ヘアヌード写真，セックスに関する情報がすぐに目に入ってくるだろう。次にブックショップに入ってランダムにコミック本を20冊ぐらい購入して読めば，性描写と暴力シーンのコマ画を簡単にみつけることができるだろう。それからレンタルビデオショップの奥のコーナーに入れば，そのすべてが欲情をかきたてる性描写のカバーのアダルトビデオであることに気づくだろう。また自宅に戻り，息子の部屋のパソコン画面のアダルトサイトの動く画像をみて驚くことだろう。まさに現代日本のこの性文化状況は青少年に有害な影響を与えていると思い込みやすいのではないだろうか。そして次の新聞記事事例①，②，③および④は，そうした気持ちを増幅するものではないだろうか。

事例①："34歳中学教師を逮捕""ツーショットダイヤルで知り合う"「援助交際が目的」
　中国自動車道に両手手錠のまま放置された結果，死亡した中1女子のK被害者（12歳）と監禁致死容疑で逮捕された中学校教諭H（34歳）は，援助交際を目的として，携帯電話からのツーショットダイヤル（テレクラの一種）で知りあった（以下略）（2001年9月9日付読売新聞）。H教諭は手錠をかけるアダルトビデオを見ているうちに，少女と知り合うだけでは満足できず，刺激が欲しくなりエスカレートしたと供述したとのこと（以下略）。（2001年9月25日付読売新聞）

事例②：ヌード雑誌・ビデオ買う長男。家庭に"セックス商品"，不快
　40代の主婦。予備校に通う18歳の長男のことで相談します。小学6年生の時，自分の部屋にみだらなマンガ本を隠し持っているのをみつけ，ひどくしかりました。しかし，その後も懲りず，見るに堪えない雑誌やビデオを買い込んでいます。私は気分が悪くなるので見て見ぬふりです。女性を商品化したような雑誌やビデオを息子が長年見ているかと思うと，とても嫌な気分になり，許せません。夫に相談すると，「これだけ手軽に入手できる時代だからしかたないだろう」とのこと。（中略）こんな調子で長男はまともな男性へと成人するのでしょうか。（以下略）（人生相談コーナーの投書欄より，2001年8月30日付読売新聞）

事例③：ポルノコミック，今なぜ規制強化
　東瀬は関西主婦連合会の副会長の立場から，「（ポルノ）コミックを読んで少年が性犯罪を起こした例もある。表現の自由は尊重するが，節度を逸脱しており，歯止めが絶対いる」から条例規制を要望してきた。（以下略）（1991年12月13日付毎日新聞）

事例④：法制化で有害環境浄化（p.116参照）

　一般の人びとが上記の記事を読んでその内容を判断する際，一般常識，性教育に関する知識量，道徳観，価値観，宗教観，教育観，性的態度による場合がほとんどで，ポルノ（性的表現を含むもの）と性行動（児童ポルノは含まず）に関する科学的研究データによる場合はあまり多くないと考えられる。このような場合，一般に人は"ポルノは有害"と判断し，ポルノ規制を強化すべきと考える傾向にあるといえそうだ。本稿の目的は，"ポルノは有害か否か"といったポルノ争点を示す事例として，だれもが入手できる新聞記事を取り上げ，そのなかにある常識的考え方を行動科学的研究成果から検討し，ポルノ規制をすべきか否かの提言を行なうことにある。

　"性非行の少年・少女，性犯罪者がポルノを熱心に見ていた"（新聞記事事例①，③，④）ことをマスコミ情報で知ると，何となく納得するのはなぜだろう。人の行動が引き起こされる原因が，行為者の要因（内的要因）または環境の要因（外的要因）に帰属されるという帰属理論を適用して，

図4-1 ルビンの盃

表4-1 ポルノグラフィの与える影響[1]　N＝2,486(アーベルソンら)

設問	肯定率	否定率	疑問無答率
社会的に好ましい影響			
性に関する知識を提供する	61(%)	27(%)	12(%)
娯楽を提供する	48	46	6
既婚者の夫婦関係を円滑にする	47	32	22
閉ざされた性的衝動のはけ口となる	34	46	20
性的障害者の慰めとなる	27	46	26
ニュートラルな影響			
性的興奮をよびおこす	67	17	16
性に関する魅力を減退させる	44	35	21
妻に対して変わった技法を試みる欲望を喚起する	41	28	32
社会的に好ましくない影響			
背徳につながる	56	30	14
強姦を誘発する	49	29	22
女性に対する尊敬の念を失わせる	43	44	16
性のとりこにする	37	45	18

なぜ納得するかを考えてみよう。"少年Aが性非行・性犯罪に走った"という記事を読んだとする。この読者は，Aがそのような行動をとった原因を，内的要因である「性格」に帰属させることもできるのだが，「ポルノ」といった外的要因に帰属させやすいのである。言い換えれば，原因を「性格」より「ポルノ」のせいにしやすかったからである。その理由として考えられることは，性非行・性犯罪の原因をその人の性格に求めれば，まじめでおとなしい息子が少年Aと重なり，耐えがたい気持ちになることもあるが，それよりもポルノに原因を求めれば，それらを排除するだけで性非行・性犯罪の問題は解決できると考えやすいからである。

また別の理由としては，トリガー（きっかけ，引き金）理論重視の考え方がある。まじめでおとなしい息子と同じぐらいの少年Aが，なぜ性非行・性犯罪に走ったのか。何かきっかけがあったはず。思いあたることは何だろうか。ある種の連想ゲームのように，性についての問題行動だから，性欲を刺激した「もの」があるはずだと考える。ここで"ポルノ"と思いつけば，性非行・性犯罪のトリガーとして納得できるからである。

さらに，この傾向は学習による態度形成過程の中で日々助長されやすいことが条件づけ理論から考えられる。ポルノを見て不快感を喚起された母親は"性犯罪とポルノとの関係記事"（事例①，③，④）を読むたびに，16歳の息子に記事を肯定する発言をした場合を考えてみよう。はじめは記事内容に特別の感情や態度をもっていない息子も，記事と母親の記事肯定発言の反復対呈示によりだんだん記事肯定発言（反応）をするようになる場合である。

このような過程を経て多くの人びとに信じられている「ポルノの悪影響」という常識は，はたして正しいのであろうか。

浅井[1]は，アーベルソン（Abelson, H.）らの「ポルノの影響」についての調査結果から，米国の一般成人2486名によるポルノの社会的影響力についての認知をみて，"人間に性的興奮をよびおこす"という中立な影響自体については過半数の67％が一致した意見を示しているが，それが有益か有害かのいずれか一方にかたよっているとはいえず，世論のコンセンサスがまだ確立していないとみている。だとすれば，ゲシュタルト（形態）心理学の「図」と「地」の関係で考えれば，有害という「図」だけをとらえてポルノ規制を叫ぶことは問題である。図4-1に示した「ルビンの盃」のように，黒い部分が「図」になるとそれ以外は「地」の背景となり，2人が向きあっている形態に見える。見方を変え，白い部分が「図」になると盃の形態が見えるようになり，対面している2人は背景の「地」となり見えなくなる。このように「地」があっての「図」だから，ポルノの中立的な影響ないし有益な影響の効果をもっと考慮すべきであろう。こうした観点から，アーベルソンらの研究を検討してみよう。[　]は原著にない考慮すべき効果の観点である。

肯定率が否定率より高い有益なポルノの影響のおもなものとして，"性情報の提供"[性教育効果]（肯定率61％），"娯楽の提供"[カタルシス（浄化）効果]（同48％），"夫婦性関係の改善"[新奇効果]（同47％）。また中立の影響としては，"性的興奮の生起"[心理的催淫剤効果]（同67％），"性的なものにウンザリ"[心的飽和・脱感作効果]（同44％），"妻に新しい性技法を試みたい"[模倣効果]（同41％），などがある。そして有害な影響として"背徳につながる"[道徳低下または反権威・反権力効果]（同56％），"強姦の誘発"[性的神話効果・モデリング効果]（同49％）があると認知している。このように効果の観点を入れると，有害な道徳低下効果も，「図」と「地」を反転させれば有益な反権威・反権力効果をもたらすことになるので，ポルノ有害論の見直しだけでなくポルノ有益派・中立派の世論も考慮する必要があるといえそうである。

図4-2 性犯罪認知件数とコミック類の売上の動向[7]

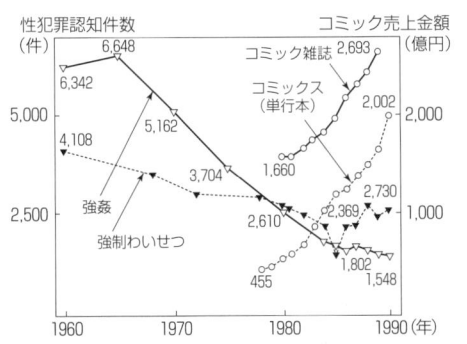

(注) 犯罪数は「犯罪白書」コミック類の売上金額は出版科学研究所調査による

表4-2 ポルノ解禁（合法化）によるコペンハーゲンの性犯罪件数と減少率[8]

	1959	1964	1969	減少率
強　　姦	32	20	27	16
露 出 症	249	225	104	58
窃 視 症	99	61	20	80
小 児 愛	51	18	10	63
他の性犯罪	419	307	147	69

2．「ポルノの有害性」のウソ

次に，ポルノの影響そのものについて考察したものを検討しよう。わが国の総務庁（当時）青少年対策本部「青少年とアダルトビデオ等の映像メディアに関する調査研究報告」[2]によると，高校生男子の4人に3人が，女子の4人に1人がアダルトビデオを視聴したことがあるという。米国でも18歳に達する前に性交の写真ないしは文章に接した経験があり，15歳までに少年の半数以上が露骨な性的出版物を見ているという1974年のポルノ委員会報告を小林[3]が紹介している。しかし，18歳未満の者はポルノの視聴を法的には禁止されているのである。それにもかかわらず，未成年者の高校生がこれほど多く視聴しているということは，法的なポルノ規制はあまり効果がないと考えられる。要するに，青少年は禁止されても「見たいものはウラで見る」のである。後で述べるが，ウラでみるよりは授業中に堂々と視聴し，性のあり方を学んだほうが性教育を効果的にするだろう。

では，青少年の性意識にポルノは大きく影響を及ぼしているのだろうか。櫻庭ら[4]は，首都圏に在住している女子高校生を対象に援助交際の背景要因を明らかにした。それによると，家庭環境要因，学校環境要因，現代青年の特徴的な心性要因が，性非行や援助交際を促進させているものと思われる。また，堀と吉田[5]は大都市高校生1368名の性意識は家庭のあり方と強い関連があることを実証した。いずれにしても，性非行や性意識に及ぼすポルノの影響が大きいとする直接的な効果は見いだされていないのである。よく考えれば，これは当然である。なぜなら，最近の高校生はほとんど何らかのポルノと接触経験があるのだから，もしポルノの視聴自体が青少年に悪影響を及ぼすのであれば，彼らの性道徳は全体的にかなり低下するはずであるが，実際にはそのようにならないからである。これらのデータからすれば，家庭環境と青少年の性意識とがよく関連しているのであるから，ポルノ規制するよりも家庭環境要因をふまえた科学的・人権的な性教育を施したほうが，性非行の抑止につながると考えられる。

青少年の問題行動と好きなマンガの種類（恋愛マンガ・セックスマンガ・マンガを好まず）を調べた日本性教育協会による「青少年とマンガコミックスに関する調査」[6]の結果をみると，飲酒・喫煙・怠学・万引き・いじめ・家出・暴走・シンナー・傷害などの問題行動と「セックスマンガを好むこと」との関連があったのは「万引き」行動のみであった。ポルノ規制派の常識として，ポルノコミックが悪影響を与えるなら，万引き以外の問題行動にも悪い反応が顕著に出てくるはずだが，実際にはあまり変化はみられなかったのである。

次に紹介する研究は意外なことを示している。福島[7]は，出版科学研究所の調査と法務省から発行された『犯罪白書』の統計データから，性情報の量と性犯罪の量とは反比例関係にあり，ポルノの規制強化は性非行をかえって増加させることを明らかにした（図4-2）。世界のなかでも性描写や暴力シーンを含むコミックの出版がさかんな日本の性犯罪の発生率が最も少ないし，儒教の影響下にあってポルノ流通が厳しく規制されている韓国では，性非行がきわめて多いのである。そして，韓国のポルノ規制強化とは逆に，クッチンスキー（Kutchinsky, B.）によれば，1969年からポルノが全面的に解禁となったデンマークでは16歳以上の人に解禁の範囲を拡げたが，性犯罪は増加するどころか減少したのである。さらに小林[3]は，以下のようにポルノ規制がゆるむとともに性犯罪は減少していく例を報告している。米国では1960年から1969年までの10年間にポルノの消費量は約7倍に

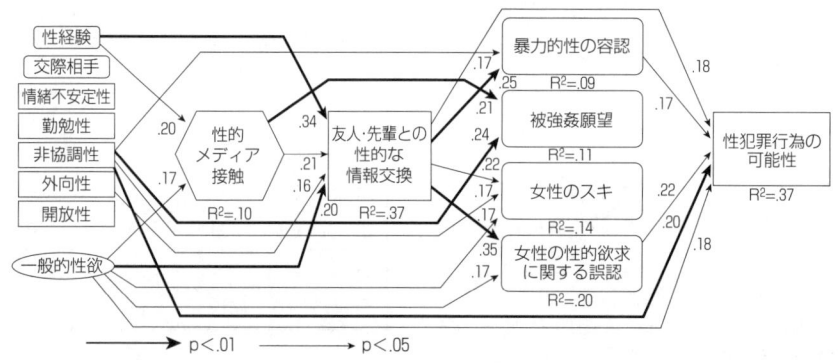

(注) 個人内要因・性的メディア接触・性的情報交換・性犯罪神話・性犯罪行為可能性に関するパスダイアグラム。
矢印横の数値は標準偏回帰係数を示す。

図4-3 因果関係モデル[11]

増えた。この間の18歳以下の非行の動向をみると，殺人などの性とは無関係な非行をも含めた全非行件数は約2倍となったが，性犯罪だけをみると逆に4.5％の減少を示した。この小林の報告からは，ポルノの有害性は認められなかった。むしろ福島の報告と同じく有益性が認められたのである。また，ポルノコミック規制に関してショット (Schodt, F. L.)[9]は，たとえマンガがどんなに暴力的，ポルノ的にみえようが，マンガ＝日本社会の反映，と考えるのはまちがいであると強く主張している。その根拠として，日本でマンガやアニメが爆発的に人気を得た時期（1994年）に，殺人やレイプの犯罪発生率は大幅に減少していたことを示した。この大幅な減少はカタルシス効果と考えられる。

以上の福島，小林，ショットの報告からは，ポルノ規制と性犯罪との関連が強いことが示唆された。それも常識に反して，ポルノ規制を強化すれば性犯罪は減少するどころか増加する。そして，増加するからまた規制を強化する愚の方策をとるのである。

これに対して，性犯罪者みずからしばしば「ポルノの影響を受けた」といっているという指摘がなされそうである。そこでここでは，性犯罪者にみられるポルノの影響についての研究を紹介する。大渕ら[10]は，性犯罪者がレイプを合理化する誤った信念である「レイプ神話」を強くもっているという仮説を検証した。これは大学生や一般犯罪者とくらべて，性犯罪者は「潜在的に女性はレイプされることを望む」という神話である女性の「被強姦願望」を強く信じる傾向があった。レイプ神話は，性犯罪者に被害女性がレイプを受け入れてくれるだろうという誤った知覚をさせることが明らかとなったのである。とくに性経験のある者にレイプ神話を強くもつ傾向がみられた。さらに湯川と泊[11]は大渕ら[10]によるレイプ神話尺度の構成概念を再検討し，因果モデルの結果から「性経験」があることや「一般的性欲」の強さが，ポルノなどの「性的メディアとの接触」をうながし，それが「友人・先輩との性情報交換」を介して，性犯罪を合理化する「レイプ神話」などの形成へとつながり，そのことが最終的に「性犯罪行為へと結びつく可能性」が示唆された（図4-3）。

ここで注意しなければならないのは，性犯罪の原因はポルノ刺激にあるのではなく，「一般的な性欲の強さ」にあるということである。そして，その結果がポルノへの接触だということである。

性犯罪者についての興味深い研究はまだある。ポルノを見た経験と異常な性行動（性的逸脱行動）とのあいだに関係があるかどうかを調べたゴールドスタイン (Goldstein, M. J.) ら[12]の研究である（図4-4）。調査方法は2時間ずつのインタビューで，全267項目の質問をする面接法を採用した。その結果，ポルノを写真・映画・本の3種類に分けてみると，正常者の対照群（53名）では10代に成人よりも3種類のポルノをどれも多く見ているが，彼らにくらべ性犯罪者群（59名）は10代においてどのポルノも見た経験が少ない。正確にいえば，正常者の対照群（53名）がポルノを見た経験が多く，次に強姦群（19名）で，幼児にいたずらをした群（40名）が一番少なくなっている。このことから，性犯罪者は正常者とくらべ，10代で多様なポルノの例を見る機会に欠けていたといえる。ポルノに対する反応をみても，ポルノが直接にその性行動のマネを引き起こすことは少ないが，性

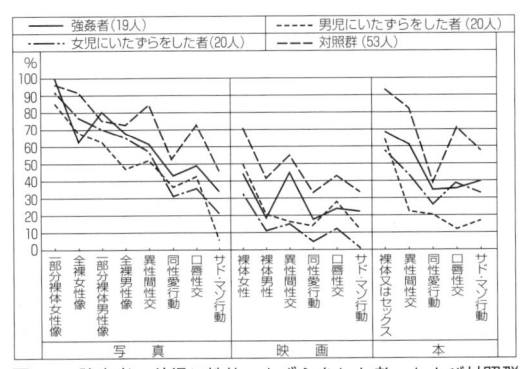

図4-4 強姦者，幼児に性的いたずらをした者，および対照群の人が10代でポルノを見た割合[12]

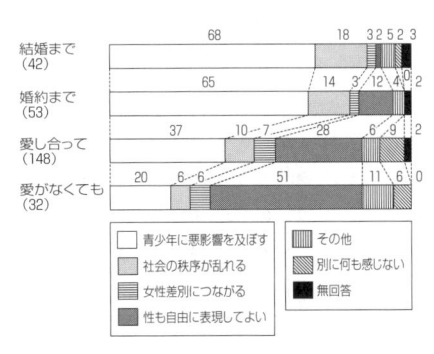

図4-5 性表現に対する意識（性意識別）[13]

的興奮を起こし，自慰へと誘導する傾向にある。一般に過激なハードポルノを見た人たちは，自己の性的興奮から，「ポルノと性犯罪とは関係がある」といった一般常識をもちやすいが，この研究結果からは，ポルノは有害であるというより逆に有益であることが示唆される。

さらに，この傾向は家庭のしつけともよく関連している。強姦群の18％はポルノをもっていたときに両親に叱られた経験があるが，正常者群ではそのような場合に7％が叱られたにすぎなかった。以上の知見から，性犯罪者は性をタブー視する家庭（しつけ）の影響が強かったので思春期にポルノを見た機会が少なかった，と結論できよう。逆にいえば，思春期に適当なポルノに接触することは，成人してから異性への関心を育てるようになり，異性とうまくやっていけるようになるから，ポルノは有害どころか有益である。

3．ポルノ規制を求める意識とは？

さて，ここまでみてきたようにポルノの有害性を実証することはできない。ところが，事例③や④のようにポルノを有害と強く信じて規制を訴える人びとは少なくない。乏しい根拠にもかかわらず，ポルノを有害だと信じる原因は何であろうか。東京都生活文化局による『性の商品化に関する研究』[13]報告では，「性に関する露骨な表現」（ポルノ）に関しては，男・女とも年齢が中高年になるほど，開放的な性意識（"愛がなくともお互いの合意があればセックスは許される"）とくらべ，伝統的性意識（"結婚まではセックスは許されない"）が強くなるほど"青少年に悪影響を及ぼす"と回答し，"性の自由な表現"についても否定的

で非寛容さを示す回答傾向が強くみられた。この報告からポルノ規制派は，反ポルノ規制派とくらべ性的態度が保守的であることが考えられる。こうした人びとは，1章で示したような青少年の性交経験率の高さをみて問題だと考え，"結婚まで純潔を守ることを教えなければならない"とする伝統的価値観に基づく禁欲主義の純潔教育・新純潔教育を支持すると思われる。この禁欲（節制）の教育を重視している立場の松岡[14]は，避妊については否定的な態度をとるか，あるいはコンドームは妊娠やエイズを100％完全に防げないから避妊の効果は怪しいという情報を与え，リスクのある性行為を避けるためには，性欲を抑制する性の純潔こそがエイズ等の性感染症から身を守れると訴え続けている。そしてこの禁欲教育を支持する人たちはポルノ規制賛成者となる。なぜなら性欲を抑制することが目的なのにポルノは逆に性欲を刺激し，喚起するからである。

当然ながら，禁欲主義の（新純潔教育を信じる）人たちにとっては，性教育とは青少年の性行動を抑制もしくは禁止し，性非行・性犯罪，性被害を予防する教育のことである。このような考え方を支持するならば，彼らの性的欲求を刺激し悪影響を与えるようなポルノを見せないように規制することが，常識的な考え方となる。この常識を信じる人たちが，青少年の健全な育成を阻害する（と彼らが考える）ポルノを「見ない，読まない，読ませない」といって排除する。さらにこれを法的に徹底すればどうなるであろうか。イスラム原理主義政府タリバン（神学生の意）のめざした，娯楽を排除した環境世界と質的に同一になるのではないだろうか。まだわが国ではポルノ規制をすべきか否かの実証的なデータの検討も徹底して行な

表4-3 最高裁判決の傾向[17]

	22	21	20	19	18	17	16	15	14	13	12	11	10	9	8	7	6	5	4	3	2	1
事件名	朝日訴訟	全逓中郵	朝連建物接収	和歌山県教組違従	少年審判不開始決定	奈良県ため池条例	ポポロ	特別区長選任制	第三者所有物の没収	緊急逮捕前の捜査	都公安条例	調停に代わる裁判	苫小牧	HS療法	砂川	チャタレイ	おとり捜査	定員割解雇	皇居前広場使用	政令三二五号	争議権	尊属殺
憲法との関連	(生存権)	(団結権)	(所有権)	(労働基本権)	(二審不再理)	(所有権)	(学問の自由)	(地方自治)	(適正手続)	(住居不可侵)	(表現の自由)	(裁判をうける権利)	(統治行為)	(職業の自由)	(自衛権・統治行為)	(表現の自由)	(適正手続)	(団体交渉権)	(表現の自由)	(占領法規と憲法)	(労働法規・憲法)	(法の下の平等)
最高裁判決年（西暦）	'67	'66	'65	'65	'63	'63	'63	'63	'62	'61	'60	'60	'60	'60	'59	'57	'54	'54	'53	'53	'51	'50
一審	○	○	○	○	●	○	○	●	●	●	●	●	●	●	○	●	●	●	●	●	○	●
二審	●	●	●	●	●	●	●	×	●	●	●	●	●	×	●	●	●	●	●	●	●	×
最高裁	●	●	●	●	●	●	●	●	●	●	●	●	●	●	●	●	●	●	●	●	●	●
最高裁評決	10対3	8対7	13対2	15対0	11対4	11対4	13対2	15対0	9対6	12対3	9対6	11対4	14対1	14対1	15対0	13対2	15対0	14対1	14対1	13対2	12対3	13対2

※ ○は基本的人権に有利なもの、●は基本的人権に不利なもの、×は審理なし、空欄は不明

われていないにもかかわらず，都合のよい常識と理念だけで規制が強化されていく現状は，好ましい情報環境世界とはいえない。

この常識を信じて過去70年間にアメリカでもポルノ規制を強化してきたが，性的態度や性規範は逆に許容的に変化してきていることを，エイブラムソンとイマイ－マーキーズ（Abramson, P. R. & Imai-Marquez, J.）[15]は示している。他の多くの研究も，婚前性活動と婚外性活動の増加とともに，それらの性行動に対する罪悪感と後悔の念が減少していく「性の許容的傾向」を示してきた。この傾向は新しい均衡状態が生じるまでは当分増加し続けるとウィルソンとナイアス（Wilson, G. & Nias, D. K. B.）[16]は考え，性の許容主義に結びつく要因を次のように6つあげた。

1. 神罰を恐れなくなる「宗教的な信念と価値の崩壊」
2. 多様な文化がより多く経験できる「通信と輸送の改善」
3. 名も知らない人が増え，一時的な出会いの範囲が広がる「人口増加と都会化」
4. 余暇と経済的自由が増す「富の増加」
5. 妊娠の恐れが減る「手軽で効果的な産児制限の手段の利用」
6. 偶然の性の出会いの経験と機会が増える「自動車や映画その他の発明」

これら科学的，技術的，社会的変化の多くが，ただちに逆戻りするとは思われないので，こういった変化によって促進された「性の許容主義」が逆戻りすると考える理由もない，とウィルソンとナイアスは断言する。逆にいえばタリバン政権のように青少年に悪影響を及ぼす性的なものを禁じ，徹底して排除，浄化させる道徳的禁欲主義を政策で実行させる以外，性の許容主義を逆戻りさせることはできないのである。

すでに1章で検討したように，伊藤整の翻訳による『チャタレイ夫人の恋人』がワイセツであるか否かが「表現の自由」とのあいだで争点となった。この例にみられるように，憲法上の権利に関して裁判官のあいだで見解が分かれる場合，法律の常識とは逆に，20年間にわたり高い確率をもって基本的人権の制限を肯定する（22件中17件）立場をとってきたこと，それに基本的人権に不利な結論を選んだ事件をみれば，最高裁（22件中17件）と第一審（20件中5件，ほとんどは地裁）では憲法上の判断が逆の傾向を示していることを大野[17]は実証した。

また，浅井[1]が紹介しているアブス（Abse, D. W.）の研究では，権威主義的性格を評定する権威主義高得点群は，権威主義低得点群にくらべて，ポルノをワイセツと判断する率が高いことが示されている。これと同様のことをアイゼンクとナイアス（Eysenck, H. J. & Nias, D. K. B）[18]が紹介したバーン（Byrne, D.）らの研究でも見いだされている。学生たちにポルノを提示し，見ているときにどのように感じたかを自己評定させたのち，提示されていたポルノ素材は，制限を加えられるべきかを質問した。ポルノに負の効果があると反応した学生たちは検閲制度に賛成し，正の効果のほうが大きいと反応した学生たちは検閲に反対であった。このように，同じポルノ素材を見たにもかかわらず，負の効果の反応をした学生と正の反応をした学生とに二分されることがわかる。学生自身は個人的感情や経験に基づいた先有的傾向（先験的信念・態度・価値判断）によってポルノの情報を解釈し，その解釈の傾向と検閲という権威主義的な政策への態度とが連動するのである。これらの知見から，基本的人権を尊重しなければならない立場にありながら，一般常識，法の常識とは違った最高裁判決の論理的傾向を導いたのは年齢要因に加え，最高裁判事15名の権威主義的性格，保守主義態度要因によると考えられる。

以上の実証研究の成果からこの章の議論をまとめれば，結論は2つである。すなわち，
　①ポルノ規制は全体としては有害であること
　②ポルノ規制は権威主義的性格と親和的であること
である。フロム（Fromn, E.）[19]の『自由からの逃走』が示すように，人間が時に自由をもてあまし，権威主義に陥ることは社会心理学では古くから知られてきた。と同時に，権威主義的な人びとが社会や集団の多くを占めたとき，その社会ないし集団が危機に陥ることもまた，社会心理学は明らかにしてきた。自由（「性」の開放）がもたらした負の部分（性非行や性犯罪の一部）は，統制によって好転するものではないのは，「性」も同じである。実際には効果が乏しいにもかかわらず，ポルノ規制の効果を信仰し続けることは，何の問題をも解決しない。むしろ，何が性非行や性犯罪の原因になっているかを考える術を失う意味で，危険ですらある。

　ここでの議論に即していえば，ポルノ規制を徹底しても，読みたい人は「ウラで読む」から完全な規制は不可能である。つまり，規制をしてもしなくても事情はたいして変わらない。むしろ，性刺激と人間行動の関係について多くの豊かなデータを提供することになる。そうした状況のなかで，青少年が主体的にみずからの「性」を考えていくことが，重要であろう。そのための有意義な情報を生産することを考えるほうが，「性」に関する青少年の問題の解決につながるはずである。たとえば，実験的にある市をモデルに性教育をオープンにし，ポルノを視聴しながら，生徒たちが討論できる学校体制づくりをしたうえで，ポルノ規制を緩和するといった方法も検討されるべきではないだろうか。

引用文献

[1]　浅井正昭　1976　大原健士郎・岡堂哲雄（編）　ポルノグラフィの心理効果　至文堂　Pp.216-230.

[2]　総務庁青少年対策本部　1994　青少年とアダルトビデオ等の映像メディアに関する調査研究報告

[3]　小林　司　1984　性の記事は本当に犯罪を誘発するのか？　現代性教育研究月報5月号，Vol.2, No.5, 6-7.

[4]　櫻庭隆浩・松川　豊・福富　護・成田健一・上瀬由美子・宇井美代子・菊島充子　2001　女子高生における『援助交際』の背景要因　教育心理学研究，49, 167-174.

[5]　堀　洋道・吉田富二雄　1980　大都市高校生の家庭環境に関する考察　筑波大学心理学研究，第2号 Pp.74-78.

[6]　日本性教育協会　1992　青少年とマンガコミックスに関する調査

[7]　福島　章　1992　性情報は規制すべきか—論点104 文芸春秋（編）　日本の論点　文芸春秋

[8]　Austin, C. R. & Short, R. V.　1980　*Human Sexuality*. 新井康允（訳）　1987　ヒューマン セクシュアリティ 東京図書　Pp.104-106.

[9]　Schodt, F. L.　1996　*Dreamland Japan: Writings on modern manga*. Stone Bridge Press.　樋口あやこ（訳）1998　ニッポンマンガ論　マール社　Pp.45-54.

[10]　大渕憲一・石毛　博・山入端津由・井上和子　1985 レイプ神話と性犯罪　犯罪心理学研究，23(2), 1-12.

[11]　湯川進太郎・泊　真児　1999　性的情報への接触が性犯罪神話および性犯罪許容性に及ぼす効果　犯罪心理学研究，Vol.37.

[12]　Goldstein, M. J. & Kant, H. S.　1970　Pornography. *Psychology today*, December 1970　朝野　宏（抄訳）1972　性行動に与えるポルノの影響　人間—この未知なるもの　プレジデント別冊，No.1, 72-75.

[13]　東京都生活文化局　1990　性の商品化に関する研究

[14]　松岡　弘　1993　わが国エイズ教育の現状と課題 現代のエスプリNo.316　至文堂　Pp.130-137.

[15]　Abramson, P. R. & Imai-Marquez, J.　1982　The Japanese-American: A Cross-Cultural, Cross-Sectional Study of Sex Guilt. *Journal of Research in Personality*, 16, 227-237.

[16]　Wilson, G. & Nias, D.　1976　*love's Mysteries: The psychology of sexual attraction*. London: Open book publishing.　岩脇三良・宮本蒼子（訳）　1979　愛のミステリー　思索社　Pp.246-248.

[17]　大野正男　1969　裁判における判断と思想　日本評論社　Pp.21-46.

[18]　Eysenck, H. J. & Nias, D. K. B.　1978　*Sex, Violence and the Media*. London: Carol Heaton.　岩脇三良（訳）1982　性・暴力・メディア　新曜社　Pp.240-242.

[19]　Fromn, E.　1941　*Escape from Freedom*. Rinehart.　日高六郎（訳）　1951　自由からの逃走　創元社

5 結婚の「常識」をめぐって
―「不倫」は本当に不道徳か？―

〔佐伯順子〕

　異性と何らかの交流をもち，「恋愛」とよばれる好意を抱き，生涯を共にする決心をする―それは現代の恋愛，結婚の"常識"とされているが，それが"常識"になったのはけっして古いことではない。たとえば会ったことも話をしたこともない男女が，教祖の指示によって夫婦として結びつけられ，一同に会して結婚式を行なうさる宗教集団の結婚式は，数年前，ワイドショーや週刊誌の注目の的となり，一様に奇異なものとして扱われていたが，実質的に同じような結婚のあり方は，じつは，多くの日本人が数十年前まで"あたりまえ"のこととして受け入れていたものなのである。

1．明治の結婚の"常識"

　明治半ばの小説『こわれ指環』（清水紫琴，明治24年）では，女主人公が15，6歳のころから両親にしきりに結婚を勧められ，18歳になると有無をいわさず，会ったことも話をしたこともない相手と結婚を決められてしまう。主人公の少女は，親の決める結婚を「いやでございますいやでございますの一点張り」で終始拒絶してきたのであるが，自分がまったく知らない相手と結びつけられることは明治の結婚としてはめずらしいことではなかった。同じく明治半ばの小説『五大堂』（田沢稲舟，明治29年）では，「親が結びし義理ある縁」で「否でも否といひいでがたき結髪」との結婚を何とか免れてほっとしている女性が描かれており，親が決めた結婚を拒絶することがいかにむずかしかったかが察せられる。これらは小説の例であるが，明治期の女性論をリードした「女学雑誌」を主宰した巌本善治は，実際にあったできごととして，母親が18歳になった娘の結婚相手を選び，娘が拒絶しても無理やり結婚させようとする逸話を記している（「婚姻論」，明治24年）。「妾は未だ嘗て彼を知らず，彼れ亦た妾わを見ず」と，親が決めた相手と当事者の娘とは，面識はまったくない。だが親は，双方の経済的条件がつりあっていることを根拠に，これ以上の「良縁」はないと信じている。重要なのは，母親が娘の意志を抑圧しようとしたのではなく，自分の結婚は両親にすべてをまかせてまったく支障がなかったと信じているため，同じことを娘にも疑わずに勧めているということである。

　大正期の小説をみても，こうした結婚をめぐる状況は変わらない。よく知られた夏目漱石の『行人』（大正元年）では，冒頭部分で，自分が会ったことも話をしたこともない相手と，周囲の勧めにより喜んで結婚しようとする「お貞さん」という女性が登場する。また『明暗』（大正五年）に登場する「お金さん」も，顔だけはかろうじて知っているが口をきいたことがない相手と結婚を決めている。『明暗』の津田の叔父夫婦もまた，お互いに「知りもしない」相手どうしでありながら，それを当然として受け入れて結婚しているのである。これらの小説の登場人物は脇役で，『行人』の二郎や『明暗』の主人公津田は現代風の"恋愛結婚"（当時の用語では「自由結婚」）を理想としているため，当時の結婚観の主流が何であったかはみすごされがちである。だが，主人公たちの結婚観は，最初に例示した小説の女主人公たちも含めて，周囲の人びとからあくまでも例外とみなされている。明治から大正期にいたるまでの小説を読んでみると，当時の結婚の「常識」は，親や親戚がわりの周囲の人間が当事者の見ず知らずの相手と結婚を決め，当事者もそれに疑いを差しはさまなかったものであることがわかる。こうした結婚は，いわば冒頭に述べた教祖の立場が親や親戚であり，面識がなく，話をしたこともない相手と結びつく点でも実質的に冒頭の結婚とまったく同じである。ただ，それが一同に集まって可視化されるか，個別に単発的に行なわれているかの違いだけである。

●私もそろそろお嫁にいく年かしら。おじさまたちがまとめてくれるから、おまかせしないとね。でも、どんな方なのかしら。

2．「家」のための結婚

　面識も会話もない相手との結婚が"常識"とされていたことは，現代の感覚からは奇異に感じられるかもしれないが，このことは結婚という男女の結びつきが，当事者どうしの愛情の実現ではなく，何よりも社会生活のための生活単位としてとらえられていたことによる。

　結婚の意義が，個人の愛情の実現，すなわち個人の感情生活の充足にあるのではなく，一人前の社会人としての資格を得，子どもを設けて子孫を存続させるという社会生活の全き実践のためと思われていたことは，島崎藤村の『家』（明治44年）†1という小説の題名が象徴的に表現している。『家』の主人公小泉三吉は，「文学」にたずさわる人間として，当時としては意識の高い若者として描かれているが，自分の結婚のことは大島先生という人と兄の実との交渉にまかせている。「縁談を兄に一任」する三吉の姿勢は，現代人からは無責任にもみえ，一人前の社会人としての自覚がないともとれるが，当時は逆に，みずから動くのではなく周囲の判断にまかせるほうが「常識」と思われていた。また，三吉の結婚の動機は，「三吉も結婚期に達して居た。彼の友達の中には，最早子供のある人も有り，妻を迎へたばかりの人も有り，婚約の定まつた人も有つた」と淡々と記されているように，結婚したいと思う特定の相手が現われたからではなく，同世代の人びとの多くがすでに結婚しているという社会的適齢期を意識したからであった。つまり，内発的動機にうながされてのものではなく，多分に外発的なものである。相手の女性お雪についても，「六七年前，丁度十五位の娘の時のことを三吉も幾分か知つて居り」という程度にすぎない。だが，「お雪さんなら，必と好からう」という兄嫁の言葉や，兄の実の聞いた周囲の評判によって当然のように結婚は決まってゆく。そして，「三吉も書生では居られなくなつた。家を持つ準備をする為には，定つた収入のある道を取らなければ成らなかつた」と，結婚は男性が定職につく大きな契機となっている。「"家"をもつ＝経済的精神的自立の機会」が結婚なのであり，惚れたはれたという感情は二の次どころか考慮さえされていないのである。

　いや，惚れたはれたという感情は，明治の結婚にあっては，考慮されないというよりは，むしろ積極的に排除されている。『家』の冒頭部分では，三吉の甥である正太が木曽の地元で「懇意にする娘が有る」とされているが，「いつそのこと，その娘を貰つてやつたら可いぢや有りませんか」という三吉の提案は，「書生流儀」として，正太の母親であり三吉の姉であるお種に「そんな馬鹿なことが出来るもんですかね」と，一笑に付されている。ここで正太の恋愛と結婚との結びつきが否定されているのは，「家の格が違ひます」という使用人の嘉助のことばが示すように，「家」の維持と恋愛感情がまったく別の次元としてとらえられているからである。「若旦那」である正太の結婚は，家長である達雄をはじめ，旧家の薬問屋である橋本の「家」を支える人びとの重大関心事にほかならないのであるが，「まあ，若旦那にも好いお嫁さんを……是が何よりも御家の堅めで御座いますると」と，結婚の第一義はあくまでも「家」の堅持なのである。

　「家」の堅持が目的であれば，結婚に恋愛感情が介入することは意義があるどころかむしろ"有害"である。正太の恋愛がいみじくも示しているように，「家の格」が違う異性どうしでもかまわずに結びつけてしまうのが，恋愛という，理性から限りなく逸脱する現象の特徴にほかならないからである。恋愛感情がまた，しばしば冷静な判断力を欠く感情のほとばしりである以上，当事者ではなく第三者である親なり知人なり周囲の人びとが相手の人物判断をするのも，当時としてはしごく合理的な決定法ということになるだろう。

3．「常識」のほころび―恋愛結婚への志向

　しかし，明治の小説の特徴は，個人の感情を考慮せず，家の社会的維持を優先するこうした当時の結婚の「常識」のほころびが，同時に描かれていることである。『家』で恋愛感情とはまったく無関係な結婚をした三吉とお雪の夫婦は，結婚後まもなく，お雪と結婚前に相思相愛であった勉との関係によって危機に瀕する。勉はお雪の実家名倉の店に勤めているお雪の義理の兄の親戚で，結婚後もお雪のもとにしばしば手紙を寄越す。お雪もまた，「恋しき勉様へ……絶望の雪子より」などとしたためた返事を勉へ送るのである。一方夫である三吉もまた，実直ではあるが平凡なお雪よりは，「音楽や文学の話」ができる曽根という独身女性とより心を通わせているようすで，それを目のあたりにするお雪は，「悧好さうな方ですねえ。私も彼様いふ悧好な人に成つて見たい」とひがんでみせる。こうした2人の心のすれ違いは，「三吉夫婦は互に顔も見合せずに，黙つて食卓に対ふことすら有つた」と，家の雰囲気を気まずくさせていき，「奈何して左様家が面白くないんでせうねえ」「なにも，俺は面白い家庭なぞ造らうと思つて掛つたんぢやない」と，できたばかりの「家」を崩壊に導こうとするのである。

　このように，恋愛感情を無視して成立する夫婦の営む「家」の荒廃した人間関係は，当時の知識人の批判の的となっていた。木下尚江が「平民新聞」に掲載した論説「恋愛と教育」(明治37年4月)[2]は，「恋愛の教育なく，其の知識なき結果は，多くの才子佳人をして結婚後の失望に陥らしむ」と，まさに数年後に描かれる『家』の夫婦関係を予告するかのような議論を展開している。恋愛なくして結婚した夫婦関係は「失望」をもたらす以外の何物でもないと，木下は力説している。「多数の壮年男女をして不自然なる結婚の不快不満に失望落胆せしめ」という木下の言は，『家』の主人公夫婦のように愛情のない家庭に「不満」をもち「失望落胆」している男女が当時少なくなかったことを示唆していよう。「家系の維持の為に，財産の継承の為に，階級の制限の為に，而して富の分配の不公平の為に，蹂躙せられたる恋愛の自由」という一節は，当時の結婚の多くが，前述のように恋愛感情の結果ではなく社会生活の維持のために行なわれたことを如実に語っている。

　「恋愛」ぬきの結婚を批判したのは，木下ひとりに限らない。明治の「文明開化」期にはすでに，キリスト教主義の知識人たちを中心に，親や親戚の決める「脅迫結婚」ではなく当事者の恋愛感情に基づく「自由結婚」を奨励しようとする動きがみられ（詳しくは佐伯[3]），小説のなかにもまた，個人の感情を無視した結婚への激しい批判がみられるようになる。「可愛い娘たちを玉に使って，月給高で，婿を選んで，一家の繁昌とは何事だろう。……およそ世の中に，家の為に，女の児を親勝手に縁附けるほど惨たらしい事はねえ」と，静岡の資産家である河野家の娘たちの打算的な結婚を口を極めて罵る『婦系図』（泉鏡花，明治41年）の早瀬主税のせりふは，さしずめその急先鋒というべきものである。河野家という「家」の繁栄を第一に，相手の経済的条件や社会的地位を勘案して親（男親のみならず，女親も含む）が娘の結婚相手を決める河野家の方針は，自他ともに認める「家族主義」であり，『婦系図』の主人公主税の人生は，最後までその「家族主義」の打倒に捧げられる。「娘が惚れた男に添はせりゃ，たとい味噌漉を提げたって，玉の冠を被ったよりは嬉しがるのを知らねえか。……亭主は，おい，親のものじゃねえんだよ」という主税の主張は，木下尚江の論じた「恋愛」に基づく結婚の必要性にそのまま重ねられるものであり，鏡花自身「愛と婚姻」（明治28年）という評論において，「古来我国の婚礼は，愛のためにせずして社会のためにす」と，当時の「社会のため」の結婚をストレートに糾弾している。

「社会のため」の結婚の空虚さを裏づけるため，泉鏡花は『婦系図』において，表面的には「良妻賢母」の顔をしている河野家の女たちの姦通を執拗にえぐり出す。理学士の島山夫人として何不自由ない生活を送っているかにみえる河野の次女の菅子は，主税と深い仲になり，長女の道子もまた，医学士と結婚して大病院の奥様という安定した社会的立場を保っていながら，同じく主税と交情をかわす。何よりも，「家族主義」に自信をもつ家長の河野英臣の妻富子が，馬丁の貞造と通じ，道子という子どもを産んでいるのである。

花柳界を舞台にした作品を数多く執筆しているゆえに，おそらくは藤村よりもはるかに保守的なイメージを抱かれているであろう鏡花は，じつは藤村よりははるかにラディカルであった。『家』のお雪が，過去の恋の相手であった勉と実際に姦通を犯すわけではなく，勉との文通の内容を夫三吉に気づかれた後も夫婦関係の維持を願うのに対し，『婦系図』の妻たちは夫以外の男と実際に肉体関係を結び，その恋に殉じるかのように最後は死を選ぶからである。「彼の世間既に恋愛の自由を否認し，而して又た再嫁再婚を拒絶するが如きは，共に是れ恋愛の敵にして，実に人生の逆賊也」という木下尚江の激しい口調は，そのまま『婦系図』の主税の理想主義的結婚観に重ねられるが，愛情が他にあると夫に気づかれてもなお，既存の夫婦関係に執着する『家』のお雪の姿は，離婚や再婚に対する当時の偏見の強さを反映していよう。

エレン・ケイ（Key, E.）の『恋愛と結婚』に影響を受けて総合雑誌「太陽」に発表された「自由離婚説」は，愛情がなければ離婚するのも可なりという論旨であるが，この議論が平塚らいてうはじめ当時の読者に強い印象を与えた（「自由離婚説」は，らいてうが「青鞜」にエレン・ケイの『恋愛と結婚』の翻訳を連載する動機となった）のは，たとえ愛情がなくても離婚はすべきでないという社会通念がいかに強かったかの証といえる。

実際，木下尚江の小説『良人の自白』（明治37～39年）[*2]には，「離婚の女！……あゝ恐ろしい女の破損者！」と，離婚した女性に対する容赦ない用語が記されている。このように離婚に対する偏見の強い社会では，『家』のお雪のように，たとえ愛情がなくとも離婚よりは既存の夫婦関係の存続を選ぶ女性たちが少なくなかったと推定される。それは経済的自立の困難な当時の女性たちのやむを得ぬ選択でもあった。

4．結婚をめぐる「倫理」

愛情のない結婚による不満に苛まれながらも，離婚にも踏み切れない当時の女性たちの苦悩は，女性の姦通恋愛というモチーフとして明治文学のなかに表面化する。『婦系図』の河野家の姉妹はもとより，同じ泉鏡花の『外科室』（明治28年）も，伯爵夫人の有夫の恋という主題をもっていた。伊藤左千夫の『隣の嫁』（明治41年）も，農家の嫁のおとよが意にそまぬ結婚に不満を抱いた結果，隣家の若者省作に好意を抱くという筋である。愛情のない結婚が愛情の対象を配偶者以外に求める結果を招くという筋は，愛情を無視した結婚に対するきわめてわかりやすい批判となる。

『隣の嫁』のおとよの結婚は「媒酌の人に欺かれた」「媒酌の虚偽に誤まられた」と記されており，第三者の判断による当時の「常識」的結婚であったことがわかる。おとよは，夫が「余り怜悧でなく丹精でもない」し，婚家の経済状態もけっしてよいわけではないという事情を結婚後にはじめて知った。結婚相手の人となりや家庭の事情などは少なくとも結婚前にあらかじめある程度把握しているのが現在の「常識」であろうが，それは明治期の「常識」ではなく，当事者よりもむしろ仲介人の意見が客観的な判断材料として尊重されたことはすでに述べた。だがその仲介人が必ずしも相手の事情を正確に伝えないという当時の常識的結婚のはらむリスクが，ここでは露呈している。

おとよは，「来て間もなく総ての様子を知って一旦里へ還った」のだが，父親がいったん縁付いたのに簡単に離婚するのは「不人情な了簡」であると諭して，「いや〳〵」婚家に帰らざるを得なかった。離婚の意志表示を主体的に示している点で，おとよは『家』のお雪よりも女性としての近代的自己主張や主体性を発揮している。だがその自己主張も，離婚を否定する父親の意志によってあえなく挫折するのである。離婚の望みがない以上，妻は結婚という現状を維持したまま，夫以外に愛情の対象を求めざるを得なくなる。

　同じ結婚外の恋を描くにしても，夫ではなく妻の姦通がモチーフとなる傾向が強いのは，夫が配偶者以外の対象と性的関係を結ぶことが江戸時代以前から社会公認であったのに対し，妻の姦通は「姦通罪」の適用を受けたようにはるかにリスクが大きく，社会的抵抗の強いタブー破りであったからといえる。(『婦系図』の酒井先生も，妙子という娘をなしたほど，妻公認で芸者の小芳となじんでいるし，スリをしていた主税をつかまえ，更正のきっかけを与えた法学士は，妻を次の間に置いて平然となじみの遊女と寝たという「豪傑」とされている。結婚と恋愛の一致を理想とした鏡花といえども，夫の結婚外の性交渉にはご多分にもれずいかに寛容だったかが察せられる。)

　注目すべきは，妻の姦通のモチーフが描かれていても，それが現在のように「不倫」ということばでは表現されていないことである。氏家は，明治期の「不倫」ということばの用例をあげて，それが「すくなくとも大正以前」には「婚姻外性関係」という意味ではなく，単に「不相応，不適切」という意味であったと指摘している[4]。たしかに，明治の小説の用例をみると，結婚外恋愛は「不義」ということばで表現されるのがふつうである。『隣の嫁』では，人妻のおとよと隣家の青年省作が，「お互に素振に心を通はし微笑に意中を語つて，夢路をたどる思ひに日を過した」と，恋心を自覚しあったことになっているが，「不倫」という用語は作中にはみられない。また，いかに距離が接近しても「不義の罪を犯すやうな事はせない」と，2人はけっして一線をこえなかったと明記されている。ここで結婚外恋愛を示すことばは「不義」であり，それは江戸時代の表現を継承したものである。

　ではなぜ「不倫」という用語が使われなかったのか。「不倫」の直接的字義は「倫理に反する」という意味だが，『隣の嫁』の事情を考えると，おとよの結婚外恋愛が必ずしも反倫理的とはみなされなかったからではなかろうか。作者の伊藤左千夫は，「おとよさんの行為は女子に最も卑むべき多情の汚行」と認めざるを得ないが，「能く其心事に立入つて見れば憐むべき同情すべきもの多きを見る」と，おとよの恋愛を断罪するのではなく，むしろ同情的である。それは，これまで述べてきたように，おとよの結婚が恋愛感情に基づくものではなく，離婚の望みもかなえられなかったというやむを得ぬ背景があるからである。「結婚せねばならぬと云ふ理窟で能くは性根も判らぬ人と人為的に引寄せられて，さうして自ら機械の如きものになつて居ねばならぬのが道徳といふものならば，道徳は人間を締殺す道具だ」という，作品の末尾近くに記されている結論めいた一節は，相手の人となりもわからぬまま第三者の仲介で決められる当時の結婚がはたして「道徳」的といえるかどうかという懐疑をあらわにしている。

　人間性を尊重することが「道徳」であり「倫理」であるとするならば，理不尽な結婚の結果やむを得ず生じた結婚外恋愛は，前近代的にみれば「不義」ではあっても，近代的な人間観に基づけば道徳や倫理に反することとはいいきれない—そんな主張が，「不倫」ではなく「不義」の表現を使っている背景には横たわっているのではなかろうか。

　もっとも，結婚外恋愛という意味で「不倫」という表現を使った同時代の用例も存在する。大塚

楠緒子は『そら』（明治42年）のなかで，女主人公雛江が義理の息子輝一に抱く恋愛感情を「不徳義，不倫」と記している。だが，雛江の場合は『隣の嫁』のおとよとは異なり，理不尽な結婚によって余儀なく生じた結婚外恋愛ではないのだ。雛江はみずから進んで経済的社会的条件のよい高齢の男性と愛情のない結婚をする。彼女の結婚外恋愛は，打算的な条件を満たす相手を夫に選び，その欲求不満を結婚外恋愛で解消しようというみずからの選択の結果なのである。愛情と結婚の一致を主張する近代的恋愛観に基づけば，この結婚外恋愛にはまったく同情の余地はなく，それゆえに明確に「倫理に反する行為」＝「不倫」と位置づけることもできたのであろう。

そのほか「不倫」ということばの用例としては，前出の氏家が例示している与謝野晶子の評論や岩野泡鳴の小説の例がある。それらの用例をみれば，「未婚男女間に行はれる不倫的性交と私生児の増加とは，現在の生活を暗黒にし，将来の日本人種を劣弱にする」（与謝野晶子「女子の独立自営」明治44年），「うちの弟子がうちの娘を貰うのか？ 身分が違ふ。……そんな不倫なこと」（岩野泡鳴『醜婦』大正2年）と，たしかに，既婚者の結婚外恋愛という意味ではない。だが，氏家のいうようにこれらの用例を単純に「不適切」と解釈するにはいささか疑問が残る。氏家は，「不倫」の「倫」は「同類の意」であって「不『人倫』の意ではなかった」と述べているが，与謝野晶子のいう「不倫」は，結婚していない男女の恋愛関係をさし，泡鳴の『醜婦』の用例では，"身分違い"の男女関係が「不倫」と称されている。つまりいずれも，結婚という形式にあてはまらない，あるいはあてはまるべきではないとされる男女関係，すなわち結婚の枠外の男女関係をさしているという点で，既婚者の結婚外恋愛という現代の用法につながる要素をみせている。結婚という枠をはみでた男女関係が，単に不適切とされるのではなく

「倫理に反する行為」とみなされているからこそ，「不倫」の用語が使われているのであり，それがやがて既婚者の行為に限定されていった結果，現代の用法が生じたのではないか。

結婚の枠外の恋は江戸時代以前には「不義」とよばれており，明治文学にもそれが継承されていた。だが，「不倫」ということばがそれにとってかわったのはいかなる理由によるのであろうか。それは明治期の近代化論のなかで，蓄妾の風習にみられる実質的一夫多妻制が批判され，一夫一婦制を確立しようとする動きのなかで，「一夫一婦は是れ人倫の大本にあらずや」（植木枝盛『東洋之婦女』明治22年）と，一対一の夫婦関係＝人倫の根本，という発想が生じたことに源があると思われる。江戸時代の「不義密通」は，「正式な結婚をしていない男女間の性愛・性行為の総称」[15]であり，明治以後の与謝野晶子や岩野泡鳴の用例のような広い意味での「不倫」とほぼ同じ意味とみなしうる。それは具体的には身分違いの恋や有夫の女性の姦通をさしたが，いずれも社会秩序を破壊するものという意味で否定されたのであり，夫婦関係に絶対的価値を置くことによって断罪されたのではなかった。

ところが明治になると，植木枝盛の言にみられるように，夫婦という形で男女が一対一で結びつくことこそが人間の倫理にかなった性と愛の形であるという夫婦愛至上主義ともいうべき価値観が生まれ，その「倫理」観のもとにそれ以外の男女関係が断罪されることになる。江戸時代の「不義」と明治以後の「不倫」は，現象は似ていても背景にある思想が異なるのである。「義」に反することは社会規範に反することであるが，「倫理」に反することは人間の根源的罪とみなされる。

『隣の嫁』のように，社会規範には背いていても人間性には必ずしも背いていないという「不義」という表現は，やがてひとしなみに「不倫」という表現におきかえられていく。それは，近代社会

が結婚という社会規範を堅持しようとするあまり，それに反することがあたかも人間の根本的倫理に反することだと言い含めようとした結果ではなかろうか。

　明治期とは異なり当事者の恋愛感情に基づく結婚の自由が実現した現代社会にあっても，結婚という社会的形式と個人の恋愛感情が必ずしも一致するとは限らないことは，近年の「不倫」小説の大衆的人気が証明している。また，明治期の結婚は「家」を構えることで一人前の社会人であることを証明する手段とみなされていたが，従来の結婚の多くが経済的収入は男，家事育児は女という性別役割分業のうえに成立していたことを考えると，結婚は個人の自立の証明というよりはむしろ，経済的に自立できない女性と自分で家事育児ができない男性の相互依存という，人間として"半人前"の証なのではないかとも思えてくる。明治と現代の結婚観の落差を通じて私たちは，すべての結婚が恋愛の結果である（はずだ）という「常識」を疑い，それとともに，結婚外恋愛がすべて反倫理的行為であるという社会の表層的「常識」が歴史の産物であることを知り，近代の結婚という制度そのものの自明性をもラディカルに問うてゆく必要があるだろう。

引用文献

- †1　島崎藤村　1981　島崎藤村全集第4巻　筑摩書房
- †2　木下尚江　1965　明治文学全集45　木下尚江集　筑摩書房
- †3　佐伯順子　1998　「色」と「愛」の比較文化史　岩波書店
- †4　氏家幹人　1998　江戸の性風俗──笑いと情死のエロス──　講談社
- †5　曽根ひろみ　1996　密通　比較家族史学会（編）　事典家族　弘文堂
- †参考　氏家幹人　1996　不義密通　講談社

6 隠してもムダな現実
―保健室からみた高校生の「性」―

〔西野美智子〕

　ここ数年間の生徒の保健室への来室理由は，腹痛，頭痛，気分不良，発熱などの内科的症状が6～7割，擦り傷，突き指，打撲などの外科的症状～3割，その他がおよそ1割である。転んでここが痛い，ボールで突き指，といった原因が明確なものの手当ては簡単明瞭だが，腹痛や頭痛の訴えの原因をつきとめるのはなかなかむずかしい。というのは，悩みや心配ごとなどが，腹痛や頭痛，吐き気などの身体的症状をもたらしている場合が少なくないからである。その場合，筆者が保健室で行なう手当ては，本人の悩み，困っていることについて話を聞いてやる，ということになる。ところが，なにぶん本人はこのことに気づいていないから，それを聞き出すこちらの質問が悪ければ「どうしてそんな質問をするの？」とけげんな顔をされたりする。

1．強い恋愛促進規範

　すでに若者のあいだに強い恋愛促進規範があるという指摘がなされているが，それは保健室に来る生徒の状態をみるとよくわかる。生徒たちが保健室で筆者にこぼす愚痴や学校の活動が手につかない原因の多くは，恋愛関係のもつれや恋人がほしいのにいない，などといったことである。その意味で順調に恋をしている生徒は保健室など必要としていないから，こちらとしてはありがたいのであるが，それが「ケンカをした」「ふった」「ふられた」となると，もう大変‼　恋の破局は本人に深い悲しみ，嘆き，せつなさを与え，勉強どころか何をする気力をも奪ってしまう。まさに涙，涙の生活なのである。男子生徒が私の前でタオルを顔に当てておんおんと泣く姿からは，彼の彼女を失った心の痛みが筆者に伝わってきて，泣く彼のそばでただただじっと見守るだけである。受験生ゆえにみずから恋に終止符を打ったときも，失った悲しみ，未練との戦いがある。恋の破局には特効薬はない。筆者が多くの生徒に接してみている限り，時間が解決してくれるか，次の恋が始まるか，そのどちらかでしか解決しないことが多い。そして，それまでの数か月間，友達に支えられながら，荒れた生活をも体験しつつ次の恋を待っているのである。現代の高校生にとって，恋愛は生活全体の中でそれほど大きなウェイトを占めるものである。

　このような強い恋愛促進規範は性行動をも促進する。現代の高校生が「性」に関するどのような問題に直面しているのか，保健室に持ち込まれる彼らの悩みや筆者とのやりとりのうち典型的なものを紹介しながら，前章までの議論を具体化することをこの章の目的とする。なお，筆者の助言内容が的確かどうかを議論するのはここでの目的ではない。同じような内容の相談でも，生徒の状態やそれまでのその生徒とのかかわりの程度などによって，助言できることは変わってくる。当然のことながら，筆者自身の人生観や人間観も助言内容に大きく反映している。男女間の性行動をどう考えるべきかといった問題は，真偽の問題でも善悪の問題でもない人生観ないし人間観に根ざした問題を多く含んでいるから，筆者の助言内容の妥当性を一般論として議論すること自体，無意味である。しかし，生徒と筆者のこうしたやりとりを通して，高校生の抱える「性」にまつわる問題がどのようなものか，彼らが恋愛と性行動との関係をどうとらえているか，そして彼らにとって異性との性行動は物語としてではなく，現実的かつ切実な問題であることを読み取ることができるであろう。そして，そこから彼らに何を教えるべきか，彼らが主体的で責任ある行動をとるためにどのような知識が必要であり，何を考えさせるべきかがみえてくるであろう。これが筆者との細かなやりとりを紹介する理由である。

(1) 望まない妊娠

　ある日，男子生徒から質問をされた。

男子生徒「妊娠はどれぐらいでわかるの？」
筆　　者「？？……どうしたの？　彼女を妊娠させた？」
男子生徒「わからん」
筆　　者「コンドームつけた？」
男子生徒「いいや」
筆　　者「どうしてつけなかったの？」
男子生徒「高いもん」

　筆者は思わず絶句してしまった。たいていの高校では，生徒の妊娠は「非行」とみなされる。不特定多数の相手といわゆる「遊び歩いている」状態ではなく，特定の生徒どうしで「愛を育んでいた」としても結果は同じである。そうした指導が適切なものかどうかは別として，「少なくとも妊娠したら（させたら）退学処分」という認識は当人たちにもあったはずである。筆者は思わず，「彼女（高校生）が妊娠したら，留年か退学になるのよ。妊娠させたあなたも退学処分よ。もし中絶することになったら10万円近くの費用がかかるのよ！　コンドーム代をけちる気持ちがわからない‼」とわめき散らしてしまった。その２週間後，彼女に月経がきたという報告を受けて，ほっとする。
　女子生徒が相談に来る場合もある。

女子生徒「月経が遅れているのですが……」
筆　　者「どれぐらい？」
女子生徒「２週間」
筆　　者「エッチしたの？」
女子生徒「うん」
筆　　者「コンドームはつけた？」
女子生徒「つけてたんだけど，彼が嫌がって途中ではずした」

　聞けば，女子生徒は避妊のためにコンドームをつけてほしいと相手の男性に頼み，彼も一度はそれを了承したものの，性交中「より楽しむために」コンドームを外したのだという。いろいろな生徒

からの話を総合すると，ここで女性の側からさらに避妊を言い出すのは事実上むずかしいようである。「（相手に）嫌われてフラれたらどうしよう」と思うのである。これも，１章〜３章で指摘した恋愛促進規範の効果である。「カレシがいる」という幸せの記号にしがみついているのである。この生徒を頭ごなしにしかりつけることは無意味である。相手の男性が彼女への思いやりに欠けた「つまらない男」であった場合，いま彼女がしがみついているのは実質的な幸福ではないことを，彼女自身が知るしかないのである。そこで筆者は，「ウン？　高校生が妊娠すると，産むときは退学するか留年するかになるの。そして中絶をしたときは体にも負担をかけるし，つらい思いもするの。それにひきかえ，男はエッチしても自分の生活には何の影響も受けないの。男にとってあなたが大切な存在であれば，もっとあなたを大事にしてくれると思うよ。コンドームをつけてくれない男は，あなたのからだだけが目的かも。悲しいけれど」と言って，尿による妊娠判定を試みるように勧めた。その結果，やはり彼女は妊娠の可能性が高く，筆者が「このことお母さんに話せる？」と聞くと，彼女は「うん，できる」と答えた。その後，中絶手術を受けてきたこと，そして彼とは別れたという報告を受けた。
　この生徒に限らず，人工妊娠中絶後に別れる高校生カップルは多い。人工妊娠中絶という「失敗」をカップルで乗り越えるほうが，２人のあいだの愛情は確かなものだといえるはずなのだが，そうした事例をあまり耳にしない。中絶によって２人だけの「隠しごと」が公になれば，周囲の大人が強引に別れさせることも多いゆえだろう。また，当人たちも「イケナイこと」と考えているからだろう。未成年者の性行動を「イケナイこと」として「封印」し続けることは問題の根本的解決にならないことは，３章の指摘のとおりである。
　それでは保護者に話せない場合はどうなるか。

●好きだからチョコレート持って
きたんだけど，いきなりキス？
いやがったら嫌われるかなあ。
どうしよう，どうしよう。

2人で校区を離れた産婦人科を訪れて中絶手術を受けることになる。高校生2人だけであっても，医者は頭ごなしに説教したりせず，きちんと対応してくれるのでありがたい。ここで問題となるのは中絶費用である。10万円近い金額は，ふつうの高校生にとって高額である。それも突然の出費である。親には内緒の話だから当然不足分は2人の友人から借りることになる。そこでも，すぐに貸してくれるか，必要な金額によって声をかける友人の人数がおのずと決まってくるのである。高校生が友人の中絶費用のカンパをしているとよくいわれる話は，事実である。

（2）初体験

東京都内の高校生3000人を対象とした調査結果（1999年7月22日付朝日新聞）によると，高校3年生の40％弱が性交体験者である。初めての性交経験の動機は，女子の場合，「愛していた」（69.2％），「ただなんとなく」（13.9％），「遊び・好奇心」（11.9％），「酒を飲んだ上」（5.8％）であった。これに対して，男子は「愛していた」（40.0％），「遊び・好奇心」（24.4％），「ただなんとなく」（17.8％），「酒を飲んだ上」（10.2％），となっている。一概に傾向を論ずることは危険であるが，この調査結果をみると「意に反して」男性に遊ばれた女子生徒が少なくないことがわかる。そこで，ここでは女子生徒がどんなきっかけで性交を始めるのか，具体的な事例に即して述べることとする。

生徒からたびたび聞く話に次のようなものがある。「高校生になって男の部屋に行くことは，『エッチすること』だった。中学生のときは大丈夫でも……」。「2人きりで話をしたいからといわれて彼の部屋にいくと，おのずとすることは決まってくる」。「バレンタインデーにチョコレートを渡したらお返しにとキスされた」。彼女たちは，事前にこのことを予測していないことが多い。思わぬできごとに呆然となり，しばらく自分を見失う。その後，2人の関係が彼女たちが「ラブラブ」と表現するような，恋愛関係へと発展するととりあえず困った問題は生じない。その後，望まない妊娠を避け，学業に影響を及ぼさないようにすれば，「ハッピーな」高校生活となる。問題はその反対の場合で，男性に「やり逃げ」された場合である。デートまではいわゆる「ラブラブ」の雰囲気で，性行動をして別れたその日から連絡がとれなくなる。これは男性が携帯電話の番号を変更するなどして，彼女との関係を一方的に終結させるのである。彼女たちは，このことを「やり逃げされた」という。これは女生徒にとって「だまされた」ということを意味する。こうした場合，たいへんなことになることも多いわけであるが，その事情は後述する。

先の調査結果に戻ろう。「愛している」から性行動をするというのは，性行動が相互の愛情の証（記号）として機能していることを示している。ただ，これを文字通りに解釈してはならないのは，1章と2章から明らかである。彼らのあいだに強い恋愛促進規範が共有されていること，そして好きでもない人と性行動を行なうことは「イケナイこと」だという規範も共有されていることを考慮しなければならない。彼女たちは常に恋が始まるのを「漠然と」待っている。自分のことを「好きだ」といってくれる異性の登場を待っているといってもよい。そこで男性に性行動を求められる。相手の男性と恋愛関係を積極的に結びたいと思ってはいなかった場合でも，明確に拒否することがむずかしいと彼女たちはいう。これが恋愛促進規範の効果である。しかし，好きでもない人と性行動をしたのならば，「イケナイこと」をしたことになる。こうした過程を経て，相手を「愛していた」と後づけ説明しているケースは少なくないと考えられる。

そうだとすれば，「遊び・好奇心」や「酒を飲

んだ上」という初体験の理由も，単なる「性意識の乱れ」などと簡単に断じることはできない。彼女たちに，生殖を前提としない性行動を「悪いこと」という前提のもとに性教育を施したとしても，また避妊のための知識のみを教えたとしても，効果は上がらない。彼女たちが強い恋愛促進規範を内在化していることを認めたうえで，何が自分の幸せのために必要であるか，各自に考える機会を与え，その力を養う以外に方法はないであろう。筆者が(1)のような問答を生徒とくり返す理由はここにある。

(3) 浮　気

　彼らが保健室でもちかける恋愛についての相談ごとは，避妊や妊娠に関することだけではない。ひとりでぶらりとやってきた3年生のA男は，ベッドに寝転がり天井を見つめている。

筆者「どうしたの，なにかあったの？」
A男「彼女が話をしてくれない」
筆者「けんかしたの。どちらが悪いの？」
A男「おれやけど……，あやまるのは嫌や。他の女の子と遊んだのを，友達がチクった（告げ口した）からバレた」
筆者「エッチしたの？」
A男「していない」
筆者「彼女が怒っているのは，あなたが好きだからよ」

　こうしてけんかのいきさつを聞いているあいだに，A男は決心がついたようで，「あやまる！」と一言残して出ていった。

　浮気をするのは男子だけではない。3年生のB子は，2年間つきあっている同学年の恋人がいるのにもかかわらず，夏休みにアルバイト先の年上の人と性関係を結んだ。2人で写した写真を彼に見つけられ，「許してやるから，本当のことを話せ」と迫られ，そのことばを信じてすべて話したところ，翌日になって別れを告げられたのである。

泣きじゃくるB子に何かいわなければならない。彼を信じて告白したのに手のひらを返され，裏切られたくやしさと後悔で泣きじゃくるB子に，「浮気をしたあなたが悪い」「彼が怒るのも当然」などとB子の非を責めることは無意味である。ここは，B子の悲しみや悔恨の念をしっかり受けとめてやることである。筆者はB子にこういった。「自分の秘密をひとりで持ち続けるのは，重荷を背負っているのと同じで，しんどくて苦しいものなの。それを相手に打ち明けることは，その重荷を相手に渡すことになり，相手にその重荷を背負ってもらうことになるわけ。打ち明けたあなたは重荷をおろしてホッとしたでしょうが，反対に彼がそのことで苦しみを味わっている。うそをいうのではなく，告げないことが彼への思いやり。秘密はひとりで背負うものよ」。

　生徒のこのような相談に対する対応のしかたとして，この助言が適切であったかどうかはわからない。親密な2人のあいだには，たとえ不作為であっても，うそがあってはならないという立場に立てば，この助言は誠実さに欠けるかもしれない。お互いに最も信頼を寄せ合う恋人どうしならば過ちや欠点を含んで受容しあうものだ，という立場に立てば，「あなたを許すことができれば彼の愛は本物だ」といえよう。性行動の排他性の規範自体を相対化して，「あなたが悪いとは一概にいえない」ということもできる。しかし，ただみずからの過ちとそれを彼に告白したことを猛烈に後悔し，2度とそれをくり返したくないと思っているB子にとって，その時点で彼女が納得できる論理を提供してやることが重要だと筆者には思われたのである。

　別れを告げられたB子であったが，3日後に彼が「俺がいなければ，お前は学校では一人ぼっちになるから助けてやる」と言い訳をして，許して（？）くれたとのこと。結局，彼も恋人を失ったさびしさに耐えられなかったのだろう。

（4）だまされる女生徒

　C子は顔が小さくて目の大きな細身の生徒である。インターネットで知り合った近隣の他府県に住んでいる大学生と初めてデートをすることになった。C子によると，彼は頻繁に電話をかけてくれ，誠実そうだという。服装も新調して，親には友人宅に泊まるとうそをつき，彼とのデートを前に「（セックスを）やりまくってくる」と周囲に漏らしてルンルンとでかけていった。そして翌日，C子は非常に満足して帰ってきたのであるが，幸せだったのはそこまでであった。その後，彼に電話をかけても一向につながらない。携帯電話の電源が切られていたのである。彼は10日間「行方不明」であったが，C子は「どうしたのだろう？」と彼の安否を気遣い，不安ながらも性関係をもったあとの新しい感情，いっそうの親密感を味わっていた。ところが，やっと電話がつながった10日後，その彼にじつは彼女がいることが判明するのである。

　「だまされた……」。C子は傷つけられた自分の心を癒すのに，辛い苦しい日々を過ごしていた。周囲の友人からは「やけくそになったらだめよ。自分を大事にすること」と忠告を受けていた。しかし，次の恋に走るのは速かった。生活環境のまったく異なる，高校生ではない男性とつきあいはじめ，そして半年後にはみずから中退への道を選びとり，学校を去ってしまったのである。

　この事例は，現代の女子高校生において恋愛と性行動がどのような位置づけにあるかをよく示している。C子がデートの前に「やりまくってくる」と周囲に言ったのは，彼女が性行動それ自体を欲していたからではない。1，2章での議論のくり返しになるが，高校生のこうした発言の一部から「性道徳が乱れ」ていると考えるのは誤りである。すでに1章で述べたとおり，性行動は恋愛関係の存在を意味する記号なのである。C子は「彼にとても愛されている」ことを明確な形でいち早く認識したかったのである。彼女にとって，この時点での性行動は「愛の証」なのであるから「道徳的」なのである。そう考えたほうが，C子が今回の教訓をまったく生かすことなく，「ロクに相手を吟味せず」次の恋に走ったことをうまく説明できる。だまされた結果，愛するものどうしで性行動をするという「貞操」が傷ついたから「悲しい」のであり，恋をするという「幸せ」をつかみたかったのである。

　もし古典的な性道徳がまったく失われており，性行動を奔放に楽しむという態度がC子に形成されていたとすれば，C子はまったく別の行動をとっていたであろう。彼の裏切り行為に対しては「悲しみ」よりも「怒り」の感情が芽生えるはずであるから，さっそくだれかに恋したいとは思わなかったかもしれない。そもそも彼とあわてて性行動をしようとせず，よく楽しめる相手かどうか吟味したと思われる。あるいは，事前に性行動だけの関係と割り切ってつきあったとも考えられる。そうであれば，同じ結末であったとしても，「だまされた」「やり逃げされた」と受け取らないだろう。単なるみずからの判断ミスと考えたと思われる。このことから，C子の行動は筆者の世代からみればただの「不純異性交遊」にみえるのだが，それは誤りであることがわかる。実際にはC子の行動は，恋愛促進規範のもとでの愛情の希求の結果であることをうかがい知ることができる。

2．高校生の問題は大人の問題

　ここまでにあげてきたのは，いずれも高校の保健室で筆者が見聞きしたものである。もちろんすべての高校生がこのような経験をしているわけではないが，彼らがとくに「ませて」いるわけでもない。恋愛促進規範のただ中に毎日を過ごしているすべての高校生にとって，現実となり得る話である。

　さて，ここまでにあげてきた事例をざっとなが

めてみると，彼らの抱えている問題は〈大人〉と〈子ども〉の中間としての「思春期」の問題ではなく，大人の男女関係にまつわる問題と同質であることがわかる。もっとも，彼らの頭（と心）の中の大部分を恋愛と「性」が占めるということ自体は，第2次性徴を過ぎ，異性への関心が飛躍的に高まるからこそ生じるものである。その意味では「思春期」的な問題であるのだが，筆者の世代の「常識」では，思春期の「性」への関心はあくまでも「憧れ」のレベルのものだと考えられている。だから，高校生が実際に性行動を行なったと聞けば，どうしても「性非行」などというイメージをもってしまう。そして，そうならないように，「大人」の世界としっかりと区別して彼らに「健全な」環境を与え，「性」への関心を他のことに「昇華」させようとする。

しかし，それはまったく無意味である。いくら隠したところで，彼らは性行動をすでに自分たちのする「恋愛」の一過程としてとらえている。そうした状況下で性行動を一律に「よくないもの」として彼らに接するならば，彼らもまた自分たちの行動を隠すようになる。その結果は，望まない妊娠や性感染症の増加である。

では，彼らにアドバイスできる立場にいるものは何をするべきか。ひとくちにいえば，彼らに自分で判断する判断力とそれに必要な情報を提供してやることに尽きる。たとえば，自分にとって性行動とは何か，彼（彼女）への思いとみずからの性的欲求の関係を問いかけることの必要性を訴えることである。これは何も抽象的なことだけではない。具体的にいえば，異性とつきあうとき，2人の関係はどのようなものなのか，おしゃべりだけ，キスまで，性交までＯＫなのか，デートの前に考えて臨むことである。

ここで，性交まで考えるのであれば，お互いの考えを尊重できることが，その条件であることを伝えなければならない。大人の場合においても，性行動についての2人のあいだの欲求と考え方の違いが，男女のすれ違いの原因となっていることはよく知られている[†1]。たとえば，男性中心の快楽を描いたビデオなどで性行動のイメージを形成した男性とゆったりとしたふれあいを求める女性とが，初めて性行動に臨んだ場合を考えればよい。男として自分はこの欲求をもっているから，相手の女性も自分と同じ欲求をもっているはずだという男性と，自分はこうであるから相手の男性も同じ気持ちだろうという女性の，それぞれの思い込みが，男女の性のトラブルに発展するのである。こうしたことを明確に話せるような信頼関係を，性行動の前に形成しておくことである。そうすればおのずと避妊のことくらいは事前に了解しあえるはずなのである。

望まない妊娠を経験した女子生徒が「避妊のことをいうと相手にフラれると思っていえなかった」というのを筆者は何度も聞いた。我慢と抑圧を強いる性行動は「愛情伝達のコミュニケーション」ではない。そのことを彼女がよく内在化していれば，その相手との性交には応じなかったであろう。そこで，「生殖としての性」をベースにしながら，「ふれあい・コミュニケーションとしての性」「性愛の性」について学ぶ性教育が重要となってくるのである。

引用文献

[†1] 村瀬幸治　1995　ヒューマン・セクシュアリティ　東山書房

――まとめ――
7 公然と「性」を語ろう
―性教育で何を教えなければならないか―

〔卜部敬康・林　理〕

　援助交際をはじめとしてさまざまな場面で指摘されているように，ここ最近10年の若者の性意識や性行動のあり方はそれ以前とは明らかに異なってきていることは事実であろう。それは1章で述べたように，性行動の低年齢化であり，「性」の日常化とも表現できるものである。この事実認識自体は，本書も（本書で批判した）多くの人びとの見解と大した違いはない。ところが，こうした事実をおもに社会心理学の知見に照らしてながめてみると，その事実を生み出している原因についての「常識」（性道徳の乱れ）とそれに対して社会がとるべき対策についての「常識」（規制を中心としたもの）とは，いずれも否定されなければならないことに気づく。その考察が，ここまでの議論である。

　若者の「性」についての態度と行動は，恋愛促進規範に煽られた「恋愛のアノミー」と表現すべき状態であり，これと古典的な貞操観念を両立させようとした結果であると考えれば，2章や6章に示した事例をよく解読できる。だとすれば，若者が共有する非公式の規範を無視して，彼らが接触する性情報や彼らが担い手となっている性風俗を外側から規制したところで，効果はほとんど期待できない。社会に存在するものへの接触を禁じることも無意味であるし，こうした情報や商品化の機会を社会から完全に排除することもできないからである。恋愛促進規範そのものを外力によってなくすことは，現代の自由主義社会体制を維持する限り不可能である。蛇足ではあるが，そのこと自体が現代社会の「動かしようのない」特質だというべきであろう[注1]（3，4章）。また，「規制」が無効であるのは何も「性」に限らない。そもそも恋愛や性をめぐる常識自体が歴史的には変動しているのである（5章）から，「正しい性道徳」が唯一存在するという前提に立って，若者の「性」に関する態度と行動の様式を評価することに，正当性はないのである。

　以上がここまでの議論であった。これは若者の性をめぐる諸問題に対して，もっぱら「規制」に頼ってきた従来の対策をきびしく批判するものであるが，どのような対策もすべきではないと主張するものでもない。若者みずからが設定した行動規範の結果とはいえ，2章や6章に示したような構図で悩みを抱え，途方に暮れる人は少なくないからである。そして，そのような人びとがマスメディアを通して次々と誤った性知識を「買い求め」ることが常態化している現状が望ましいわけではない。

　恋愛促進規範と伝統的性道徳のあいだで誤った性知識を身につけながら性行動が促進されることは，現代の若者が抱える構造的病理であることは確かである。しかし，売買春を法で禁じるなどして彼らの行動を直接に規制することや，ポルノビデオやポルノ雑誌の出版・流通を禁じるなどの性情報を規制することでの若者の「生活環境の浄化」という形の規制は，いずれも病理の「構造改革」にはつながらない。恋愛促進規範をよく内在化した若者は，禁止されても隠れてその行動様式を維持する（4章）はずである。これが長年にわたる社会心理学の研究成果が私たちに教えるところである。構造的病理のただ中にいる若者に，周囲の「おとな」が手を貸せることは何か。それはこうした研究成果に学んだものでなくてはならないだろう。では，どんな方法があるだろうか。唯一の方法ではないが，たとえば学校の性教育でどんなことを彼らに伝えることができるか，この［まとめ］ではそれに絞って述べることとする。

　10代の望まない妊娠とそれにともなう人工妊娠中絶や性感染症に罹患する青少年の急増といった状況をふまえて，その対応策としてすでに性教育の必要性が語られ，学校で行なわれる性教育の内容も10年前，20年前とはかなり違ったものとなっている。中学生や高校生の保健体育の教科書中の「性」にまつわる記述量は，確実に増加している。

(注1) 現代社会の特質を，長い歴史的な文脈でいうならば，「個人が解放された」社会，あるいはそれを意識的に指向している社会であると，ひとまずいうことができるだろう。具体的には，生まれた場所や家によって結婚相手や職業が「個人の意志とは無関係に」決められてしまうことは，少なくともタテマエのレベルでは，「よし」とはされなくなったことなどをさす。これは，個人が，近隣集団や直系家族制のもとでの家族集団などの伝統的な社会集団から解放された結果である。これのおかげで，私たちはみずからの生きがいを，だれに遠慮することもなく追求する権利を獲得している。一方，このことは同時に個人の欲求の肥大化を招く。自分の欲求が充足されないのは，自分の能力や努力の足りなさにのみ帰属される。この状況は，「永遠の不満の状態に罰せられている」ようなものである†2。これがアノミーである。恋愛促進規範は必然的に「恋愛のアノミー」をもたらすことになる。この傾向は非可逆的変化であり，規制によって改善されるものではない。

それでも筆者らが行なった調査によれば，学校の性教育は生殖に直接かかわる性機能に大きく比重が置かれている一方で，具体的な性行動についての内容や「性」を心理学的ないし社会学的にとらえる視点などは扱われていなかった。そして，その部分の知識をマスメディアから得ていることがわかったのである。

1．「性」を公然と議論できる土壌の育成

2章と6章の事例に典型的に現われているように，お互いを「恋人」と認め合っている男女のあいだで，一方（多くの場合は女性）の意志に反した性行動が行なわれている場合が少なくない。換言すれば，お互いが性行動のパートナーであるという合意（性行動をするならこの人！）は存在するが，この時この場面で性行動をするか否かについては合意形成が十分でないことが多いのである。一方（多くの場合は男性）が「恋人なのだから」と当然のごとく性行動を求め，もう一方（多くの場合は女性）が拒否できないまま応じてしまう図式である。恋愛促進規範を内在化しているうえに，性行動が恋愛関係の記号となっているから，拒否することに違和感を覚えてしまうのである。また，拒否することができないだけでなく，避妊を確実に行なうことなども同じ理由で言い出せなくなってしまいがちである。これは望まない妊娠や性病の蔓延の原因にもなっている。

この悪循環を支えているのは「女性が性を語るのは恥ずべきことだ」というあまりにも伝統的な心性であり，この心性を強くもつべきだというのが女性の性役割の一部でもあった。こうした事実認識から出発すれば，彼らに寄与し得る教育的アプローチは自明であろう。すなわち，「性」をどう考えるかという態度や感情は人によって異なるという前提から出発し，みずからの性行動についての態度やニーズの内容，価値観を表明することは当然のことであるという態度を育てることである。具体的には，性行動は親密な人間のあいだに交わされる親密なコミュニケーションの一形態であるから一方のニーズだけが優先されるべきではないこと，そのためには十分な意志の疎通が必要になること，結果の責任は双方が負うべきであること，などをどこかで教えるべきであろう。これらが十分に理解されるならば，たとえば女性が性行動のパートナーである男性に避妊を要求することは，男性からみても女性からみても何ら不思議なことではない，とみなされるようになる。

このことが了解されるならば，「性」にまつわる正しい知識をもつことはみずからが相手と親密なコミュニケーションを図るための教養であり，不謹慎な「ワイ談」ではないこともまた，自明である。このような心性を育てることができれば，「性」への興味をもちながらも人に聞けず，一人で読んだ雑誌の記事をうのみにして誤った知識を積み重ねていくという事態は，なくなることはなくても少なくなると思われる。

ここで誤解を避けるために断っておきたいのは，これは「羞恥心を放棄せよ」といっているのでもなければ「性行動のプライベート性」を否定するものでもないということである。「公然と性を語る」とは自分の性経験を語ることを意味するものではない。「性」についての態度や信念はその人の人間観ないし人生観の一部をなすことを自覚すべきであるということであり，友人どうしで人間観や人生観を語りあうなかに性を語ることが含まれていることは，何ら悪いことではないという意味である。ワイ談でしか「性」を語れない状況を脱し，真剣かつ有意義なこととして「性」を語れる場を醸成すること——これが，性教育でめざすべきことだと思われる。

2．「性を学ぶ科目」から「各科目で性も学ぶ」へ

では，そのために何が必要となるか。その方法として考えられることが，ここの表題の意味する

ところである。性教育はもっぱら特定の科目でなされるのがふつうである。保健体育で扱う内容に，現在のように性教育がさかんになる以前から二次性徴や自我防衛機制などが含まれていたため，保健体育の教科内容を拡大して性教育が実践されることが多い。教科をこえて学校全体の取り組みとして性教育が行なわれる場合でも，保健部が中心となることが多い。若者に必要となる知識が提供される場が設けられるという意味で，以前にくらべて性教育が充実してきていることは評価すべきことであろう。しかし，中学生や高校生にインタビューをするとすぐにわかることであるが，こうした教科の「性」の単元になると照れながら茶化してみたり，教科書を読みながら照れ笑いが起こったりしながら，淡々と進められ，一定の知識が定期試験で問われる程度の扱いであることが多いという。これでは，学校の授業なのに「ちょっとHな話」がでてくる単元があるということに過ぎないため，主体的に「性」を考えるきっかけを生徒に与えることは困難であろう。

むしろ社会科や理科といった各教科のなかで，その教科内容の一部として「性」に関係のあることを扱うことが，必要であろう。「公然と性を語る」ためには，「性」を考えることが学問（各科目），ひいては人間を語る際にごくあたりまえに含まれていることを知らなければならないからである。たとえば，人間の性行動の様式が他の動物と著しく異なるという知見は，理科や社会科の中で紹介されるべきであろう。また，夜這いの風習などの民俗学的知見も社会科の中で紹介されてもよいはずである。異性への好意を詠んだ和歌を国語科で紹介するときにも，関連知識として当時の好意感情と性行動との関係を論じる余地はあろう。

とくに，セクシュアリティにまつわる知見やそうした学問領域が存在することは，社会科のなかで紹介されてしかるべきであろう。たとえば，高校生の教材としても有意義だという判断から，筆者はオナニーが民衆にどのようにとらえられてきたかについて歴史的な変遷を追った赤川学の研究を高校の授業で紹介することがある。オナニーはかつてはからだに有害だと考えられていたが，最近ではそう考える人はいないことから，オナニーをめぐる世論は歴史的に「有害論から無害論へ」変遷したというのが従来の常識であった。これに対して，赤川は丹念に文献資料を分析した結果，むしろ現代では青少年はオナニーをするのがあたりまえだという言説が主流であることから，「強い有害論→弱い有害論→必要論」へと変遷したことを示したのである[1]。これはセクシュアリティ研究としても重要な発見であったし，こうした言説に惑わされるのは高校生や中学生であることから，性教育としての機能も果たすだろう。しかし，この研究を紹介する筆者のとらえる意義はそれだけではない。赤川の研究からは，オナニーに対する偏見が現代になって単になくなったのではなく，「若者がオナニーすることへの偏見」がなくなるにあたり「若者がオナニーしないことへの偏見」を生み出したことを読み取ることができる。だとすれば，若者に身近な「性」にまつわる素材から，偏見や差別の再生産過程を学ぶことができるのである。性教育の目的と教科学習の内容をみずからの主体的な問題としてとらえることを，両立し得るものと考えるのである。

3.「セクハラ」と性教育

さて，ここまで述べてきたことを実行しようとした場合，大きな壁としてたちはだかるのが，いわゆるセクシャル・ハラスメント（「セクハラ」）の問題である。授業で「性」を題材に取り上げるのは「環境型セクハラ」にあたるのではないか，という議論である。セクハラは，本来ならば「特定個人への性的行為の強要」が構成要件に含まれていたはずであるが，最近はこうした議論が多い。もちろん，授業の題材とはいえ，本人の意思に反

して特定の個人の性経験を公開することは許されないのは当然である。セクハラ概念をもちだすまでもなく，明らかに個人のプライバシーを侵害するからである。これは題材が「性」でなくても同じである。しかし，「性」を話題にすることをだれか一人でも不快に感ずるのならばすべきでないという議論は，やや乱暴であるように思われる。「だれかが不快に感ずる」というこの基準に従う限り，どのような話題も「環境型セクハラ」のように，不適切とされる可能性は排除できないからである。

　性を題材に授業を行なうことがセクハラにあたるかどうかについては，もっと数多くの論点からの考察が必要になるが，ここでの目的に照らして1点だけ指摘して結びとしたい。それは，深刻なセクハラを許さない土壌を醸成するために，「公然と性を語る」心性を身につける必要があり，「性」を相対化して議論することに慣れる必要があるということである。組織内で権力を利用して性的関係を強要するような典型的なセクハラは，多くの場合被害者である女性が，羞恥心ゆえに「自分が被害者である」ことすら隠すことで成立する。「被害に遭う女性にもスキがある」という差別的な視線を恐れているとも考えられる。いずれにせよ，加害者側が「被害者は黙っているはず」と考えているところに，セクハラを生む土壌があるといえる。「環境型セクハラ」などといって「性」の話題を授業においても締め出すことは，短期的には女性の権利の保障にみえるが，じつは長期的にはセクハラを生み出す温床（女性は「性」については沈黙を守るはずだという観念が多くの男性に共有されている状態）を育成していることになるのである。

　むしろ数ある話題のひとつとして，「性」を「公然と」語ること。飲酒の果ての非日常な話題（ワイ談）としてではなく，真面目な話題として「性」を語ること。これがセクハラをも含めた「性」にまつわる病理の解決への第一歩である。

引用文献

†1　赤川　学　1999　セクシュアリティの歴史社会学　勁草書房
†2　大村英昭　1989　新版　非行の社会学　世界思想社

II部　現代の若者文化の「常識」
学校教育

　いじめ，学級（学校）崩壊，少年犯罪など，教育とその周辺の問題がたびたび発生し，それらに対する処方箋を求めてさまざまな議論が沸騰するのだが，出口のみえるようすはまるでない。むしろ議論すればするほど，ますますわからなくなってくる感さえある。「教育」というのはだれにとっても身近な問題であるだけに，話に先立ってある種の「常識」が前提として共有されやすい。「受験に勝てる勉強法」というのもその一例である。教師や親はしばしば，「1日×時間以上勉強すること」などといった目標を子どもに課す。これは勉強の成果が勉強時間に大きく左右されるという考え方に基づくものであり，その背景にある「重要事項を効率よく暗記するのが受験に勝てる勉強法である」というのが，この場合の「常識」である。勉強はつまるところ暗記である，と考えれば，「暗記できる量が時間に比例する」というのもまた「常識」である。そしてこの「常識」は，歴史の年号や英単語は言うに及ばず，数学の公式や国語の文法にいたるまで，すべての教科で通用するものと考えられている。

　しかし，これは必ずしも正しくない。後にも述べるが，「記憶の体制化」という心理学の知見からすれば，それ自体では意味が希薄で断片的な知識を大量に記憶しようとするよりも，一つひとつの意味内容に関連性をもたせて「ものごとのしくみ」を「大局的に」理解するように努めたほうが，結果的に多くのことを覚えられる。第一，そのほうが「意味のある」知識を得ることができる。もっとも，こうした勉強法に人びとが駆り立てられる背景に受験制度の問題があり，根本的にはこれを考え直す必要があるといえる。しかし先の議論からも明らかなように，大量の棒暗記に頼る勉強法は，「受験に勝つ方法」としても，けっして得策ではないことだけは確かである。読者諸氏には「それが本当なら，どうして多くの人がこれに気づかないのだ？」という疑問もあろうが，I部の10章で述べたように，「ウソもみんなが信じればホント」なのである。

　そこでここでは，学校教育にまつわるこうした「常識」を検討する。学校教育の実践に際し，多くの教師が「あたりまえ」だと考えている「常識」には，社会心理学をはじめとした学問の成果に照らし合わせてみると，正しくないものも少なくない。8章では，こうした教師のもつ「迷信」をいくつか紹介する。そして，このような認識に立って，巷では「教師バッシング」がさかんであるが，ある意味で教師には気の毒である。というのは，こうした巷の「学校教育批判」や「教育論」も学問的にみると誤った言説が多いからである。9章では，こうした一般にくり広げられる学校批判や教師批判の落とし穴について述べる。また，私たちは「教育」を語るとき，どうしても自分の受けてきた教育や通った学校という，ごく限られた経験をもとにしてつくった「教育」という営みに対するイメージを介したコミュニケーションに陥りやすい。こうした事情も手伝って，実際に学校で教育実践にあたる場面でどんな問題が生じているのか，私たちにはみえにくい部分もある。10, 11章はこうした問題についての現場からの報告である。12章はこれらをふまえた結論として，社会心理学の立場から具体的な提言をしている。「教育改革」というような政策論議の場面ですら，現代の学校教育を考えるうえで社会心理学的な視点がしばしば見落とされてきたこと，そして私たちが暗黙のうちに前提としている「常識」からの脱却を図ることが，これらの問題を解決に向かわせる第一歩であることを結論的に示している。

8 教師の常識は学問の非常識
―「教育のプロ」の「しろうと理論」―

〔卜部敬康〕

　学校を舞台にさまざまな問題が起こっている。よく「学校の質の低下」とか「教師の力量不足」などといわれ、教師がその批判の矢面に立たされることも多い。なかには教師にその原因を求めるべきではないものも含まれている。教師にとっては気の毒な時代である。教育問題を構成しているものは、教師の資質や学校の体質だけではない。個々の教師には統制不可能な要因があまりにも多い。とくに、一部の教師が起こした不祥事や教師一般の力量不足を指摘して「袋だたきに」すればよいというものではないことはいうまでもない。

　だが、発達途上の子どもたちに、学校という場で「制度的に」接することのできるのは教師だけであることを考えると、学校教育を考えるうえで教師の営みを検討することは、やはり欠かせない。本書では、一部の教師が起こした不祥事や学校内で発生した重大事件の分析を通して「教師論」を語るという方法はとらず、教師の日常的な仕事や学校とその周辺で毎日のようにくり返されるできごとに焦点をあてる。それらについて多くの教師が「あたりまえ」だと考えている「常識的な知識」のなかには、学問的成果に照らし合わせると重大な誤りを含んでいるものも少なくない。

　学問的吟味を経ることなく、常識的に人びとに共有されている知識体系を「しろうと理論」というが、ここでは教師のもつ「しろうと理論」のいくつかを取り上げ、それらを根拠に展開されている「常識的な」指導の内容と方法を検討する。教師の「しろうと理論」の問題点を指摘することで、教師が日々の教育実践について「脱常識」を図ることを助け、学校改善のための新たな視点を提供することが本章の目的である。

1. 教師の「しろうと理論」とその誤謬
(1)「教科指導」の常識
　―「重要事項の暗記」が効率のよい勉強法？―
　これは教師のもっている「常識」というよりも、教師も生徒自身も、そしてわが子の進路を案ずる親や生徒集めに腐心する塾経営者にいたるまで、ほとんどすべての人によって疑うことなく信じられているものであろう。もっとも、「勉強とは何か」と正面きって問われれば、「暗記すること」だという人は多くないかもしれない。学校の授業を通じて「知ることのおもしろさ」や「批判の精神」を会得することは、それが可能ならば大切なことだと考える人も多いだろう。もちろんそう考えている教師も少なくない。しかし残念ながら、それらも大切だが受験に勝つためには「まず重要事項を効率よく暗記する」ことを優先せざるを得ないと考える人はさらに多いと思われる。そして、それができたうえで学問の深さやおもしろさを理解していけばよい、というのが大方の見解だろう。これは「型から入る」という考え方であり、生徒指導などではよく用いられる方法である。しかし、これは後述するがじつは逆効果である。

　こうした教科指導の「常識」は受験競争への対応として生まれたという側面もあるのは確かである。しかし、そればかりとも言い切れない。受験競争への対応として暗記が重視されるのならば、受験競争にあまり縁のない学校では「暗記にとらわれない」教科指導ができるはずである。具体的には、たとえば歴史の授業では、細かい史実の年号を暗記させるのではなく、歴史の流れを大局的に理解させる方針で授業を行なうこともできる。試験の方式にしても、持ち込みを許可する方式や大きな問題に対して一日がかりで答案を作成する方式で試験を行なうことで、生徒の取り組みを多角的に評価することも、こうした学校ではしやすいはずである。

　ところが、実際はそうではない。授業の展開は、練習問題の難易度を落とすこととスピードを緩めることを除けば、ほとんど変わるところはない。試験の形式をみても、「（　）に適切なことばを入れなさい」という問い方自体は普遍的である。受

験校にくらべて異なるところといえば，空欄に入ることばが平易な語であること，記号選択式であること，あらかじめ試験範囲を明瞭に示しておくことなどにすぎない。これらのことから，暗記が教科学習の中心というのが，教師のあいだに広く共有されている「常識」であることがわかる。

さて，教科学習において暗記を重要視するこうした「常識」が，生徒指導の「型から入る」と同様の誤りであることはすでに述べたが，記憶のメカニズムからしても棒暗記の重視は望ましくない。

ここに「ＪＡＬＮＴＴＮＥＸＫＩＸ」という綴りがある。これを今すぐに記憶しろといわれてできるだろうか。アルファベットの無意味な綴りであると思った人には，ふつう不可能である。ところがこれは３つずつに区切ると，「ＪＡＬ：日本航空」「ＮＴＴ：日本電信電話株式会社」「ＮＥＸ：成田エクスプレス」「ＫＩＸ：関西国際空港」である。これらのものを生活を通して身近に感じている人や見慣れている人は，容易に記憶できる。すなわち，無意味な12文字を記憶することは困難でも，3文字ずつまとめることで有意味な4つの事項になれば簡単に記憶できる。もっとも，12文字をただ記憶することが可能な人もいる。が，それはごく少数であり，また通常の努力で獲得可能な能力でもない。

私たちがそれまで知らなかったことや合理的に説明できなかったことに根拠をもたせ，知識を獲得することが学校の授業のひとつの重要な役割であることに異論の余地はなかろう。この例でいえば，12文字の無意味綴りを4つの有意味な事項に変換する作業こそが授業の意義である。実際の教科指導に即していえば，歴史では人類の歩みを大局的かつ理論的に説明し，理科や数学では瑣末な計算よりも理論体系を「定性的に」理解させることをまず重視すればよい。記憶を重視する授業は，12文字を無意味綴りのまま「根性で」記憶することを要求しているに等しく，とくに記憶力のすぐれた生徒でない限り，学力がつくはずはないのである。

こう述べると，「子どもたちはアニメやゲーム，歌手や俳優のことなどは詳しく知っている。そのエネルギーを勉強に向ければよいだけの話ではないのか」という反論が予想される。しかし，これはじつは反論になっておらず，むしろ上記の論の説得力を高めているとさえいえる。なぜなら，彼らが芸能人の個人的なプロフィールまでよく覚えているのは，「細切れの情報を大量に棒暗記している」のではないからである。いくつかの情報をもとに統一的な全体像（モデル）が形成され，それ以後の情報はそのモデルとの関係で把握する（その人の行動や細かい属性などの個々の情報のなかには，先に形成された全体像〈モデル〉から「演繹的に」導けるものも多いはずである）。その結果として多くの情報を記憶しているのである。一見互いに関連のない大量の情報が，「○○さん像」というかたちで一個の有意味な体系に集約されることによって，記憶することが可能になっているのである。

ちなみに筆者は極度の鉄道愛好家であり，日本の主要都市間の距離やそこを走る列車の種類，所要時間，沿線の見どころや駅弁のある駅などはほとんど覚えているが，これも単純記憶の成果ではない。興味をもって接するうちに列車のダイヤや速度，沿線の地形などを統一的・理論的に把握できた結果，たいていのことは少ない誤差で「演繹的に」導けるのである。こうして得られた知識は実効性がある。たとえば，読者諸氏にぜひともおすそわけしたいのは，「台風襲来時に新幹線を利用するときは，こだま号が無難」というものである。これは駅を通過中または停車中に新幹線の線路とプラットホームの位置関係をよく観察すればわかることだが，（名古屋・新大阪などすべて停車する駅を別にすれば）新横浜駅や新神戸駅といった例外を除いて，通過列車はホームに接しない。したがって，台風などで立ち往生する場合，こだ

(注1) ペットボトル飲料の普及によって，2000年の途中から新幹線車内の冷却飲料水供給機が撤去されたので，長時間の「缶詰め」にともなう悲劇はさらに大きくなったものと思われる。

ま号なら駅で停車する限り車外に出られることがふつうだが，ひかり号やのぞみ号では立ち往生した場所がせっかく駅構内であったとしても，本来の停車駅でない限り通過線に停車するので，車内に缶詰めにならざるを得ない。こうなると，遅れが数時間から半日に及べばたいへんなことになる。車内販売の飲み物や弁当が売り切れれば「ヒモジイ」限りである。各車両デッキのゴミ箱があふれて，繁華街の路地並みの「悪臭」がたちこめるだろう。その点，こだま号なら立ち往生したついでにふだん下車しない駅のうまい駅弁を楽しむことすら可能である(注1)。

こうした実効性のある知識を得られているあいだは「マニアである」ことをやめられない。いいかえれば，知識獲得の動機が継続されるということである。また，そもそも学問という営みは「意味の創出」にほかならない。学問という文化を継承することが学校の重要な使命のひとつであるとすれば，学校で習得をめざす個々の知識のあいだに有意味な体系性を構築することが，教科指導の本来の目標であるはずである。しかし，興味を喚起する以前に単純記憶を積み重ねる方法ではこれは不可能である。したがって，「効率よく暗記する」ことは，じつは「最も能率の悪い」勉強法なのである。

(2)「生徒指導」の常識

①「服装の乱れは心の乱れ」という「常識」がもたらす服装・頭髪指導

多くの中学校・高校では，制服の着方（スカート丈・ズボンの長さ・靴下の色など）と頭髪の長さや色などを「校則」として定め，生徒にそれを守るように指示している。教師が日頃から違反者に注意するだけでなく，年数回の定期検査やそこでの違反者の追跡調査と個別指導など，一連の「服装・頭髪指導」にかなりのエネルギーをさいている。筆者がまったくのプライベートで中学校や高校の教師と話す機会に恵まれたとき，しばしば「生徒指導部っていう役割があるそうだけど，どんな仕事をするのですか？」などと聞くと，ほぼまちがいなく「服装・頭髪指導」の話が中心になる。

では，服装・頭髪指導はなぜ必要か。教師の最大公約数的見解は，おおむね次のようなものである。

> 「服装の乱れは心の乱れ」ということばがある。服装や頭髪がだらしなくなることが，非行の第一歩である。これを放置すると，望ましくない交友（交遊）を経て，学力低下を招くことで非行に走りやすい。そこまで悪化しない場合でも，しばしば生活目標を失い，充実した学校生活を送れなくなる。このこと自体，青少年期の発達にとってマイナスであり，また学校で充実感が得られないことで，しだいにホンモノの非行に走りかねない。その意味で，服装や頭髪は「非行のサイン」であり，非行の「早期発見・早期治療」のためにも，服装や頭髪の指導は不可欠である。

こうした考え方は，教師の世界ならずとも，一見疑う余地のない「常識」であるが，「致命的な」誤謬を含んでいる。それはまず，「服装の乱れは心の乱れ」の意味をよく考えれば明らかである。「服装の乱れは心の乱れ」ということばはもともと，「服装の乱れ」は「心の乱れ」を表わしているから要注意！という意味である。すなわち，

心の乱れ（原因）──→ 服装の乱れ（結果）

ということである。「乱れ」とは具体的には何をさすのか，という問題をひとまずおけば，この判断自体は誤りとはいえない。その人の気分や感情といった精神状態によって，志向する服装が異なることは一般にいえる。その意味で，服装の乱れている生徒は学校生活を含めて何か問題を抱えているのではないか，と教師が生徒指導のてがかりに服装を考慮すること自体は自然であり，また必要なこともあろう。

●ものさしまで持ち出してズボンの丈を測って，何の意味があるんだろうか。でも服装指導をやめようなんて，とても言えないし。他の先生と同じようにするしかないか。

しかし，それと「服装・頭髪指導」に意味があるかどうかはまったく別の問題である。少なくとも「心の乱れ」に対する指導の第一歩としてはまったく無意味である。なぜなら，論理的には「結果」を除去しても「原因」の解決にはならないからである。具体的にいえば，「心の乱れ」の結果として現われた服装や頭髪の乱れをいくら矯正したところで，それを引き起こしている原因である「心の乱れ」は解消されないから，(「腕ずくで」守らせた場合を除けば) 結局「服装・頭髪違反者」は後を絶たない。したがって，「服装・頭髪指導」の教育的必要性を考える以前に，生徒の服装や頭髪を正すための方法論として，こうした指導の効果ははじめから期待できないのである。

② 「基本的生活習慣」の確立と「型から入る」指導

先の説明は，現役の教師や「教育熱心な」方にはいささか物足りないものであろう。「服装・頭髪指導」の基盤となる教育観を抜きにした議論だからである。ここでは，それらについて検討しておこう。

多くの学校では，生徒指導の重点目標のひとつに「基本的生活習慣の確立」をすえている。これは小学校だけでなく，高校にいたるまで事情は変わらない。「基本的生活習慣」とはやや抽象的な概念であるが，多くの教師にとっては生徒指導のあたりまえの前提であり，その内容を改めて論ずることは少ない。ごく大まかにとらえれば，「生徒として身につけるべき望ましい生活習慣」というほどの意味であり，具体的には，①遅刻をしない，②あいさつをする，③授業中に私語や居眠りなどをしない，④そうじや整理整頓をする，⑤服装と頭髪を正す，⑥登下校中の寄り道の禁止，⑦友達どうしでの旅行・外泊をしない，などをさすのが一般的である。「服装・頭髪指導」はこの一環として位置づけられるものである。小・中学校ではともかく，高校であればもちろん基本的生活習慣の形成が生徒指導の最終目標ではないのだが，

より高次の目標達成のためには，まずこれらをクリアすることが前提（必要条件）だと考えられている。いいかえれば，「生徒が充実した学校生活をおくる」という目標達成の手段として基本的生活習慣の確立を指導し，その水準に達しない生徒の尻を叩くことに，教師は大きなエネルギーを費やしているのである。

こうした指導体系を支えているのは，「型から入る」という方法論である。要約すれば，以下のような考え方である。

　生徒にいきなり抽象的な目標を示しても，生徒はその意味を理解しない。まず「型」を示し，これに従わせることで，生徒は「型」のもつ意味を理解し，やがて「型」をこえるようになる。「服装・頭髪指導」もこれが最終目標ではないが，服装と頭髪を正すという「型」から入ることによって，社会のルールや対人関係の礼儀といったものが身についていく。

こうした考え方は生徒指導の「常識」であり，教師を対象とした手引書にも散見される。こううまくいけば理想的なのだが，こうした「発達モデル」を仮定すること自体がじつは誤りである。

「型から入って型をこえる」というのは日本の伝統的な武道や芸道にみられる考え方であり，生徒向けの講話にも時々使われる表現だが，武道などと生徒指導の方法論はそう簡単に同一視できない。「型から入る」のは「型をこえる」ためであるが，これは「型」そのものが「美」であると定義されていることと，「型をこえた」状態を言語化し，伝えるのが困難だからという事情によるものである。そしてスポーツでも武道でも実際に「型をこえる」ことのできる人はごくわずかである。だからこそ，それができる一流選手やエリート武道家を私たちは尊敬したり，彼らの技をみて楽しむのである。これに対して，生徒指導は生徒全員が対象であるのだから，その目標や方法は「ふつうの人」が達成可能なものでなければならない。その

意味で，生徒指導の方法論的基盤として，「型から入る」は適切ではないと言わざるを得ないのである。

では「型をこえられない」ふつうの生徒が，「型から入った」場合，どうなるのか。これは長期的視点を見失って短期的成果に血道をあげるという，私たちがしばしば陥りやすい失敗そのものである。つまり，「型から入る」のはあくまでも「型をこえる」ための手段であることが忘れられ，「型そのものが大切」という学習が成立してしまうのである。これは容易に「型さえ身につけておれば……」に転化する。こうなると「型から入る」指導は，より高次の目標達成をますます困難にさせるばかりでなく，高次の目標に到達できない大部分の生徒に悪影響を及ぼすのである。人間のコミュニケーションにはメタ・メッセージが多くの機能を果たすという社会心理学の古典的知見からすれば，この結論は当然である。この点については12章のまとめで詳しく述べることとする。

③ゲームセンターは非行の温床，という「常識」

筆者がまだ小学校低学年のころ，スペース・インベーダーというゲーム機が開発され，その後およそ1年ほどのあいだに，ゲームセンターが繁華街のひとつの顔となった。それ以前も，「ブロック崩し」など数種類のゲーム機が喫茶店に置かれていたり，駄菓子屋に1台あったりしたのだが，このころから急速に青少年のあいだに人気を博していった。それにともない，ゲームセンターでゲーム代ほしさの恐喝や窃盗などが相次ぐようになり，しだいに学校で「ゲームセンターへの立ち入りを禁止する」という指導がなされるようになった。「ゲームセンターは非行の温床」というのは，その指導の根拠としていわれていたことばである。現在では，ゲームセンターがかなり一般化したこともあって，「ゲームセンターに行くな！」という指導そのものは少なくなった。しかし，「ゲームセンター」の部分を「深夜の繁華街」や「友人どうしの外泊・旅行」などに置き換えるとわかるように，要するに「悪いところには行くな！」という指導の論理自体は一向に変わらない。

この指導の根拠は，「生徒と非行文化との接触機会をなくしてしまえば非行に走る生徒は減るから，こうした機会を提供するような場所への出入りを禁じてしまえばよい」というものである。ゲームセンターに行けばそこで「不良」と出会うことになり，2つの危険がある。ひとつは恐喝事件などに巻き込まれてしまう危険であり，もうひとつはゲームセンターでの遊びに興じるあまりそこに集う「不良グループ」の価値観や行動様式を身につけてしまい，みずからが「不良化する」危険である。はじめから「いかがわしい場所」に生徒が行くことがなければ，いずれの危険も回避できるというわけである。

しかし，これは根本的な指導であるとはいいがたい。生徒の側にゲームセンターで遊びたいという欲求がある以上，一部の者は指導の網をかいくぐって行くであろうし，卒業という「免罪符」を取得してからは多くの者が行くことになるであろう。そこで彼らが遭遇する「危険」はまったく変わらない。これでは生徒が事件に巻き込まれたり「不良化する」ことが「在学中に限って」防げるにすぎないのであるから，指導の意味をなしていない。児童・生徒を社会の一人前の構成員に育てること（社会化すること）が学校の機能のひとつであるとすれば，非行文化に接触しても簡単にはそれに影響されない心性を育てることこそが重要なのである。

これはⅡ部の「性行動」で「性」についてすでに述べたことと同様である。思春期から青年期にかけての少年少女から「性」についての情報を完全に覆い隠すことが不可能なように，教育する側が望ましくないと考えるいかなる事物や情報も完全に遮断することは不可能なのである。先の例に即していえば，生徒がゲームセンターで「悪いこと」を見聞きしてくるとすれば，ゲームセンター

に行かなくても別の場所で同じことを見聞きしてくる。これをいちいち禁止するのは不可能である。くり返しになるが、このことは定義上、現代社会というシステムの一部であるといってよい。むしろ、「生徒はいずれどこかで非行文化に接触するものだ」という前提に立って、彼らが非行文化に接触してもそれを内在化しないような心性を育てるような指導のあり方を、教育する側が工夫すべきなのである。失敗をしないように多くの規制を設けるのではなく、生徒が学校の外で遭遇するであろうさまざまな場面における判断の材料を多様に豊富に提供することが、いま必要なことであろう。こうした社会認識が教育する側の教師に不可欠なのである。

また、社会心理学の古典的な理論に照らし合わせて考えても、従来の指導は逆効果であると考えられる。すなわち、いかがわしい場所への立ち入りを禁止すればするほど、ますます生徒に危険が及ぶということである。その根拠はⅠ部10章で森が論じた「予言の自己成就」である。先に紹介したひと昔前のゲームセンターを例にして考えてみよう。

「ゲームセンターへの立ち入りを禁止する」指導が行なわれる以前は、非行少年の多くがゲームセンターに「入りびたっていた」であろうが、一般の児童・生徒も「ふつうに」ゲームを楽しんでいた。乱暴な仮定だが、ここで少年客の10％が恐喝などを起こす可能性の高い「問題少年」で、残りの90％が一般少年であったとしよう。そこである時いっせいに学校で「ゲームセンターへの立ち入りを禁止」する指導が行なわれる。これが「ゲームセンター＝悪い場所・不良の温床」という予言にあたる。この指導を受けた子どもたちの反応を考える。学校にそれほどコミットしていない「問題少年」たちのほとんどはこの指導を無視し、ゲームセンター通いを続けるであろう。しかし、それ以外の子どもたちの多くは、ゲーム遊びをしたくても、それをあきらめるか多少とも控えるようにはなるだろう。仮にのべ人数で半分になるとすれば、「ゲームセンター禁止」の指導の前後で街中のゲームセンターの「生態」は次のように変化するだろう。

	禁止前	禁止後
問題少年：	10 →	10
一般少年：	90 →	45

これは、ゲームセンターで遊ぶ少年全体に占める「問題少年」の割合が、「ゲームセンター禁止」の指導を行なうことによって増加することを意味する。つまり、「指導」によって文字通りゲームセンターが「非行少年の指定席」となったのである。ＵＦＯキャッチャー（ぬいぐるみのつかみ取り）の登場以降、かなり「健全な」遊戯場となったゲームセンターだが、一時期はまさに「不良のたまり場」であり、「恐喝事件の巣」であった。そうした傾向に大きく拍車をかけたのは、学校の指導であったと、少なくとも理論的には考えられるのである。

2．常識的指導の問題点
―教師は「一致して」指導すべきか？―

前項で①から③にわたって述べてきたことを、自身の研究や研修を通じてすでに知っている教師も少なくない。また、これらのことに何となく気づいている教師も合わせれば、（全体に占める比率は少なくても）その数は相当なものになるだろう。筆者が講師で勤めた学校でも、そのような考えをもつ教師と出会うことができた。しかし、その考えを実行に移すことはむずかしいと彼らは異口同音にいう。

なぜ、むずかしいのか。社会心理学の立場からいえることは、そうした考えをもつ教師が教師集団内で少数派であることが、まず考えられる。一般に集団における多数派の見解は、集団規範のか

たちで集団成員の思考や行動をコントロールすることが知られている。そして、教師集団においては、日常の教育活動に対して、こうした集団規範がもたらす「斉一性への圧力」は強い。そこで、生徒指導や教科指導に対する強い統一指向性が生まれるのである。

こうした強い統一指向性の背景には、「教師が学校でさまざまな取り組みを行なうときは、全員が『一致して』これにあたらなければ指導の効果があがらない」という「常識」ゆえに、他の教師と異なる指導ができないという事情がある。もちろん、私たちの身近な経験則に照らせば、この「常識」は正しい。多くの教師が頭髪指導をしているところにひとりの教師が「茶髪容認発言」をすれば、たちまち生徒は「××先生が認めたもん」などと言って、ほかの教師の指導に従わなくなるのは自明である。いわゆる「指導が徹底しない」という状況である。それで、教師が現行の指導のあり方に疑問を呈することはタブー視されている。社会心理学の用語に従えば、教育活動全般について教師集団に強いインフォーマルな規範があるといえる。前項で①から③にあげたような指導のあり方に疑問をもつ教師であってもなかなか異議を唱えにくいということから、この規範自体はほとんどの教師が強く内在化していることがわかる。

しかし、この「一致した指導が望ましい」というのはあくまでも多くの教師によって「自明なこと」として直観的に信じられている信念であって、妥当性が確かめられているわけではない。こうした信念によって、数々の「しろうと理論」が指導法の中心をなしてきたことを考え、本当に指導法を教師間で一致させることが大切かどうか、本章の最後に、このことを批判的に検討する。

「チームが一丸となって……」という表現がある。優勝をめざしているチームの選手などがよく用いるものであり、集団の成員（メンバー）が、同じものをめざし、そのために同じことを考えるといった、一糸乱れぬことを意味することばである。このようにみんなが「優勝するんだ！」と「一丸と」なっているときに、「できるかなあ？」とか「このチームの××は弱点だからなあ」などということは、集団の士気（モラール）を下げることになるから、望ましくないことはいうまでもない。「教師が一丸となって遅刻の撲滅をめざす」などという表現がよくなされることから、教師集団が指導方針や意見の一致を重要視するのはこれと軌を一にした考え方であると思われる。

しかし、試合中のスポーツ集団（チーム）と日常の教育活動にあたる教師集団を同一視すべきではない。試合中のチームは、集団の目標とそのためにメンバーがすべき行動とが自明である。勝つことが目標であり、そのために各人が決められた持ち場で自分の技術を最大限発揮すればよい。細かい行動については、監督が明確に命令することが多い。このこと自体はスポーツのチームに限ったことではない。集団にはそれぞれ目標があり、その目標によってふさわしい行動や価値体系が決まる。目標達成を促進する行動は賞賛され、「足を引っ張る」行動は非難される。目標達成を支援するような集団規範が形成されることは集団一般にいえることであり、また必要不可欠なことでもある。

これを教師集団にあてはめてみよう。学校がめざす教育目標は、その最終的なものはかなり抽象的である。「社会を構成する有為な人材を育成する」など、ごく根本的なところでは自明であっても、その具体的な形はひとつに決まらない。個々の生徒によってめざす具体的な目標は異なるであろうし、個々のおかれた場面によっても異なる。抽象的な目標は、集う生徒や社会的な環境によって、常に異なった具体的実践目標に変換されることが必要である。教師の日常は、本来このような思考の連続だといってよいはずである。したがって、一致団結して各自が（目標達成のための）自明な行動を確実に行なうことが要求される試合中

(注2) グループシンクの研究を詳しく紹介した文献として，蜂屋良彦（著）『集団の賢さと愚かさ』（1999年，ミネルヴァ書房）をあげておく。

のチームとは違って，さまざまな場面における教育方法を個々の教師が独立に考えること，そしてそこから生まれた多様な意見をたたき台にした十分な議論こそが，教師集団には要求されるのである。強すぎる「統一指向性」はこうした議論を交わす機会を奪ってしまうのである。

集団討議などの場面でこの弊害が顕著に表われることを，社会心理学ではグループシンク（集団的浅慮）(注2)とよんでいる。グループシンクは，メンバーどうしの一体感が強く，集団目標も強く自覚しているような凝集性の高い集団が，早急に意思決定をしなければならない場面で起こりやすい。本来，凝集性が高いことは集団の生産性やメンバーの満足度を高めるなど，集団の活動にとってプラスにはたらく。しかし，この凝集性が高すぎると今度はグループシンクに陥りやすいのである。これは「世直し」などを標榜する集団，とりわけ一部の新興宗教や政治運動集団にみられやすい。人民寺院事件（p.76参照）のような集団自殺事件や地下鉄サリン事件などはこの典型例である。このグループシンクのメカニズムを明らかにしたジャニス（Janis, I. L.）[1]によれば，アメリカのキューバ侵攻作戦など，歴史的にみても大きな政策上の失敗とされる決議の議事録から，このグループシンクの兆候が読みとれるという。つまり，「あの時どうしてこんな決定を下したのだろう」と不思議に思えるような，愚かな決定がそこではなされていたのである。

このグループシンクに陥った集団の示しやすい具体的な症状はいくつかあるが，ここでの議論と深く関係するのは「全員一致への強い圧力」とそれによる「異論を唱えるメンバーの排除」である。学校という場は，常に分刻みでスケジュールが組まれており，けっして時間的余裕のある職場ではない。その意味で，教師たちは恒常的に「せかされ」ている。それに加えて，教師集団が生徒に対して強い指導力を発揮しようとして「一致した指導」にこだわることは，グループシンクを引き起こしやすい状況をみずから作りだしているといえるのである。

このグループシンクの予防策として有効なものとして，メンバーのなかに集団の多数派の見解に常に異論を提示するなど「アマノジャク」的な行動をとる人材を確保しておくことや，集団の決定をあえて覆すことを試みる討議を別に設定することが知られている。これを学校の教育活動にあてはめると次のような対策が可能である。

①教師の指導内容や指導方法について，あえて過剰な一致を避けることや，同じ学年団や校務分掌を意図的に異なった考え方をもつ教師で構成する。

②学期や学年を更新する機会などに，あえて現行の指導方法の欠点を全員で指摘することを目標とした職員会議を行なう。

③全員一致で得られた結論は，その後必ず懐疑的に考察する機会をもつ。

こうした対策をとれば，グループシンクの弊害に端を発する問題点はある程度は改善される。とはいえ，教師間で指導が一貫しないことのもたらす悪影響の懸念を抱く読者や教師はやはり多いと思われる。しかし，じつはこの悪影響はさほど大きくはないし，そのほうが望ましい場合さえある。この理由は次章以降で明らかにするが，教師が「一致した」指導に拘泥することからくるグループシンクの弊害が大きいこと，そしてそれがもとで学問的な根拠の乏しい指導が日常的にくり返されていることを，本章ではまず確認しておきたい。

引用文献

[1] Janis, I. L. 1971 Group think. *Psychology Today*, 5, 43-46. 山本憲久（訳）1972 グループ決定の落し穴："集団性脳炎" 岡堂哲雄（編）グループ・ダイナミックス，現代のエスプリ No.131.

9 一般人の「常識」も学問の「非常識」
―常識的教師批判の落とし穴―

〔卜部敬康・林　理〕

　教育のプロであるはずの教師集団に，人間や社会現象についての専門的知識や学問的思考が蓄積されていないことは残念ではある。しかし，本書の意図は「だから教師が悪い」「学校が悪い」ということのみを強調するところにはない。教師を批判する一般の人びとやテレビのコメンテーターの発言なども「しろうと理論」に基づいたものが多い。したがって，それらの影響下で形成された世論を反映する方向で教育改革を行なえば，教育現場の抱える問題はより深刻なものになるであろう。そこで本章では，学習塾の宣伝文句，新聞記事，ワイドショーのコメントやちまたで聞こえてくる井戸端会議での教育談議など，一般にみられる教師批判言説の誤謬を示すこととする。

　何か教育問題や教師の不祥事が起こると，学校の閉鎖性や教師の指導力不足などといった「教師問題論」がさかんになる。とくに，最近は学級崩壊やいじめなどに対する一般の関心が高まるにともなって，教師の明らかな不祥事や重大な過失だけでなく，教師の職務全般が批判的に注目されている。そしてこうした批判にこたえるかたちで，学校評議員制度や教師への民間人の登用などが検討されてきている。会社役員を校長に起用した東京都のように，すでにこうした実践にふみきった例もある。これらは学校外の声や発想を取り入れることでよりよい教育をめざす試みである。そして，実際にうまくいく事例も報告されるであろう。しかし，教員免許制度の意義などを根本的に考えてみれば，単純にそうした「苦肉の策」に頼るのもおかしな話である。そもそも特殊な専門性を必要とするから現在の教員養成制度ができたのである。その機能が不十分だからといって専門性をもたない人びとに安易に頼るのは，本末転倒であろう。

　なぜそのような発想が生まれ，それにあまり違和感がもたれないのだろうか？　いくら医療事故が多発するからといって，資格をもたない一般人に治療させるべきだとはだれも考えないだろう。医療を行なうには専門的な知識とそれを身につけるための特殊な訓練が必要だとだれもが考えているからである。いくら医療現場に問題があるからといって，外部の人間が修正できるものではない。「医者が問題だ」ということと「医者以外に代わりがつとまる」ことは問題がまったく別であることはいうまでもない。つまり，「しろうと理論」で医療を行なうことが不可能であることは，一般に周知されている。この論理が教師に対しては適用されていないことを考えると，昨今の教育改革論議の根元に「教育には専門的なノウハウよりも一般常識が必要」という暗黙の前提が国民のあいだに共有されていることになる。

　前章で筆者は教師の「しろうと理論」に基づく指導の実態を批判し，その根底に横たわる「専門性の欠如」を問題視した。この現状に対して，筆者と同様に学校教育批判を展開する人びとは多いのだが，その処方箋として想定しているものはまったく異なっている。その多くは，教師集団という世界で編み出された「しろうと理論」に対して，「世間」という名の別の世界で通用する「しろうと理論」を導入しようとしているに過ぎない。そうだとすれば，教師（学校）が「外部の声を取り入れる」ことは，その専門性を放棄することだけでなく，教育の目標や方法がどうしても「世間に受け入れられるもの」にかたよってくることにつながる。要するに，教師が「世間体を気にしすぎる」ようになるのである。

　こうした事態は，必ずしも学校改善に結びつかない。一定の社会常識を身につけさせることが教育の目的のひとつであることは確かである。しかし，既存の社会常識を学問的知見に照らして吟味することで，さらによい社会を築こうとする人材を育てることは，もっと重要なのである。教師の世間体意識が強まれば，こうした教育は期待できない。この弊害の典型が，前章で紹介した「服

装・頭髪指導」なのである。

そこでここでは，学校の外部からの教師批判や学校批判にみられる「しろうと理論」のいくつかを検討することを通して，有意義な教育を行なうための社会心理学的視座を提供することを目的とする。

1.「ゆとり教育」の功罪をめぐる「常識」

ここ数年，「ゆとり教育」についての議論がテレビや新聞などの報道を中心にさかんである。不登校，いじめ自殺や少年による凶悪犯罪がクローズアップされた数年前には，青少年の荒廃は受験競争を背景とした「詰め込み教育」の弊害であると考えられ，その反省から心の教育を充実させる目的で，いわゆる「ゆとり教育」や「個性伸長の教育」の必要性が論じられた。そして科目選択制の拡大，教科学習内容の削減といった教科カリキュラムの見直しや，各学校ごとに「ゆとりの時間」やボランティア実践の授業をつくるなど，さまざまな対策が講じられた。それに対して，現在ではこうした「ゆとり教育」の実施による学力低下が懸念されているように思われる。それは，新学習指導要領が適用される2002年度使用の教科書の内容をめぐって，こうした「ゆとり教育」という方向性に批判的な見方が新聞やテレビの報道に多くみられることからもわかる。ここではまず，「ゆとり教育」についてのマスコミの報道や世論にみられがちな常識的見解のうち，「ゆとり教育は学力低下を招く」と「ゆとり教育で落ちこぼれをなくす」という常識的な考え方について，その問題点を指摘する。

(1) 学力低下は「ゆとり教育」の影響か？

2002年度の新学習指導要領に基づいた教科書の内容をめぐって，将来の生徒の低学力化への懸念が高まっている。具体的には中学校の教科書でいえば，

・円周率を3.14でなく，3として計算させる
・夏目漱石の小説が取り上げられなくなった

といった変更点がしばしば議論の対象となっている。もっとも，「ゆとり教育」は学習内容の削減ないし平易化だけを意味するものではない。が，「ゆとり教育」を推進する文部科学省もそれを批判するマスコミも，こうした側面に焦点をあてて「ゆとり教育」を論じている。したがって，ここではまず円周率の問題をめぐる今回の学習指導要領改訂を例として，「ゆとり教育」がもたらす学習内容の平易化と学力低下の関係について考えることとする。

ご存じの通り，円周率とは（円周の長さ）÷（直径の長さ）のことで，つまり直径を何倍すれば円周になるかを示す数学定数である。円周の長さに限らず，円に由来するごく身近な図形の面積や体積を求める場合にも円周率が必要となる。そのため，小学校の算数でも円周率という用語こそ出てこないものの，「円の直径をおよそ3倍すると円周の長さになる」という知識は教えることになっている。実際のところ，円周率は無理数であるから正確な値を示すことは不可能である。これを小数で表現すれば，

$\pi = 3.1415926535\cdots\cdots$

と延々と小数点以下が続く。そこで高校以降では各領域の共通語として「π（パイ）」という記号で円周率を表わし，計算の過程でこれを含む量は正確な値そのものを計算することはなく，「π」を用いて定式化するのがふつうである。つまり，直径が10cmの円の周の長さは10πcmと表わされる。

ここで問題となるのは，その移行期にあたる中学校の数学での取り扱いである。従来は円周率が割り切れない値であることを教えたうえで，問題を解く場合にはこれを3.14として計算させていた。これが今回の学習指導要領改訂にともない，円周率は3として計算させることとなったのである。

●クッソー！　なんで割り切れないんだよ。いったいどこまで続いていくんだろう。

いま，仮に直径10cm（半径5cm）の円の周の長さを求めるとしよう。従来の指導要領のもとでは，児童・生徒は以下のように教えられていた。

小学算数：10×3＝30（cm）　　　（答）30cm
中学数学：10×3.14＝31.4（cm）　（答）31.4cm
高校数学：10×π＝10π（cm）　　（答）10πcm

2002年度以降は円周率を3とするのであるから，この問題に関しては小学校の算数と中学校の数学でまったく同じ内容を教えることになる。こうした現象が随所にみられることから，今回の学習指導要領の改訂は「学力の2002年問題」などといわれ，深刻な学力低下を招くとの懸念が広がっている。学習塾の宣伝広告のなかには，この問題にふれたうえで「高い学力を維持する教育」を標榜したものもみられる。この改訂によって小数を含む計算をする機会は確実に減るから，細かい計算力は全体的にやや乏しくなると予想できる。授業で扱う分量が減る分だけ，教えられたことを確実に覚える生徒（いわゆる「できる子」）の知識量が少なくなることも想像にかたくない。それを考えれば，「授業内容が平易になるのだから学力が低下する」という考え方は，疑う余地のない常識であるようにも思われる。

しかし，教科指導の本質的な目標を念頭においいて考えれば，そうも言い切れないことがわかる。そのためにはまず，数学の円周率を扱う単元で，何を理解させる必要があるかを考えなければならない。円周率の値は約3.14であるが，それよりも円周率が何であるか，つまり円や球といった図形を数学的に表わすときに円周率の概念を導入することでどんな意味があるか，ということこそ，生徒に理解させるべきことである。それは，すべての円において①周の長さが直径（あるいは円の面積が半径の2乗）の定数倍になること，②その定数は無理数で，割り切れないから面積などは概数でしか求められないこと，である。この2点をしっかり教えることが重要なのであり，計算上πを3にするか3.14にするかは本質的な問題ではないはずである。したがって，「円周率は3」の是非については「どちらでもよいこと」である。

さて，ここで円周率に関する学習指導要領改訂について，テレビ局の取材に対して述べたある計算機学者の示唆に富む見解を紹介したい。それは先の「常識的見解」とはまったく異なる理由で，今回の改訂に「賛成しかねる」というものである。円周率は前ページに示したように小数点以下が無限に続くものである。彼によれば，この円周率こそおそらく子どもが「無限」という概念に初めて接触する機会であり，このとき「無限に続くって，どういうことなんだろな……？」と漠然とした疑問にぶつかる。こうした疑問をもつことが知的好奇心の育成に不可欠なのであり，はじめから円周率が3と自明に与えられれば，こうした機会が完全に奪われてしまうのだという。

「漠然とわかり漠然たる疑問をもちながら学ぶことが重要」というこの考え方は，「あいまいさ耐性を高めることが創造性を高めることにつながる」という心理学の知見とも一致しており，教育論としてはきわめて卓見であるといえよう。

では，この見解に照らして考えれば，やはり円周率を「3.14」ではなく「3」とする今回の改訂は生徒の深刻な学力低下を引き起こすことになるのだろうか。しかし，その答えも「否」であろう。その理由を端的にいえば，先の計算機学者の想定する「学びの過程」はすでにほとんどの学校で失われているからである。つまり，8章ですでに述べたように，学校の授業が重要事項の暗記を中心になされているので，旧指導要領のもとでも単に図形の面積や体積を計算するために，円周率は機械的に3.14として与えられてきたからである。したがって，はるか以前から「円周率を学ぶことで無限の概念にふれる」機会は，事実上なかったのである。もっとも，単元のはじめに円周率の意味

(注1) 変わることといえば、（授業中や試験の際に解く問題の）「計算がラクになる」程度のことであり、条件反射的に試験の答案に書く数字のケタ数が少ないだけのことである。

についてひと通りの説明はなされるのだが、時間の大半は面積などを求める問題に使われ、計算そのものに力点がおかれる。したがって、本質的な意味における学力を涵養する機会はもともと存在しなかった。その意味で、学力低下は、学問の本質的理解を遠ざけてきた教科指導のもとで何十年もかけて徐々に進行してきたのであって、何も「今に始まったこと」ではなく、指導要領の内容と直線的な関係にあることでもない。

このことを簡単に確かめるには、ごくふつうの大学生に「円周率とは何か？」と問うてみるとよい。返答の多くは、定義そのものではなく「えー、3.14？」というようなものであろう。彼らの多くは、円周率の意味を言語で説明できるわけでもなく、無限小数をおぼろげながらイメージしているわけでもなく、「条件反射的に」3.14という値を覚えているに過ぎないのである。この状況自体はこの改訂の前後でさほど変化するものではない。(注1)

学力を何と定義するかは議論の多いところだが、事象を言語で説明できることや知識に体系性が備わっていることは、その重要な必要条件である。その意味で、円周率を用いて円の面積は計算できるが、円周率の意味を第三者に説明することはできないというのでは、円を扱う単元の学力がついたことにはならないことはいうまでもない。つまり、根本的な意味における「学力低下」はすでに進行してしまっており、もはや「落ちるところまで落ちている」のが現実なのである。

これは今回の改訂に則った教科書の内容を論ずる以前の問題であり、かつはるかに本質的で深刻な問題である。円周率をはじめ、教科書の記述が平易になることは現代の生徒の学力崩壊を象徴的に示しているので、問題の構図がだれの目からみてもわかりやすい。しかし、「低学力問題」の真の問題はそこには存在しない。8章で述べたような、「意味の息吹きを与えない」暗記中心の教科指導が、長い年月をかけて作りだしたものである。

円周率を3.14に戻せば解決する性質のものではないのである。だからといって、今回の学習指導要領の改訂とそれにともなう教科書の内容の削減がすべて妥当なものだともいえない（この点については後述する）。その対策は簡単ではない。教科指導のパラダイムの抜本的な見直しが必要となる。

(2) 「ゆとり教育」は落ちこぼれをなくすための対策か？

(1)で筆者は学習内容の削減がただちに生徒の学力低下につながるものではないことを述べた。しかし、これは生徒の学力低下が今に始まった問題ではなく、そのことと2002年度からの学習内容の削減とのあいだに直接的な関係は認められないことを示したのであって、一連のカリキュラム改革やそれにともなう教科書検定の過程、さらにその目的に十分な合理性が認められるということではない。今回の学習指導要領改訂は教える内容を従来より3割削減したものであり、ここ10年ほどの「ゆとり教育」路線をさらに徹底したものである。先の円周率の話もこの「ゆとり教育」を具体化したものである。II部「学校教育」のまとめ（12章）で社会心理学的な視点からみたこの「ゆとり教育」の意義について述べるが、現在推進されている「ゆとり教育」はそれとはまったく異なるものである。そして、「ゆとり教育」を推進する文部科学省の意図もまた、別のところにある。それは授業についてこれない生徒、いわゆる「落ちこぼれ」をなくすことである。「ゆとり教育」を行なえば「落ちこぼれ」がいなくなるというのは、「ゆとり教育」と「落ちこぼれ」の両方の意味を矮小化した議論であり、教育の質的な改善につながらない。このことを、(1)に続いて教科書検定をめぐる議論から抽出して示すこととする。

まず、先に指摘した円周率の話でも、3.14よりは3のほうが直観的にわかりやすいから、全員が授業についてこられるように中学校ではπを3と

教えるというのである。円周率の値を3として扱うこと自体は，円周率という概念の本質的な理解を妨げることにならないから構わない（したがってどちらでもよい）ことはすでに述べた。しかし，だからといって円周率を3と教えれば，3.14と教えるよりは簡単になるから落ちこぼれがいなくなる（減る）というわけではない。

その理由は2つある。まず，「落ちこぼれ」の数と標準化された授業の難易度とはじつは何の関係もない。このことは後述するので今はおく（p.160参照）。もうひとつの理由は，「3.14なら（問題が）解けないが3なら解ける」というのは単に計算ができるかどうかの違いであって，概念の正確な理解に到達しているかどうかとは何の関係もないからである。こうした考え方は，問題を解けないことをもって「授業についてこられない」とみなしているから成立するのである。意味は把握できていても最後の計算でまちがえた者は「わかっている」とみなせばよい。それは円周率を3.14と教えながらでもできることである。だとすれば，授業の組み立てや試験問題，評価方法を工夫すればよいことであって，円周率の数値をいくつと教えるべきかという議論は本質を見そこなったものである。教科書の内容を「見た目」平易にすることは，「落ちこぼれ」の問題を解決に導くものではないばかりでなく，学力問題の本質を隠蔽する作用すらもっている。

しかし，残念ながらこのような例は円周率だけではない。ある数学の教科書ではコラム記事の中の「6800000000000000000（680京）」という記述のうち，検定に際しての指摘によって（680京）の部分が削除されている。これはそれまでの学習指導要領では小学校における「大きな数」の単元で「億，兆などの単位を知る」ことになっていたのが，今回の改訂では「億・兆の単位を知る」となったことによる。「など」の文言が消えたことによって，それ以上の単位である「京」を教える必要がないのだから教科書への記述は避けるべきだというのである。小学校の算数の教科書でも，コラム記事で那由他（10の60乗），不可思議（10の64乗），無量大数（10の68乗）などを紹介したものが認められなかったなど，これと同様の検定方針によって削除された記述も数多い。

ここまで内容を「厳選」する理由は，教える内容をできるだけ少なくして「ゆとり」をもって学べること，それによって「落ちこぼれ」をださないためであるというのである（2001年4月5日付朝日新聞）。このような例は枚挙にいとまがないが，こうした内容の極端な絞り込みが(1)でも述べた学力不安に拍車をかけているのが現状である。

しかし，元来コラム記事のような話は生徒全員に覚えさせる目的で紹介されるべきものではない。あくまでも「興味をもつきっかけ」を提供するものであり，読んだ生徒の一部がおもしろがればよいという性質のものであったはずである。つまり，教科書のなかには全員が知らなければならないことと興味のある者だけ知ればよいことがあるのであって，「10個覚えた者が5個覚えた者よりエライ」というものではない。各学年各単元の究極目標は，たとえば「関数とは何であるか説明できること」といった次元のことであり，個々の問題を解いたり公式を知ったりするのはこれを達成するための手段である。

「ゆとり教育」とはこの原点に帰り，全員に覚えさせる個々の知識の絶対量を減らそうというものであったはずである。先に紹介したコラム記事のようなものは，究極目標の達成を支援する「てがかり」である。これが少なければかえって理解が困難であるから，てがかりは豊富にあるにこしたことはない。「ゆとり」とはてがかり（枝）を少なくして要点（幹）だけを教えることでスリム化を達成することではない。内容への興味を駆り立てるてがかりを豊富に用意しながらも，そのすべてを「無理して消化しなくてもよい」という方

(注2) 当然の帰結として，同一科目の授業内容に，担当教師によって多少の違いが生ずることになる。8章で述べたように教育内容・方法の細部を「一致させる」必要はない。それについて詳しくは，林・長谷川・卜部（編）『職員室の社会心理』（2000年，ナカニシヤ出版）を参照されたい。また，Ⅱ部7章で述べた「性」についての授業実践も，こうした認識のもとで可能になると思われる。

針で教育を行なうものなのである。そのためには，教科書の内容を減らしてスリム化を図ることは，逆効果である。教科書の内容は「最低限」だから，「すべてこなさなければならない」とだれもが考えがちだからである。そうではなく，分厚い教科書のなかから教師は生徒の関心に応じて内容を取捨選択すればよい。どの項目を教えてどの項目を削ったとしても，各科目ごとの「大局的な」達成目標との整合性を図って授業を組み立てればよいだけの話である。さらにこの議論からいえることは，中学校の高学年から高校にかけてであれば，科目のなかで担当教師の得意分野（専門性の高い分野）を詳しく掘り下げて教えてもよいということである(注2)。この点については，本章の最後と12章でも述べる。

現時点でこのように考える人は教師にもそれ以外にも少ないし，残念ながら先に述べたような「勘違い」が公然とまかり通っている。その背景には，知識の量を学力と考える学力観が前提となっていること，そして「落ちこぼれ」現象に対する基本的な誤解があることが考えられる。「学習内容を3割削減して落ちこぼれをゼロにしたい」というのは，その典型例である。前者の問題点，すなわち知識量が学力であるというとらえ方を改善すべきであることについてはすでに述べた。それをもとに後者について考えると，「落ちこぼれ」の問題は暗記している知識の量で一義的に決定すべきでないことはただちに了解できるだろう。

では実質的に「授業がよくわからない」生徒が「落ちこぼれ」なのだろうか。じつはこれも違う。クラスのなかで授業を理解していない生徒が多数を占めているような場合，ただ「わからない」だけでは「落ちこぼれ」とはみなされない。これは高校の理科や数学などに顕著な傾向である。よほどの進学校でない限り，「物理」の電磁気学の領域や「化学」のやや複雑な物質の水素イオン濃度（pH）の計算などは，意味内容を的確に把握している生徒のほうがごく少数であるのが実情である。だからといって，そのわかっていない大多数がそのまま「落ちこぼれ」とみなされるわけではないから，授業の理解度からみた場合の到達度で「落ちこぼれ」が決まるわけでもなさそうである。

しかし，どの学校でも教師からも生徒からも「落ちこぼれ」とみなされる生徒は確実に発生する。筆者が教鞭をとってきた学校でも，教師のあいだではしばしば，「＊組の○○と××はどうしようもないなあ」などといった会話が交わされ，少数の「落ちこぼれ」が存在するという認識が共有されていた。そして，この該当者はほぼ例外なく「知識の暗記量」も少なく，内容の大局的な理解もしていない。ところが，どんな生徒が「落ちこぼれ」の扱いを受けるか，長期的に注意深くその動向をみると，「落ちこぼれ」とされる生徒とギリギリでそのような扱いを免れる生徒との境界ははっきりしないことがわかる。典型例を示すとこのようなことである。いま仮に30点未満を欠点とすれば，10点台を連発する生徒は「落ちこぼれ」とされても，20点後半から30点をウロウロする生徒は明確に「落ちこぼれ」扱いを受けることは少ない。多くの教師が定期試験前に「試験対策プリント」のようなものを配布し，それと同じ問題を穴埋め式で試験に出題していることを考えれば，この2人のあいだに「意味のある」学力差が存在するとはいえないのだが，現実にはこのようなことで「落ちこぼれ」がつくられている。

この例でいう「落ちこぼれ」とはどんな意味をもつ概念なのだろうか。これまで批判的に述べてきた従来通りの学力観に立てば，10点の生徒は30点の生徒よりも知識量は少ない。もっとも50点の生徒や80点の生徒からみれば30点の生徒の学力もうんと低いのだが，あくまでも「落ちこぼれ」ているかどうかを判断する基準として「欠点」が用いられているから，30点の生徒が「落ちこぼれ」ているとみなされることは少ない。学力の質的判

断をひとまず保留して量的にとらえたうえで，知識量がその基準を著しく下回っている状態を「落ちこぼれ」と定義しているのである。

ところが，この基準に絶対値は存在しない。実施した授業内容や「対策プリント」の有無とその内容，配点方法などで大きく異なる。つまり，「落ちこぼれ」は学力が客観的にみて低いことを意味する概念ではない。同じ学力の生徒でも，ある時は「落ちこぼれ」とみなされ，ある時は「落ちこぼれ」ではないとみなされる。もちろん成績上位校と学力困難校とで「落ちこぼれ」の内容に差があることはいうまでもないが，ここで述べているのはそのことではない。同じ学校でも，年代やクラスによる特徴，その時にたまたま集まった生徒の持ち味やそれを評価する教師の指向性など，さまざまな偶然で「落ちこぼれ」の内容は変化するということである。あくまでも，「落ちこぼれ」というのはその関係者たちによってつくりだされるものなのである。Ⅰ部10章の用語に従えば，「落ちこぼれ」は社会的に構成された概念である。

具体的には，このようなことである。実施した授業の難易度が高くて10点台が続出しそうな場合，懇切丁寧な「対策プリント」を配布して試験問題を一部予告するなどして，一晩がんばれば1人や2人の「落ちこぼれ」を除いて，ほとんどの生徒が30点はとれるようにするだろう。反対に授業内容が平易ならば，90点以上が続出しないように，問題をひねるだろう。結果として，やはり1人や2人の「落ちこぼれ」が生まれるだろうと思われる。したがって，「落ちこぼれ」る生徒が出るかどうかということと授業の難易度とは直接の関係はない。これは，「落ちこぼれ」が社会的に構成された概念であり，これを生みだすしくみが学校教育活動に埋め込まれていることに由来するものである。そして，それ（落ちこぼれないこと）が重要なことであると教師や生徒を含めた関係者が信じ込んでいることによって，維持・強化されているのである。この状況を変えるのは簡単ではない。教育評価の方法はもとより，時間と手間をかけて私たちの教育観や学力観のパラダイム転換を図ることが必要となる。

以上の議論から，教科書の内容をやさしくすることによる「ゆとり教育」を推進しても「落ちこぼれ」はなくならないことがわかる。したがって，教科教育の内容や方法，とくに教科書の内容という水準のことを議論するとき，「落ちこぼれをなくす」という目標を掲げるのは無意味である。むしろ，生徒たちにとって必要な知識は何か，自立した市民に育つために必要な思考力を授けるために何をどのように教えるべきか，という視点で，教科書の内容を含め，教科教育の内容と方法が議論されるべきなのである。

2．教師の適格性をめぐる常識

学校批判や教師批判がなされるときには，必ずといっていいほど「学校の閉鎖性」や「教師の世間知らず」に言及され，「学校を社会に対して開かれたものにし」て「教師に社会常識を身につけさせるべき」だというような打開策が論じられることが多い。こうした状況を反映して，学校の外部の視点から教師を評価し，不適格と判定された教師に研修や配置転換を行なう制度が急速に定着しつつある。そこでは，不祥事や長期にわたる職場放棄のような一目瞭然な落ち度だけでなく，授業のしかたの悪い教師や生徒指導の方法が不十分な教師なども研修や配置転換の対象とされている。いいかえれば，そこでは「よい授業」や「正しい生徒指導」のあり方が半ば常識として想定されているのである。この「常識」をふまえた「よい授業」や「正しい生徒指導」を行なう教師が「よい先生」であると考えられており，その反対が「不適格教員」である。そして，「よい先生」を増やして「不適格教員」をゼロにすることが学校改善のために不可欠であると考えられているのである。

だとすればこの「常識」の意味する内容は，学問的に吟味されなければならない。なぜなら，もしこの常識的「よい先生像」に誤りがあれば，教育の質の向上をめざして行なわれた不適格教員の認定とその排除によって，まったく逆の結果を招いてしまうことになりかねないからである。ここでは，誤って「名教師」を教壇から追放する愚を犯すことを防止するために，これらの「常識」のもつ誤謬を指摘したい。

不適格教員の認定を行なうためには，各教師の能力が測定されなければならない。そして，そのためには評価基準，すなわち「望ましい教師像」が想定されていることと，その基準が客観的（だれが測定しても同じ結果になる）でかつ普遍的（どんな場面でもその基準が通用する）でなければならない。ここではまず一例として，授業とその関連事項についてこうした教師の評価が可能なのか，つまり「よい授業」の内容と方法を一義的に定義できるかどうかを考える。

常識的にどんな授業がよい授業と考えられているのだろうか。板書をロクにしない，生徒の質問にこたえない（こたえられない），というのが「不適格教員」の例としてよくあげられていることから，①生徒の質問に懇切丁寧にこたえること，②わかりやすい板書をすることの2点が「よい授業」の必要条件と多くの人が考えていることがわかる。また，「ポイントをおさえた授業」というのが学習塾や国家試験講座などの宣伝文句になっていることから，③要点を効率よく教えることも「よい授業」の条件と考えられているようである。あるいは「すぐに役立つ授業」と表現される場合もある。もちろん「よい授業」のイメージはこれだけではないであろうが，ここではこの3つが「よい授業」と「悪い授業」とを区別する妥当な基準であるのかどうかについて検討する。

まず③の「要点を効率よく」であるが，これは8章で述べたとおり，暗記中心の教科指導観に端を発した方法論であり，個々の知識が意味をもった体系をなすことを自覚させにくい。明日までに覚えるべき内容を示すには有効だが，得た知識を長い人生のなかで応用させるてがかりを与えてくれるものではない。逆に，長期的な視点でみるときわめて示唆に富み有効な授業だが，短期的にはその効用がわかりにくい，ということもあり得るのである。広範な知識に体系性を与えるような授業はしばしば抽象的な議論をともなうために，「ムダ話が多い」とか「冗長な」といった印象を与えるからである。これに対して，こむずかしい議論の経過をいっさい省略して，結果の要点のみをきれいなイラストとともにパソコンで箇条書きにしたプリントを配る授業のほうが，「わかりやすい」印象を与えやすいだろう。しかし，長期的に意味のある知識を与える授業だということはできない。「要点を効率よく」というのは「よい授業」の基準にならないばかりか，その反対にもなりかねない非常に危うい基準なのである。

では②の「わかりやすい板書」はどうだろうか。たしかに，同じことが黒板に書かれているのなら，板書の字が乱雑で読めないよりはきれいで読みやすいにこしたことはないだろう。しかし，全教師が「授業内容が一目瞭然でわかる板書」をめざすべきだというのは誤りである。授業では学問的知識のさまざまな側面を伝えなければならない。そのなかには，文字で書いたほうがよいものや図示することがふさわしいものもある。これは板書によって伝えればよい。しかし，授業で伝えるべきことがすべてこの方法ですむことはない。なかには映像が効果的なものもあれば，「語り」でないと伝わらないものもある。詳しい事例やものごとの細かいニュアンスなど，「うまく話すこと」によってしか伝わらないこともある。板書をすることなく，長時間語り続けることでしか伝わらない内容も存在するのである。その意味で，板書をまったくせずに語り続けるようなスタイルの授業も

必要なのである。すべての教師が板書を最重要視するような事態になれば，そのような授業スタイルは「適切に板書をしていない」という理由で「悪い授業」ということになってしまう。このような基準のもとですべての教師が「よい授業」をめざして適切な板書にのみ拘泥することになれば，授業で生徒に伝えることのできる内容に大きなかたよりが生じてしまうおそれがあるのである。

最後に，①の「生徒の質問に丁寧にこたえること」はどうだろうか。これは，これまでに取り上げた2つとは違って，確実にすべての教師が備えるべき資質であるように思える。筆者自身のもつ「よい教師像」とも合致するものであるから，校種や校風にかかわらずどの学校で教えるときでも，常にそのような教師でありたいと考えており，学生・生徒の質問にはできるだけていねいにこたえるよう努めている。また，先の2つがいずれも授業実践のうえで要求される技術的側面のみを問題にしているのに対して，これは教師個々人の教育観や教育者としての人格的資質が問題にされている。その意味でも，「生徒の質問へのていねいな応答」ができない人やそれをする気がない人は教師であるべきでない，というのが「常識的」見解であろう。

ところが，安直にそう考えるのは危険なのである。その理由はすでに多くの教師が日常の教育活動のなかで体験していることのなかにある。たとえば，学校に在籍している生徒すべてに「尊敬している先生」や「好きな先生」「嫌いな先生」をたずねてみるとする。多くの生徒が尊敬している教師のもっている資質を教師に必要な資質と考えるのが，先の「常識的」見解である。たとえば100人の生徒のうち95人までが尊敬するという「立派な」教師は学校に不可欠であり，その教師からほかの教師が学ぶべきものが多いことも事実であろう。しかし，この場合残りの5人はこの教師を尊敬していないということにも注目すべきである。この5人が「だれも尊敬しない」という場合を別にすれば，彼らはほかの多くの生徒が尊敬していない別の教師を尊敬していることになる。

これの意味するところは重大である。95人に尊敬される教師（A先生）と5人に尊敬される教師（B先生）とどちらが「よい」教師であろうか。このように問いかけられれば，多くの人は「A先生」と答えそうである。ところがこれは誤りであり，一概にそうはいえない。この例でいえば，少数であっても5人の生徒に深い感銘を与えたのはB先生であるのだから，この5人にとってはあくまでもB先生が「最高の教師」である。この5人にどのような教師が感銘を与えるかは，他の95人の場合とはまったく独立に決まる。「尊敬されている」を「よい授業」に置き換えても同様である。95％の生徒が「よい授業」と評する授業でも，それになじめない生徒が必ずいる。そして，多くの生徒が「つまらない」と感じている授業に対して親しみと関心を抱く生徒も少数はいるのである。

これは，本書のⅠ部4章で図書館について述べた「合成の誤謬」とまったく同一の構造である。多くの生徒が「よい」と考える教師を育成しようと努めれば，少数の生徒にとって尊敬できる「師」はいなくなってしまうのである。個々人の嗜好を集積すれば，質の画一化を生むということもできよう。

現在，「よりよい教育実践」のために教師を評価しようといわれることが多い。合成の誤謬の愚を犯さないようにするためには，よく用いられる「平均値」の上位の教員を優秀な教員としてはならないのである。だれかにとってかけがえのない「師」であることが重要なのであるから，むしろ分散の値が大きい人を高く評価するほうが，まだ筋が通るのである。

10 「村八分」ならぬ「職員室八分」
―職員室のいじめ問題―

〔太田　仁〕

1. 村八分とスケープゴート

「村八分」とは、江戸時代以降に村落においてみられる特定の個人または家族に対して加えられる私刑的制裁のひとつである。具体的には、村の規則や規範、文化的基準を著しく逸脱した個人や家族に対して、同一村落の他の成員が申し合わせて絶交することをさす。「はちぶ」については、「葬式」と「火災」の二つの場合を除く諸事について絶交したためという説や、仲間から「はずす」「はねのける」などの語からきたという説がある[†1]。

現代社会では転じて「仲間はずれ」をさすときに用いられる場合が多い。したがって、規則や規範にしたがっていても、ただ単に「気にくわないやつ」といった理由で「仲間はずれ」すなわち「村八分」になる可能性はある。

このように、われわれが日常使う「村八分」は社会心理学のトピックスにおいては、偏見の研究における「スケープゴート」と類似している。スケープゴートとは、ある特定の個人に向けられた集団的偏見により攻撃の対象とされた個人のことをさす語である。集団が与えられた目標実現に向けて効果的に機能しなくなったとき、成員の不満を解消するため「スケープゴート」は作られる可能性が高まる[†2]。

スケープゴートはその集団において、特定の個人について不快感や偏見をもつ身近な「重要な他者」からの社会的影響により生成され、その後、誤った関連づけなどにより生成された偏見が補強され、社会的現実になる。

したがって、類似した他者集団でしかも同調圧力が高い集団では一度生成された偏見は修正されにくく、集団内でスケープゴートとなった個人に対する攻撃（＝村八分）は長期にわたり差別をともない陰湿化する可能性をもつといえよう。本論では類似する「村八分」と「スケープゴート」をほぼ同義として扱う。

2. 教育の理想、社会の常識

「教育は、人格の完成をめざし、平和的な国家及び社会の形成者として、真理と正義を愛し、個人の価値をたっとび、勤労と責任を重んじ、自主的精神に充ちた心身ともに健康な国民の育成を期して行われなければならない（教育基本法第一条）」、「教育の目的は、あらゆる機会に、あらゆる場所において実現されなければならない。この目的を達成するためには、学問の自由を尊重し、実際生活に即し、自発的精神を養い、自他の敬愛と協力によって、文化の創造と発展に貢献するように努めなければならない（教育基本法第二条）」[†3]。教育の目的を実現するために掲げられた教育の方針を示す教育基本法第二条において、最も重要視されるのは「自他の敬愛と協力」である。互いを理解し尊重し、支え合う喜びを実感しながら成長発達する人間観に基づく教育の理想がここに端的に示されている。

上記の教育基本法は、意図的に、そして継続的に子どもの教育に携わる専門職としての教師にとっては、名実共にその教育活動の法的根拠を示したものであり、公立学校教員採用試験では出題率も高いこともあり多くの教師の記憶にとどまっている。

現代社会に求められている教育の課題とは、「児童・生徒の支え合い」「他者を思いやる心の育成」、すなわち多様な人たちとの共生を実現することである。具体的な指導目標としては、異性、高齢者、障害者に対してお互いを敬愛し、協力して目的を実現できる対人行動を身につけ、助け合い、補い合いながら生きる喜びの獲得にあるといえよう。

児童・生徒の教育の主体となる教師集団においては、おのおのの教育目標へのアプローチを尊重しつつ、教師集団が互いに理解と敬愛に基づく協力をすることによりはじめて児童・生徒を有為な国民として指導することが可能となる。

「日常、児童・生徒に他者を尊重し、敬愛する

ために，偏見や差別を戒め自己統制を求める教師は，みずからもそうあるはずだ」といった社会的期待は多くの人の常識のなかにある。

3．教師集団内の葛藤

しかし，現実にはみずからの教師集団内の欲求不満を解消する目的で人に嫌がらせをする教師はいる。教師集団内の特定の個人に対する偏見や差別によりスケープゴートとされている教師は，全職場の44％に存在するという調査報告もある†4。

攻撃方法は，子どもの「いじめ」の方法と酷似している。以下は小・中学校の教師集団内で実際にある，同僚に対するいじめの内容である。

①陰口―52％，②いやみを言う―37％，③口をきかない―23％，④職員会議での発言を無視する―22％，⑤他の職員全員で無視する―17％，⑥ことばで脅す―15％，⑦仲間はずれにする―15％，⑧冷やかしを言う―13％，⑨その教師の意見に他の職員全員で反論する―13％，⑩連絡をしない―11％，⑪職員会議での発言を取り上げない―10％，⑫おもな校務分掌からはずす―8％である。

多くの学校で，スケープゴートにされ陰湿ないじめにあっている教師は孤立無援の悔しさのなかで消耗していっている。児童・生徒の指導上の効果が見込まれる新しい教育実践を試みようとするときでさえも，いやむしろそういったときほど，他の教師からじゃまをされることは少なくない（20％の教師は「足を引っ張られる」と答えている）。とくに，同僚の自分たちにはとうてい真似のできない，すぐれた教育実践を前にしたとき，自責の念を免れるためにそのすぐれた実践者を非難・攻撃の対象としてしまうことがある。

また，比較的反撃可能性の低い職員を自分たちの集団内からみつけ，権威主義的な性格傾向が強い教師が，日頃から「気に入らない」と思っていた他人を見下すことでみずからの劣等感を補償しようと「スケープゴート」を作り上げる場合もある。

悪意にみちた誹謗中傷は，同調性の高い教師集団にあっては社会的事実になるにも多くの時間を必要とはしない。集団内に流布する情報と仲間から聞いた情報の一致度が高いことも手伝い，誹謗中傷は，より強固なものへと形成されていく。したがって，現代の教師集団内では，「聖職者」「教育の専門家」といった社会的期待や常識とは正反対の不満葛藤，対立が起こりやすい状況にあるといえよう。

4．とくに同調を求められる生徒指導

教師の問題解決過程は，一般に①問題の発見→②指導対象として問題を整理する→③問題解決に必要な時間的猶予の検討→④教師個人の経験や指導歴または事例集の参照→⑤援助可能性が見込まれる同僚への相談・援助依頼→⑥担当学年会議→⑦職員会議→⑧問題への取り組みとなっている†5。

したがって，公の場すなわち，学年会議や職員会議で検討されるまでには，問題行動への指導指針は決定されており，インフォーマルではあるが当該の児童・生徒はすでに具体的に指導を受けている場合が多い。いうなれば，学年会議や職員会議はそれまでの過程を検証し，承認する場であるといってよい。その場で反対されたり，誤りが指摘されてもすでに指導が進行中であり，それまでの指導と極端に異なる指導が公的な場で求められると，児童・生徒や家族に納得がいくように話すことは困難である。教師の80％以上が同僚と歩調を合わせる†6のに努力しているゆえんである。気のおけない同僚に相談し，仲間の理解と協力が得られる方法を選択する必要があるのだ。

当然スケープゴートにされれば気のおけない仲間もいなければ，他の職員の提案なら認められるものが非難の的にもなる。現場の教師を対象とした調査†7において「同僚の先生方と歩調を合わせようと努力していることがありますか」の質問に

対して，86.6%の教師が「はい」とこたえた。それは，どのような場面かという質問に対して81.9%が「生徒指導のしかた」と回答しており，とくにこの領域において「新しい，突出した実践」が全員に支持され，共通理解を得て効果をあげるまでに多くのエネルギーが必要であることを示しているといえよう。

5. 新しい教育相談実践の困難

近年，生徒の指導に，これまでの訓育・補導のほかに臨床心理学に基礎をおくカウンセリングの導入が学校教育相談の分野で行なわれている。担当する教師は各学校で1名，多くても2名程度であり，単身ポストであることが多い。大学在学中に臨床心理学などにより知識や技術を習得していて，教師実践を積んで担当する教師はほとんどいない。多くは，担当になってから研修や手弁当でカウンセリング講座に通い，見よう見まねで実務に携わっているのが現状といえよう。

しかし，臨床心理学はもとよりカウンセリング，教育相談に関する知識はなくとも，問題解決の得意な先生は多い。児童・生徒の話をうまく聞く先生，生徒と真っ向から対決する先生，放課後遊びながら子どもの心をほぐし，閉ざされた気持ちを解放させる先生，できないと泣いて混乱する子どもに少しずつやってみようと励まし，子どもと相談しながらスモールステップを用意できる先生，極端な考え方をする生徒に多様な考え方を示しながら適応的な行動を導く先生，家庭訪問し家族とうちとけ飲食をともにするうちに，子どもの問題行動をみごと緩解させる先生。

教育相談担当教師は，そういったベテラン教師や自分の指導に固執する教師，学級王国を作り，たとえ同僚でもけっして他者の介入を許さない教師，明らかに生徒の現状に対応できない，これまでの指導原則を金科玉条のように守ろうとする教師たちと，常に対立葛藤の危機に立たされている。

あやふやであいまいな知識や技術では，同調圧力が高く，突出を許さない集団においては到底太刀打ちできない場面にさらされている教育相談担当の先生は少なくない。職場で教育相談に習熟し，信頼度が高い教師が担当した場合においても，スケープゴートにされる可能性はある。

権威主義的傾向が強い教師や，職場や生徒，保護者の信頼を得ている教育相談教師に対して誹謗中傷を政略的に流す教師もいる。ねたみである。以下ではスケープゴートとされた教育相談担当教師の例を紹介する（内容は面接時に得られたものをほぼそのまま採用した）。

6. 常識では考えられない教師集団の村八分
●事例：教育相談担当の高校教師に対する村八分

教育相談は個室で行なわれることが多く，また家庭訪問も多い。そして，ひとりで担当することが多いため，他のインフォーマルな情報が入りにくく，気がついたら村八分だったということが多い。「個別相談」と「家庭訪問」の実態は，職員室で多くの同僚とともによく似た職務を遂行している他の教師にはみえにくい。「生徒を甘やかしている」「学校にいないで，外へ出歩いてばかりいる」といった非難の的になりがちである。

教育相談担当教師が効果的な相談活動を展開し実践効果があがればあがるほど，誹謗や中傷はひどくなる。なぜなら，教師の信頼が失墜した現在，生徒や親から頼られる教師をみると他の教師は「腹が立つ」からである。そんな教師たちの攻撃とは，教師とは思えない非人間的な内容のものである。

女子生徒が多く来談するようすをかいま見て「女たらしの教育相談」とひやかす教師。先日の家庭訪問のとき，子どもにと先生がもってきてくれたお菓子のお礼にと親が手みやげを持参するのをみて，「金もうけのためにやっている」と吹聴してまわる教師。あげ句の果てには校長までもが

加担し,「あんた,そんなに教育相談が好きなら,辞めてそっち(カウンセラー)にいったらどうだ」といって脅す。

日常の会話でも,その教師が近づくと話をやめる。話に加わろうとするとあからさまに不愉快な表情をして立ち去る。生徒や親と相談中であっても突然ドアを開けて,「何をこそこそ話してんの,そんなことより授業はいいの」と大声でどなる。他の生徒に対して「あの先生,授業がないといつでも(学校の)外へ行って遊んでいるらしいよ。ほら,今日もでかけるでしょう」といって,不登校の生徒宅への家庭訪問を逆手にとって生徒に否定的な情報を流す。懇親会などの飲食の席でもだれひとりとしてその教師の席には近づかない。新任の教師がきたらさっそく「あの人はまったく仕事しないでカウンセリングばっかりしているから,いっしょに何かすることになったらたいへんよ」と吹聴する。

孤立無援の教師は,それでも頼ってくる生徒や保護者との教育相談を続けたが,心労のため吐血し,翌年転勤した。

この事例と同様の事例は,女性に対するセクシャル・ハラスメントにおいても,年長の教師に対してもあることが今回の面接で明らかにされた。悪意にみちたこういった情報は,これまでの集団状況が影響し自己成就的に補強され維持されていく。

ひとりでも多くの悩み苦しむ生徒とその家族が脱出するためにと,それだけを願いに取り組んでいても,これでは担当者自身が生きる意欲すらもてない。事実を確かめようともしないで「あいつ(教育相談担当)は仕事もしないで,自分の勉強(教育相談)ばっかり」。担当者にしてみれば校務分掌で割り当てられた職務を忠実にこなしているにもかかわらず,矛盾した誹謗に苦しまなければならない。

本章では教師集団の内部における最も敏感な情報を収集するための具体的な方法として,以下のような方法をとった。

112名の教師に対して,研究の目的,方法の概要を示し,結果の発表方法についてプライバシーがどのような方法で守られるかについて説明した研究協力依頼文章を郵送した。

協力を得られた,小学校(11名)・中学校(22名)・高校(27名)の合計60名の教師に対して,2000年の4月~6月に個々の協力者の教師が指定する面接を実施し,質的データを収集した。前記の事例もデータの一部である。しかし,他にも教師集団内における教育相談担当者に対するこれと類似した非協力,無理解,邪魔,嫌がらせの事実が多くあることが報告された。以下では教師集団の特異性について検討する。

7. 教師の理想と現実

教員採用試験受験者数145,067人,採用者数11,787人,競争倍率(受験者数/採用者数)12.3倍(いずれも98年度)[8]。教育現場の惨状はたびたびマスコミ等で報じられ受験者も知っていると思われるが,「子どもが好き」で,「ひとりでも多くの子どもの心に寄り添い,その可能性を開花させたい」と考える教師をめざす人たちは少なくない。

子どもを前に,人としての生きる道をさとし,教育の目的を実現するために必要な知識や技術を教科学習や日常の生徒指導場面で個々に応じた効果的な方法で伝授する。児童・生徒は喜々として学校に足を運び,授業に聞き入り,教師を敬慕する。子どもたちの親も教師に感謝し,地域で学校と教師の活動を支え,学校を文化の発信源として集い,交流が深まる。残念ながら,現在の日本にそんな学校は多くは存在しない。

大衆消費社会は,教育や福祉,医療などの公的な領域の私事化を促進した。地域の学校が教育のすべてではなくなった。学校の教師よりもわかりやすく確実にテストで得点をあげる方法を教えてくれる「先生」は,塾や予備校にもいる。自宅ま

●教材研究をしなくては。テストの採点も残ってるし。職員会議が終わったら、家庭訪問もしたほうがいいなあ。アー、疲れた。

で来て自分にあった教材で、わかるまで根気よく教えてくれる家庭教師もいる。予備校では学校以上に豊富な情報により、的確な進学可能性を予測できるシステムがあり、情けないが学校は予備校に依存している。それどころか、進学指導講演会に予備校の担当者を招く学校まである。また、どんな年齢からでも学習ができる生涯学習のシステムも整備され、社会全体が学校化しているともいえる状況にある。

いつのまにか、地域の文化の先導者、地域のまとめ役、進路選択における最も確かな助言者は、教師ではなくなり、多様なシステムにその役割が移行したといえよう。こういった社会の変化に気づかないまま旧態依然として前述のような学校や教師を目標とすることは、悲しいことだが、幻想に近いといわなければならない。地域のリーダー、文化の発信源どころか、今や「教師の常識、世間の非常識」とまでいわれるようになり、学校の教師は急激に変化した社会に置き去りにされた感がある。

学校が社会で果たす役割があいまいになり、教師は自信をなくし、親や地域からは信頼を失った。学校は荒廃し教師の権威は地に墜ちたといった指摘もある。生徒に慕われ親に感謝され、地域に頼りにされる教師としての自己実現は不可能に近く、教師たちは効力感を得られない疲労のなか無力感を募らせている実態がある。

8. 学校システムの問題

暴行行為の発生学校数（中・高）5,408校、対教師暴力（中・高）4,279件、不登校（小・中）127,692人、中途退学（高）111,491人、いじめ（小・中・高）36,396件、20歳以下の青少年の自殺720人（このうち、公立小・中・高校生は、192人）[9]。指導の困難な子どもの増加、子育ての価値の多様化した保護者などの問題は、教師の指導レベルを超えている。なのに、学級定数（1クラスの児童・生徒数）はアメリカの3倍である。

校内では、教材研究、週間教育指導案の作成、テストの作成・採点、成績処理、学校行事の企画・提案・準備・実施・反省・申し送り事項の作成、校内研修会の研究活動への企画・実施・参加、部活動から看護助手（病気の子どもの介助など）、先述のカウンセリングについても勉強しなければならない。校外でも、教育委員会、教育センターが実施する研修への参加、地域の学校連合による各種委員会への参加、地域の行事参加・協力など。このほかに、担当の子どもに生徒指導上の問題が認められる場合は家庭訪問もしなければならない。他の国では各学校のしかるべき専門の担当者が遂行する任務も、日本ではひとりの教師が担当することが求められる。日本の教師はこれほどまでに、過酷な状況にありながら「それは、私の任務ではありません」とはいえない特殊状況におかれている。

さらには、すべての業務について、それが勤務時間外に及ぶことも日常的にある。採点や教材研究のため仕事を自宅へ持ち帰る教師。子どもの行動が気にかかり、夜になって親が帰宅するころに家庭訪問をくり返す教師。自宅の住所、電話番号は生徒や親に簡単にわかるしくみになっているためプライバシーも守られにくい。やってもやってもやりすぎることがないといわれる教師の仕事で燃え尽きる人も少なくない[10]。

期待される若い感性による職場への刺激は、児童・生徒の人数が減少しているため、新規採用者は少ない。教師集団の平均年齢は、小学校では41歳、中学校40歳、高校42歳、公立幼稚園は40歳、私立幼稚園31歳である[10]。けっして若いとはいえない集団である。

他の企業や業種にくらべて福利・厚生において教員は恵まれた境遇にあり、多くは定年まで仕事を続けるように思われがちであるが、実際に定年退職する教員は半数にも満たない[11]。産休や育休などの措置に恵まれているにもかかわらず退職者

が多いのは，教職の激務とそれを支える教師集団の機能不全が予想以上に広がっていることが推測される。

教師集団は「教師」という単一の職種（類似した他者）により構成されている集団であるため，比較・競争が生じやすく，集団成員すべてがライバルになる。「テストの平均点」「行事の出来不出来」「問題行動のあるなし」「生徒・保護者からの信頼度」あらゆる面で比較されている。文部科学省から地方の教育委員会へ，学校の管理職から教師へといったルートの上意下達で有無をいわせず決定された教育内容，教育方法により公務（私立の場合もこれに準拠して）を執行しなければならない。多様な子ども相手に自由裁量を許されなければ，教師は途方に暮れ無力感を募らせていく。

やっても，できてあたりまえ，みずから激務が予測される校務を引き受ける先生は少ない。やったところで効力感を手に入れられるわけでもない。へたをすれば，「しゃしゃり出て」とターゲットにされかねない。いつも子どもや親，同僚の評価を気にして仕事を押しつけられる教師は，神経をすり減らしている。

教師の7割は「職場でイライラする」といっている[14]。そして，仕事のことをまったく考えたくないという教師も過半数を超えている。ストレスのおもな理由としては，「多忙」「同僚教師との人間関係」「自分自身の力量」となっている。ストレスにさらされ続け，精神性疾患を理由として休職している教員も年々増えており，その理由として，①生徒指導上の問題，②教科指導上の問題，③地域，家庭からの学校教育への過度な期待，④仕事量と質の不均等な負担をあげている。

教師は，自分が担当する児童・生徒の問題を早期に発見し，解決するために自分が焼き切れるまで取り組みを続けている。しかし，「先生はよくがんばっている」「先生たちの熱意と指導があるからこそ，子どもたちのデタラメさがこの程度に抑えられているのだ」といった評価はあまり聞かれない。

9．疲れ果てる教師たちのあえぎ

面接した教師の報告から，あえぐ何人かの教師たちの姿を紹介する。

学ぶ目的や意味を見いだせず，授業を拒否し欲求のままにやりたいほうだいの子どもを前にして，毎日「今日はどうだろう」と子どもの顔色をうかがい，体の不調を感じながらも恐る恐る教壇に立つ教師。家族の不和や崩壊に悩みそれでも仲間内では明るくふるまい続ける生徒が，やがて刺激だけを求め，悪いことをすればするだけ地位が向上する反社会的行動に身を投じていく。さみしい気持ちは理解できても何もしてやれないふがいなさ，無力感を感じる教師。教師はもとより，友人や家族との交わりさえもいっさい拒否して自室に閉じこもり，たまに部屋から出てきたかと思うと暴れまわり親を傷つけ罵る。そんな生徒にかかわるすべをもたず，うろたえる教師。家庭と学校との連携をと親を訪ねても，受験の成功だけを目的と考え，子どもを自分の勲章としか考えられない親にことばをなくす教師。すでにまひした家族機能についてはまったく何の頓着もなしに，学校に何から何まで依存しようとする親にあきれる教師。担当の教師への不信とうっぷんを校長や教育委員会に直接訴える親に当惑する教師。

子どもや親に可能性を見いだせないまま，どのように教職生活を続ければよいのか混迷の淵に立たされている教師は少なくない。だれからも評価も感謝もされず，自尊心の維持どころか心身の健康維持もおぼつかない教師たちに，身近な他者から提供される情報を客観的に吟味する余裕はない。

10．わかりにくい教師集団内いじめ

「まさか教師仲間どうしで」他の集団内にみられるような集団内葛藤や差別・偏見はもとより，

陰湿ないじめなどないと思われがちである。この常識がスケープゴートにされ陰湿ないじめにあう教師救済の障害となっているのではないだろうか。そのために心身に異常をきたすまで追いつめられ，不本意な転勤や休職，退職にまで追いやられる教師が少なからずいることが，統計や今回の調査から明らかになった。寝食を忘れて子どものために駆けまわっていたのに，連携し支えあえるはずの同僚に追いつめられ，職場での居場所を失い，教育への情熱を失って休職する教師がいるのである。

教師集団の等質性，同調圧力の高さは「自分は，かくかくしかじかのいわれのない誹謗中傷を受け，村八分にされ業務に支障をきたしただけでなく，個人としての尊厳も大きく傷つけられました」とは，たとえ無記名でもよほど親密な他者でなければ開示できない。「教師としての面目を保つため同僚や職場を売るようなことはできない」という教師からの報告が面接時にあった。教師集団の村八分は教師役割を積極的に遂行している個人に対して過酷な私刑となる。

引用文献

†1 原田伴彦・中沢巷一・小林　宏（編）　1971　日本庶民生活史料集成14　部落1　三一書房
†2 Albert, H., Hastorf, D., Schneider, J. & Polefka, J. 1970 *Person perception*, Addison-Wesley Publishing. 高橋雅春（訳）　1978　対人知覚の心理学　誠信書房
†3 永井憲一・他（編）　2000　解説　教育六法2000　三省堂
†4 秦　政春　1999　いじめ問題と教師　大阪大学人間科学部紀要，第25巻
†5 太田　仁　1992　学校教育における社会的スキルの研究　関西大学大学院社会学研究科修士論文（未公刊）
†6 湯布佐和子　1988　教員集団の実証的研究　九富善之（編）　教員文化の社会学的研究　多賀出版　147-208.
†7 湯布佐和子　1992　教員の職能成長の要因と教育経営の課題―職能成長と教員文化の観点から―　日本教育経営学第32回シンポジウム発表資料
†8 文部省教育助成局地方課　1999　各県別受験者数・採用者数・競争倍率　教育委員会月報,12月号
†9 文部省　1999　生徒指導上の諸問題の現状について　12月　文部省HPより
†10 大阪教育文化センター（編）　1996　教師の多忙化とバーンアウト　法政出版
†11 文部省　1995　学校教員統計調査報告書
†参考　文部省教育助成局地方課　1999　教育委員会月報,12月号
†参考　佐藤忠治　1996　教職員の心の問題　精神療法, Vol.22, No.4.

11 校長室・職員室・地域社会
―学校教育における「世間体」という呪縛―

〔長谷川太一〕

　II部「学校教育」の前半では，現在行なわれている教育の方法が，心理学その他の学問の成果に照らしてみたとき，多くの誤謬を含んでいることを指摘している。たとえば，生徒指導における服装・頭髪の指導である。そのような指導のあり方が無意味であることを，本書で示しているような形で理解している教師は少ないだろう。しかし，何となくそれに気づいている教師，もっと生徒の心に残る指導がしたいので現状に違和感を抱いている教師は，けっして少なくない。それでも学校はなかなか変わらない。なぜだろうか。

　その理由は，もちろん個々の問題によって異なる。服装の問題ひとつとっても，今と20年前とでは異なる。しかし，筆者の38年間にわたる教師生活をふりかえってみたとき，共通する理由に思いあたる。それは教師集団の世間体意識の強さである。何か問題が発生すると，教育の本質と照らし合わせて「どうすべきか」が議論されるのではなく，「どうすれば学校外から批判されないか」という観点からその解決が図られる。例年にない新しい学校行事をスタートさせるときに躊躇するのも，そうである。筆者は生徒指導の領域で新しい試みを提案することの多かったひとりであるが，この「世間体」の壁に阻まれたことも少なくない。ここでは生徒指導についての筆者の考えるところを示しながら，教師集団の世間体意識がどのようなものであるか考察し，さらにその解決の糸口をさぐることとする。

1.「常識」としてのステレオタイプ

　服装や頭髪の指導など，8章で紹介された学校における生徒指導は，教師のもつさまざまなステレオタイプに基づいて行なわれていることが多い。つまり，学校には多くの生徒が在籍しているが，教師はこれらの生徒をいくつかのタイプに分類して指導しており，この類型化が教師のもっているステレオタイプに従って行なわれるのである。大半の教師がもつ「不良」のステレオタイプに該当する生徒は，真っ先に「指導」の対象となる。多くの学校で教師が日々服装や頭髪の指導に奔走しているのは，こうしたステレオタイプに照らしたうえで「悪い生徒」がいなくなるように努めているというのが，実情である。

　これらのステレオタイプは，教師が生徒の属性について，ひとつの項目に対する評価にともなって別の項目の評価を決定してしまうことから生み出される。たとえば，「服装がきっちりしている生徒は勉強もできる」というものや「頭髪を染めている生徒は素行も悪く勉強もできない」といったものである。この過程を社会心理学ではハロー効果（光背効果）とよんでいるが，多くの人が同様の場面でハロー効果を経た共通認識をもつことで，ステレオタイプは容易に形成されるのである。

　そもそもこのことは，人びとが学校に対してもつステレオタイプとそれによるラベリングに端を発している。たとえば，生徒の「服装がきっちりしていて礼儀正しい学校」だから「勉強ができる学校」。その反対に，生徒の「服装がだらしない，茶髪にしている，自転車に二人乗りしている，公園や電車で男女生徒がいちゃいちゃしている学校」だから「勉強ができない学校」などという調子である。こうした過程を経て，「あの学校は勉強ができて，しつけのよい学校」「この学校は勉強ができなくて，だらしない学校」というような固定的な評価がしだいにできあがる。これが世間の人びとがもつ，学校に対するステレオタイプである。

　一度学校に対するステレオタイプができると，それは簡単に変わることもなければ消え去ることもない。ラベリング効果は強烈である。何か「悪い」ことがあると，「まさかあの学校（A校）の生徒が？　何かの誤りと違うの？」，他方では「やっぱりあの学校（B校）ならありうることでしょう」となる。逆に，何か「よい」ことの場合，

(注1) 学校の近隣住民に「悪い学校」というラベリングがなされれば、生徒の服装をみて学校に電話をかけてくるようなことも多くなることも、その一例である。

「やっぱりあの学校（A校）だね」「まさかあの学校（B校）の生徒が（そんなよいことを）？　何かのまちがいでしょう？」となる。世間の思い込みは恐ろしい。

　8章の指摘のような生徒指導の方法についての誤謬に気づいている教師もいる。それでも彼らが強くそれを主張できず、結果としてすべての教師が細かい生徒指導に奔走しなければならない理由は、こうした世間のステレオタイプとラベリングによるところも大きいだろう。教師が必要以上に「世間体を気にする」ことは感心できないまでも、「悪い学校」というラベリングがなされれば、学校運営が何かとやりづらいことは事実である(注1)。筆者らはかつて、高校の教師を対象に生徒指導についての教師の態度について調査を行なった。そこでは服装・頭髪の指導を行なう理由として、「教師として当然」「学校として当然」「本人のため」だけでなく、「近隣住民の苦情」という要因も無視できないものであることが示された*1。

　以上から、多くの批判にもかかわらず、学校がいわゆる「小さなこと」にまで細かな校則をつくり、後生大事に守らせることに最優先の価値をもたせる理由は明らかである。瑣末な「指導」を連発するのは「生徒の自己実現をサポートする」ためではなく、「世間からよくみられたい」という世間体を意識した結果であり、世間の価値観がそのまま持ち込まれているのである。大学への進学率を上げることと、不祥事が新聞種にならないことがすべての世界であり、何パーセントで満足するのか、何パーセントまで許されるのかが、じつに徹底している。これが教師集団の特性である。大学への進学率は「全」、不祥事の新聞種は「無」の方向に向かうことが当然の世界である。中庸やほどほどでは許されない傾向にある。教師を含めて世間が各学校に対して一度貼ってしまったラベルには強力な接着剤が使われているので、張り替えはきわめて困難である。このラベルが、社会の価値観を代弁し、学校評価のレベルを表現しているともいえる。そして、生徒指導はよいラベルを貼られるための努力と化しているといえる。

　いいかえれば、世間がよいラベルを貼りつける状態をつくることは学校の看板となる。大きく分けてこの看板は2つある。そのひとつは「安心」である。世間に「安心」を訴えるには、大学への進学率が最も説得力がある。「あの学校は東大に10人入った」「あの学校に入ると半分くらいはまともな就職をしていない」という言い方で、個々の学校の「安心」が測られることになる。次の看板は「安全」である。保護者・地域住民は、生徒の服装や頭髪でその学校の安全性（恐怖感）を測っているといってもよい。「あの学校の生徒は茶髪が多い」ということになれば「危険な学校」とみなされる。これは本来無関係であるはずの生徒の服装と粗暴さをステレオタイプで関連づけてしまっているためである。これを逆手にとれば、学校は、じつは粗暴な生徒であっても服装を整えることで、粗暴と判断されないようにするという「上げ底」をすることができるということである。そのために、学校・教師は生徒の望まない過剰包装と上げ底の指導に奔走してしまう。これが高校における「基本的生活習慣」の指導である。

　ここで一言指摘しておきたいことは、世間の価値観を「保守」する教師に対して多くの生徒が「革新」的かといえば、そうではないということである。教師の指導に従わない生徒も若者文化を積極的に提唱しているわけではなく、生徒も世間の人びとや教師がもつステレオタイプを内在化しているのである。素行が悪い（とされる）生徒がたびたび口にする「どうせオレは……」というセリフはそれをよく示している。また、生徒たちは学校や世間の基準からみて自分より「乱れている」生徒に対しては、毅然とした、厳しい、時には体罰が加えられるようなことがあっても、プラスの評価をするのである。したがってこうした指導に

奔走せず，試行錯誤する自由を与えていると，「何もしてくれない学校」「指導のできない教師」というように，生徒の不満が募ることになる。生徒は，厳しい指導にも，何もかかわらない指導にも不満をもっている。まことに複雑であるが，じつは，教師，生徒，親，住民の利害の一致がはっきりしている。「生徒は不満をもち，教師・住民は不安をもち，親は不満と不安をあわせもつ」ということになる。

　真に個性を尊重する学校に変えていくのが困難な理由はそこにある。学校改革，教育改革の足を引っ張る「抵抗勢力」は「大人」だけではなく，生徒もそれに加担している構造が存在するのである。こうしたことは狭義の「生徒指導」に限らない。教育の本来の目標や意味を考えれば明らかにオカシイことでも，世間体を気にするあまり従来のやり方が改善されないことも多い。次にその例を示すことにしよう。

2．失敗を許さない，あいまいさ耐性の欠如も「世間体意識」

　学校教育は長年にわたって，同じことを連綿とくり返してきた。授業の成果を発表する機会のひとつに学校行事がある。それぞれの実施時期になると，例年どおりにことが運ぶように綿密な打ち合わせやリハーサルが行なわれる。毎年対象となる生徒が入れ替わる世界であるから当然のことかもしれないが，そのために費やす時間や労力は膨大なものである。厳粛な入学式や卒業式，統制のとれた一糸乱れぬ体育大会の入場行進，私語のまったくない文化祭の演劇観賞等々。きまって「よかったですなあ」という挨拶が交わされる。

　例年のやり方を変えるような勇気はなかなかわかない。来賓の評価が気になるからである。いつも「もし」がくっついて，否定的に考えてしまうのである。新しいアイデアはいろいろ生まれる。「卒業式の式次第を生徒に作らせてみよう」とか「今年の文化祭は模擬店を自由化しよう」といった具合である。しかし，「もし厳粛さが失われて来賓が不快感をもたれたらどうしよう」「もし食中毒が出たらどうしよう」という懸念とともに，「例年どおりにしましょう」となってしまうのである。前例を覆してもおおむね成功すると考えられるものでも，「小さな失敗をするかもしれない」ということを含む，見通しが完全でない状況に耐えられないのである。要するに，あいまいさ耐性が乏しいのである。

　ただひたすら，失敗は怖い，恥ずかしい。そして，失敗すれば世間体が悪いということである。この意識は，一般的には管理職のほうに，より強いことはいうまでもないのであるが，管理職が改善の提案をしても，信頼され，任されている担当者が二の足を踏むことも多い。その理由を端的にあげれば，生徒たちを「信じて任せることができない」，そして教師自身が「自分の体験や経験の枠を出ることができない」ということであろう。

　この延長線上にあるのが学校の規則である。服装や日常生活の細かいところまで校則で定めていることに対する批判が高まった時期があった。そこで校則の見直しを進めるわけであるが，いったんできあがった規則を変えようとするのはじつに困難なことである。これは学校に限ったことではないのかもしれないが，まず「なぜ変える必要があるのですか」というのがたいていの先生方の反応である。そして，改正すべきだという声が少ないとみるや否や，「何か不都合なことがありますか？」「時期尚早では？」「もう少し検討してみたらいかがですか？」「継続審議にしましょう」「来年からでも遅くはないですよ」と，「待った」の連発である。

　あらゆる学校の規則には設定した当時の前提がある。この前提が変わってきているにもかかわらず，なぜ変える必要があるのかというのがほぼ教師の考え方である。生徒が変わろうが，規制緩和

が進もうが，時代が変わろうが，世界が変わろうが，超保守的な世界がそこに存在する。「変えるべきかもしれない」と各自の頭をよぎっても，自分の体験や経験の範囲，自分のもっている「型」を出ることができない者が多数派である状況では，まず先頭を切って走ることはしない。どのような校則が教育の場にふさわしいかを自分たちで考えることはしないのである。右をみて，左をみて，既設のレールを必死で探すことになる。その間，「昔はよかった」という懐古調の復活や「○○校では現状維持でした」などと前任校の例までもが引き合いに出されて，結局，議論はしても従前の形のままに落ち着くことが多い。変わっても些細な部分改正に終わるのがふつうである。

　抜本的見直しに臨んでも「元のさや」に収まるか，小さな変更に陥ってしまう原因として，「完璧主義」とでも名づけるべき教師集団の特質があることを指摘したい。ふだん生徒にあれこれと指示するうちに身につくのかもしれないが，大局的に物事をとらえることを抜きにして，微細なことに注意が向きがちな教師が多いのである。その典型例が生徒のスカート丈を定規で測る教師である。その是非は別にしても，服装指導の大局的な目的に照らし合わせれば，そこまでする必要はないであろう。そこでは規則を「完璧に適用する」ことのみに関心が払われている。この傾向が会議の席上では，細かなことを指摘する同僚教師と指摘されることを好まない提案者側の教師の対立となる。提案内容の欠陥を指摘するのである。そのこと自体は悪いことではない。しかし，その背後にあるのが前例踏襲主義であるから，提案を磨く方向に「完璧主義」が寄与することがないのである。失礼ではあるが，細かなことを指摘する教師も日頃やっていることはけっして完璧ではない。しかし，「（不安はあるが）やってみよう」という不完全な試みは許せないのである。

　この型からはみ出す不安と完璧主義が，重なる会議を経ていっそう教師集団の特質を強めていくことになるのではないか。たとえば，ある規則の改正の流れをみると，生徒指導部会や規約検討委員会で原案を練り，校務運営委員会でさらに検討が加えられ，職員会議で報告される。このあいだに書類の山ができ，同じ文書に何回も遭遇することになる。そのつど，句読点の位置が変わるなどを経て完成に近づいていくのである。すべてのことがらについて，このように延々と会議をすることになる。こうして会議がくり返されることによって，学校のあらゆる規則はいく度もの検討に耐えた共通理解，意思統一であるから，簡単に侵してはならないものであるという規範が形成されることになる。しかし，その実体は「共通理解」ではなく，原案からすべての人の考える不安要素を除いたものである。議論の過程のどこかでだれかが，おもに「世間体」の観点から，不安や懸念を訴えたものは，前例どおりとなるのである。

3．基本的生活習慣からの脱却を図る必要性
　　　　―学校にしかできない生徒指導を―

　8章でも指摘された「基本的生活習慣」を重視した生徒指導は，ここまで述べてきた過程を経て，これまで教師集団の「常識」とされてきたものである。そのような指導は生徒を成長させるために必要不可欠である，という認識のもとに行なわれてきた。ここでいう「成長する」とは，世間体の悪くない姿に仕立て上げることと同義であった。学校教育は長年にわたって，生徒に大きな恥をかかせないための取り組みをしてきたといえる。そのために費やした時間や労力は膨大なものであった。毎日毎日，機会のあるごとに，規格からはみ出すことはいけないこと，失敗は恥ずかしいこと，許されないこと，もう一度見直しておくこと，と口やかましくくり返してきたのである。これが基本的生活習慣の確立の柱でもあった。考えてみれば，生徒全員が器用に立ち回り，みんな同じ動作

ができるように指導してきたのである。ことばは適当でないかもしれないが、要するに品質の自己管理を要求してきたのである。

筆者は在職中しばしばこのような生徒指導のあり方に異議を唱えてきたひとりである。既成の規格に生徒をあてはめるのではなく、生徒の一人ひとりが自分固有の異なった理想を設定し、それを自由に追求するための助言や援助を行なうことが生徒指導の本来の役割であるはずである。そうした前提から、高校の生徒指導とはどのようなものか、教育全体のなかでどのように位置づけられるものなのかを考察し、たびたび研修会などで報告した。そのひとつである「新しい学力観に立った学校における生徒指導」としてまとめた図11-1は、筆者が長年、生徒指導部長として生徒指導にかかわった経験をもとにして、学校と家庭、そして学校を取り巻く地域社会のなかで、生徒がどのように成長していくかについて分析を試みたものである。

この図のなかでとくに強調したい部分は、基本的生活習慣の指導を、学校の役割から外していることである。基本的生活習慣と社会的スキルを明確に区別して取り組んだほうが生徒指導の目標がはっきりするのである。学校はなんでも「抱え込む」習性があり、地域社会や親は、何でも学校に

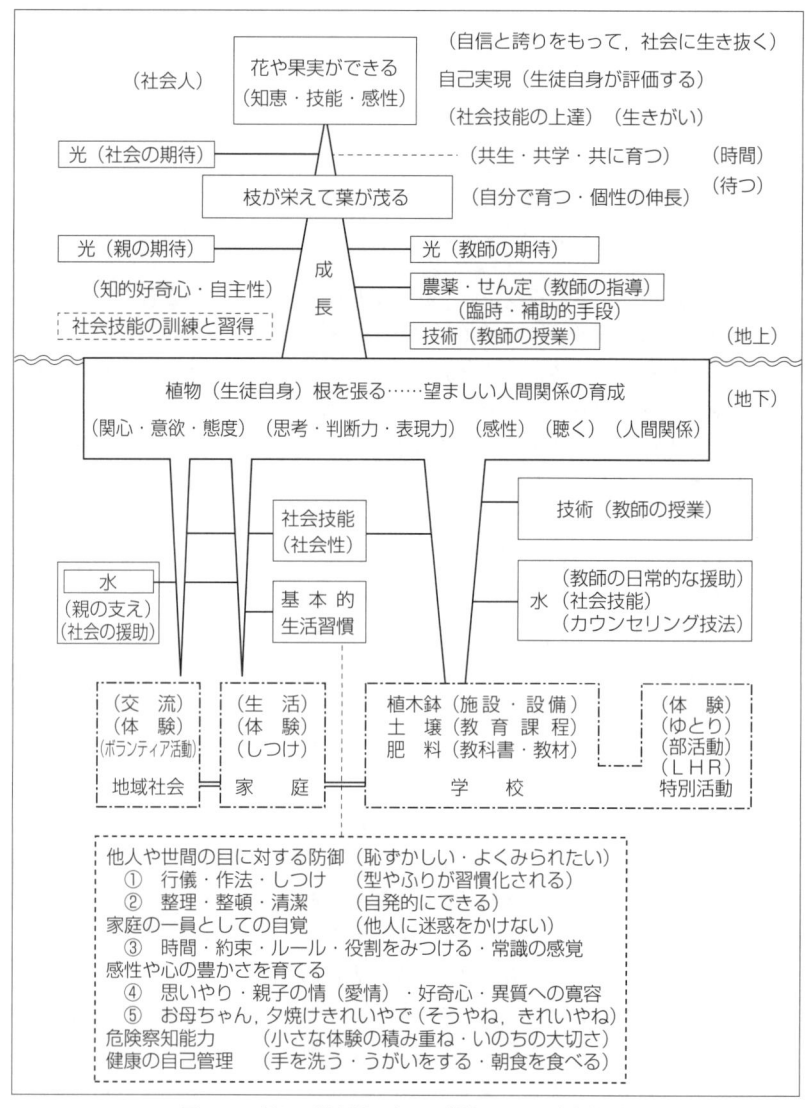

図11-1 新しい学力観に立った学校における生徒指導

「持ち込む」習慣がついてしまっている。この現状を打破するためには、家庭と学校の役割分担をはっきりさせる必要がある。この社会的スキルは対人関係能力ともいわれている。「いじめ」「不登校」「体罰」「暴力」をはじめ、「キレる」「ムカつく」等々のことばに代表される、現代の教育の「負の部分」である教育問題を解決するための中心にすえられてもよいものであると確信している。というのは、しばしば「キレる」「ムカつく」というのは攻撃的で粗暴であるという人格の問題として考えられやすいが、対人関係上の紛争解決に向けての「スキル（技能）」の有無ととらえることで、教育の具体的な可能性がみえてくるからで

ある。小学校や中学校では基本的生活習慣の確立が大きな教育目標であるが，高等学校ではこの基本的生活習慣の確立は家庭や地域社会に任せ，社会的スキルに的を絞ることで，教師と生徒が互いにスキルを高め合うことができる。教師も年齢に関係なく，むずかしい技能を習得し，未熟な技能を高めればよいのではないかと筆者は考えるのである。

もうひとつ，この図で強調したいのは教育観である。この図は学校に播かれた種子，すなわち入学してきた生徒が，どのようにして成長していくかを生徒を取り巻く教師や学校や家庭や地域社会の役割分担を中心に示したものである。コンクリートの上に種を播いても育たない。学校には施設・設備という箱もの，すなわち植木鉢がある。植木鉢にも用途に応じていろいろな種類がある。素焼きのもの，釉薬を塗った化粧鉢，木製のものもある。大きさも各種ある。しかし植木鉢にそのまま種を播く人はいない。鉢に土やミズゴケを入れる。学校ではこの土が教育課程に相当する。ここに工夫が凝らされて学校の特色が出るのである。どのような種類の草花を育てるかで，砂を多く入れたり，腐葉土などの土壌改良剤を入れたりして，いろいろ調合をするわけである。

これだけではまだ不足で，肥料を混ぜたりする。この肥料が教科書や教材にあたる。肥料はやらなくては育たないが，やり過ぎれば枯れてしまう。このように準備をしてから種子を播くわけであるが，いつも祈る気持ちで水をやる。やがて発芽をしてくる。まず根が出てくる。水の確保が発芽した種子にとって最初の仕事である。この水によって種子の内なるエネルギーが湧き出てくるのである。この水やりが教師の日常的な援助である。根も出ないうちに授業をしても何の役にも立たない。根を張るのは植物自身，生徒自身であるから，しっかりと張ってもらいたいわけである。根の張り具合を気にして毎日鉢をひっくり返して確認していては木は育たない。教師もそのようなことはしてはならないのである。

土の中の種子は，根を張るにも隣の個体の根とぶちあたったり，小石にあたったりして苦労するわけである。だからこそ，基本的生活習慣や社会的スキルを身につけて，望ましい人間関係を育んでいく必要性があるのである。この根の部分が「新しい学力観」になるわけで，外部からはみえない。根の能力以上に地上部が大きくなることはできないので，根をしっかりと張るようにさせなければならない。若手の教員にはこのように説明をして根の重要性を認識してもらう。

そのうちに芽が出てくる。「出てきた！出てきた！」とうれしいときである。ここで芽を引っ張っても伸びるものではない。へたをするとちぎれてしまう。やはり伸びるのは植物自身である。親の期待や教師の期待という光を受け，教師の授業という栽培技術に支えられ，害虫がついたり病気になったときの農薬や，時にはせん定という指導も加えられ，ぐんぐん成長していく。ここでも隣の個体と光の奪い合いや肥料の取り合いが演じられているわけで，対人関係は重要な要素である。時には教師との人間関係も問題になることがある。

かくしてまわりの力を吸収しながら自分で育ってきた草は，やがて花を咲かせ実をならせることになる。その成果は生徒自身が評価することであり，まちがっても一律の評価基準を外部で設定すべきものではない。世間の目にどう映るかではなく，自分が満足できるか，自己実現を実感できるかが重要なのである。そして，自分のもっている技能を用いて，社会の期待にもこたえつつ，自信と誇りをもって社会で生き抜くことができると教師は期待するのである。「じっと待つのが教師の仕事」なのである。新任研修などで折にふれて話すことであるが，「そんなにうまいこといくんですか？」という感想をもたれることが多い。

4．おわりに
―「この学校は自分にとって一番の学校です」―

この章では，筆者の教育実践に基づいて「世間体意識」からの解放と自己を育てる生徒指導のあり方について述べてきた。しかし，「世間体意識からの解放」と一言でいっても，それはけっして容易ではない。では，こうした理念はどのように生徒に，また同僚である教師集団に伝えればよいのだろうか。生徒にとってどのような学校でありたいか，どのような学校であるべきなのか，ということについて，筆者は毎年同じ趣旨の式辞を述べることをもって伝えてきた。そのなかでこの章で述べてきたことと関係の深いものを紹介しよう。

> ……その第一番目は「違いを認めてほしい」ということです。本来人間は一人ひとり違うものなのです。それが個性なのです。それぞれの異なる個性を理解し，認め，伸ばしあうところ，これが学校のよいところです。多様な価値観，多様な生き方，違った考え方や意見は，困難に出くわしたときに力を出しあえる「宝の蔵」になります。……

このような趣旨のメッセージを卒業生に贈るのだが，これとあわせて社会心理学の書物から引用することもある。

> ……他者の考えや経験を，自分の尺度でなく，その人の尺度でとらえることです。相手の価値観をそのまま受け入れることは，自分の価値観を捨てて，相手に同調することではありません。むしろ，自分の価値観が明確であるからこそ，他者を受け入れ，共感することができるのです。……[2]

世間体をよくするために，私たちはしばしば周囲と同じ意見や行動様式をもとうとする。しかし，それはけっして他者理解にはつながらない。自己の価値観を確立し，それを十分に主張することが，他者の価値観を尊重する基盤となる。一時的に「世間体の悪い」失敗は，そのために有効である。

これが，先の式辞の趣旨である。

この章の2節でも述べたように，世間体意識をもち，その尺度を内在化しているのは教師を含む大人だけではなく，生徒もまた同じである。俗に「学力の低い学校」あるいは「ガラの悪い学校」などといわれている学校の生徒は，しばしば「どうせオレ（私）は……」という。筆者は定時制高校での勤務経験があるが，そこでよく聞いたセリフが「どうせ定時や！」である。このことばを教師が用いる場合は「手を抜く」ことを意味し，生徒が用いる場合は，みずからの自尊感情の低さと世間の評価とを一致させているのである。自分の足りない点をみずからの尺度で測定した結果，ふて腐れているのならまだよいのであるが，自分を揶揄する根拠に不特定多数の意見（世間体）を用いているのだから，世間体意識が再生産されているのである。

筆者は，この「どうせ定時や！」という認識をとくに生徒からなくしたいと考えるようになったのである。卒業式などの要所要所で必ず強調して生徒に伝えることばが，「『○○（学校名）は自分にとって一番の学校です』と胸を張って言ってください」というものである。学校の価値というのは，そこに通った生徒一人ひとりが何を学んだかで決まるはずであり，世間の人びとが評価できる性質のものではないことに気づいてもらうためである。

引用文献

[1] 林 理・長谷川太一・卜部敬康（編） 2000 職員室の社会心理―学校をとりまく世間体の構造― ナカニシヤ出版

[2] 津村俊充・山口真人（編） 1992 人間関係トレーニング ナカニシヤ出版

——まとめ——

12 学校教育を考える社会心理学の視点
――「指導」のもつ"メタ・レベル"の意味が重要である――

〔卜部敬康・林　理〕

　8章から11章にわたって、学校教育にまつわるいくつかの「常識」を社会心理学の立場から検討した。教師の日常的な教育実践の内容や、教育問題を考える一般の人びとが考えがちな処方箋に対して批判を加えつつ、いくつかの改善策を提言した。各章では、取り上げた題材に応じてその現象を解読するのにふさわしい社会心理学の知見をふまえ、理論的に考え得る改善策をいくつか提示してきたわけである。たとえば、8章では「暗記を中心とした教科指導から知識の体系化をめざす教科指導へ」というものや「高校では服装や頭髪についての指導は不要である」というのが改善策にあたる。また、教師集団内いじめについて報告した10章では改善策は提示されていない。しかし、そこで紹介されている事例からは、教師集団にあらゆることについて同調を求める強い集団規範が存在し、それが教師集団内いじめの原因になっているようすが読み取れる。だとすれば、教師集団内いじめの問題も、8章で指摘した生徒指導についての教師間の統一を重視するという教師文化のもつ問題と、同じ病理の構造のもとに発生していることが理解できよう。

　ここまでの議論は、いずれも学校で日々営まれている教育活動をおもに社会心理学の知見を用いて批判的に検討したものであるが、各章で示した提言をすぐに実行に移すことはむずかしい。本書で示したような社会心理学的な知見は、教師をはじめとする教育関係者や親にはあまり知られていない。また仮に知っていたとしても、教師集団の非公式規範から公然と逸脱することは、やはりむずかしいことなのである。しかし、こうした知識をもっていたり、漠然と感じ取ったりしている教師と話をすると、もっと大きな理由に思いあたる。それは、多くの教師がここに示したような指導法（たとえば、服装・頭髪の指導を不要とするものなど）は、それが正しいかどうかとは別にして、教育の一般的方法論と基本的に相容れないものだと考えている、ということである。

　たとえば、服装指導をするかどうかは教育方法のひとつの側面である。服装指導を行なって（指導A）も非行に走った生徒がいた場合と、服装指導を行なわず（指導B）に生徒が非行に走った場合とでは、解釈が一様ではない。本来なら、指導Aがダメであれば指導Bが検討され、指導Bの効果に疑問があれば指導Aを取り入れてみるものである。しかし、実際には前者の場合には「指導をしたのに及ばなかった」と解釈されるのに対して、後者の場合には「指導が足りなかったから問題が発生した」とされる。人間行動の理論や社会現象のメカニズムとはまったく独立に、学校や教師がなすべき指導の内容とそれがもたらす効果ないし作用の方向性が、あらかじめ自明視されているのである。

　考えてみればこれはおかしなことである。なぜ、このような事態を招いたのであろうか。教員養成教育のごく一般的なカリキュラムに、その原因のひとつを求めることができそうである。教員免許状を取得するためには大学で教育に関する科目をいくつか修得しなければならないが、そのなかには教育心理学という科目もある。この科目では、発達や学習、パーソナリティ（性格）や集団行動など、かなり広範囲にわたって心理学の理論や実証研究が講義される。この科目は教育という場面で必要となる心理学の知見を教えはするが、そのことと教育制度や学校経営（学校運営）のしくみとの関係が議論されることは想定されていない。教育それ自体はある既存の制度のもとでなされるとして、生徒理解の一助として教育心理学の知識が要求されているという図式なのである。

　一例を示そう。道徳性の発達についてのピアジェの研究は、よく教育心理学の講義で説明されるもののひとつである。そのなかに、子どもの道徳性は、模倣を中心とした「ルールへの一方的な尊敬」から「自分たち構成員の合意がルールの源泉」

へと発達することを示した研究がある。この知見は，大人（教師）がルールを作成し，それを生徒に守らせるという方式によってでは，現代の民主主義社会を支える道徳性を備えた人間は育たないことを私たちに示唆している。教育心理学の講義では，発達の理論としてこの研究が紹介され，場合によっては道徳教育などの実践に向けた利用法が担当者からコメントされる。ところが，この研究を根拠に校則の内容を検討したり，生徒会活動への教師の指導法を具体的に考えることがなされることは，残念ながらあまりない。とくに，現任者を対象とした研修でこうした研究成果が引き合いに出されることはないのである。あくまでもピアジェの理論は「心理学の理論」として位置づけられ，既存の制度のもとでの教育実践に役立てられるものであるが，逆にこの理論を用いてカリキュラムや学校運営を含めた教育制度を考え直すことには用いられないのである。

これは本書の「はじめに」と「終章」でも述べていることだが，心理学の応用の方向性の問題であり，この傾向は何も学校教育に限ったことではない。すなわち，制度を所与のものとして，もっぱら人間の態度や行動，認知などを変容させるための技術として心理学が用いられているのである。本書では若者の性行動についても考察したが，結婚や恋愛と性行動の関係が文化的に普遍的ではないという社会心理学や文化人類学，比較文化論の分野で明らかにされた知識が性教育のカリキュラムに含まれることはほとんどない。そこで，ここでは〈学校教育〉のまとめとして，本書で議論してきた社会心理学的知見をふまえて，教育制度や学校運営の方法を根底から考え直すための視点をひとつ紹介して結びとしたい。

それは，教育のメタ・レベルの効果を考慮して教育実践のあり方を考え直すことである。「メタ」とは「メタ・メッセージ」のメタをさしている。人間は他者に伝えたいことを言語を中心とした何

（注1）「メッセージ」と「メタ・メッセージ」の区別は，言語的コミュニケーションと非言語的コミュニケーションの区別に似ているが，それとは異なったものである。また，単純に前者が意図的なもので後者が無意図的なものと類別することもできない。ここでは本書の主旨に必要な限りで説明しているが，ここでの話に関連した例示を用いた詳しくかつやさしい文献として，大村英昭（著）『新版 非行の社会学』（1989年，世界思想社）をあげておく。

らかの方法で表出する。これは「メッセージ」である。もちろん，メッセージは言語だけでなく，しぐさや表情など一連の非言語的コミュニケーションも用いて伝えられる。これらの多くは，話し手（送り手）の意図に基づいている。ところが，話し手があるメッセージを受け手に発したときに伝わるのは，この「メッセージ」だけではない。メッセージを発した際の状況や受け手の状態（精神状態や独自の体験や記憶など）のようなじつに多様なことがらが，メッセージの意味内容を解釈する手がかりとなる。これらをメッセージ（の内容）を説明するメッセージという意味で，「メタ・メッセージ」とよんでいる。このメタ・メッセージには，話し手が意図的に"込める"ことと無意図的に"伝わってしまう"こと，そして"誤解されてしまう"ことが混在することが多い[注1]。このことは，学校における教師と生徒のコミュニケーションにおいても同じである。

話が抽象的に過ぎるので，この章の主旨とかかわる具体例を示そう。生徒がしっかり理解しているか，何か尋ねたいことがないかと配慮して，授業の最後に「何か質問はありませんか？（だれも質問しなければ）では，終わります」と締めくくる教師は多いだろう。筆者もたびたび口にすることばである。この場合の「メッセージ」は，文字通り生徒に質問することを"許可"ないし"奨励"していることを意味している。もちろん，この時の声のトーンや表情が否定的なものであれば受け手にはそうは伝わらない。これも「メタ・メッセージ」といえなくもないが，この部分は話し手も容易に"気をつける"ことが可能であるし，声のトーンや表情が何を意味しているかは，同一文化圏ではかなり共有されていることから，機能的には「メッセージ」に近い。ところが，この教師のことばの「真意」は，受け手の生徒たちには意外な手がかりを経由して伝わっていると考えられる。たとえば，この教師が「質問ありませんか？」と

(注2) 筆者は高校で授業を担当すると、ある1時間の授業をすべて質問と議論にあて、「どんなつまらないことでもいいから何か質問してみて？」ということが多い。そのときには、話が内容と無関係に外れても思春期特有の性的な関心に基づく話（俗にいうシモネタ）になっても、筆者の話題の限界まで応じることにしている。本文中の例にあげたような悪循環を断ち切るためである。そこで活発に話した生徒に「どうしてふだん質問しないの？」と尋ねると、「先生もしょっちゅう質問されたら困るんとちゃう？」と返されることが多い。メタレベルで質問禁止が伝わっていると考えられる根拠である。

言うのはいつも授業終了の1、2分前で、試験範囲まで授業を進行することを日頃から重視していると仮定しよう。この状況では、授業内容の根幹にかかわるような込み入った質問や議論は事実上できない。そして、そのような状況下でのみ、質問を許可するメッセージが教師から発せられる。それが一年中くり返されるのである。つまり、「メタ・メッセージ」として「質問は（よほどのことでもなければ）してはならない」ということが生徒には伝わっているのである(注2)。

誤解を防ぐために断っておくが、上の例の原因がこの教師の指導力不足のみにあるといっているのではない。小学生以来「授業は黙って聞く」と教えられていること、学校の規則や授業選択にほとんど生徒の自己決定の要素がないこと、授業をはじめとした毎日の学校活動や行事などが完璧に予定調和的に配列されていること、などなど。教師のことばをメタ・レベルで「質問の禁止」と受け取ったのは、生徒たちがこれらの状況下に生きている総合的な結果である。では、メタ・メッセージを完全に統制できるようなコミュニケーション技法があるのだろうか。結論からいえば、「そんなものはない」ということになる。また、本書の主旨からすれば、それを求めることが最大の誤りなのである。その理由は、受け手に伝わるメタ・メッセージは、受け手のこれまでの個人的な体験にも左右されるからである。昨年のクラスには有効だった方法が今年は通じないなどということが起こるのは、不思議なことではない。また、同じことを同じ状況で教師Aがいう場合と教師Bがいう場合でも異なるのである。もっとも、100人の生徒がいれば、95人の生徒にあてはまる法則はあり得る。しかし、教師が一律にこの方法をマニュアルなどで会得すべきかといえば、そうではない。それをすれば、残りの5人の生徒にとって、その学校は苦痛の場でしかなくなるからである。

じつは、9章で「教師の適格性」や「理想的な教師像」を一義的に測定することが誤りであるとした根拠は、ここにもあったのである。95人の生徒がよい先生と判断した教師も、5人の生徒には悪い先生と映るかもしれないし、95人の生徒が評価しない教師が5人の生徒にとっては最大の師匠かもしれないと述べた。こうしたことが発生することの一因は、教師の教育活動が、メタ・レベルで生徒に及ぼす効果が一律の基準で測れないことにある。学校にはさまざまな個人的背景をもった生徒が集まる。それらすべての生徒が、学校でひとりでも心から尊敬できる「師」と出会うためには、じつに多様な特性をもった教師が必要となるのである。必要なのは生徒の個性の重視であって、教師の個性ではない、といった議論があるが、これは誤りなのである。一枚岩の教師集団では、生徒の個性を育てることは不可能なのである。

教育のメタ・レベルの効果を一義的に測定して、理想的な教育方法論を構築することが危険な理由は、もうひとつある。それは、そのほとんどが「意図せざる結果」であるということである。人間社会のある営みの「意図せざる結果」は、理論的にそのメカニズムを分析することや、ある理論に基づいて一定の予測をすることは可能であるが、完全に統制することができないことはいうまでもない。教師集団が何かにつけて「指導の一致」を掲げて同調指向的になることの弊害を8章で述べた。そのことをよく自覚したうえで、よりよい方法論を追求する目的で「より良質な一致」をするための方法を考える試みも教育現場には少なくない[3]。しかし、これは不可能であるというのが心理学や社会学の知見の意味するところである。いくつかの説明が可能だが、たとえばアノミー論に従えば、「良質な」「一致」をめざして議論を重ねれば、議論の質よりも見解の一致度のほうが測定しやすいため、長期的には必ず「一致」が重視されるからである。「良質」かつ「多様な」教育環境をつくるためには、一致への圧力を低下する以

(注3) 教師の質を測定する一義的な基準は存在しないという9章の指摘は、このことを意味している。ある生徒はとても雄弁なA先生を尊敬するが、別の生徒は口ベタなB先生から何かを学びとり、「師」と仰いでいるかもしれないのである。社会常識をよく身につけたC先生から学ぶことも多いだろうが、非常識な行動の多いD先生から、文化人類学的な知見や異文化間理解のヒントを与えられる生徒もいるはずである。

外に方法はないのである。

これまでの教育の一般的な方法が、メタ・レベルで生徒にもたらした負の影響はきわめて大きい。「負」とは、「自己決定と自己責任の原理である現代社会の構成員としての市民を育成できたか否か」という基準でみた場合の評価である。たとえば、自己の好みの範疇に属するようなことまでルールに含めてきた生徒指導は何をもたらしたか。「性行動」の章で紹介した禁酒法のような効果を生んだといえよう。「他人に暴力をふるってはならない」というような規範と同レベルで「スカートの長さは……」と規定される。膨大な規則は"まんべんなく"破られ、規則そのものの権威を失墜させる。しかし、定期的に罰が科されるため、発覚を恐れるようになる。この結果は、バレなければ何をしてもよいという態度を生み出したと解釈できる。この態度は若者だけにみられるものではないことは、企業や役所の構造的腐敗を示す事例から明らかであろう。

また、教師の権威が失墜して生徒が教師のいうことをまったくきかなくなったといわれて久しい。これは先の例にあてはめれば正しいようにみえる。しかし、これは予定された教育効果が発揮されなかった「教育の失敗」によるものなのか？ むしろ、メタ・レベルの効果を考えれば、これまでの教育は意図せざる結果ではあるものの、権威主義の継承にことごとく成功したとも考えられる。生徒はバレないようにルールを破るのだが、ルールそれ自体に疑問を向けることはしない。ルールやアルバイト先の上司のように、歯が立たない相手にはきわめて従順であることが、それをよく表現している。また、雑誌に掲載されているマニュアル式の情報に無批判的であったり、ある人物が簡単にカリスマ的地位に上ったりするのである。破壊的カルト宗教の熱心な信者に若者が多いことは、このことと無縁ではないだろう。

教育への関心が高まる昨今であるが、だれにでも通用する理想的な教育のあり方は存在しないこと、そしてそれを過剰に追求することが、日々、子どもから社会で主体的に生きる力を奪っていること、そしてそれは意図せざる結果であり、見えにくいメカニズムであることを本書では指摘してきた。しかしそれは、学校再生の可能性を絶望視することを意味しない。無限の可能性をもつ生徒が、"誰か一人でも"共鳴できる「師」と出会う可能性を秘めた場所として学校をとらえることを提言した。"誰か一人でも"とは、ある生徒にとってはA先生で、別の生徒にとってはB先生ということである。「統一した」指導ではなく、教師の多様性をまず創出すること[注3]。学校がそうした「人間の博物館」となるとき、学校は真に一人ひとりの生徒にとっての、得がたい教育的メッセージが産み出される場となるであろう。

終章 「経験」というしろうと理論と単極化社会

〔卜部敬康・林　理〕

1. 本書の目的

　現代のさまざまな「常識」をおもに社会心理学の知見を用いて改めて検討すること—これが本書全体を通じた目的のひとつであった。Ⅰ部では現代の都市社会と情報化社会についての諸問題を考える際に姿を現わす「常識」，Ⅱ部では若者の行動様式が中心となって発生する諸現象について人びとのもつ「常識」をそれぞれ取り上げ，これらを学問的に疑う作業を行なってきたのである。もっとも，市井の人びとの営みや思考に単に「ケチ」をつけることが目的ではないことはいうまでもない。本書で取り上げた問題の多くはマクロな次元の社会問題である。その解決のためにさまざまな処方箋が語られながら，事態は一向に改善されない。そこでこうした問題のメカニズムについて私たちが疑いなく信じ込んでいる「常識」を問い直すことによって，問題解決に向けた新たな視点を提供することがその目的であった。

　その際，筆者らが注目したのは「しろうと理論」である。学問的にみれば誤った「常識」といえども，何の根拠もない盲信であることはめったにない。人は誤った知識を「わけもなく」信じ込んでいるのではない。各自が，見えていること，知っていることなど，個人的な経験を何らかの形で体系化することで理論化を施しているのである。「私の経験からして……」「たいした経験もないくせに（理屈をいうな）」という頻繁に用いられる言い回しが，それにあたる。ところが理論化には，豊富なデータとその適切な解釈，論理性，さらに適用限界の考察が必要となる。日常生活のなかでこれらを十分に行なうことは不可能である。見える範囲で判断，理論化がなされる。そこで科学的真理とは異なったものになることが少なくない。たとえば，現象の測定方法が不十分であったり，マクロレベルとミクロレベルが混同されていたりするなど，検証が不十分なのである。これが「しろうと理論」である。不十分とはいえ各自の心の中で「理論化」されているのだから簡単には変えられないことは，認知的不協和理論の示すところである。そこには何らかの論理的な説明がなされており，合理的な知識や理論の体裁をもっているのがふつうである。

　もちろん，そのことを日常生活や仕事の場面で気づく人もいる。ところが，これに「異議申し立て」をするのは意外にむずかしい。そうした人が少数派であるという理由だけではない。それだけなら「変人」である覚悟があれば可能である（それもむずかしいが）。むしろ，「しろうと理論」も一見理論的であるから，これを批判する人のほうが「バカ」にみえる，というのが大きな理由であろう。たとえば，血液型性格判断に基づくステレオタイプは，人の性格についての「しろうと理論」である。しかし，これを「常識」と思っている人が多ければ，これを信じない人は「変人」であると同時に「人をみる眼がない」などと思われてしまうこともめずらしくない。また，本書のⅡ部の「学校教育」で筆者らが結論としたような考え方をする教師は，しばしば「教育にふさわしい知性をもっていない」などと評されることが少なくないのである。科学的真理に基づいて判断，行動しようとしている人のほうが偏見にさらされるというのは，いかにも困ったことである。これが，本書において「しろうと理論」に基づいて形成された「常識」をおもに議論の対象とした理由である。

　そのため，行政の政策担当者や教師などの「現場」の人びとに対して，やや「きつい」提言になったところも多い。研究者がこのような形で研究成果を公表することに賛否両論あることは，編者もよく認識している。とくに，「研究者はもっと大学の外に出て学問を現場に応用すべき」とは最近，心理学者のあいだでもよく主張されている[注1]が，同時に「現場の人びといっしょに学問をつくりあげていくすばらしさ」が語られることも多い。そのことはおおいに肯定できる。編者も現場

(注1) 近年の日本心理学会，日本社会心理学会，日本教育心理学会など心理学関連学会のワークショップなどで，現場との「共同作業」を標榜するものは少なくない。

の人から学んだことは数多い。しかし，学問を現場に応用することは，現場の要求に学問がこたえることだけではないはずである。現場の営みを合理的に批判することは，学問にしかできないことである。「しろうと理論」を疑うことが学問の重要な機能であることは，天動説と地動説の例を持ち出すまでもないだろう。また，「現場の常識」に学界が無批判であることは，現場の多数派の見解が検証されないまま各現場のなかで「権威」となることを促進する。その現場にいながらそれに異論をもっていても，異論の存在を明らかにしにくい雰囲気を形成してしまうのである。これが現場の実践にとってよいことではないことはいうまでもないであろう。むしろ，研究者が遠慮することなく「現場の常識」を検討することは，現状に問題点を感じている現場の少数派を外側から援護することになり，現場のあり方についての内部での議論を活性化することにつながる。忌憚なく議論する文化的土壌を各現場に養うことも，社会心理学の意味のある応用であるはずである。

その「心理学の社会問題への応用」というのが，本書全体を通じたもうひとつの趣旨である。といっても，心理学はその知見の応用をこれまでしてこなかったという意味ではない。誤解のないように断っておくが，これまでにも心理学の研究成果は人間生活のいろいろな領域に応用されており，その領域をあげれば枚挙に暇がない。本書で強調したのは，従来とは異なった応用の方向性とその方法についての提言である。

心理学の研究成果を応用する場合，人間の行動変容や態度変容が考えられがちであろう。本書で扱ったものでいえば，たとえば教育心理学の従来の基本的な方向性がその典型である。学習や発達の基礎理論を駆使して，よりわかりやすい授業法を開発する。生徒の学習意欲を引き出すために，心理学の成果を用いる。いずれも，心理学の成果を応用して操作する対象は，個々の生徒や教師の態度ないし行動である。既存のカリキュラムなどの諸制度のもとで，教育活動の成果をより高めるために心理学の研究成果を用いるのである。端的にいえば，生徒が学校に適応できるように心理学が適用されるのである。より一般化すれば，制度を所与のものとしたうえで，すぐれたパフォーマンスをあげるために人間の行動変容をうながす方向への応用であるといえよう。

本書で試みた応用の方向性は，「人間の行動を変える」のではなく「社会制度を変える」というものである。「政策」を考え直すといってもよい。心理学，なかでも社会心理学とその関連諸科学の基礎研究の成果を「粗い水準で」ながめてみれば，人間の性質や現代社会の特質がごく大まかにみえてくることがわかる。これを所与としたうえで現代社会のさまざまな制度を考え直そうというのが，本書で示してきた視点である。先にあげた教育の例でいえば，学校に適応できる生徒を増やすことは心理学の応用の本質的な目標たり得ない。学校教育の現場をみたとき，「生徒指導」が生徒に細かいルールを守らせることに終始しているのは，事実のひとつの側面である。心理学の研究成果に照らし合わせると，こうした「生徒指導」はかえって指導の効果をあげ得ないばかりでなく，社会規範を内在化しないまま表面的に従うことを学ばせてしまうなど，現代社会の構成員として望ましくない人材を育成している可能性が高いといえる。そこで，そうならないようにするための視点を提供し，「生徒指導」のあり方をはじめとした学校の日常的な営みを再点検することを提案するのが，本書の基本的な立場であった。

2. 心理学の「政策」への応用可能性

このように，考察の題材とその結論を一貫して「どのような政策が望まれるか」という観点でまとめたことも，心理学の応用可能性の枠を広げるという編者の意図の表われである。「しろうと理

論」についての研究は数多い。古くから行なわれているものにステレオタイプの研究がある。認知機構やその行動との関係といった基礎研究だけでなく、血液型性格判断は根拠のないステレオタイプに過ぎない、という私たちの身近な生活に応用できる知見も生み出している。ところが、こうした人間の認知機構がどのように政策・立法に反映しているか、その問題点は何か、といったことは心理学の範疇ではないと考えられてきたように思われる。しかし、心理学の研究成果を大局的な視点でとらえれば、多くの社会問題について考える糸口が発見できる。本書は、その試みである。

「政策」について考えることは、日常生活とかけ離れた「遠い世界」のことを考えることではなく、人間の思考や感情といったきわめて身近な問題を考えることから始まるのである。そこで、各章での議論の過程や結論は、心理学の書物としては違和感のあるものも多いかもしれないが、経済学や政治学、法学、教育学で本来論ずることと考えられていることにも言及したのである。みずからの不利益に直結しない社会問題に人はしばしば無関心である。心理学はいまブームである。この関心が「自分さがし」や「人づきあい術」のみに向けられれば、アノミーに陥る。むしろ、心理学の解決すべき社会問題に向けた適用の可能性を検討することも、心理学が担うべきことである。

本書は以上のような問題意識で編集されたものであるから、各章では何らかの「非常識な」提言を行なっている。また、その提言はおもに「社会制度の改善」であるから、提言の直接の相手は政策担当者ということになるのかもしれない。「そんなことは私にいわれても困る、『お上』にいってくれ」という印象をもつ読者諸氏もおられるだろう。しかし、政策への関心はむしろ一般の人びとがもっていなければ困ることなのである。現代社会ではどのような政策も「お上」が一方的に命令することはあり得ない。ところが、Ⅰ部の「都市政策」の結論で示したように、「どちらでもいい」という消極的態度が多数になれば、どんなことでも原案通りに決まってしまう。これが政策に無関心であっては困る理由である。

3. むすびにかえて

本書では取り上げたトピックごとに独立に論じてきたが、個々の問題はまったく無関係なものではない。むしろ、それぞれの問題に対する「しろうと理論」の内容が示す方向性には、類似性がみられる。それら全体を改めて見渡すと、現代社会に生きる私たちが、未来にどのような社会を築き上げつつあるかがわかる。社会心理学の立場からみれば、それは望ましい方向への変化とは言いがたいものも多く含まれている。この状況にどう対処すべきか、ということもまた、社会心理学が提言すべきことであろうと思われる。それについての考察をもって、本書のむすびとしたい。

(1) 単極化社会への危機

現代社会は多様な社会であり、そこに生きる人びとの価値観もまた、多様化している。今後も、そうした「多様化」が進むであろう。これはどこにいても聞こえてくる「常識」である。しかし、各章の議論からみえてくる現代社会の実像はこれとまったく反対である。「多様化」ではなく「単極化」であるといえる。もちろん、現代は身分制社会ではないし、各種の自由権も憲法をはじめとした法で保障されている。数百年前の時代にくらべれば、現代に生きる人びとの行動の選択肢は確実に増えている。その意味でいえば、「多様化」といえないわけではない。しかし先の常識でいう「多様化」は海外旅行や国際結婚の増加、インターネットの普及など、ここ20～30年の変化をさして「多様化」といっているのである。こうした変化は本当に「多様化」なのだろうか。

「世界は狭くなった」といわれる。「世界のどこ

にいても多様な選択肢がある」というのがその根拠である。海外旅行をすれば外国の生活様式にふれることができる。自分の住んでいる地域とは異なった生活様式にふれる機会があれば，自分の生活のあり方を見直す機会も多くなることだろう。そうして自分の生活を見直してみれば，現在の自分の生活よりもはるかに「自分に合った」生活が理解できるだろう。「なりたい自分」がわかれば「なりたい自分」になる方法の考えようもあるというものだろう。国際結婚が容易にできるのであれば，これまでよりもはるかに多くの異性が自分の配偶者候補になる。選択の範囲が広がればそれだけ「無二の良縁」に出会う確率も高まろう。「インターネットで世界の情報がいながらにして手に入る」とすれば，それだけ選択の幅が広くなるだろう。

さて，こうした場面での「選択の幅」に共通の特徴がある。それは「現にあるものの中から選んでいる」ということである。海外旅行の旅行先でみられる外国の生活様式は現実の生活様式の一部でしかない。そこには含まれない，しかし旅行中にみられる「一部」とは不可分な側面を理解することは容易ではない。南ヨーロッパは昼休みが長い。商店も午後1時から5時まで休みなどということはざらである。「そうか，仕事時間が短いのか」と考えるのは早計である。こうした地域の商店は多くの場合，朝は8時から開いている。閉店は午後の7時か8時である。仕事の時間それ自体はたいして違うわけではない。単に1日が2つに分かれているだけのことである。当然，通勤ラッシュも1日に4回ある。違うのは日曜日に営業している商店はまずない，地域ごとに定休日がおおむね決まっていて「水曜日の午後はどの商店も定休日だ」といった状況になることである。それでは日本の商店主が同じ営業方針を採用できるのかといわれれば，おそらく不可能だろう。日本には日本の慣習があり，それに従って多くの人びとが行動する。一般的な商店と大きく異なった営業時間を採用したところで利用者が困るだけのことだろう。インターネットで提供される情報にしても「現に存在する」ものに関する情報であり，そのなかからの選択である。

「どうせないものは選べないのだからそれでよい」というのは早計である。現にあるものを並べてみて，それを比較するということになれば，比較する基準が必要になる。そして本書で論じてきたように「あるもののなかからの選択」の場面では比較の基準そのものが規格化されてしまうのである。これは情報として提示されるものが「わかりやすい魅力」をアピールするためである。たとえば「価格の安さ」をアピールする商品がある。あるいは「高級感」をアピールする商品がある。これは一見異なった注目点のようにみえる。しかし「高価な商品は全体として質が向上する」という背景にある思考は同一である。そして「多くの人」にアピールしようとすれば，結果的にこのようになってしまうのである。I部6章で強調したように，どのような問題であれ多数意見は「強い関心はない」なのである。その多数意見に対応しようとすれば単純な「わかりやすい」基準で評価を求めることになる。そして多くの人びとが同一の基準でものごとを評価することは多様化ではなく，単極化である。この20〜30年のあいだの社会の変化はごく単純な「わかりやすい」基準を重視した極度の単極化なのである。

「友達の数は多いほうがよい」という基準は「友達の数」という「わかりやすい」基準を導入した結果，「広く浅い」人間関係を蔓延させることになった。「情報化・国際化に対応する教育」というお題目は英会話と「パソコン」ばかりのカリキュラムをはびこらせる原動力になった。「性行動は『つきあっている』相手とだけ，積極的に」という規範は若者のあいだで広く共有されている。その結果が「つきあう相手がいないのは恥ずかしい」と悩む若者であり，「嫌われると困るから」

と性交に応じる若者である。

　こうした問題にはいずれも「だれにとっても望ましいあり方が存在する」という信念が根底にある。その「望ましいあり方」をだれもがめざすことが単極化社会を構成することになる。この「望ましいあり方が存在する」という信念は，ここにあげたような個人的な場面だけで信じられているものではない。「迷惑施設」のところで問題にしたように，社会的計画はしばしば「最良の計画がただひとつ存在する」という信念を背景にして検討される。ここで信じられているのは「自己の利害という問題を離れれば，だれがみても望ましい計画が存在する」ということである。この信念は個人的な場面で信じられている「だれにとっても望ましいあり方が存在する」という信念と等質のものである。この信念に基づいてひとつの望ましいあり方をだれもが追求すれば，その社会は結果として貧しい単極社会になってしまう。これは図書館の問題に典型的にみられる現象である。

(2) 防止策としての「あいまいさ耐性」を高める必要性

　このように「望ましいあり方がただひとつ存在する」という信念が単純に信じられてしまうのは，さまざまな「しろうと理論」の結果であった。「安いものより高いもののほうがよい」「だれがみてもよい計画がある」「カレシ，カノジョはいないよりいるほうがよい」といった単純な信念は，すべて「しろうと理論」の帰結である。このような「しろうと理論」を導く根拠となっているものは各自の個人的な体験である。「現実に経験したこと」であるから，まったく根拠がないことではない。それが「しろうと理論」が自信満々に語られる原因である。しかしこうした「しろうと理論」の根拠となっている個人的体験は各自が「自分にみえる範囲」で収集したものである。その範囲で理論化したものであるから一般性はない。それでも漠然と正しいようにみえるから「しろうと理論」が共有されるのである。

　「カレシ，カノジョはいないよりいるほうがよい」という信念を考えてみよう。これを経験上から否定することは容易ではない。そもそも現在の日本の若者向けの行楽は大部分がカップル向けである。もともと「ひとりで楽しむ」施設は少ないのである。「レストランに行こうと思ってもひとりでは行きにくいだろう」「旅行もひとりでは割高だ」「そもそもヤリたくなったときに困るだろう」などと，この信念を強化する材料にはこと欠かない。そうしてこの信念は強化される。

　しかしこうした「ひとりでは困る」状況は現在の制度が作り出しているものである。ひとりでレストランに入るとうさんくさそうな顔をされる，割安のツアーにはひとり向けの設定がないなどというのは，カップルがカネを使うという現在の日本の状況が生みだしたものである。このような状況を「不便だ」といってだれもが交際相手をみつけることに熱意をかたむければ，「ひとりでは困る」状況は温存されることになる。自分ひとりの場面よりも交際相手を同伴した場面のほうがカネを使うという行動そのものを変えない限り，問題は解決しないのである。「ヤリたくなったとき…」というのは性行動のところで詳述したように，「性行動は交際相手とだけ」という規範が現代の若者の性をめぐる問題の根源になっているのである以上，問題の拡大にすぎない。

　こうした信念はいずれも現在の制度を所与のものと考えている。それが「経験」に支えられた「しろうと理論」の限界である。「しろうと理論」は個人が「自分にみえる」範囲で現象を体系化したものである。とくに日常意識していない制度を所与のものと考えることはこのことから当然である。「現在の問題に即応して，わかりやすく」ものごとを考えようとすれば，必然的に自己に「容易にみえる」範囲での体系化を考えることになる。そのとき，ものごとの隠れた側面をみようとする努力はおざなりにされる。何よりも「問題に即応

終章

する」ことが必要なのであるから，ものごとの隠れた側面をみることなどしていられないのである。「ひとりで楽しめる場所が少ない」という目前の問題を「交際相手を作る」という方法で解決することは「ひとりでは困る」という社会の問題に目をつぶり，「とりあえず」の解決をめざした結果である。その結果，「時間をともにしてとりたてて楽しいとは思えない」相手であっても「とりあえず交際する」などということにもなる。それが当人にとって最良の選択かどうかという本質的に重要な問題でさえ，「横に置かれて」いる。

このような問題を解決するために必要なのは，ものごとを「現在の問題に即応して，わかりやすく」とらえようとすることをやめることである。ものごとの長期的な効果は「現在目の前に見える」ことからは予測できないものである。「時間をともにしてとりたてて楽しいとは思えない」相手であっても「とりあえず交際する」という選択は，結果的に「時間とカネとカラダの浪費」である。「そろそろ適齢期だから」といって結婚を急いだ人びとが中年になって結婚生活に疑問をもつというのは，週刊誌のありふれた話題である。

だれもが同じ「最良の選択」をすることは社会全体を貧しくするという「合成の誤謬」の問題は図書館のところで指摘したが，このような問題の結果が現われるのはずっと後日になってからのことである。図書館の例に従えば，現在のポルノが系統的に保存されていないことは数百年後の歴史家には大きな問題である。こうした問題が顕在化するのははるか後の時代なのである。だからといって「後世の人びとのことは関係ない」というのは現代人のすべきことではないだろう。

人間がしばしば「しろうと理論」に陥るのは，人間がものごとを体系化しようとするはたらきが非常に強いためである。「しろうと理論」を避けるためには人間は認知的不協和に耐えなければならないのである。体系化できないあいまいなものを抱え込むのはむずかしい。このような「体系化できないものに耐える」能力を「あいまいさ耐性」とよぶが，「しろうと理論」を回避するために「あいまいさ耐性」は重要である。

現在の社会は「ものごとに即応する」という言い方で「あいまいさ耐性」を弱めている。その結果が本書で検討してきたような単極社会への流れなのである。本来の人間の態度は非常に多様である[†1]。その多様な態度を単一の態度に収束させる社会を構築することは人間の幸福にはつながらないはずである。だからこそ人間は多様な生活様式を許容する社会を構築してきた。現在の単極社会への流れを変えるためには，人間の「あいまいさ耐性」の涵養が非常に重要な課題になっているといえる。多様な社会を支えることは多様な価値観を維持することである。そして他人の「わけのわからない」価値観を受け入れることが多様さを支える原動力である。「あいまいさ耐性」はこの場面で重要である。

自分からみて「理解できない行動」をとる人びとを「あの人は変人だ」という「しろうと理論」でとらえるのではなく，「異なった価値観の人」というとらえかたをすることが重要である。理解できなくて困る場面も少なくないことだろう。しかし「理解できないから困る」のは「理解できないとめんどうだ」ということにすぎない。そこで「あいまいさ耐性」が問われるのである。奇妙な行動であっても具体的にあなたの権利を侵犯することがなければ，問題にする必要はないはずである。

「あいまいさ耐性」を涵養する社会を構築すること―これが単極社会を避ける道である。そしてそのような社会の構築を提言することをもって本書のむすびとしたい。

引用文献

[†1] 穐山貞登(監) 2000 参加社会の心理学―新しい市民社会の創造に向けて― 川島書店

事 項 索 引 (50音順)

■あ
IT革命　51, 63, 64, 68, 69, 82
あいまいさ耐性　172
空きカンデポジット　19
アダム・スミス　33
アノミー論　97

■い
いじめ　154, 164
一次性強化　9
一時性社会　67
逸脱　21
逸脱行動　81
逸脱者　19
井戸端会議　54
インフォーマルな規範　152

■う
浮気　92, 93, 100, 138
運動方程式　viii

■え
エイズ　108, 125
HLA抗原　58
エビセン実験　62
FAQ　54
円周率　155, 156, 157, 158
援助交際　85, 86, 123, 141
エントロピー　17

■お
応用行動分析的介入　10
応用行動分析的な技法　11
OSI　58
恐ろしさ　44, 45
オフラインミーティング　58
オペラント反応　11
オンライン　53

■か
介護保険　16, 23, 29
介入効果の鈍化　9, 11
介入バッテリー　11
介入プログラム　11
下位目標　38
学問的常識　vii
確立論的安全評価（PSA）　46
家系　130
家族介護の限界　24
家族主義　130, 131
カタルシス効果　122
学級崩壊　154
家督相続　23
家督相続制度　24
カルト集団　77
環境型セクハラ　143, 144
環境刺激　11
間接的技法　7
観測者　vii
完璧主義　173

■き
機械可読形式　53
規制的手法　7, 8, 9
規範　85
規範意識　19
基本的人権　117
基本的生活習慣　149, 171, 173
機密保護機能　53
虐待　26
教員免許制度　154
強化子　9, 10
強化刺激　11
強化理論　10
共同主観現実　78
禁酒法　117, 119

■く
グループシンク　153

■け
経済的技法　11
経済的手法　8, 9, 10, 19
ゲシュタルト心理学　122
権威的性格　164
原因帰属　11
現実的　3
現実の社会的構成　76, 77, 78, 80
権力への迎合　4, 5

■こ
公害　2
公害問題　14
公共の福祉　116, 117
攻撃の標的　12
公式の規範　118, 119
高水準のサービス　37
合成の誤謬　42
公的扶助　32
行動の総量　19
行動変容　9
高福祉低負担　31, 32
国民年金の空洞化　26
コスト感　19, 20, 21
骨髄移植　58
ゴミ規範逸脱者　7
コミットメント　67
ゴミの減量　17, 17
婚前交渉　104
婚前性交　86, 90
コンピュータ・リテラシー　71
コンポスト化　20

■さ
サービス水準　36
サービスの質　73
災害規模　44
最終処分場　17
最大多数の最大幸福　48
財テク　82
ザル法　16
三角関係　100
産業廃棄物　43
酸性雨　43

残存能力の活用　26

■し
CUG　58
JCO　44
自我関与　62
刺激性制御法　10, 11
自己イメージ　80
自己開示　62, 63
自己確立　66
自己効力感　65
自尊感情　63
実験値　viii
私的自治の原則　93
児童虐待　75
ジベタリアン　82
社会構造の変化　15
社会的交換理論　65
社会的常識　vii
社会的ジレンマ　10
社会的ジレンマモデル　2
社会的スキル　174, 175
社会的評価　41
社会の「豊かさ」　37
社会病理　117, 118
社会保険　26
社会保障　16
囚人のジレンマ　2, 3
集団規範　65, 152
集団に共通の人間像　13
周辺住民　5
住民エゴ　2
循環型社会　17
障害の受容　25
「小学校の遠足」型　31
消極的賛成　3
消極的な態度　4, 5
条件交換デザイン　11
少子高齢化　27, 28
常時接続　67
情報機器　51
情報の共有　6
情報の質　71
白いポスト運動　106
しろうと理論　vii, viii, 15, 45, 51, 146, 152, 154
人工妊娠中絶　136, 141
新廃棄物処理法　7, 8
人民寺院　76
心理の催淫剤効果　122
心理的リアクタンス効果　15
心理療法　75, 76
親和欲求　63

■す
スキル　60, 68
スケープゴート　163, 164, 165, 169
ステレオタイプ　170, 171

■せ
生活形態　16, 18, 19
生活形態の多様化　16
生活時間　16
性関係の排他性　114
性感染症　106, 107, 108, 125, 141

性感染症予防　109
性交促進規範　103, 106, 107, 115
性行動の促進　93
性行動の排他性の規範　93, 99
生産手段　24
青少年健全育成条例　106, 116
生態系　43
性道徳　85, 86, 87, 90, 93, 139, 141
生徒指導　83, 149, 170, 171, 174, 176
性秘匿規範　103
税方式　28, 29, 29
セクシャル・ハラスメント　143, 166
セケン　61, 62, 63, 82
世間　154
世間体　172
世間体意識　82, 83, 170, 176
世間の目　vii
摂食障害　75
説得的コミュニケーション　46

■そ
総量　14, 20
ソーシャル・スキルズ・トレーニング　10

■た
ダイオキシン　43
体系化　46
体系性　148, 157
大衆文化　39
対人関係スキル　64
大量廃棄型社会　16
多層ベースラインデザイン　11
タニン　61, 62, 63, 82
タブー　86, 91, 92
多様な人間　15
単極社会　51

■ち
チェルノブイリ原発　43
チャタレー事件　87
中和　56

■つ
積み立て式　28

■て
出会い系　74
出会い系サイト　99, 115, 119
TCP／IP　58
貞操観念　92, 93, 94, 98, 101, 115, 141
データセット　52
滴定　56
デモグラフィックな情報　58
テレクラ　119
電子メール　52
伝統的性道徳　94, 95, 98, 101, 114

■と
統一指向性　152, 153
動機づけ　10, 11
トークン・エコノミー　10, 11
都会的性格　59
都市型公共事業　1
都市再開発　5

都市の再生　1
都市問題　1
トップダウン　6
トリガー理論　122
努力主義　15

■な
内在化　vii
ナショナル・ミニマム　1

■に
ニュートン力学　vi, viii
認知的ケチ　50
認知的不協和　6, 25, 26, 46, 98, 105
認知的不協和の理論　54

■ね
ネットワーク　52
熱力学第2法則　17
年金の空洞化　29

■の
農業中心社会　24
望まない妊娠　85, 94, 107, 109

■は
廃棄物　2
廃棄物処理施設整備緊急措置法　7
廃棄物の処理及び清掃に関する法律　7, 8
排他性の規範　100, 138
発達課題　66
バブル　82
バリアフリー　25
ハロー効果　170
阪神・淡路大震災　5
反対運動　2, 16

■ひ
非言語的手段　52
非公式の規範　118, 119, 141
非公式のリーダー　3, 28
ビニ本　89
表現の自由　116

■ふ
フィードバック　10, 11
夫婦愛至上主義　133
賦課方式　27, 28
不純異性交遊　139
二股　92, 93
物価スライド　28
不貞行為　92
不登校　75
不法投棄　7, 10, 43
プライバシー　144, 166, 167
フリーライダー　10, 11
フレーミング　57
文化　41
文学　39

■へ
「ヘア・ヌード」ブーム　89
返報性　46

■ほ
法の抑止効果　117, 119
飽和　9
保険方式　28, 29, 29
ボランティア　65

■ま
貧しい社会　73

■み
ミウチ　61, 62, 82
水子　24
未成年者飲酒禁止法　117
未知性　44, 45
ミニマリズム　18

■む
村八分　163, 165

■め
迷惑施設　2, 3, 4, 5, 6, 50
メタ・メッセージ　150
メル友　115

■も
モデリング効果　122
モバイル環境　82
モラール　152
モラル低下　7

■ゆ
有害コミック撲滅運動　89

■よ
幼児期決定論　75, 78, 79, 80, 81
予言の自己成就　77, 151
欲求　19
欲求の多段階構造説　50

■ら
ライフスタイル　vii, 24
ラベリング　170, 171
ラベリング理論　54

■り
リサイクル　69
リスク　43, 44, 45, 47
リスク・コミュニケーション　32
リスク認知　44, 45
流通合理化　17
利用者番号　52, 53
理論値　viii

■れ
恋愛依存症　115
恋愛促進規範　93, 94, 95, 96, 97, 98, 99, 100, 101, 115, 119, 135, 137, 138, 139, 141, 142
連続強化スケジュール　9

◆編者紹介◆

卜部　敬康（うらべ　ひろみち）

　1969年生まれ。関西学院大学理学部物理学科卒業，関西学院大学大学院社会学研究科博士課程後期課程単位修得退学，修士（社会学）。現在，奈良大学社会学部講師。専門は，集団力学，社会心理学。特に，教育現場におけるインフォーマルな集団規範に関心を持っている。主な著書・論文に，職員室の社会心理（編著．ナカニシヤ出版），「授業中の私語に関する集団規範の調査研究」（『教育心理学研究』47巻所収）など。学生の頃，心理学や社会学の理論を知れば知るほど，「なぜそれを生かした社会制度をつくらないのだろう」という疑問をもった。以後，こうした知見を用いて教育現場の問題を考えるようになったが，本書はその成果の一端である。研究と学校での授業実践を進める過程で，学問を教える場で「しろうと理論」以上の根拠なしにさまざまな「指導」が生徒になされていることに違和感を感じた。本書ではそれが教育現場だけではなく一般性を持っている点を強調した。

林　　理（はやし　おさむ）

　1961年生まれ。東京工業大学大学院社会工学専攻修了，工学博士。東京工業大学心理学研究室助手を経て，武蔵野大学現代社会学部助教授。専門は災害心理学。主著に，防災の社会心理学（川島書店），「しきり」の心理学（学陽書房），参加社会の心理学（編著．川島書店），職員室の社会心理（編著．ナカニシヤ出版）など。心理学を「人間を変える」ことにではなく，「社会を変える」ことに使おうという研究をしている。本書はその成果の一部である。

常識の社会心理
「あたりまえ」は本当にあたりまえか

2002年2月25日　初版第1刷発行	定価はカバーに表示
2004年1月20日　初版第3刷発行	してあります。

編著者	卜　部　敬　康
	林　　　　　理
発行者	小　森　公　明
発行所	㈱北大路書房

〒603-8303　京都市北区紫野十二坊町12-8
電　話　(075) 431-0361㈹
FAX　(075) 431-9393
振　替　01050-4-2083

©2002　制作／ラインアート日向・華洲屋　印刷・製本／創栄図書印刷㈱
検印省略　落丁・乱丁本はお取り替えいたします

ISBN4-7628-2230-2　Printed in Japan